elefante

COLETIVO SYCORAX
ANA FRANÇA
ANA LUÍSA SERTÃ
ANA MARIA PICHINI
CECÍLIA FARIAS
CECÍLIA ROSAS
DANIELI CORRÊA
ELISA ROSAS
JOANA BENETTON
JOANA PLAZA
LAURA PINHATA BATTISTAM
LETÍCIA BERGAMINI
LUCIANA CARVALHO FONSECA
MAÍRA DAHER
MARIA TERESA MHEREB
MILENA DURANTE
ODARA G. DE ANDRADE
PAULA DUTRA
RAQUEL PARRINE
VANESSA DALCANAL
ZENAIDE MONTEIRO

CONSELHO EDITORIAL
BIANCA OLIVEIRA
JOÃO PERES
TADEU BREDA

NOTA DAS TRADUTORAS

Antes de mais nada, agradecemos a generosidade e a confiança de Silvia Federici, que respondeu afetiva e afirmativamente à nossa consulta sobre a possibilidade de publicar *Calibã e a bruxa* no Brasil. Também foi fundamental o diálogo com a professora Jules Falquet e com a editora espanhola Traficantes de Sueños, por intermédio de Beatriz García, que nos facilitaram o contato com a autora. Obrigada!

A tradução para o português de *Calibã e a bruxa* foi realizada a partir da edição original em inglês, publicada nos Estados Unidos pela editora Autonomedia em 2004. A tradução para o espanhol, realizada por Verónica Hendel e Leopoldo Sebastián Touza para a editora Traficantes de Sueños, foi utilizada como referência adicional.[1]

Acrescentamos algumas notas, identificadas da seguinte maneira: a sigla [N.T.] se refere às nossas notas para esta tradução ao português, e [N.T.E.] se refere às notas da mencionada tradução ao espanhol. As notas sem tais identificações foram feitas pela própria autora.

Na medida do possível, nos referimos às obras citadas por Silvia Federici em suas versões disponíveis em língua portuguesa, indicadas entre colchetes ao final de cada referência bibliográfica. As traduções das citações são nossas, exceto quando foi possível referenciar citações já consolidadas.

As imagens reproduzidas estão em domínio público e foram gentilmente cedidas pela equipe da editora Autonomedia. Realizamos uma pesquisa iconográfica complementar e em

---

[1] Esta segunda edição brasileira de *Calibã e a bruxa* foi totalmente revista, com o consentimento da autora, a partir da edição em inglês publicada pelo selo Penguin Classics no Reino Unido em 2021. [Nota da Edição – N.E.]

alguns casos utilizamos reproduções disponibilizadas por instituições que estão referenciadas ao final do livro.

Além de Estados Unidos e Espanha, *Calibã e a bruxa* foi editado também no México, na Argentina, na Áustria e, recentemente, no Equador e na França.[2] Essa repercussão revela a importância da obra, cuja publicação vincula-se a editoras e projetos que insistem na necessidade de oferecer ferramentas intelectuais para o ciclo de lutas em curso, formando assim uma espécie de círculo conspiratório.

A publicação de *Calibã e a bruxa* é ainda mais pertinente após a onda de levantes ocorridos em todo o mundo, e sobretudo na América Latina, onde a contribuição de afrodescendentes e indígenas realocou conceitos e afirmou posicionamentos que provocaram mudanças no movimento feminista, além de suscitar certa inquietude sobre as bases e as fontes do conhecimento no Ocidente.

Para o Coletivo Sycorax, a publicação deste livro no Brasil é uma possibilidade de ampliar a compreensão sobre as consequências do processo de acumulação primitiva do capital nas Américas, como a invisibilização de grupos politicamente minoritários e a perda de direitos comuns, arduamente conquistados outrora. A obra também enriquece o conhecimento sobre as técnicas de controle social e extermínio, tomando como base o caso da caça às bruxas na Europa e na América.

Lançamos uma versão eletrônica do livro em setembro de 2016, durante uma mesa de debates composta por Silvia Federici, Débora Maria da Silva (Movimento Mães de Maio), Regiany Silva (Nós, Mulheres da Periferia) e Monique Prada (Central Única de Trabalhadoras e Trabalhadores Sexuais). O debate foi realizado na Escola Ocupada Livre, em São Paulo, edifício ocupado por integrantes do Movimento Terra Livre que abriga uma série de eventos formativos na linha da educação popular. Agradecemos imensamente a todas e todos que possibilitaram esse encontro, e

---

2 Em 2023, o livro já havia sido traduzido para mais de vinte idiomas. [N.E.]

deixamos o endereço eletrônico para quem se interessar pela leitura do arquivo digital: coletivosycorax.org.

Na ocasião, discutimos a atualidade do tema da caça às bruxas no Brasil, tendo como foco as estratégias relançadas pelo capitalismo a cada grande crise e as possibilidades de resistência dos movimentos de mulheres. Para além de pensar o tema apenas circunscrito à Inquisição no Brasil e à caça às bruxas do período colonial, entendemos que esse fenômeno ainda está presente no encarceramento massivo de mulheres negras perpetrado pelo Estado; na subrepresentação ou representação deturpada da mulher nos meios de comunicação; nas violências obstétricas contra as cidadãs que recorrem ao Sistema Único de Saúde (SUS); nos corpos das vítimas da violência policial nas periferias; e na experiência cotidiana de perseguição, silenciamento, agressão e invisibilização das mulheres trans, travestis e prostitutas, entre tantos paralelos essenciais.

Nesse sentido, durante o debate de lançamento da edição eletrônica de *Calibã e a bruxa*, as convidadas dialogaram com as ponderações de Silvia Federici a partir das suas próprias experiências, sublinhando em cada caso como as discussões travadas no livro poderiam contribuir para os desafios que enfrentam no dia a dia.

A publicação em português é uma iniciativa independente e coletiva, inicialmente vinculada à revista *Geni* e concebida como uma tradução em fascículos que comporia por alguns meses uma coluna na revista. Ao longo do processo, optamos pela publicação integral da obra, mas o apoio da *Geni* continuou. Conforme nos debruçávamos na tarefa, fomos constituindo as bases do que se tornou o Coletivo Sycorax: Aline Sodré, Cecília Rosas, Juliana Bittencourt, Leila Giovana Izidoro, Lia Urbini e Shisleni de Oliveira-Macedo. Mulheres de diferentes áreas de trabalho, formação e militância. Optamos por batizar o coletivo influenciadas pela leitura do livro de Silvia e pelo referencial da mulher *obeah* representada por Sycorax em *A tempestade*, de Shakespeare. Carolina Menegatti, Gustavo Motta, Mariana Kinjo, Marcos Visnadi, Adele Motta, Raquel Parrine e Nina Meirelles se somaram ao percurso trilhado para o projeto de *Calibã e a bruxa*.

A edição impressa só foi possível graças ao estímulo de Ana Rüsche, à parceria com a editora Elefante e ao apoio do escritório regional da Fundação Rosa Luxemburgo em São Paulo. Somos profundamente gratas!

Encerramos esta pequena nota recomendando a leitura de outro livro de Silvia Federici, *Revolution at Point Zero: Housework, Reproduction and Feminist Struggle*.[3] Essa compilação de textos escritos pela pensadora italiana ao longo de mais de quarenta anos de ativismo, combinando uma análise marxista e anticapitalista a uma aguda crítica feminista, oferece ferramentas sólidas para o entendimento da forma de narrar e articular as fontes históricas e referências que fundamentam a argumentação da autora.

COLETIVO SYCORAX
SÃO PAULO, VERÃO DE 2017

---

[3] Ver *O ponto zero da revolução: trabalho doméstico, reprodução e luta feminista* (Elefante, 2019). [N.E.]

Mulher carregando uma cesta de espinafre. Na Idade Média, as mulheres frequentemente cultivavam hortas onde plantavam ervas medicinais. Seu conhecimento botânico é um dos segredos transmitidos de geração em geração. Miniatura no manuscrito *Tacuinum sanitatis* (c. 1385).

2
A ACUMULAÇÃO DO TRABALHO E A DEGRADAÇÃO DAS MULHERES

INTRODUÇÃO 122 · A ACUMULAÇÃO CAPITALISTA E A ACUMULAÇÃO DO TRABALHO NA EUROPA 128 · A PRIVATIZAÇÃO DA TERRA NA EUROPA, A PRODUÇÃO DE ESCASSEZ E A SEPARAÇÃO ENTRE PRODUÇÃO E REPRODUÇÃO 138 · A REVOLUÇÃO DOS PREÇOS E A PAUPERIZAÇÃO DA CLASSE TRABALHADORA EUROPEIA 156 · A INTERVENÇÃO ESTATAL NA REPRODUÇÃO DO TRABALHO: A ASSISTÊNCIA AOS POBRES E A CRIMINALIZAÇÃO DA CLASSE TRABALHADORA 167 · DIMINUIÇÃO DA POPULAÇÃO, CRISE ECONÔMICA E DISCIPLINAMENTO DAS MULHERES 175 · A DESVALORIZAÇÃO DO TRABALHO FEMININO 189 · MULHERES: OS NOVOS BENS COMUNS E AS SUBSTITUTAS DAS TERRAS PERDIDAS 199 · O PATRIARCADO DO SALÁRIO 201 · A DOMESTICAÇÃO DAS MULHERES E A REDEFINIÇÃO DA FEMINILIDADE E DA MASCULINIDADE: MULHERES, OS SELVAGENS DA EUROPA 207 · COLONIZAÇÃO, GLOBALIZAÇÃO E MULHERES 214 · SEXO, RAÇA E CLASSE NAS COLÔNIAS 223 · O CAPITALISMO E A DIVISÃO SEXUAL DO TRABALHO 240

5
COLONIZAÇÃO E CRISTIANIZAÇÃO

INTRODUÇÃO 388 · O NASCIMENTO DOS CANIBAIS 391 · EXPLORAÇÃO, RESISTÊNCIA E DEMONIZAÇÃO 398 · MULHERES E BRUXAS NA AMÉRICA 408 · AS BRUXAS EUROPEIAS E OS "ÍNDIOS" 415 · A CAÇA ÀS BRUXAS E A GLOBALIZAÇÃO 421

AGRADECIMENTOS 428
SOBRE A AUTORA 430
FONTES DAS IMAGENS 432
REFERÊNCIAS 434

NOTA DAS TRADUTORAS 7
PREFÁCIO À SEGUNDA EDIÇÃO BRASILEIRA 11
PREFÁCIO À PRIMEIRA EDIÇÃO BRASILEIRA 19
PREFÁCIO À EDIÇÃO ESTADUNIDENSE 24
INTRODUÇÃO 31

1
O MUNDO PRECISA DE UMA SACUDIDA

INTRODUÇÃO 52 · A SERVIDÃO COMO RELAÇÃO DE CLASSE 55 · A LUTA PELO COMUM 62 · LIBERDADE E DIVISÃO SOCIAL 68 · OS MOVIMENTOS MILENARISTAS E HERÉTICOS 74 · A POLITIZAÇÃO DA SEXUALIDADE 88 · AS MULHERES E A HERESIA 91 · LUTAS URBANAS 97 · A PESTE NEGRA E A CRISE DO TRABALHO 104 · A POLÍTICA SEXUAL, O SURGIMENTO DO ESTADO E A CONTRARREVOLUÇÃO 111

3
O GRANDE CALIBÃ
A LUTA CONTRA O CORPO REBELDE

4
A GRANDE CAÇA ÀS BRUXAS NA EUROPA

INTRODUÇÃO 298 · A ÉPOCA DE QUEIMA DE BRUXAS E A INICIATIVA ESTATAL 302 · CRENÇAS DIABÓLICAS E MUDANÇAS NO MODO DE PRODUÇÃO 312 · CAÇA ÀS BRUXAS E REVOLTA DE CLASSES 320 · A CAÇA ÀS BRUXAS, A CAÇA ÀS MULHERES E A ACUMULAÇÃO DO TRABALHO 331 · A CAÇA ÀS BRUXAS E A SUPREMACIA MASCULINA: A DOMESTICAÇÃO DAS MULHERES 344 · A CAÇA ÀS BRUXAS E A RACIONALIZAÇÃO CAPITALISTA DA SEXUALIDADE 354 · A CAÇA ÀS BRUXAS E O NOVO MUNDO 365 · A BRUXA, A CURANDEIRA E O NASCIMENTO DA CIÊNCIA MODERNA 369

TRADUÇÃO COLETIVO SYCORAX
SEGUNDA EDIÇÃO REVISADA

MULHERES, CORPO E
ACUMULAÇÃO PRIMITIVA

CALIBÃ E A BRUXA

SILVIA
FEDERICI

PREFÁCIO À SEGUNDA EDIÇÃO BRASILEIRA

Durante os longos anos que dediquei à pesquisa e à escrita de *Calibã e a bruxa*, jamais imaginei que o livro alcançaria tamanha repercussão. Duas décadas depois de ter sido lançada nos Estados Unidos, em 2004, a obra já foi publicada em cerca de vinte idiomas, entre eles japonês, esloveno, chinês, espanhol, francês, alemão, turco, farsi, árabe, russo, basco e catalão, além de português, no Brasil e em Portugal. E as propostas de tradução continuam chegando: em breve teremos uma nova edição, em dinamarquês. Creio que essa grande influência se deva ao fato de que o livro não se limita a falar da caça às bruxas ocorrida nos séculos XVI e XVII na Europa e nos países que começavam a ser colonizados pelos europeus. Aqui, eu localizo essa perseguição massiva contra as mulheres e seus modos de vida em um contexto histórico marcado pela transformação radical do mundo e da posição social das mulheres — um processo ainda em curso, como demonstra a volta das acusações de bruxaria em muitas partes do planeta. Particularmente, *Calibã e a bruxa* mostra como a caça às bruxas e a construção da "bruxa" — uma figura demoníaca, contra a qual se autorizaram e legitimaram as formas mais horrendas de punição — foram instrumentais à imposição de um novo disciplinamento às mulheres, diretamente relacionado às tarefas a elas atribuídas pela economia política do capitalismo em ascensão e pela divisão sexual do trabalho. Nesse sentido, *Calibã e a bruxa* se tornou uma história das mudanças ocorridas na vida das mulheres proletárias e colonizadas, e na organização da reprodução durante a "transição ao capitalismo".

    Minha intenção inicial, contudo, não era assim tão ampla. Quando comecei a me engajar nesse projeto, queria apenas demonstrar que o confinamento da mulher em atividades reprodutivas e a desvalorização do trabalho doméstico não foram produtos de uma dominação patriarcal a-histórica, mas uma decorrência do desenvolvimento capitalista e, particularmente, da restruturação da reprodução social que teve lugar na Europa do século XIX, com a expulsão das mulheres das fábricas — onde haviam sido colocadas pela Revolução Industrial para trabalhar em longas e extenuantes jornadas, ao lado do marido e dos filhos — e com a criação de um papel social doméstico para o sexo feminino, fundamental para a produção e reprodução do recurso mais precioso no universo das relações capitalistas: a força de trabalho. Entretanto, quanto mais eu cavucava as raízes da desvalorização do trabalho feminino — e das próprias mulheres, enquanto sujeitos sociais que sofreram com o processo —, mais sentia a necessidade de ir às origens do capitalismo e, ainda mais longe, à crise do feudalismo. Eu esperava que ambos os fenômenos pudessem revelar as razões pelas quais foram criadas as condições para que o capitalismo conseguisse florescer, e intuía que a compreensão de todo esse processo jogaria luz sobre a guerra que a classe capitalista em ascensão travou contra as mulheres das "classes baixas" nos primeiros séculos de seu desenvolvimento. Tal percepção me levou a estudar as lutas de resistência popular dos séculos X, XI e XII e a "transição do feudalismo para o capitalismo" nos séculos XVI e XVII. Ao compreender os movimentos heréticos que sacudiram a Europa durante parte da Idade Média, por exemplo, ficou cada vez mais claro para mim que a "idade das trevas", ao contrário do que tem sido ensinado na escola, não foi um período marcado apenas pelas aventuras de cavaleiros, reis e rainhas em seus castelos; foi sobretudo uma época de intensa luta de classes, levada a cabo por artesãos e camponeses que estavam longe de ser pessoas idiotizadas pelo cristianismo, como se costuma acreditar.

Quanto mais retrocedia na história, porém, mais eu pensava: "Ninguém vai se interessar por isso". Ainda mais porque, nos anos 1990, quando realizei a maior parte do trabalho que resultou em *Calibã e a bruxa*, o feminismo estava sendo fortemente influenciado pela agenda neoliberal promovida pelas Nações Unidas com as conferências de Nairóbi (1985) e Pequim (1995), e pelo pós-modernismo, que programaticamente se afastou das chamadas "grandes narrativas históricas", privilegiando a micro-história. Eu tinha certeza de que estava dedicando meu precioso tempo a um livro que simplesmente não seria lido. Mesmo assim, sentia uma necessidade irrefreável de continuar. Essa necessidade se relacionava à minha convicção sobre a importância de conectar a caça às bruxas à origem do capitalismo, a todas as transformações ocorridas na Europa e nas colônias europeias nesse período e às consequentes novas formas de exploração e inequidade social. Ademais, durante a pesquisa, descobri que alguns lugares que eu conhecia na Itália, onde nasci, haviam sido palco de atuação dos movimentos heréticos e da própria caça às bruxas, o que fez com que meu interesse político e acadêmico e minha dedicação aumentassem ainda mais. É claro que me sentia culpada sempre que ficava em casa trabalhando em vez de ir a algum protesto ou manifestação. Mas escrever *Calibã e a bruxa* se tornou minha prioridade absoluta e, depois de alguns anos, com frequência me sentia receosa com a possibilidade de não conseguir terminá-lo. Essa era, por exemplo, minha preocupação sempre que pegava um avião: morria de medo de que ele caísse e eu não pudesse finalizar o livro.

Quando, enfim, concluí o manuscrito, consegui publicá-lo pela Autonomedia, que acabava de se estabelecer como uma editora radical e engajada em Nova York. Foi um destino muito conveniente para *Calibã e a bruxa*, uma vez que eu já conhecia o editor, Jim Fleming. Essa proximidade me permitiu participar ativamente do processo de edição, sobretudo da seleção das gravuras que compõem o livro. Assim, pude garantir que a capa trouxesse a ilustração de uma mulher rasgando a roupa para mostrar os seios — um afresco do italiano Giotto (1267-1337) chamado "Ira", pintado na Cappella degli Scrovegni, em Pádua. A opção por essa capa foi resultado de minha vivência na Nigéria nos anos

1980. Lá, aprendi que um dos métodos de luta das mulheres das classes populares durante a colonização europeia era mostrar os seios e, em casos mais extremos, as genitálias. Isso era considerado uma maldição, e os homens tinham muito medo quando as mulheres, notadamente as mais velhas e idosas, tiravam as roupas em protesto. A força desse tipo de ação ainda não se perdeu. Entre julho de 2002 e fevereiro de 2003, manifestando-se contra a devastação causada pela extração petrolífera, centenas de mulheres ocuparam poços da Chevron-Texaco na região do Delta do Níger, e muitas delas ficaram nuas para impedir a ação da polícia. Então, a primeira capa de *Calibã e a bruxa* foi inspirada nessa imagem — de imenso desespero, mas também de resistência. Como é sabido, a temporada que passei na Nigéria foi muito importante para a escrita do livro também de outras formas, pois me permitiu testemunhar a implementação de uma nova fase de "acumulação primitiva" e o modo como ela se fez acompanhar de ataques às mulheres, acusadas de serem a causa da crise econômica atravessada pelo país.

Muita coisa aconteceu desde o lançamento de *Calibã e a bruxa*. Estive em dezenas de lugares para debater as teses do livro, de universidades a favelas, e sou muito grata por cada pessoa e coletivo que me convidou para essas conversas. Gostaria, porém, de destacar uma iniciativa que começamos a conduzir com grupos feministas na Espanha, especialmente com as companheiras da editora Traficantes de Sueños. O projeto, chamado Memorias de Brujas [Memórias de bruxas], é resultado de viagens que realizamos conjuntamente por localidades, na Catalunha e no País Basco, que foram palco da perseguição terrorista às mulheres entre os séculos XVI e XVIII, levando à execução de muitas delas. Em alguns desses lugares, infelizmente, verificamos que a caça às bruxas se tornou uma atração turística, com lojas onde é possível comprar bonequinhas que reforçam o estereótipo das bruxas: dentes de fora, caras de má, sorriso satânico. Essa imagem também é reproduzida em canecas, chaveiros e uma série de outras bugigangas, propagando uma mensagem misógina

Giotto, "Ira", c. 1304-1306, afresco na Cappella degli Scrovegni, Pádua, Itália.

dirigida especialmente contra as mulheres idosas. Isso distorce a verdadeira imagem das chamadas "bruxas" e invisibiliza o fato de que elas eram mulheres normais que, apesar disso, foram barbaramente perseguidas, torturadas e assassinadas. Então, quando a viagem acabou e retornamos a Madri, fizemos um chamado ao movimento feminista espanhol e demos início ao projeto de recontar essa história. A intenção é compreender os impactos causados pela caça às bruxas às mulheres daquele tempo e conectá-los à realidade das mulheres hoje, quando a violência feminicida volta a atingir níveis preocupantes. Queremos entender como essa nova onda de violência se relaciona com os ataques do capitalismo e do neoliberalismo à vida, ao trabalho, à reprodução, aos recursos naturais. Já fizemos dois encontros na Espanha e queremos ampliar o projeto a outros países, para que as mulheres revirem os arquivos em busca de mais evidências sobre esse fenômeno. Isso é crucial.

Como já mencionei, a caça às bruxas não ficou no passado. Enquanto trabalhava em *Calibã e a bruxa*, não imaginava que essas campanhas terroristas e assassinas contra as mulheres pudessem voltar a ocorrer. Para mim, tratava-se de um capítulo encerrado na história. Só quando o livro estava quase pronto é que comecei a receber notícias sobre uma nova caça às bruxas em partes da África, Índia, América Latina e Papua Nova Guiné. Até mesmo os relatórios das Nações Unidas têm registrado essa modalidade de feminicídio, com números alarmantes. O trabalho que realizei em *Calibã e a bruxa* ajuda muito a compreender a atualidade da caça às bruxas. De fato, há uma conexão direta entre a nova onda de perseguição às mulheres e a globalização — que se traduz em um processo de acumulação baseado na despossessão, com a imposição de formas cada vez mais intensas de exploração da natureza e do corpo. Isso leva a um ataque direto contra os meios de reprodução da vida, sobretudo em comunidades camponesas, indígenas e tradicionais. E, como sabemos, a guerra à reprodução é uma guerra às mulheres.

A caça às bruxas, hoje, acarreta uma nova campanha de disciplinamento para impedir que as mulheres assumam papéis mais autônomos na sociedade, para que se mantenham subservientes aos homens e ao capital, e para que possam ser expropriadas do acesso à terra. Essa campanha tem sido promovida sobretudo por seitas fundamentalistas cristãs, que atuam conjuntamente com a expansão capitalista, por meio do avanço das empresas extrativistas e dos ajustes estruturais que têm sido aplicados à economia das ex-colônias europeias. Assim como no passado, as igrejas, as elites locais e o capitalismo internacional agem de maneira coordenada contra as mulheres, associando pobreza com adoração ao demônio, resultando na morte das pessoas acusadas, sejam adultas, idosas ou até mesmo meninas, como tem ocorrido em algumas regiões africanas. A relação entre caça às bruxas e expropriação de terras está cada vez mais evidente. Hoje, muitas partes do mundo sofrem com a escassez de terra devido ao avanço da mineração, da extração petrolífera e do agronegócio. Portanto, os conflitos têm se intensificado. E as mulheres são sempre as primeiras vítimas. Comento brevemente esse processo na última parte de *Calibã e a bruxa* e também no último ensaio de *Witches, Witch-Hunting, and Women*, traduzido no Brasil como *Mulheres e caça às bruxas* (Boitempo, 2019). Mais recentemente, publiquei um artigo sobre o tema na revista *Scientific American*, em coautoria com Alice Markham-Cantor — ela mesma descendente direta de uma mulher assassinada nos Estados Unidos em 1692 após ter sido acusada de bruxaria. Alice e eu também colaboramos com o documentário *A Witch Story* [Uma história de bruxa], de Yolanda Prividal, lançado em 2022.

    Falar sobre bruxas está na moda, e há uma nova geração de feministas muito interessadas no assunto. Elas dizem: "Somos netas das bruxas que vocês não conseguiram queimar". Essa identificação é muito importante, pois se trata de uma demonstração de solidariedade com mulheres rebeldes do passado. Contudo, como já mencionei, existe também uma exploração comercial das bruxas, com todo tipo de produto, de roupas a cristais e outros artefatos que essas mulheres supostamente usavam para fazer magias, além de filmes e séries de ficção sobre esse universo. Sabemos que o capitalismo converte tudo em mercadoria. Quando me deparo com essa realidade, porém, insisto que, antes de romantizar as bruxas, é preciso conhecer a história de centenas de milhares de mulheres torturadas e mortas por terem sido acusadas de bruxaria. É preciso reconhecer ainda que essa é uma história que não acabou, porque a caça às bruxas continua espalhando dor e sofrimento mundo afora. Portanto, devemos encará-la com a devida profundidade, traduzi-la em termos políticos e conectá-la a outras formas de exploração das mulheres.

Por tudo isso, *Calibã e a bruxa* continua atualíssimo, e tenho certeza de que ainda será relevante por muito tempo. Isso é ruim, uma vez que demonstra que os antigos problemas continuam na agenda. Mas também significa que as mulheres estão interessadas em combatê-los a partir de uma visão ampliada sobre a caça às bruxas. Tenho plena consciência de que não se trata de um livro fácil: a leitura exige um sério compromisso de tempo, energia e entendimento. A forma como *Calibã e a bruxa* se espalhou pelo mundo, porém, demonstra que é possível comunicar conceitos complicados e democratizar a linguagem teórica. Numa das vezes em que estive na Argentina, um grupo de mulheres de uma favela de Buenos Aires me presenteou com duas folhas grandes de cartolina nas quais haviam esquematizado coletivamente as ideias principais do livro. Isso me encheu de alegria, porque mostrou que o livro realmente pode ser compreendido por qualquer pessoa interessada. Espero que cada vez mais mulheres de todas as partes do mundo e classes sociais possam se inspirar nestas páginas, pelos próximos vinte anos e além.

SILVIA FEDERICI
NOVA YORK, VERÃO DE 2023

PREFÁCIO À PRIMEIRA EDIÇÃO BRASILEIRA

Realizado ao longo de quase três décadas, *Calibã e a bruxa* foi originalmente concebido como uma contribuição para o movimento de libertação das mulheres e, em particular, para o combate à subordinação das mulheres aos homens — luta que foi a força motriz do movimento feminista. Seu objetivo original era demonstrar, por meio de uma análise histórica, que a discriminação contra as mulheres na sociedade capitalista não é o legado de um mundo pré-moderno, e sim uma formação do capitalismo, construída sobre diferenças sexuais existentes e reconstruída para cumprir novas funções sociais.

Esse ponto foi importante, no contexto da política feminista dos anos 1970, como contraponto à teoria marxista-leninista de que as mulheres têm menos poder social do que os homens no capitalismo porque, como "donas de casa", estão fora das relações capitalistas; uma visão cuja tradução política seria a emancipação das mulheres por meio do trabalho assalariado. Para muitas feministas, especialmente na Wages for Housework Campaign [Campanha por salários para o trabalho doméstico], à qual me juntei em 1972, isso era inaceitável. Rejeitamos a suposição de que o caminho para a libertação das mulheres seria ocupar os mesmos empregos fabris que os trabalhadores estavam recusando. Sabíamos também dos esforços que os governos da Europa e da América do Norte tinham feito após 1945 para mandar as mulheres de volta ao lar e reconstituir a figura da dona de casa em tempo integral que havia sido minada pelo esforço de guerra. Não poderíamos, portanto, acreditar que o trabalho doméstico fosse um remanescente do passado, que não desempenhasse nenhuma função na organização capitalista do trabalho, ou que nossa subordinação aos homens pudesse ser atribuída à nossa exclusão da "produção socialmente necessária" — como os marxistas ortodoxos, com base em *A origem da família, da propriedade privada e do Estado*, de Engels, ainda sustentam.

Contra esse ponto de vista, argumentamos em vários artigos, panfletos e folhetos que, longe de ser um resquício pré-capitalista, o trabalho doméstico não remunerado das mulheres tem sido um dos principais pilares da produção capitalista, ao ser o trabalho que produz a força de trabalho. Argumentamos ainda que nossa subordinação aos homens no capitalismo foi causada por nossa não remuneração, e não pela natureza "improdutiva" do trabalho doméstico, e que a dominação masculina é baseada no poder que o salário confere aos homens.

Foi nesse contexto que nasceu *Calibã e a bruxa*, já que parecia importante identificar os processos históricos pelos quais essas relações estruturais foram construídas. A esse respeito, não vimos muita utilidade no trabalho de Marx. Os três tomos de *O capital* foram escritos como se as atividades diárias que sustentam a reprodução da força de trabalho tivessem pouca importância para a classe capitalista, e como se os trabalhadores se reproduzissem no capitalismo simplesmente consumindo os bens comprados com o salário. Tais suposições ignoram não só o trabalho das mulheres na preparação desses bens de consumo, mas o fato de que muitos dos bens consumidos pelos trabalhadores industriais — como açúcar, café e algodão — foram produzidos pelo trabalho escravo empregado, por exemplo, nas plantações de cana brasileiras.

A tarefa que *Calibã e a bruxa* se propôs realizar foi a de escrever a história esquecida das "mulheres" e da reprodução na "transição" para o capitalismo. Entretanto, o livro não é um apêndice ao relato de Marx sobre a acumulação primitiva. Como eu estava por descobrir, analisar o capitalismo do ponto de vista da reprodução da vida e da força de trabalho significava repensar todo o processo de sua formação.

É por isso que, além de revisitar a caça às bruxas dos séculos XVI e XVII, a ascensão da família nuclear e a apropriação estatal da capacidade reprodutiva das mulheres, *Calibã e a bruxa* também estuda a colonização da América, a expulsão do campesinato europeu dos seus "bens comuns" e o processo pelo qual o corpo proletário foi transformado em uma máquina de trabalho. De fato, uma das principais contribuições de *Calibã e a bruxa* para a história das transformações na reprodução da vida e na força de trabalho durante a "transição para o capitalismo" é que o livro reúne análises sociais, políticas e filosóficas que geralmente são separadas por diferentes linhas disciplinares.

Calibã e a bruxa narra apenas uma parte dessa história. Falta ainda uma análise da exploração capitalista da natureza e seu impacto no trabalho reprodutivo. A função que o trabalho escravo desempenhou na reprodução do proletariado industrial e sua integração com a produção industrial por meio da produção de açúcar, café, chá e rum — os combustíveis da Revolução Industrial — também são apenas mencionadas. Uma análise muito mais ampla seria necessária para entender totalmente de que modo a caça às bruxas foi usada como instrumento de colonização e quais foram as resistências encontradas nessa perseguição. Mas, apesar dessas omissões, o quadro teórico que o livro fornece reorienta nossa compreensão sobre o capitalismo de forma a dialogar com desenvolvimentos econômicos contemporâneos e debates radicais, razões pelas quais acredito que o livro tenha recebido uma resposta extremamente positiva.

Observando o desenvolvimento capitalista do ponto de vista dos não assalariados — que trabalham nas cozinhas, nos campos e nas plantações, fora de relações contratuais, cuja exploração foi naturalizada, creditada a uma inferioridade natural —, *Calibã e a bruxa* desmistifica a natureza democrática da sociedade capitalista e a possibilidade de qualquer "troca igualitária" dentro do capitalismo. Seu argumento é de que, ao longo do desenvolvimento capitalista, o compromisso com o barateamento do custo da produção do trabalho exige o uso da máxima violência e da guerra contra as mulheres, que são o sujeito primário dessa produção.

Logo, trata-se de um livro-chave para entender por que, no começo do século XXI, depois de mais de quinhentos anos de exploração capitalista, a globalização ainda é movida pelo estado de guerra generalizado e pela destruição de nossos sistemas reprodutivos e de nossa riqueza comum, e por que, novamente, são as mulheres que pagam o preço mais alto. Observem o aumento da violência de gênero, especialmente intensificada em regiões como África e América Latina, onde a solidariedade comunal está desmoronando sob o peso do empobrecimento e das múltiplas formas de despossessão.

Dentro da mesma lógica, este livro também é um desafio aos programas políticos que propõem reformar o capitalismo ou presumir que a expansão das relações capitalistas e a aplicação da tecnologia capitalista podem melhorar as condições de existência do proletariado mundial, ou ter como resultado a sua unificação política. Se é verdade, como o livro argumenta, que a produção de uma população sem direitos e a criação de divisões dentro da força de trabalho global são condições-chave para o processo de acumulação, então o horizonte de nossas lutas deve ser uma mudança sistêmica, já que precisamos excluir a possibilidade de um capitalismo com rosto humano.

Igualmente importante é o fato de que *Calibã e a bruxa* coloca a reprodução no centro da mudança política social, apoiando a visão de que, se não revalorizar nossa capacidade de cooperação mútua e as atividades que atendam à reprodução de nossa vida, a política radical pode apenas racionalizar as contradições que o capital está enfrentando. Nesse sentido, a história está a serviço da política, pois ela confirma que, nas regiões onde povos oprimidos mantêm suas estruturas comunais e algum controle sobre as condições de sua reprodução, há maior sucesso na resistência à exploração.

SILVIA FEDERICI
NOVA YORK, PRIMAVERA DE 2017

PREFÁCIO À EDIÇÃO ESTADUNIDENSE

Calibã e a bruxa apresenta os temas principais de um projeto de pesquisa sobre as mulheres na "transição" do feudalismo para o capitalismo que iniciei em meados dos anos 1970, em colaboração com a feminista italiana Leopoldina Fortunati. Os primeiros resultados apareceram em um livro que publicamos na Itália em 1984: *Il grande Calibano: storia del corpo social ribelle nella prima fase del capitale* [O grande Calibã: história do corpo social rebelde na primeira fase do capital] (Milão: FrancoAngeli).

Meu interesse nessa pesquisa foi motivado, originalmente, pelos debates que acompanharam o desenvolvimento do movimento feminista nos Estados Unidos em relação às raízes da "opressão" das mulheres e às estratégias políticas que o próprio movimento deveria adotar na luta por libertação. Naquele momento, as principais perspectivas teóricas e políticas a partir das quais se analisava a realidade da discriminação sexual vinham sendo propostas pelos dois principais ramos do movimento de mulheres: as feministas radicais e as feministas socialistas. Do meu ponto de vista, no entanto, nenhum deles oferecia uma explicação satisfatória sobre as raízes da exploração social e econômica das mulheres. Eu questionava as feministas radicais por sua tendência a explicar a discriminação sexual e o domínio patriarcal com base em estruturas culturais trans-históricas, que supostamente operavam de modo independente das relações de produção e de classe. As feministas socialistas, por sua vez, reconheciam que a história das mulheres não podia ser separada da história dos sistemas específicos de exploração e, em sua análise, davam prioridade às mulheres como trabalhadoras na sociedade capitalista. Porém, o limite de seu ponto de vista (segundo o que eu entendia naquele momento) estava na incapacidade de reconhecer a esfera da reprodução como fonte de criação de valor e exploração, o que as levava a localizar as raízes da diferença de poder entre mulheres e homens na exclusão das mulheres do desenvolvimento capitalista — uma posição que, mais uma vez, nos obrigava a depender de esquemas culturais para explicar a sobrevivência do sexismo dentro do universo das relações capitalistas.

Foi nesse contexto que tomou forma a ideia de esboçar a história das mulheres na transição do feudalismo para o capitalismo. A tese que inspirou essa pesquisa foi elaborada por Mariarosa Dalla Costa e Selma James, bem como por outras ativistas do movimento Wages for Housework, em uma série de textos muito controversos durante os anos 1970, mas que terminaram por reconfigurar o discurso sobre as mulheres, a reprodução e o capitalismo. Os mais influentes foram *Women and the Subversion of the Community* [Mulheres e a subversão da comunidade] (1971), de Mariarosa Dalla Costa, e *Sex, Race and Class* [Sexo, raça e classe] (1975), de Selma James.

Contra a ortodoxia marxista, que explicava a "opressão" das mulheres e a subordinação aos homens como um resíduo das relações feudais, Dalla Costa e James defendiam que a exploração das mulheres havia cumprido uma função central no processo de acumulação capitalista, uma vez que as mulheres foram as produtoras e reprodutoras da mercadoria capitalista mais essencial: a força de trabalho. Como dizia Dalla Costa (1972, p. 31), o trabalho não remunerado das mulheres no lar foi o pilar sobre o qual se construiu a exploração dos trabalhadores assalariados, a "escravidão do salário", assim como foi o segredo de sua produtividade. Desse modo, a assimetria de poder entre mulheres e homens na sociedade capitalista não podia ser atribuída à irrelevância do trabalho doméstico para a acumulação capitalista — o que vinha sendo desmentido pelas regras estritas que governavam a vida das mulheres — nem à sobrevivência de esquemas culturais atemporais. Pelo contrário, devia ser interpretada como o efeito de um sistema social de produção que não reconhece a produção e a reprodução do trabalhador como atividade socioeconômica e fonte de acumulação do capital; ao contrário, mistifica-as como um recurso natural ou um serviço pessoal, enquanto tira proveito da condição não assalariada do trabalho envolvido.

Ao apontarem a divisão sexual do trabalho e o trabalho não remunerado realizado pelas mulheres como a raiz da exploração feminina na sociedade capitalista, Dalla Costa e James demonstraram que era possível transcender a dicotomia entre o patriarcado e a classe e deram ao patriarcado um conteúdo histórico específico. Também abriram caminho para uma reinterpretação da história do capitalismo e da luta de classes por um ponto de vista feminista.

Foi com esse espírito que Leopoldina Fortunati e eu começamos a estudar aquilo que apenas eufemisticamente pode ser descrito como "transição para o capitalismo" e a procurar por uma história que não nos fora ensinada na escola, mas que se mostrou decisiva para nossa educação. Essa história não apenas oferecia uma explicação teórica da gênese do trabalho doméstico em seus principais componentes estruturais (a separação entre produção e reprodução, o uso especificamente capitalista do salário para comandar o trabalho dos não assalariados e a desvalorização da posição social das mulheres com o advento do capitalismo); fornecia também uma genealogia dos conceitos modernos de feminilidade e masculinidade que questionava o pressuposto pós-moderno da existência de uma predisposição quase ontológica, na "cultura ocidental", de enfocar o gênero a partir de oposições binárias. Descobrimos que as hierarquias sexuais estão sempre a serviço de um projeto de dominação que só pode se sustentar por meio da divisão, constantemente renovada, daqueles a quem se procura governar.

O livro que resultou dessa investigação, o já citado *Il grande Calibano*, foi uma tentativa de repensar a análise da acumulação primitiva de Marx de acordo com um ponto de vista feminista. Nesse processo, porém, as categorias marxianas amplamente aceitas se demonstraram inadequadas. Entre as "baixas", podemos mencionar a identificação marxiana do capitalismo com o advento do trabalho assalariado e do trabalhador "livre", que contribui para a ocultação e a naturalização da esfera da reprodução. *Il grande Calibano* também fazia uma crítica à teoria do corpo de Michel Foucault. Como destacamos, a análise de Foucault sobre as técnicas de poder e as disciplinas a que o corpo se sujeitou ignora o processo de reprodução, funde as histórias feminina e masculina num todo indiferenciado e se desinteressa pelo "disciplinamento" das mulheres, a tal ponto que nunca menciona um dos ataques mais monstruosos perpetrados na Era Moderna contra o corpo: a caça às bruxas.

A tese principal de *Il grande Calibano* sustentava que, para compreender a história das mulheres na transição do feudalismo para o capitalismo, devemos analisar as mudanças que o capitalismo introduziu no processo de reprodução social e, especialmente, de reprodução da força de trabalho. O livro examina, assim, a reorganização do trabalho doméstico, da vida familiar, da criação dos filhos, da sexualidade, das relações entre homens e mulheres e da relação entre produção e reprodução na Europa dos séculos XVI e XVII. Essa análise é reproduzida aqui em *Calibã e a bruxa*. No entanto, o alcance do presente volume difere do de *Il grande Calibano* na medida em que responde a um contexto social diferente e a um conhecimento cada vez maior sobre a história das mulheres.

Pouco tempo depois da publicação de *Il grande Calibano*, saí dos Estados Unidos e aceitei um trabalho como professora na Nigéria, onde permaneci durante quase três anos. Antes de ir embora, guardei meus papéis num sótão, acreditando que não precisaria deles por um tempo. No entanto, as circunstâncias de minha temporada na Nigéria não me permitiram esquecê-los.

Os anos compreendidos entre 1984 e 1986 constituíram um ponto de inflexão para a Nigéria, bem como para a maioria dos países africanos. Foram os anos em que, em resposta à crise da dívida, o governo nigeriano entrou em negociações com o Fundo Monetário Internacional (FMI) e com o Banco Mundial: negociações que finalmente implicaram na adoção de um programa de ajuste estrutural, a receita universal do Banco Mundial para a recuperação econômica em todo o planeta.

O propósito declarado do programa consistia em fazer com que a Nigéria se tornasse competitiva no mercado internacional. Mas logo se percebeu que isso pressupunha um novo ciclo de acumulação primitiva e uma racionalização da reprodução social orientada a destruir os últimos vestígios de propriedade comunitária e relações comunitárias, impondo assim formas mais intensas de exploração. Foi então que assisti, diante de meus olhos, ao desenvolvimento de processos muito similares aos que havia estudado na preparação de *Il grande Calibano* – entre eles, o ataque às terras comunitárias e uma intervenção decisiva do Estado (instigada pelo Banco Mundial) na reprodução da força de trabalho, com o objetivo de regular as taxas de procriação e, no caso nigeriano, reduzir o tamanho de uma população que era considerada muito exigente e indisciplinada do ponto de vista de sua esperada inserção na economia global. Além dessas políticas, chamadas adequadamente de "Guerra contra a Indisciplina", também testemunhei a instigação de uma campanha misógina que denunciava a vaidade e as excessivas demandas das mulheres, e o desenvolvimento de um debate acalorado, semelhante, em muitos sentidos, às *querelles des femmes* [querelas das mulheres] do século XVII. Era uma discussão que tocava em todos os aspectos da reprodução da força de trabalho: a família (opondo poligamia e monogamia; família nuclear e família estendida), a criação das crianças, o trabalho das mulheres, as identidades masculinas e femininas e as relações entre homens e mulheres.

Nesse contexto, meu trabalho sobre a transição adquiriu um novo sentido. Na Nigéria, compreendi que a luta contra o ajuste estrutural fazia parte de uma grande luta contra a privatização da terra e o cercamento não só das terras comunitárias mas também das relações sociais, que data das origens do capitalismo na Europa e na América no século XVI. Também compreendi como era limitada a vitória que a disciplina do trabalho capitalista havia obtido neste planeta e quanta gente ainda via sua vida de uma forma radicalmente antagônica aos requisitos da produção capitalista. Para os fomentadores do desenvolvimento, as agências multinacionais e os investidores estrangeiros, esse era e continuava sendo o problema de lugares como a Nigéria. Mas, para mim, foi uma grande fonte de vigor, pois demonstrou que ainda existem no mundo forças extraordinárias que enfrentam a imposição de uma forma de vida concebida exclusivamente em termos capitalistas. A força que obtive também esteve ligada ao meu encontro com a Women in Nigeria [Mulheres na Nigéria], primeira organização feminista do país, que me permitiu entender melhor as lutas que as mulheres nigerianas travaram para defender seus recursos e rechaçar o novo modelo patriarcal que lhes era imposto, promovido pelo Banco Mundial.

No final de 1986, a crise da dívida alcançou as instituições acadêmicas e, como já não podia me sustentar no país, deixei a Nigéria — em corpo, mas não em espírito. A preocupação com os ataques efetuados contra o povo nigeriano nunca me abandonou. Desse modo, o desejo de voltar a estudar a "transição para o capitalismo" me acompanhou desde meu retorno. A princípio, havia lido os processos nigerianos por um prisma da Europa do século XVI. Nos Estados Unidos, foi o proletariado nigeriano que me fez retornar às lutas pelo comum e contra o disciplinamento capitalista das mulheres, dentro e fora da Europa. Ao regressar, também comecei a lecionar num programa interdisciplinar de graduação em que devia fazer frente a um tipo distinto de "cercamento": o cercamento do saber, isto é, a crescente perda, entre as novas gerações, do sentido histórico de nosso passado comum. É por isso que em *Calibã e a bruxa* reconstruo as lutas antifeudais da Idade Média e as lutas com as quais o proletariado europeu resistiu à chegada do capitalismo. Meu objetivo não é apenas colocar à disposição dos não especialistas as provas que sustentam as minhas análises, mas reviver, entre as gerações mais jovens, a memória de uma longa história de resistência que hoje corre o risco de ser apagada. Preservar essa memória é crucial se quisermos encontrar uma alternativa ao capitalismo, pois essa possibilidade dependerá de nossa capacidade de ouvir as vozes daqueles que percorreram caminhos semelhantes.

SILVIA FEDERICI
NOVA YORK, 2004

INTRODUÇÃO

Desde Marx, estudar a gênese do capitalismo é um passo obrigatório para ativistas e acadêmicos convencidos de que a primeira tarefa da pauta da humanidade é a construção de uma alternativa à sociedade capitalista. Não surpreende que cada novo movimento revolucionário tenha retornado à "transição para o capitalismo", trazendo ao tema as perspectivas de novos sujeitos sociais e descobrindo novos terrenos de exploração e resistência.[1] Embora este livro tenha sido concebido dentro dessa tradição, há duas considerações em particular que o motivaram.

Em primeiro lugar, havia um desejo de repensar o desenvolvimento do capitalismo de um ponto de vista feminista, ao mesmo tempo evitando as limitações de uma "história das mulheres" separada do setor masculino da classe trabalhadora. O título *Calibã e a bruxa*, inspirado na peça *A tempestade*, de Shakespeare, reflete esse esforço. Na minha interpretação, no entanto, Calibã não apenas representa o rebelde anticolonial cuja luta ressoa na literatura caribenha contemporânea, mas também é um símbolo para o proletariado mundial e, mais especificamente, para o corpo proletário como terreno e instrumento de resistência à lógica do capitalismo. Mais importante ainda, a figura da bruxa, que em *A tempestade* fica relegada a segundo plano, neste livro situa-se no centro da cena, enquanto encarnação de um mundo de sujeitos

---

[1] O estudo da transição para o capitalismo tem uma longa história que, não por acaso, coincide com a dos principais movimentos políticos do século XX. Historiadores marxistas como Maurice Dobb, Rodney Hilton e Christopher Hill revisitaram a "transição" nos anos 1940 e 1950, depois dos debates gerados pela consolidação da União Soviética, pela emergência de novos Estados socialistas na Europa e na Ásia e pelo que nesse momento aparecia como uma iminente crise capitalista. A "transição" foi, mais uma vez, revisitada em 1960 por teóricos terceiro-mundistas como Samir Amin e André Gunder Frank, no contexto dos debates do momento sobre neocolonialismo, "subdesenvolvimento" e "intercâmbio desigual" entre o "Primeiro" e o "Terceiro" mundos.

femininos que o capitalismo precisou destruir: a herege, a curandeira, a esposa desobediente, a mulher que ousava viver só, a mulher *obeah* que envenenava a comida do senhor e incitava os escravizados à rebelião.

A segunda motivação deste livro foi, com a nova expansão das relações capitalistas, o retorno em escala mundial de um conjunto de fenômenos que normalmente se associam à gênese do capitalismo. Entre eles se encontra uma nova série de "cercamentos" que expropriou milhões de produtores

Bruxas conjurando um aguaceiro.
Xilogravura em Ulrich Molitor, *De Lamiies et Pythonicis Mulieribus* (1489).

agrários de suas terras, além da pauperização massiva e da criminalização dos trabalhadores por meio de políticas de encarceramento que nos remetem ao "Grande Confinamento" descrito por Michel Foucault em seu estudo sobre a história da loucura. Também fomos testemunhas do desenvolvimento mundial de novos movimentos de diáspora acompanhados pela perseguição dos trabalhadores migrantes. Algo que nos remete, uma vez mais, às "Leis Sangrentas" introduzidas na Europa dos séculos XVI e XVII com o objetivo de colocar os "vagabundos" à disposição da exploração local. Ainda mais importante para este livro foi a intensificação da violência contra as mulheres, inclusive o retorno da caça às bruxas em alguns países (como, por exemplo, África do Sul e Brasil).

Por que, depois de quinhentos anos de domínio do capital, no início do terceiro milênio, os trabalhadores ainda são massivamente definidos como pobres, bruxas e bandoleiros? De que maneira a expropriação e a pauperização se relacionam com o permanente ataque contra as mulheres? O que podemos aprender sobre o desdobramento capitalista, passado e presente, quando examinado por uma perspectiva feminista?

Com essas perguntas em mente, volto a analisar a "transição" do feudalismo para o capitalismo pelo ponto de vista das mulheres, do corpo e da acumulação primitiva. Cada um desses conceitos se conecta a um marco conceitual que serve como ponto de referência para este trabalho: o feminista, o marxista e o foucaultiano. Por isso, farei nesta introdução algumas observações sobre a relação da minha análise com cada uma dessas diferentes perspectivas.

"Acumulação primitiva" é o termo usado por Marx no livro I de *O capital* com a finalidade de caracterizar o processo histórico que sustenta o desenvolvimento das relações capitalistas. Trata-se de um termo útil na medida em que oferece um denominador comum que permite conceituar as mudanças produzidas pelo advento do capitalismo nas relações econômicas e sociais. Sua importância está, especialmente, no fato de Marx tratar a acumulação primitiva como um processo fundacional, o que revela as condições estruturais que tornaram possível a sociedade capitalista. Isso nos permite ler o passado como algo que sobrevive no presente, uma consideração essencial para o uso do termo neste trabalho.

Contudo, minha análise se afasta da de Marx por duas vias distintas. Enquanto Marx examina a acumulação primitiva do ponto de vista do proletariado assalariado do sexo masculino e do desenvolvimento da produção de mercadorias, eu a examino do ponto de vista das mudanças que ela introduziu na posição social das mulheres e na produção da força de trabalho.[2] Daí que a minha descrição da acumulação primitiva inclua uma série de fenômenos que estão ausentes em Marx e que, no entanto, são extremamente importantes para a acumulação capitalista. Entre esses fenômenos estão: (i) o desenvolvimento de uma nova divisão sexual do trabalho, subordinando o trabalho feminino e a função reprodutiva das mulheres à reprodução da força de trabalho; (ii) a construção de uma nova ordem patriarcal, baseada na exclusão das mulheres do trabalho assalariado e em sua subordinação aos homens; e (iii) a mecanização do corpo proletário e sua transformação, no caso das mulheres, em uma máquina de produção de novos trabalhadores. E, o que é mais importante, coloquei no centro da análise da acumulação primitiva a caça às bruxas dos séculos XVI e XVII: sustento aqui que a perseguição às bruxas, tanto na Europa quanto no Novo Mundo, foi tão importante para o desenvolvimento do capitalismo quanto a colonização e a expropriação do campesinato europeu de suas terras.

---

2 Essas duas realidades estão estreitamente conectadas nesta análise, pois no capitalismo a reprodução geracional dos trabalhadores e a regeneração cotidiana de sua capacidade de trabalho se converteram em um "trabalho de mulheres", embora mistificado, pela sua condição de não assalariado, como serviço pessoal e até mesmo como recurso natural.

Minha análise se diferencia também da marxiana em sua avaliação do legado e da função da acumulação primitiva. Embora Marx fosse profundamente consciente do caráter assassino do desenvolvimento capitalista — sua história, declarou, "está escrita nos anais da humanidade com letras de sangue e fogo" —, não cabe dúvida de que considerava esse um passo necessário no processo de libertação humana. Marx acreditava que o desenvolvimento capitalista acabava com a propriedade em pequena escala e incrementava (até um grau não alcançado por nenhum outro sistema econômico) a capacidade produtiva do trabalho, criando as condições materiais para libertar a humanidade da escassez e da necessidade. Também supunha que a violência que havia dominado as primeiras fases da expansão capitalista retrocederia com a maturação das relações capitalistas; a partir desse momento, a exploração e o disciplinamento do trabalho seriam alcançados fundamentalmente por meio do funcionamento das leis econômicas (Marx, 1909 [2017]). Nisso, estava profundamente equivocado. Cada fase da globalização capitalista, incluindo a atual, vem acompanhada de um retorno aos aspectos mais violentos da acumulação primitiva, o que mostra que a contínua expulsão dos camponeses da terra, a guerra e o saque em escala global e a degradação das mulheres são condições necessárias para a existência do capitalismo em qualquer época.

Devo acrescentar que Marx nunca poderia ter suposto que o capitalismo preparava o caminho para a libertação humana se tivesse olhado sua história do ponto de vista das mulheres. Essa história ensina que, mesmo quando os homens alcançaram certo grau de liberdade formal, as mulheres sempre foram tratadas como seres socialmente inferiores e exploradas de modo similar às formas de escravidão. "Mulheres", então, no contexto deste livro, significa não somente uma história oculta que necessita se fazer visível, mas também uma forma particular de exploração e, portanto, uma perspectiva especial a partir da qual se deve reconsiderar a história das relações capitalistas.

Esse projeto não é novo. Desde o começo do movimento feminista, as mulheres se voltaram vez ou outra para a "transição para o capitalismo", ainda que nem sempre o tenham reconhecido. Durante certo tempo, o marco principal que configurava a história das mulheres foi de caráter cronológico. A designação mais comum que as historiadoras feministas utilizaram para descrever o período de transição foi "Early Modern Europe" [Europa do princípio da Idade Moderna] — o que, dependendo da autora, podia designar o século XIII ou o XVII.

Nos anos 1980, no entanto, apareceu uma série de trabalhos que assumiram uma perspectiva mais crítica. Entre eles, estavam os ensaios de Joan Kelly sobre o Renascimento e as *querelles des femmes*; *The Death of Nature* [A morte da natureza] (1981), de Carolyn Merchant; *L'arcano della riproduzione* [O arcano da reprodução] (1981), de Leopoldina Fortunati; *Working Women in Renaissance Germany* [Mulheres trabalhadoras no Renascimento alemão] (1986); e *Patriarcado e acumulação em escala mundial* (1986 [2022]), de Maria Mies. A esses trabalhos devemos acrescentar uma grande quantidade de monografias que, ao longo das últimas duas décadas, reconstruíram a presença das mulheres nas economias rural e urbana da Europa medieval e de princípios da Idade Moderna, assim como a vasta literatura e o trabalho de documentação que se realizou sobre a caça às bruxas e a vida das mulheres na América pré-colonial e nas ilhas do Caribe. Entre estas últimas, quero recordar especialmente *The Moon, the Sun and the Witches* [A lua, o sol e as bruxas] (1987), de Irene Silverblatt, o primeiro relato sobre a caça às bruxas no Peru colonial, e *Natural Rebels: A Social History of Barbados* [Rebeldes naturais: uma história social de Barbados] (1995), de Hilary Beckles, que, junto com *Slave Women in Caribbean Society: 1650-1838* [Mulheres escravizadas na sociedade caribenha: 1650-1838] (1990), de Barbara Bush, está entre os textos mais importantes sobre a história das escravizadas nas plantações do Caribe.

Essa produção acadêmica confirmou que a reconstrução da história das mulheres, ou o olhar sobre a história por um ponto de vista feminino, implica uma redefinição fundamental das categorias históricas aceitas e uma visibilização das estruturas ocultas de dominação e exploração. Desse modo, o ensaio de Joan Kelly, "Did Women Have a Renaissance?" [As mulheres tiveram um Renascimento?] (1977), solapou a periodização histórica clássica que celebra o Renascimento como um exemplo excepcional de façanha cultural. *The Death of Nature*, de Carolyn Merchant, questionou a crença no caráter socialmente progressista da revolução científica, ao defender que o advento do racionalismo científico produziu um deslocamento cultural de um paradigma orgânico para um mecânico, que legitimou a exploração das mulheres e da natureza.

De especial importância foi *Patriarcado e acumulação em escala mundial,* de Maria Mies, um trabalho já clássico, que reexamina a acumulação capitalista de um ponto de vista não eurocêntrico, conectando o destino das mulheres na Europa ao dos sujeitos coloniais europeus e proporcionando uma nova compreensão do lugar das mulheres no capitalismo e no processo de globalização.

Calibã e a bruxa se baseia nesses trabalhos e nos estudos contemporâneos contidos em *Il grande Calibano* (analisado no prefácio). Contudo, seu alcance histórico é mais amplo, tendo em vista que o livro relaciona o desenvolvimento do capitalismo com a crise de reprodução e as lutas sociais do período feudal tardio, por um lado, e com o que Marx define como a "formação do proletariado", por outro. Nesse processo, o livro aborda uma série de questões históricas e metodológicas que estiveram no centro do debate sobre a história das mulheres e da teoria feminista.

A questão histórica mais importante que este livro aborda é como explicar a execução de centenas de milhares de "bruxas" no começo da Era Moderna e por que o surgimento do capitalismo coincide com essa guerra contra as mulheres. As acadêmicas feministas desenvolveram um esquema que lança bastante luz sobre a questão. Existe um consenso sobre o fato de que a caça às bruxas buscou destruir o controle que as mulheres haviam exercido sobre sua função reprodutiva, e serviu para preparar o terreno para o desenvolvimento de um regime patriarcal mais opressor. Defende-se também que a caça às bruxas tinha raízes nas transformações sociais que acompanharam o surgimento do capitalismo. No entanto, as circunstâncias históricas específicas em que a perseguição de bruxas se desenvolveu e as razões pelas quais o surgimento do capitalismo exigiu um ataque genocida contra as mulheres não foram investigadas. Essa é a tarefa que empreendo em *Calibã e a bruxa*, começando pela análise da caça às bruxas no contexto da crise demográfica e econômica dos séculos XVI e XVII e das políticas de terra e trabalho da era mercantilista. Meu trabalho aqui é apenas um esboço da pesquisa que seria necessária para esclarecer as conexões mencionadas e, especialmente, a relação entre a caça às bruxas e o desenvolvimento contemporâneo de uma nova divisão sexual do trabalho que confinou as mulheres ao trabalho reprodutivo. Convém demonstrar, contudo, que a perseguição às bruxas — assim como o tráfico de escravizados e os cercamentos — foi um aspecto central da acumulação e da formação do proletariado moderno, tanto na Europa como no "Novo Mundo".

Há outras maneiras pelas quais *Calibã e a bruxa* dialoga com a história das mulheres e a teoria feminista. Em primeiro lugar, confirma que a "transição para o capitalismo" é um caso paradigmático para a teoria feminista, já que a redefinição das tarefas produtivas e reprodutivas e as relações homem/mulher nesse período, ambas realizadas com máxima violência e intervenção estatal, não deixam dúvidas quanto ao caráter construído dos papéis sexuais na sociedade capitalista. A análise aqui proposta também nos permite transcender a dicotomia entre "gênero" e "classe". Se é verdade que na sociedade capitalista a identidade sexual se transformou no suporte específico das funções do trabalho, o gênero não deveria ser tratado como uma realidade puramente cultural, mas como uma especificação das relações de classe. Desse ponto de vista, os debates que tiveram lugar entre as feministas pós-modernas acerca da necessidade de se desfazer do termo "mulher" como categoria de análise e definir o feminismo em termos puramente oposicionais foram mal orientados. Para reformular o argumento que apresentei: se, na sociedade capitalista, a "feminilidade" foi construída como uma função-trabalho que oculta a produção da força de trabalho sob o disfarce de um destino biológico, a "história das mulheres" é a "história das classes", e a pergunta que devemos nos fazer é se se transcendeu a divisão sexual do trabalho que produziu esse conceito em particular. Se a resposta for negativa (tal como ocorre quando consideramos a organização atual do trabalho reprodutivo), então "mulher" é uma categoria de análise legítima, e as atividades associadas à "reprodução" permanecem um terreno de luta fundamental para as mulheres — como eram para o movimento feminista dos anos 1970, que, nesse sentido, se relacionava com a história das bruxas.

Outra pergunta que *Calibã e a bruxa* analisa é aquela proposta pelas perspectivas opostas que as análises feministas e foucaultianas oferecem sobre o corpo, tal como são aplicadas na explicação da história do desenvolvimento capitalista. Desde o início do movimento de mulheres, as ativistas e teóricas feministas viram o conceito de "corpo" como uma chave para compreender as raízes do domínio masculino e da construção da identidade social feminina. Para além das diferenças ideológicas, chegaram à conclusão de que a categorização hierárquica das faculdades humanas e a identificação das mulheres com uma concepção degradada da realidade corporal foi historicamente instrumental para a consolidação do poder patriarcal e para a exploração masculina do trabalho feminino. Desse modo, análises da sexualidade, da procriação e da maternidade foram colocadas no centro da teoria feminista e da história das mulheres. Em particular, as feministas colocaram em evidência e denunciaram as estratégias e a violência por meio das quais os sistemas de exploração, centrados nos homens, tentaram disciplinar e apropriar-se do corpo feminino, mostrando que o corpo das mulheres constituiu o principal objetivo, o lugar privilegiado para a implementação das técnicas de poder e das relações de poder. De fato, a enorme quantidade de estudos feministas produzida desde os princípios dos anos 1970 a respeito do controle exercido sobre a função reprodutiva das mulheres, dos efeitos dos estupros e dos maus-tratos e da imposição da beleza como condição de aceitação social constitui uma imensa contribuição ao discurso sobre o corpo em nossos tempos e assinala a errônea percepção, tão frequente entre os acadêmicos, que atribui seu descobrimento a Michel Foucault.

Partindo de uma análise da "política do corpo", as feministas não somente revolucionaram o discurso filosófico e político contemporâneo, mas também passaram a revalorizar o corpo. Esse foi um passo necessário, tanto para confrontar a negatividade que acarreta a identificação de feminilidade com corporalidade como para criar uma visão mais holística do que significa ser humano.[3] Essa valorização ganhou várias formas, desde a busca de saberes não dualistas até a tentativa — com feministas

---

[3] Não surpreende que a valorização do corpo tenha estado presente em quase toda a literatura da "segunda onda" do feminismo do século XX, tal como foi caracterizada a literatura produzida pela revolta anticolonial e pelos descendentes de escravizados africanos. Nesse terreno, cruzando grandes fronteiras geográficas e culturais, *Um teto todo seu* (1929), de Virgina Woolf, antecipou *Cahier d'un retour au pays natal* [Diário de um retorno ao país natal] (1938), de Aimé Césaire, quando repreende seu público feminino e, por trás disso, o mundo feminino, por não ter conseguido produzir outra coisa além de filhos: "Minhas jovens, eu diria, [...] vocês nunca fizeram uma descoberta de qualquer importância. Vocês nunca abalaram um império ou lideraram um exército para a batalha. As peças de Shakespeare não falam de vocês [...]. Qual é a sua desculpa? É fácil dizer, ao apontar para as ruas, os quarteirões e as florestas do mundo fervilhante de habitantes negros, brancos e cor de café [...]: nós tínhamos outro trabalho a fazer. Sem os nossos feitos, esses mares seriam inavegáveis e essas terras férteis, um deserto. Demos à luz, criamos, banhamos e ensinamos, talvez até a idade de seis ou sete anos, um bilhão e seiscentos e vinte e três milhões de seres

que veem a "diferença" sexual como um valor positivo — de desenvolver um novo tipo de linguagem e de "[repensar] as raízes corporais da inteligência humana" (Braidotti, 1991, p. 219).[4] Tal como destacou Rosi Braidotti, o corpo retomado não há de se entender nunca como algo biologicamente dado. No entanto, lemas como "recuperar a posse do corpo" ou "fazer o corpo falar"[5] foram criticados por teóricos pós-estruturalistas e foucaultianos que rejeitam como ilusório qualquer chamamento à liberação dos instintos. De sua parte, as feministas acusaram o discurso de Foucault sobre a sexualidade de omitir a diferenciação sexual, ao mesmo tempo que se apropriava de muitos saberes desenvolvidos pelo movimento feminista. Essa crítica é bastante acertada. Além disso, Foucault fica tão intrigado pelo caráter "produtivo" das técnicas de poder de que o corpo

humanos que, de acordo com as estatísticas, existem neste momento, e isso, mesmo que tenhamos tido ajuda, leva tempo" (Woolf, 1929, p. 112 [2014, p. 156-7]).

Essa capacidade de subverter a imagem degradada da feminilidade, que foi construída por meio da identificação das mulheres com a natureza, a matéria, o corporal, é a potência do "discurso feminista sobre o corpo" que trata de desenterrar o que foi sufocado pelo controle masculino de nossa realidade corporal. No entanto, é uma ilusão conceber a libertação feminina como um "retorno ao corpo". Se o corpo feminino — como discuto neste trabalho — é um significante para o campo de atividades reprodutivas que foi apropriado pelos homens e pelo Estado, e convertido em um instrumento de produção de força de trabalho (com tudo aquilo que isso pressupõe em termos de regras e regulações sexuais, cânones estéticos e castigos), então o corpo é o lugar de uma alienação fundamental que só pode ser superada com o fim da disciplina-trabalho que o define.

Essa tese se verifica também para os homens. A descrição de um trabalhador que se sente à vontade apenas em suas funções corporais, feita por Marx, já intuía tal fato. Marx, porém, nunca expôs a magnitude do ataque a que o corpo masculino estava submetido com o advento do capitalismo. Ironicamente, assim como Foucault, Marx enfatizou também a produtividade do trabalho a que os trabalhadores estão subordinados — uma produtividade que, para ele, é a condição para o futuro domínio da sociedade pelos trabalhadores. Marx não observou que o desenvolvimento das potências industriais dos trabalhadores se deu à custa do subdesenvolvimento de seus poderes enquanto indivíduos sociais, ainda que reconhecesse que os trabalhadores na sociedade capitalista estão tão alienados de seu trabalho, de suas relações com os outros e dos produtos de seu trabalho que é como se estivessem dominados por estes, parecendo tratar-se de uma força alheia.

4 Para uma discussão do pensamento feminista sobre o corpo, ver *Ecofeminism as Politics* [O ecofeminismo como política] (1997), de Ariel Salleh, especialmente os capítulos 3, 4 e 5; e *Patterns of Dissonance* [Padrões de dissonância] (1991), de Rosi Braidotti, especialmente a seção intitulada "Repossessing the Body: A Timely Project" [Repossuindo o corpo: um projeto oportuno] (p. 219-24).

5 Estou me referindo ao projeto de *écriture féminine* [escrita feminina], uma teoria e movimento literários que se desenvolveram na França, na década de 1970, entre as feministas estudiosas da psicanálise lacaniana que buscavam criar uma linguagem que expressasse a especificidade do corpo feminino e da subjetividade feminina (Braidotti, 1991).

foi investido que sua análise praticamente descarta qualquer crítica das relações de poder. O caráter quase defensivo da teoria de Foucault sobre o corpo é acentuado pelo fato de que considera o corpo como algo constituído puramente por práticas discursivas, e de que está mais interessado em descrever como se desdobra o poder do que em identificar sua fonte. Assim, o Poder que produz o corpo aparece como uma entidade autossuficiente, metafísica, ubíqua, desconectada das relações sociais e econômicas, e tão misteriosa em suas variações quanto uma força motriz divina.

Uma análise da acumulação primitiva e da transição para o capitalismo é capaz de nos ajudar a ir além dessas alternativas? Acredito que sim. No que diz respeito ao enfoque feminista, nosso primeiro passo deve ser documentar as condições sociais e históricas nas quais o corpo se tornou elemento central e esfera de atividade definitiva para a constituição da feminilidade. Nessa linha, *Calibã e a bruxa* mostra que, na sociedade capitalista, o corpo é para as mulheres o que a fábrica é para os homens trabalhadores assalariados: o principal terreno de sua exploração e resistência, na mesma medida em que o corpo feminino foi apropriado pelo Estado e pelos homens, forçado a funcionar como um meio para a reprodução e a acumulação de trabalho. Nesse sentido, é bem merecida a importância que adquiriu o corpo em todos os seus aspectos — maternidade, parto, sexualidade —, tanto dentro da teoria feminista quanto na história das mulheres. *Calibã e a bruxa* também corrobora o saber feminista que se nega a identificar o corpo com a esfera do privado e, nessa linha, fala de uma "política do corpo". Além disso, explica como o corpo, para as mulheres, pode ser tanto uma fonte de identidade quanto uma prisão, e por que ele tem tanta importância para as feministas, ao mesmo tempo que é tão problemática a sua valoração.

Quanto à teoria de Foucault, a história da acumulação primitiva oferece muitos contraexemplos dela, demonstrando que a teoria foucaultiana só pode ser defendida à custa de omissões históricas extraordinárias. A mais óbvia é a omissão da caça às bruxas e do discurso sobre a demonologia na sua análise sobre o disciplinamento do corpo. Sem dúvida, se essas questões tivessem sido incluídas, teriam inspirado outras conclusões, já que ambas demonstram o caráter repressivo do poder aplicado contra as mulheres e o inverossímil da cumplicidade e da inversão de papéis que Foucault, em sua descrição da dinâmica dos micropoderes, imagina que existem entre as vítimas e seus perseguidores.

Um estudo da caça às bruxas também desafia a teoria foucaultiana relativa ao desenvolvimento do "biopoder", despojando-a do mistério com que ele cobre a emergência desse regime. Foucault registra a virada — alegadamente na Europa do século XVIII — de um tipo de poder constituído sobre o direito de matar para um poder diferente, que se exerce por meio da administração e da promoção das forças vitais, como o crescimento da população. Mas ele não oferece pistas sobre suas motivações. No entanto, se situamos essa virada no contexto do surgimento do capitalismo, o enigma desaparece: a promoção das forças vitais se revela como nada mais que o resultado de uma nova preocupação pela acumulação e pela reprodução da força de trabalho. Também podemos observar que a promoção do crescimento populacional por parte do Estado pode andar de mãos dadas com uma destruição massiva de vidas, pois, em muitas circunstâncias históricas — por exemplo, a história do tráfico de escravos —, uma é condição para a outra. Efetivamente, num sistema em que a vida está subordinada à produção de lucro, a acumulação de força de trabalho só pode ser alcançada com o máximo de violência para que, nas palavras de Maria Mies, a própria violência se transforme na força mais produtiva.

Para concluir, o que Foucault teria aprendido, caso tivesse estudado a caça às bruxas em sua *História da sexualidade* (1978), em vez de ter se concentrado na confissão pastoral, é que essa história não pode ser escrita do ponto de vista de um sujeito universal, abstrato, assexuado. Além disso, teria constatado que a tortura e a morte podem se colocar a serviço da "vida", ou melhor, a serviço da produção da força de trabalho, dado que o objetivo da sociedade capitalista é transformar a vida em capacidade para trabalhar e em "trabalho morto".[6]

Desse ponto de vista, a acumulação primitiva foi um processo universal em cada fase do desenvolvimento capitalista. Não é por acaso que seu exemplo histórico originário tenha sedimentado estratégias que, diante de cada grande crise capitalista, foram relançadas de diferentes maneiras com a finalidade de baratear o custo do trabalho e esconder a exploração das mulheres e dos sujeitos coloniais.

Foi isso que ocorreu no século XIX, quando as respostas ao surgimento do socialismo, à Comuna de Paris e à crise de acumulação de 1873 foram a "Partilha da África" e, simultaneamente, a invenção da família nuclear na Europa, centrada na dependência econômica das mulheres aos homens – seguida da expulsão das mulheres dos postos de trabalho remunerados. Isso é também o que ocorre na atualidade, quando uma nova expansão do mercado de trabalho busca nos colocar em retrocesso no que tange à luta anticolonial e às lutas de outros sujeitos rebeldes – estudantes, feministas, trabalhadores industriais – que nos anos 1960 e 1970 debilitaram a divisão sexual e internacional do trabalho.

Não surpreende, portanto, que a violência em grande escala e a escravidão tenham estado na ordem do dia, do mesmo modo que estavam no período de "transição"; a diferença é que hoje os conquistadores são os oficiais do Banco Mundial e do

---

6 O "trabalho morto" é o trabalho já realizado, que fica objetivado nos meios de produção. Segundo Marx, o "trabalho morto" depende da capacidade humana presente ("trabalho vivo"), mas o capital é "trabalho morto" que subordina e explora essa capacidade (Marx, 1909 [2017]). [N.T.E.]

FMI, que ainda pregam o valor de um centavo às mesmas populações que as potências mundiais dominantes têm roubado e pauperizado durante séculos. Uma vez mais, muito da violência empregada se dirige contra as mulheres, porque, na era do computador, a conquista do corpo feminino continua sendo uma precondição para a acumulação de trabalho e riqueza, tal como demonstra o investimento institucional no desenvolvimento de novas tecnologias reprodutivas que, mais do que nunca, reduzem as mulheres a meros ventres.

Ademais, a "feminização da pobreza" que acompanhou a difusão da globalização adquire um novo significado quando recordamos que ela foi o primeiro efeito do desenvolvimento do capitalismo sobre a vida das mulheres.

A lição política que podemos extrair de *Calibã e a bruxa* é que o capitalismo, enquanto sistema socioeconômico, está necessariamente ligado ao racismo e ao sexismo. O capitalismo precisa justificar e mistificar as contradições incrustadas em suas relações sociais – a promessa de liberdade frente à realidade da coação generalizada, e a promessa de prosperidade frente à realidade de penúria generalizada – difamando a "natureza" daqueles a quem explora: mulheres, sujeitos coloniais, descendentes de escravizados africanos, imigrantes deslocados pela globalização.

No cerne do capitalismo, encontramos não apenas uma relação simbiótica entre o trabalho assalariado contratual e a escravidão, mas também, e junto com ela, a dialética que existe entre acumulação e destruição da força de trabalho, tensões pelas quais as mulheres pagaram o preço mais alto, com seu corpo, seu trabalho e sua vida.

É, portanto, impossível associar o capitalismo com qualquer forma de libertação ou atribuir a longevidade do sistema à sua capacidade de satisfazer necessidades humanas. Se o capitalismo é capaz de se reproduzir, isso se deve somente à rede de desigualdades que ele construiu no corpo do proletariado mundial e à sua capacidade de globalizar a exploração. Esse processo segue desenvolvendo-se diante de nossos olhos, tal como se deu ao longo dos últimos quinhentos anos.

A diferença é que, hoje, a resistência ao capitalismo também atingiu uma dimensão global.

Esta cena impactante da expulsão de Adão e Eva dos Jardins do Éden evoca a expulsão do campesinato das terras comunais, que começou a ocorrer na Europa Ocidental exatamente na época em que a obra foi produzida. Albrecht Dürer, *A Queda do Homem*, 1510, xilogravura.

CAPÍTULO 1

O MUNDO PRECISA DE UMA SACUDIDA

OS MOVIMENTOS SOCIAIS E A CRISE POLÍTICA NA EUROPA MEDIEVAL

INTRODUÇÃO 52 · A SERVIDÃO COMO RELAÇÃO DE CLASSE 55 · A LUTA PELO COMUM 62 · LIBERDADE E DIVISÃO SOCIAL 68 · OS MOVIMENTOS MILENARISTAS E HERÉTICOS 74 · A POLITIZAÇÃO DA SEXUALIDADE 88 · AS MULHERES E A HERESIA 91 · LUTAS URBANAS 97 · A PESTE NEGRA E A CRISE DO TRABALHO 104 · A POLÍTICA SEXUAL, O SURGIMENTO DO ESTADO E A CONTRARREVOLUÇÃO 111

O MUNDO DEVERÁ SOFRER UMA GRANDE SACUDIDA. ACONTECERÁ UMA SITUAÇÃO TAL QUE OS ÍMPIOS SERÃO EXPULSOS DE SEUS LUGARES E OS OPRIMIDOS SE LEVANTARÃO.

— THOMAS MÜNTZER, *OPEN DENIAL OF THE FALSE BELIEF OF THE GODLESS WORLD ON THE TESTIMONY OF THE GOSPEL OF LUKE, PRESENTED TO MISERABLE AND PITIFUL CHRISTENDOM IN MEMORY OF ITS ERROR* [NEGAÇÃO ABERTA DA FALSA CRENÇA DO MUNDO SEM DEUS NO TESTEMUNHO DO EVANGELHO DE LUCAS, APRESENTADA À MISERÁVEL E LAMENTÁVEL CRISTANDADE, EM MEMÓRIA DE SEU ERRO] (1524)

NÃO SE PODE NEGAR QUE, DEPOIS DE SÉCULOS DE LUTA, A EXPLORAÇÃO CONTINUA EXISTINDO. SOMENTE SUA FORMA MUDOU. O MAIS-
-TRABALHO EXTRAÍDO AQUI E ALI PELOS ATUAIS SENHORES DO MUNDO NÃO É MENOR, EM PROPORÇÃO, À QUANTIDADE TOTAL DE TRABALHO QUE SE EXTRAÍA HÁ MUITO TEMPO. PORÉM, A MUDANÇA NAS CONDIÇÕES DE EXPLORAÇÃO NÃO É INSIGNIFICANTE [...]
O QUE IMPORTA É A HISTÓRIA, A LUTA POR LIBERTAÇÃO.

— PIERRE DOCKÈS, *MEDIEVAL SLAVERY AND LIBERATION* [ESCRAVIDÃO MEDIEVAL E LIBERTAÇÃO] (1982)

INTRODUÇÃO

Uma história das mulheres e da reprodução na "transição para o capitalismo" deve começar com as lutas que o proletariado da Europa medieval — pequenos camponeses, artesãos, trabalhadores — travou contra o poder feudal em todas as suas formas. Apenas se invocarmos essas lutas, com sua rica carga de demandas, aspirações sociais e políticas e práticas antagônicas, podemos compreender o papel que tiveram as mulheres na crise do feudalismo e os motivos pelos quais seu poder devia ser destruído a fim de que se desenvolvesse o capitalismo, o que se traduziu na perseguição às bruxas durante três séculos. Da perspectiva estratégica dessa luta, é possível observar que o capitalismo não foi o produto do desenvolvimento evolutivo que deu à luz forças que estavam amadurecendo no ventre da antiga ordem. O capitalismo foi uma resposta dos senhores feudais, dos mercadores patrícios, dos bispos e dos papas a um conflito social de séculos que chegou a fazer tremer seu poder e que realmente produziu "uma grande sacudida mundial". O capitalismo foi a contrarrevolução que destruiu as possibilidades que haviam emergido da luta antifeudal — possibilidades que, se tivessem sido realizadas, teriam evitado a imensa destruição de vida e de espaço natural que marcou o avanço das relações capitalistas no mundo. Devemos enfatizar esse aspecto, pois a crença de que o capitalismo "evoluiu" a partir do feudalismo e de que representa uma forma mais elevada de vida social ainda não se desfez.

No entanto, o modo como a história das mulheres se entrecruza com a história do desenvolvimento capitalista não pode ser compreendido se nos preocuparmos apenas com os terrenos clássicos da luta de classes — serviços laborais (*labor services*), índices salariais, rendas e dízimos — e ignorarmos as novas visões da vida social e a transformação das relações de gênero que tais conflitos produziram. Elas não foram insignificantes. A luta antifeudal nos apresenta o primeiro indício, na história europeia, da existência das raízes de um movimento de mulheres que se opunha à ordem estabelecida e contribuía para a construção de modelos alternativos de vida comunal. A luta contra o poder feudal produziu também as primeiras tentativas organizadas de desafiar as normas sexuais dominantes e de estabelecer relações mais igualitárias entre mulheres e homens. Combinadas à recusa do trabalho servil e das relações comerciais, essas formas conscientes de transgressão social construíram uma poderosa alternativa não só ao feudalismo mas também à ordem capitalista que estava substituindo o feudalismo, demonstrando que outro mundo era possível e nos encorajando a perguntar por que ele não se desenvolveu. Este capítulo procura respostas para essa pergunta, ao mesmo tempo que examina como se redefiniram as relações entre as mulheres e os homens e a reprodução da força de trabalho, em oposição ao regime feudal.

As lutas sociais da Idade Média também devem ser lembradas porque escreveram um novo capítulo na história da libertação. Em seu melhor momento, exigiram uma ordem social igualitária baseada na riqueza compartilhada e na recusa às hierarquias e ao autoritarismo. Essas reivindicações continuariam sendo utopias. No lugar do reino dos céus, cujo advento foi profetizado na pregação dos movimentos heréticos e milenaristas, o que resultou do final do feudalismo foram as enfermidades, a guerra, a fome e a morte – os quatro cavaleiros do Apocalipse, representados na famosa gravura de Albrecht Dürer –, verdadeiros presságios da nova era capitalista. No entanto, as tentativas do proletariado medieval de "colocar o mundo de cabeça para baixo" devem ser levadas em conta; apesar de sua derrota, elas conseguiram pôr em crise o sistema feudal e, em sua época, foram "genuinamente revolucionárias", já que não poderiam ter triunfado sem "uma reconfiguração radical da ordem social" (Hilton, 1973, p. 223-4). Realizar uma leitura da "transição" pelo viés da luta antifeudal na Idade Média nos ajuda também a reconstruir as dinâmicas sociais que subjaziam no fundo dos cercamentos ingleses e da conquista da América, e nos ajuda sobretudo a desenterrar algumas das razões pelas quais, nos séculos XVI e XVII, o extermínio das "bruxas" e a extensão do controle estatal a qualquer aspecto da reprodução se converteram nas pedras angulares da acumulação primitiva.

Camponeses preparando a terra para semear. O acesso à terra era a base do poder dos servos. Miniatura no manuscrito *The Luttrell Psalter* (c. 1325-1340).

A SERVIDÃO COMO RELAÇÃO DE CLASSE

Embora as lutas antifeudais da Idade Média lancem um pouco de luz sobre o desenvolvimento das relações capitalistas, seu significado político permanece oculto, a menos que as enquadremos no contexto mais amplo da história da servidão, que foi a relação de classe dominante na sociedade feudal e, até o século XIV, o foco da luta antifeudal.

A servidão se desenvolveu na Europa entre os séculos V e VII em resposta ao desmoronamento do sistema escravagista sobre o qual se havia edificado a economia da Roma Imperial. Foi o resultado de dois fenômenos relacionados entre si. Por volta do século IV, nos territórios romanos e nos novos Estados germânicos, os senhores de terra se viram obrigados a conceder aos escravizados o direito a possuir uma parcela de terra e uma família própria, com a finalidade de conter, assim, suas rebeliões e evitar sua fuga para o "mato", onde comunidades autogovernadas começavam a se organizar às margens do Império.[1] Ao mesmo tempo, os senhores de terra começaram a subjugar

---

[1] O melhor exemplo desse tipo de comunidade foi a dos bagaudas (ou *bagaudæ*), que ocuparam a Gália por volta do ano 300 (Dockès, 1982, p. 87). Eram camponeses e escravizados libertos que, exasperados pelas penúrias que haviam sofrido devido às disputas entre os aspirantes ao trono romano, perambulavam sem rumo, armados com ferramentas de cultivo e cavalos roubados, em bandos errantes (daí seu nome "bando de combatentes") (Randers-Pehrson, 1983, p. 26). Os citadinos se uniam a eles e formavam comunidades autogovernadas, nas quais cunhavam moedas com a palavra "esperança", elegiam líderes e administravam a justiça. Derrotados no campo aberto por Maximiliano, correligionário do imperador Diocleciano, lançaram-se na guerra de "guerrilhas" para reaparecer com força no século V, quando se converteram em alvo de reiteradas ações militares. No ano de 407 foram os protagonistas de uma "feroz insurreição". O imperador Constantino os derrotou em batalha na Armórica (Bretanha) (Randers-Pehrson, 1983, p. 124). Os "escravizados rebeldes e camponeses [haviam] criado uma organização 'estatal' autônoma, expulsando os oficiais romanos, expropriando os proprietários, reduzindo a escravos quem possuía escravos e [organizando] um sistema judicial e um exército" (Dockès, 1982, p. 87). Apesar das numerosas tentativas de reprimi-los, os bagaudas nunca foram completamente derrotados. Os imperadores romanos tiveram que recrutar tribos de invasores "bárbaros" para dominá-los. Constantino retirou os visigodos

os camponeses livres que, arruinados pela expansão do trabalho escravo e, depois, pelas invasões germânicas, buscaram a proteção dos senhores, ainda que a custo de sua independência. Assim, uma vez que a escravidão nunca foi completamente abolida, desenvolveu-se uma nova relação de classe que homogeneizou as condições dos antigos escravizados e dos trabalhadores agrícolas livres (Dockès, 1982, p. 151), relegando todo o campesinato a uma relação de subordinação. Desse modo, durante três séculos (do século IX ao XI), "camponês" (*rusticus*, *villanus*) seria sinônimo de "servo" (*servus*) (Pirenne, 1956, p. 63).

Enquanto relação de trabalho e estatuto jurídico, a servidão era uma carga pesada. Os servos estavam atados aos senhores de terra; suas pessoas e posses eram propriedades de seus senhores e sua vida era regulada, em todos os aspectos, pela lei do feudo. Entretanto, a servidão redefiniu a relação de classe de modo mais favorável aos trabalhadores. A servidão marcou o fim do trabalho com grilhões e da vida no ergástulo[2] e uma diminuição dos castigos atrozes (as coleiras de ferro, as queimaduras, as crucificações) de que a escravidão havia dependido. Nos feudos, os servos estavam submetidos à lei do senhor, porém suas transgressões eram julgadas segundo acordos consuetudinários ("de usos e costumes") e, com o tempo, até mesmo por um sistema de júri constituído por seus pares.

Do ponto de vista das mudanças introduzidas na relação senhor/servo, o aspecto mais importante da servidão foi a concessão aos servos do acesso direto aos meios de sua reprodução.

---

da Espanha e fez generosas doações de terra a eles na Gália, esperando que pusessem sob controle os bagaudas. Até mesmo os hunos foram recrutados para persegui-los (Randers-Pehrson, 1983, p. 189). Porém, novamente encontramos os bagaudas lutando com os visigodos e os alanos contra o avanço de Átila.
2 Os ergástulos eram as vivendas dos escravizados nas vilas romanas. Tratava-se de "prisões subterrâneas", onde os cativos dormiam acorrentados; as janelas eram tão altas (de acordo com a descrição de um senhor de terras da época) que eles não podiam alcançá-las (Dockès, 1982, p. 69). "Era possível [...] encontrá-las quase em qualquer parte", nas regiões conquistadas pelos romanos, "onde os escravizados superavam de forma ampla numericamente os homens livres" (Dockès, 1982, p. 208). O termo *ergastolo* ainda é utilizado na justiça penal italiana com o significado de "prisão perpétua".

Em troca do trabalho que estavam obrigados a realizar na terra do senhor (*demesne*), os servos recebiam uma parcela de terra (*mansus* ou *hide*)[3] que podiam utilizar para se manter e deixar a seus filhos "como uma verdadeira herança, simplesmente pagando uma dívida de sucessão" (Boissonnade, 1927, p. 134). Como assinala Pierre Dockès em *Medieval Slavery and Liberation* [Escravidão medieval e libertação] (1982), esse acordo aumentou a autonomia dos servos e melhorou suas condições de vida, já que agora podiam dedicar mais tempo à sua reprodução e negociar o alcance de suas obrigações, em vez de serem tratados como bens móveis, sujeitos a uma autoridade ilimitada. E, o que é mais importante: por terem o uso e a posse efetiva de uma parcela de terra, os servos sempre dispunham de recursos; aliás, no ponto máximo de seus enfrentamentos com os senhores, não era fácil forçá-los a obedecer pela ameaça de passar fome. É verdade que o senhor podia expulsar da terra os servos rebeldes, mas isso raramente ocorria, dadas as dificuldades para recrutar novos trabalhadores em uma economia bastante fechada e devido à natureza coletiva das lutas camponesas. É por isso que, no feudo, como apontou Marx, a exploração do trabalho sempre dependia do uso direto da força.[4]

A experiência de autonomia adquirida pelos camponeses com o acesso à terra teve também um potencial político e ideológico. Com o tempo, os servos começaram a sentir como própria a terra que ocupavam e a considerar intoleráveis as restrições de liberdade que a aristocracia lhes impunha. "A terra é de quem a trabalha" — a mesma demanda que ressoou ao longo

---

3 *Demesne, mansus* e *hide* eram termos usados no direito medieval inglês. [N.T.E.]
4 Marx refere-se a esta questão no livro III de *O capital*, quando compara a economia da servidão às economias escravista e capitalista: "Em que medida o trabalhador (*self-sustaining serf* [servo autossuficiente]) pode obter um excedente sobre seus meios necessários de subsistência, [...] é algo que, mantendo-se inalteradas as demais circunstâncias, depende da proporção em que se dividem tempo de trabalho para si mesmo e tempo de trabalho servil para o senhor da terra. [...] Em tais condições, o mais-trabalho só pode ser extraído deles pelo proprietário nominal da terra por meio da coerção extraeconômica, qualquer que seja a forma em que essa se apresente" (Marx, 1910, p. 917-8 [2017, p. 850-1]).

do século XX, das revoluções mexicana e russa até as lutas de nossos dias contra a privatização da terra — é um grito de batalha com o qual os servos medievais certamente se identificariam. No entanto, a força dos "servos" provinha do fato de que o acesso à terra era, para eles, uma realidade.

Com o uso da terra também apareceu o uso dos "espaços comunais"[5] — pradarias, bosques, lagos, pastos — que proporcionavam recursos imprescindíveis para a economia camponesa (lenha para combustível, madeira para construção, tanques de peixes, terras de pastoreio), ao mesmo tempo que fomentavam a coesão e a cooperação comunitárias (Birrell, 1987, p. 23). No norte da Itália, o controle sobre esses recursos serviu de base para o desenvolvimento de administrações autônomas comunais (Hilton, 1973, p. 76). Os "espaços comunais" eram tão importantes na economia política e nas lutas da população rural medieval que sua memória ainda aviva nossa imaginação, projetando a visão de um mundo em que os bens podem ser compartilhados e a solidariedade, mais que desejo de autoengrandecimento, pode ser o fundamento das relações sociais.[6]

A comunidade servil medieval não alcançou esses objetivos e não deve ser idealizada como um exemplo de comunalismo. Na verdade, seu exemplo nos recorda que nem o "comunalismo" nem o "localismo" podem garantir relações igualitárias, a menos que a comunidade controle seus meios de subsistência e todos os seus membros tenham igual acesso a eles. Não era o caso dos servos nos feudos. Apesar de terem prevalecido

---

[5] A expressão inglesa *commons* adquiriu, com seu uso, a condição de substantivo. Refere-se ao "comum" ou ao "tido em comum", quase sempre com uma conotação espacial. Decidimos traduzi-la como "terras comunais" ou "o comum". Vários autores contribuíram com a discussão acerca da permanência da "acumulação primitiva" como *enclosure* (cercamento) dos *commons*. Entre eles, cabe mencionar, além de Silvia Federici, George Caffentzis, Peter Linebaugh, Massimo de Angelis, Nick Dyer-Witheford, o coletivo Midnight Notes e os que contribuem com a revista *The Commoner*. [N.T.E.]

[6] Para uma discussão sobre a importância dos bens e direitos comuns na Inglaterra, ver Joan Thrisk (1964), Jean Birrell (1987) e J. M. Neeson (1993). Os movimentos ecologistas e ecofeministas deram ao comum um novo sentido político. Para uma perspectiva ecofeminista da importância do comum na economia da vida das mulheres, ver Vandana Shiva (1989).

formas coletivas de trabalho e "contratos" coletivos com os senhores feudais, e apesar do caráter local da economia camponesa, a aldeia medieval não era uma comunidade de iguais. Tal como se estabeleceu com base em uma vasta documentação proveniente de todos os países da Europa Ocidental, existiam muitas diferenças sociais entre camponeses livres e camponeses com um estatuto servil, entre camponeses ricos e pobres, entre aqueles que tinham assegurada a posse da terra e os trabalhadores sem-terra que trabalhavam em troca de pagamento na *demesne* do senhor, assim como entre mulheres e homens.[7]

Geralmente, a terra era entregue aos homens e transmitida pela linhagem masculina, embora tenha havido muitos casos de mulheres que nominalmente a herdavam e administravam.[8] As mulheres também foram excluídas dos cargos para os quais se designavam camponeses mais abastados e, para todos os efeitos, tinham status de segunda classe (Bennett, 1988, p. 18-29; Shahar, 1983). Talvez seja esse o motivo pelo qual seus nomes raramente são mencionados nas crônicas dos feudos, com exceção dos arquivos das cortes nos quais se registravam as infrações dos servos. No entanto, as servas eram menos dependentes de seus parentes de sexo masculino, se diferenciavam menos deles física, social e psicologicamente e estavam menos subordinadas a suas necessidades do que as mulheres "livres" na sociedade capitalista que viria depois.

[7] Para uma discussão sobre a estratificação do campesinato europeu, ver Hilton (1985, p. 116-7, 141-51) e Titow (1969, p. 56-9). É de especial importância a distinção entre liberdade *pessoal* e liberdade *de posse*. A primeira significava que um camponês não era um servo, ainda que tivesse a obrigação de fornecer serviços laborais. A última queria dizer que um camponês tinha uma terra que não estava associada a obrigações servis. Na prática, ambas tendiam a coincidir; isso começou a mudar, entretanto, quando os camponeses livres passaram a adquirir terras que acarretavam encargos servis a fim de expandir suas propriedades. Assim, "encontramos camponeses livres (*liberi*) em posse de terra vilã e encontramos vilões (*villani, nativi*) em posse vitalícia de terras, embora ambos os casos fossem raros e estivessem mal considerados" (Titow, 1969, p. 56-7).
[8] O exame de testamentos de Kibworth (Inglaterra), no século XV, realizado por Barbara Hanawalt, mostra que, "em 41% dos testamentos, os homens preferiram filhos homens adultos, enquanto, em 29% dos casos, escolheram somente a mulher ou a mulher e um filho homem" (Hanawalt, 1986b, p. 155).

A dependência das mulheres em relação aos homens na comunidade servil estava limitada pelo fato de que, sobre a autoridade do marido e do pai, prevalecia a autoridade dos senhores, que reivindicavam a posse das pessoas e da propriedade dos servos e tentavam controlar cada aspecto da vida delas, desde o trabalho até o casamento e a conduta sexual.

Era o senhor que mandava no trabalho e nas relações sociais das mulheres, decidindo, por exemplo, se uma viúva deveria se casar novamente e quem deveria ser seu esposo. Em algumas regiões reivindicavam, inclusive, o *ius primae noctis* – o direito de deitar-se com a esposa do servo na noite de núpcias. A autoridade dos servos homens sobre suas parentas também estava limitada pelo fato de que a terra era entregue geralmente à unidade familiar, e as mulheres não somente trabalhavam nela como também podiam dispor dos produtos de seu trabalho e não precisavam depender do marido para se manter. A participação da esposa na posse da terra era tão aceita na Inglaterra que, "quando um casal de servos se casava, era comum que o homem fosse devolver a terra ao senhor, retomando-a tanto em seu nome quanto no de sua esposa" (Hanawalt, 1986b, p. 155).[9] Além disso, dado que o trabalho no feudo estava organizado com base na subsistência, a divisão sexual do trabalho era menos pronunciada e sentenciosa que nos estabelecimentos agrícolas capitalistas. Na aldeia feudal não existia uma separação social entre a produção de bens e a reprodução da força de trabalho: todo trabalho contribuía para o sustento familiar. As mulheres trabalhavam nos campos, além de criar os filhos, cozinhar, lavar, fiar e manter a horta;

---

[9] Hanawalt vê a relação matrimonial medieval entre camponeses como uma "sociedade": "As transações de terra nas cortes feudais indicam uma forte prática de responsabilidade e tomada de decisões de ambos [...]. Marido e mulher também aparecem comprando e vendendo terrenos para eles ou para seus filhos" (Hanawalt, 1986b, p. 16). Sobre a contribuição das mulheres ao trabalho agrícola e ao controle do excedente de produtos alimentícios, ver Shahar (1983, p. 239-42). Sobre a contribuição extralegal das mulheres em seus lares, ver Hanawalt (1986b, p. 12). Na Inglaterra, "o espigamento ilegal era a forma mais comum de uma mulher obter mais grãos para sua família" (Hanawalt, 1986b, p. 12).

suas atividades domésticas não eram desvalorizadas e não supunham relações sociais diferentes das dos homens, como ocorreria em breve na economia monetária, quando o trabalho doméstico deixou de ser visto como um verdadeiro trabalho.

Se também considerarmos que, na sociedade medieval, as relações coletivas prevaleciam sobre as familiares e que a maioria das tarefas realizadas pelas servas (lavar, fiar, fazer a colheita e cuidar dos animais nos campos comunais) era realizada em cooperação com outras mulheres, nos damos conta de que a divisão sexual do trabalho, longe de ser uma fonte de isolamento, constituía fonte de poder e de proteção para as mulheres. Era a base de uma intensa sociabilidade e solidariedade femininas que permitia às mulheres enfrentar os homens, embora a Igreja pregasse a submissão e a Lei Canônica santificasse o direito do marido a bater em sua esposa.

No entanto, a posição das mulheres nos feudos não pode ser tratada como se fosse uma realidade estática.[10] O poder das mulheres e suas relações com os homens estavam determinados, a todo momento, pelas lutas de suas comunidades contra os senhores feudais e pelas mudanças que essas lutas produziam nas relações entre senhores e servos.

---

[10] Essa é a limitação de alguns estudos – em outros sentidos, excelentes – sobre as mulheres na Idade Média produzidos em anos recentes por uma nova geração de historiadoras feministas. Compreensivelmente, a dificuldade de apresentar uma visão sintética de um campo cujos contornos empíricos ainda estão sendo reconstruídos levou a certa tendência para análises descritivas, voltadas às principais classificações da vida social das mulheres: "a mãe", "a trabalhadora", "mulheres em zonas rurais", "mulheres nas cidades", com frequência abstraídas da mudança social e econômica e da luta social.

A LUTA PELO COMUM

Por volta do fim do século XIV, a revolta do campesinato contra os senhores feudais havia se tornado endêmica, homogênea e, frequentemente, armada. No entanto, a força organizativa que os camponeses demonstraram nesse período foi resultado de um longo conflito que, de um modo mais ou menos manifesto, atravessou toda a Idade Média.

Contrariamente à descrição da sociedade feudal como um mundo estático no qual cada estamento aceitava o lugar que lhe era designado na ordem social – descrição que costumamos encontrar nos livros escolares –, o retrato que emerge do estudo sobre o feudo é, na verdade, de uma luta de classes incansável.

Como indicam os arquivos das cortes senhoriais inglesas, a aldeia medieval era palco de uma luta cotidiana (Hilton, 1966, p. 154; 1985, p. 158-9). Em alguns casos, alcançavam-se momentos de grande tensão, como quando os aldeões matavam o administrador ou atacavam o castelo do senhor. Com mais frequência, entretanto, ela consistia em um permanente litígio pelo qual os servos tratavam de limitar os abusos dos senhores, fixar seus "fardos" e reduzir os muitos tributos que eles lhes deviam em troca do uso da terra (Bennett, 1967; Coulton, 1955, p. 35-91; Hanawalt, 1986a, p. 32-5).

O objetivo principal dos servos era preservar seu mais-trabalho e seus produtos, ao mesmo tempo que ampliavam a esfera de direitos econômicos e jurídicos. Esses dois aspectos da luta servil estavam estreitamente ligados, já que muitas obrigações decorriam do estatuto legal dos servos. Assim, na Inglaterra do século XIII, tanto nos feudos laicos quanto nos religiosos, os camponeses homens eram frequentemente multados por declarar que não eram servos, mas homens livres, um desafio que podia acabar num desagradável litígio, seguido, inclusive, por apelação à corte real (Hanawalt, 1986a, p. 31). Os camponeses também eram multados por se recusarem a assar seu pão no forno dos senhores ou a moer seus grãos ou azeitonas nos moinhos deles, o que lhes permitia evitar os onerosos impostos que lhes impunham pelo uso dessas instalações (Bennett, 1967, p. 130-1; Dockès, 1982, p. 176-9). No entanto, a questão mais importante da luta dos servos era o trabalho que, em certos dias da semana, eles deviam executar nas terras dos senhores. Esses "serviços laborais" eram as cargas que afetavam mais diretamente a vida dos servos e, ao longo do século XIII, foram o tema central na luta por liberdade.[11]

A atitude dos servos ante a corveia — outra das denominações dos serviços laborais — se faz visível por meio das anotações nos livros das cortes senhoriais, em que se registravam os castigos impostos aos arrendatários. Em meados do século XIII, há provas de uma "deserção massiva" dos serviços laborais (Hilton, 1985, p. 130-1). Os arrendatários não iam nem enviavam seus filhos para trabalhar na terra dos senhores quando eram convocados para a colheita,[12] ou iam tarde demais para os campos, de forma que a colheita estragava, ou trabalhavam de má vontade, demorando-se em descansos, mantendo, em geral, uma atitude insubordinada. Daí a necessidade dos senhores de exercer vigilância e supervisão constante e rigorosa, como demonstra a seguinte recomendação:

---

11 Como escreve Titow (1969, p. 59) no caso dos camponeses ingleses sob regime de servidão: "Não é difícil ver por que o aspecto pessoal da vilanagem seria eclipsado, na mente dos camponeses, pelo problema dos serviços laborais. [...] As incapacidades que surgem do status submisso teriam lugar somente de forma esporádica [...] não tanto quanto os serviços laborais, em particular o trabalho semanal, que obrigava um homem a trabalhar para seu senhor tantos dias da semana, todas as semanas, além de prestar outros serviços ocasionais".
12 "Se tomarmos as primeiras páginas dos registros de Abbots Langley: multavam-se os homens por não irem à colheita ou por não irem com uma quantidade suficiente de homens; chegavam tarde e, quando chegavam, faziam mal seu trabalho ou com preguiça. Às vezes faltava não apenas um servo, mas um grupo inteiro, deixando os cultivos do senhor sem serem colhidos. Outros chegavam a ir, mas se mostravam muito antipáticos" (Bennett, 1967, p. 112).

> Deixem que o administrador e o assistente estejam o tempo todo com os lavradores, para que se assegurem de que estes façam bem e conscientemente seu trabalho e que, no final do dia, vejam quanto fizeram. [...] E dado que, costumeiramente, os servos se descuidam de seu trabalho, é necessário se precaver de seu logro; além disso, é preciso que sejam vigiados com frequência; e o administrador deve supervisioná-los bem de perto, para que trabalhem bem e, se não fizerem de forma adequada seu trabalho, os repreenda. (Bennett, 1967, p. 113)

Uma situação similar é ilustrada em "Piers Plowman" [Pedro, o lavrador] (c. 1362-1370), o poema alegórico de William Langland em que, numa cena, os peões, que haviam estado ocupados durante a manhã, passam a tarde sentados e cantando; em outra, se fala de folgazões que na época da colheita se reúnem em massa sem buscar nada "para fazer além de beber e dormir" (Coulton, 1955, p. 87).

A obrigação de prestar serviços militares em tempos de guerra também era objeto de forte resistência. Como relata Henry S. Bennett, nas aldeias inglesas sempre era necessário recorrer à força para o recrutamento, e os comandantes medievais raramente conseguiam reter seus homens na guerra, pois os alistados, depois de assegurarem seu pagamento, desertavam na primeira oportunidade. Exemplo disso são os registros de pagamento da campanha escocesa do ano 1300, que indicam que, enquanto em junho havia sido ordenado o alistamento de 16 mil recrutas, na metade de julho só conseguiram reunir 7,6 mil, e essa "foi a crista da onda [...]; em agosto, restavam pouco mais de 3 mil". Como consequência, o rei dependia cada vez mais de criminosos indultados e foragidos para reforçar seu exército (Bennett, 1967, p. 123-5).

Outra fonte de conflito vinha do uso das terras não cultivadas, incluindo os bosques, os lagos e as montanhas que os servos consideravam propriedade coletiva. "Podemos ir aos bosques" — declaravam os servos numa crônica inglesa de meados do século XII — "e tomar o que quisermos, pescar peixes do tanque e caçar nas florestas; faremos o que for nossa vontade nos bosques, nas águas e nas pradarias" (Hilton, 1973, p. 71).

Ainda assim, as lutas mais duras foram aquelas contra os impostos e encargos derivados do poder jurisdicional da nobreza. Elas incluíam a *manomorta* [mão-morta] (um imposto que o senhor angariava quando um servo morria), a *mercheta* (um imposto sobre o casamento, que aumentava quando um servo se casava com alguém de outro feudo), o *heriot* (um imposto sobre a herança, pago pelo herdeiro de um servo falecido pelo direito de obter acesso à sua propriedade, que geralmente consistia no melhor animal do falecido) e, o pior de todos, a *tallage* [talha], uma quantia em dinheiro decidida arbitrariamente, que os senhores podiam exigir à vontade. Por fim, mas não menos significativo, o *tithe* [dízimo] era um décimo do ingresso do camponês que ia para o clero, geralmente recolhido pelos senhores em nome da Igreja.

Esses impostos "contra a natureza e a liberdade" eram, junto com o serviço laboral, os impostos feudais mais odiados: como não eram compensados com nenhuma adjudicação de terra ou outros benefícios, revelavam a arbitrariedade do poder feudal. Em consequência, eram energicamente rechaçados. Um caso típico foi a atitude dos servos dos monges de Dunstable, que, em 1299, declararam que "prefeririam ir ao inferno a serem derrotados pela talha" e, "depois de muita controvérsia", compraram sua liberdade (Bennett, 1967, p. 139). De maneira similar, em 1280, os servos de Hedon, uma aldeia de Yorkshire, deixaram claro que, se a talha não fosse abolida, prefeririam ir viver nas cidades vizinhas, Revensered e Hull, "que dispõem de bons portos crescendo diariamente e não têm talha" (Bennett, 1967, p. 141). Não eram ameaças vãs. A fuga para cidades ou vilarejos[13] era um elemento permanente da luta dos servos, de tal maneira que, em alguns feudos ingleses, se dizia vez ou outra "que havia homens fugitivos que viviam nas cidades vizinhas; e apesar de que se dessem ordens para que fossem trazidos de volta, o vilarejo continuava a lhes dar refúgio" (Bennett, 1967, p. 295-6).

A essas formas de enfrentamento aberto devemos acrescentar as múltiplas e invisíveis formas de resistência pelas quais os camponeses subjugados se tornaram famosos em todas as épocas e lugares: "má vontade, dissimulação, falsa docilidade, ignorância fingida, deserção, furtos, contrabando, tráfico de animais..." (Scott, 1988, p. 5). Essas "formas cotidianas de resistência", tenazmente continuadas durante anos, sem as quais não é possível qualquer descrição adequada das relações de classe, eram abundantes na aldeia medieval.

Isso pode explicar a meticulosidade com que as cargas servis eram especificadas nos registros dos feudos:

> Por exemplo, com frequência [as crônicas feudais] não dizem simplesmente que um homem deve arar, semear e rastelar um acre da terra do senhor. Dizem que deve lavrá-lo com tantos bois quanto houver em seu arado, rastelá-lo com seu próprio cavalo e sacos [...]. Os serviços (também) eram registrados nos mínimos detalhes [...]. Devemos recordar os camponeses de Elton, que admitiram que eram obrigados a empilhar o feno do senhor em seu campo e também em seu estábulo, mas sustentavam que o costume não os obrigava a carregá-los em carros para serem levados de um lugar a outro. (Homans, 1960, p. 272)

---

[13] A distinção entre "cidade" e "vilarejo" nem sempre é clara. Para nossos propósitos neste trabalho, cidade é um centro povoado com carta régia, sede episcopal e mercado, enquanto vilarejo é um centro povoado (geralmente menor que a cidade) com um mercado permanente.

Em alguns lugares da Alemanha, onde as obrigações incluíam doações anuais de ovos e aves domésticas, foram designados exames de saúde para evitar que os servos entregassem aos senhores os piores frangos:

> A galinha é colocada (então) em frente à cerca ou portão; se, quando é assustada, tem força suficiente para voar ou se movimentar rapidamente, o administrador deve aceitá-la, pois goza de boa saúde. De novo, um filhote de ganso deve ser aceito se está maduro o suficiente para arrancar pasto sem perder o equilíbrio e cair sentado vergonhosamente. (Coulton, 1955, p. 74-5)

Regulações tão minuciosas dão testemunho da dificuldade de fazer-se cumprir o "contrato social" medieval e a variedade de campos de batalha disponíveis para uma aldeia ou um arrendatário combativos. Os direitos e obrigações dos servos estavam regulados por "costumes", mas sua interpretação também era objeto de muitas disputas. A "invenção de tradições" era uma prática comum na confrontação entre senhores feudais e camponeses, já que ambos tratavam de redefini-las ou esquecê-las, até que chegou um momento, no final do século XIII, em que os senhores as estabeleceram de forma escrita.

LIBERDADE E DIVISÃO SOCIAL

A primeira consequência política das lutas servis foi a concessão de "privilégios" e "cartas de foral" que fixavam as cargas e asseguravam "um elemento de autonomia na administração da comunidade aldeã", garantindo, em certos momentos, para muitas aldeias (particularmente no norte da Itália e na França), verdadeiras formas de autogoverno local. Esses forais estipulavam as multas que as cortes feudais deviam impor e estabeleciam regras para os procedimentos judiciais, eliminando ou reduzindo a possibilidade de prisões arbitrárias e outros abusos (Hilton, 1973, p. 75). Também aliviavam a obrigação dos servos de se alistarem como soldados e aboliam ou fixavam a talha. Com frequência, outorgavam a "liberdade" de "ter um posto", isto é, de vender bens no mercado local e, menos frequentemente, o direito de alienar a terra. Entre 1177 e 1350, foram concedidos 280 forais somente na região da Lorena (Hilton, 1983, p. 83).

No entanto, a resolução mais importante do conflito entre senhores e servos foi a *substituição* dos serviços laborais por um pagamento em dinheiro (arrendamentos em dinheiro, impostos em dinheiro) que colocava a relação feudal sobre uma base mais contratual. Com esse desenvolvimento de importância fundamental, a servidão praticamente acabou, mas, assim como acontece com muitas "vitórias" dos trabalhadores que apenas satisfazem parcialmente as demandas originais, a substituição também cooptou os objetivos da luta, funcionando como um meio de divisão social e contribuindo para a desintegração da aldeia feudal.

Para os camponeses abastados que, por possuírem grandes extensões de terra, podiam ganhar dinheiro suficiente para, por exemplo, "comprar seu sangue" e empregar outros trabalhadores, a substituição deve ter sido um grande passo no caminho para a independência econômica e pessoal, uma vez que os senhores diminuíram seu controle sobre os arrendatários quando eles já não dependiam diretamente de seu trabalho. Entretanto, a maioria dos camponeses mais pobres — que possuíam somente uns poucos acres de terra, apenas o suficiente para a sua sobrevivência — perdeu até o pouco que tinha. Forçados a pagar suas obrigações em dinheiro, contraíram dívidas crônicas, pegando emprestado da conta de colheitas futuras, um processo que terminou fazendo com que muitos perdessem suas terras. Como consequência, no final do século XIII, quando as substituições se difundiram por toda a Europa Ocidental, as divisões sociais nas áreas rurais se aprofundaram, e parte do campesinato sofreu um processo de proletarização. Como escreve Bronisław Geremek (1994, p. 56):

> Os documentos do século XIII contêm grandes quantidades de informação sobre os camponeses "sem-terra" que, a duras penas, se ajeitam para viver às margens da vida aldeã, ocupando-se dos rebanhos [...]. Encontram-se crescentes quantidades de "jardineiros", camponeses sem-terra ou quase sem-terra que ganhavam a vida oferecendo seus serviços [...]. No sul da França, os *brassiers* viviam inteiramente da "venda" da força de seus braços [*bras*], oferecendo-se a camponeses mais ricos ou à aristocracia proprietária. Desde o começo do século XIV, os registros de impostos mostram um aumento marcante do número de camponeses pobres, que aparecem nesses documentos como "indigentes", "pobres" ou até "mendigos".[14]

A substituição por dinheiro-renda teve outras duas consequências negativas. Primeiro, tornou mais difícil para os produtores medirem sua exploração: conforme os serviços laborais

---

[14] O seguinte trecho é um retrato estatístico da pobreza rural em Picardy no século XIII: indigentes e mendigos representavam 13%; proprietários de pequenas parcelas de terra, economicamente tão instáveis que uma má colheita representava uma ameaça à sua sobrevivência, eram 33%; camponeses com mais terra, porém sem animais de trabalho, 36%; camponeses ricos, 19%. Na Inglaterra, em 1280, os camponeses com menos de três acres de terra — insuficientes para alimentar uma família — representavam 46% do campesinato (Geremek, 1994, p. 57).

eram substituídos por pagamentos em dinheiro, os camponeses não conseguiam mais diferenciar o trabalho que faziam para si mesmos daquele que faziam para os senhores. A substituição também possibilitou que os arrendatários, agora livres, empregassem e explorassem outros trabalhadores, de tal maneira que, "em seu desenvolvimento", isso promoveu "a transformação do solo em propriedade camponesa", convertendo "os antigos possuidores agrícolas" em arrendatários capitalistas (Marx, 1910, p. 924 ss. [2017, p. 858 ss.]).

A monetização da vida econômica não beneficiou, portanto, a todos, ao contrário do que afirmam os partidários da economia de mercado, que lhe dão as boas-vindas como se tivesse sido a criação de um novo "bem comum" que substitui a sujeição à terra e introduz na vida social critérios de objetividade, racionalidade e, inclusive, de liberdade pessoal (Simmel, 1978). Com a difusão das relações monetárias, os valores certamente mudaram, mesmo dentro do clero, que passou a repensar a doutrina aristotélica da "esterilidade do dinheiro" (Kaye, 1998) e, não por acaso, a rever sua visão do caráter redentor da caridade aos pobres. Contudo, seus efeitos foram destrutivos e excludentes. O dinheiro e o mercado começaram a dividir o campesinato ao transformar as diferenças de rendimentos em diferenças de classe e ao produzir uma massa de pobres que só conseguia sobreviver graças a doações periódicas (Geremek, 1994, p. 56-62). O ataque sistemático a que os judeus foram submetidos a partir do século XII e a constante deterioração de seu estatuto legal e social nesse mesmo período também devem ser atribuídos à crescente influência do dinheiro. De fato, existe uma correlação reveladora entre, por um lado, o deslocamento de judeus por concorrentes cristãos, como financiadores de reis, de papas e do alto clero, e, por outro, as novas regras de discriminação (por exemplo, o uso de roupa distintiva) que foram adotadas pelo clero contra eles, assim como sua expulsão da Inglaterra e da França. Degradados pela Igreja, diferenciados pela população cristã e forçados a confinar seus empréstimos ao nível da aldeia (uma das poucas ocupações que podiam exercer), os judeus se transformaram em alvo fácil para os camponeses endividados, que descarregavam neles sua raiva contra os ricos (Barber, 1992, p. 76).

As mulheres, em todas as classes, também se viram afetadas de um modo muito negativo. A crescente comercialização da vida reduziu ainda mais seu acesso à propriedade e à renda. Nas cidades comerciais italianas, as mulheres perderam o direito a herdar um terço da propriedade de seu marido (*tertia*). Nas áreas rurais, foram excluídas da posse da terra, sobretudo se fossem solteiras ou viúvas. Consequentemente, no final do século XIII, encabeçaram o movimento de êxodo do campo, sendo as mais numerosas entre os imigrantes rurais nas cidades (Hilton, 1985, p. 212); no século XV, constituíam uma alta porcentagem da população das cidades. Nelas, a maioria vivia em condições de pobreza, executando trabalhos mal pagos como servas, vendedoras ambulantes, comerciantes (com frequência multadas por não terem licença), fiandeiras, membros de guildas menores e prostitutas.[15] No entanto, a vida nos centros urbanos, entre a parte mais combativa da população medieval, dava-lhes uma nova autonomia social. As leis das cidades não libertavam as mulheres; poucas podiam arcar com os custos da "liberdade citadina", como eram chamados os privilégios ligados à vida na cidade. Ali, porém, a subordinação das mulheres à tutela masculina era menor, pois podiam viver sozinhas, como chefes de família, com seus filhos, ou formar novas comunidades, frequentemente compartilhando a moradia com outras mulheres.

---

15 A seguinte canção das fiandeiras de seda oferece uma imagem gráfica da pobreza em que viviam as trabalhadoras não qualificadas das cidades (Geremek, 1994, p. 65): "Sempre fiando lençóis de seda/ Nunca estaremos mais bem vestidas/ Porém, sempre desnudas e pobres/ E sempre sofrendo de fome e sede". Nos arquivos municipais franceses, fiandeiras e outras assalariadas eram associadas com as prostitutas, possivelmente porque viviam sozinhas e não contavam com uma estrutura familiar. Nas cidades, as mulheres não sofriam apenas pela pobreza, mas também devido à falta de parentes, o que as deixava vulneráveis ao abuso (Hughes, 1975, p. 21; Geremek, 1994, p. 65-6; Otis, 1985, p. 18-20; Hilton, 1985, p. 212-3).

Embora geralmente fossem os membros mais pobres da sociedade urbana, com o tempo as mulheres ganharam acesso a muitas ocupações que posteriormente seriam consideradas trabalhos masculinos. Nas cidades medievais, elas trabalhavam como ferreiras, açougueiras, padeiras, candeleiras, chapeleiras, cervejeiras, cardadeiras de lã e comerciantes (Shahar, 1983, p. 189-200; King, 1991, p. 64-7). "Entre 1300 e 1500, em Frankfurt, havia aproximadamente duzentas ocupações nas quais as mulheres participavam" (Williams & Echols, 2000, p. 53). Na Inglaterra, 72 das 85 guildas tinham mulheres entre seus membros. Algumas guildas, incluindo a da indústria da seda, eram controladas por elas; em outras, a porcentagem de trabalho feminino era tão alta quanto a dos homens.[16] No século XIV, as mulheres também estavam se tornando professoras escolares, bem como médicas e cirurgiãs, e começavam a competir com homens formados em universidades, obtendo em certas ocasiões uma alta reputação. Dezesseis médicas — entre elas, várias mulheres judias especializadas em cirurgia ou terapia ocular — foram contratadas no século XIV pela prefeitura de Frankfurt, que, como outras administrações urbanas, oferecia à sua população um sistema público de saúde. Médicas, assim como parteiras ou *sages-femmes*, predominavam na obstetrícia, tanto contratadas por governos urbanos como se mantendo por meio da compensação paga por seus pacientes. Após a introdução da cesariana, no século XIII, as obstetras eram as únicas que a praticavam (Optiz, 1996, p. 370-1).

À medida que as mulheres ganhavam mais autonomia, sua presença na vida social passou a ser mais constante nos sermões dos padres que repreendiam sua indisciplina (Casagrande, 1978); nos arquivos dos tribunais onde denunciavam quem abusava delas (Cohn Jr., 1981); nas ordenações das cidades que regulavam a prostituição (Henriques, 1966); entre os milhares

---

[16] Para uma análise sobre as mulheres nas guildas medievais, ver Kowaleski e Bennett (1989); Herlihy (1995); Williams e Echols (2000).

Mulheres pedreiras construindo o muro de uma cidade.
Miniatura em Cristina de Pisano, *O livro da Cidade das Senhoras* (c. 1405).

de não combatentes que seguiam os exércitos (Hacker, 1981) e, sobretudo, nos novos movimentos populares, especialmente no dos heréticos.

Logo veremos o papel que desempenharam nos movimentos heréticos. Por ora, basta dizer que, em resposta à nova independência feminina, vemos o começo de uma reação misógina, mais evidente nas sátiras dos *fabliaux*,[17] em que encontramos os primeiros indícios do que os historiadores definiram como "a luta pelas calças".

---

17 *Fabliaux* é o nome dado a pequenas histórias satíricas e narrativas populares cômicas, muitas vezes em versos, na literatura francesa da Idade Média. [N.T.]

OS MOVIMENTOS MILENARISTAS E HERÉTICOS

O crescente proletariado sem-terra que surgiu devido às substituições foi o protagonista dos movimentos milenaristas dos séculos XII e XIII; nestes, podemos encontrar, além de camponeses empobrecidos, todos os párias da sociedade feudal: prostitutas, padres afastados do sacerdócio, trabalhadores urbanos e rurais (Cohn, 1970 [1980]). Os vestígios da breve aparição dos milenaristas na cena histórica são escassos e nos contam uma história de revoltas passageiras e de um campesinato brutalizado pela pobreza e pela pregação inflamada do clero, que foi contemporânea ao lançamento das cruzadas. A importância de sua rebelião, todavia, está no fato de ter inaugurado um novo tipo de luta, que já se projetava para além dos confins do feudo, impulsionada por aspirações de mudança total. Não por acaso, o surgimento do milenarismo foi acompanhado pela difusão de profecias e de visões apocalípticas que anunciavam o fim do mundo e a iminência do Juízo Final, "não como visões de um futuro mais ou menos distante a ser esperado, mas como acontecimentos iminentes nos quais muitos dos que estavam vivos naquele momento podiam ser participantes ativos" (Hilton, 1973, p. 223).

O movimento que desencadeou a aparição do pseudo-balduíno em Flandres, em 1224 e 1225, constitui um exemplo típico de milenarismo. O homem, um ermitão, dizia ser o popular imperador Balduíno IX, assassinado em Constantinopla em 1204. Embora não fosse possível provar sua identidade, sua promessa de um mundo novo provocou uma guerra civil em que os trabalhadores têxteis flamencos se transformaram em seus mais fervorosos seguidores (Nicholas, 1992, p. 155).

Essa gente pobre (tecelões, lavadores) entrava para suas fileiras, aparentemente convencidos de que ele lhes daria prata e ouro e faria uma reforma social total (Volpe, 1971, p. 298-9). Compartilhavam semelhanças com o movimento do pseudo-balduíno o movimento dos *pastoureaux* [pastores], camponeses e trabalhadores urbanos que arrasaram o norte da França

Procissão de flagelantes durante a Peste Negra.
Gravura de autoria desconhecida.

por volta de 1251, incendiando e saqueando as casas dos ricos, exigindo melhores condições de vida (Russell, 1972, p. 136; Lea, 1961, p. 126-7),[18] e com o movimento dos "flagelantes" que começou na Úmbria (Itália) e se espalhou por vários países em 1260, momento em que, de acordo com a profecia do abade Joachim da Flora, o mundo estaria fadado a acabar (Russell, 1972, p. 137).

No entanto, não foi o movimento milenarista, e sim a heresia popular, que melhor expressou a busca por uma alternativa concreta às relações feudais por parte do proletariado medieval e sua resistência à crescente economia monetária.

A heresia e o milenarismo são frequentemente tratados como se fossem a mesma coisa, mas, embora não seja possível fazer uma distinção precisa, é necessário ressaltar que existem diferenças significativas entre uma e outro.

Os movimentos milenaristas eram espontâneos, sem uma estrutura ou um programa organizativo. Geralmente, eram incitados por um acontecimento específico ou por um líder carismático, mas, assim que eram enfrentados com violência, colapsavam. Em contraste, o movimento herético foi uma tentativa consciente de criar uma sociedade nova. As principais seitas hereges tinham um programa social que também reinterpretava a tradição religiosa e eram bem organizadas do ponto de vista de sua disseminação, da difusão de suas ideias e até mesmo de sua autodefesa. Não por acaso, apesar da perseguição extrema que sofreram, persistiram durante muito tempo e tiveram um papel fundamental na luta antifeudal.

---

18 O movimento dos *pastoureaux* também foi provocado pelos acontecimentos do Oriente, neste caso, a captura do rei Luís IX da França pelos muçulmanos no Egito, em 1249 (Hilton, 1973, p. 100-2). Um movimento formado por "gente pobre e simples" se organizou para libertá-lo, mas rapidamente adquiriu um caráter anticlerical. Os *pastoureaux* reapareceram, no sul da França, na primavera e no verão de 1320, ainda "diretamente influenciados pela atmosfera das cruzadas [...]. [Eles] não tiveram a oportunidade de participar das cruzadas no Oriente; em vez disso, utilizaram suas energias para atacar as comunidades judaicas do sudoeste da França, Navarra e Aragão, muitas vezes com a cumplicidade dos consulados locais, antes de serem barrados ou dispersados pelos funcionários reais" (Barber, 1992, p. 135-6).

Atualmente, pouco se sabe sobre as diversas seitas hereges (cátaros, valdenses, os Pobres de Lyon, espirituais, apostólicos) que durante mais de três séculos floresceram entre as "classes baixas" da Itália, da França, de Flandres e da Alemanha, no que sem dúvida foi o movimento de oposição mais importante da Idade Média (Werner, 1974; Lambert, 1977). Isso se deve, fundamentalmente, à ferocidade com que foram perseguidas pela Igreja, que não poupou esforços para apagar todo rastro de suas doutrinas. Foram convocadas cruzadas contra os hereges — tal como a dirigida contra os albigenses[19] — da mesma maneira que se convocaram cruzadas para libertar a Terra Santa dos "infiéis". Os hereges eram queimados aos milhares na fogueira e, para erradicar sua presença, o papa criou uma das instituições mais perversas jamais conhecidas na história da repressão estatal: a Santa Inquisição (Vauchez, 1990, p. 162-70).[20]

[19] A cruzada contra os albigenses (cátaros do povoado de Albi, no sul da França) foi o primeiro ataque em grande escala contra os hereges e a primeira cruzada contra europeus. O papa Inocêncio III colocou-a em marcha nas regiões de Toulouse e Montpellier depois de 1209. A partir desse momento, a perseguição aos hereges se intensificou de forma dramática. Em 1215, por ocasião do 4º Concílio de Latrão, Inocêncio III incluiu nos cânones conciliares um conjunto de medidas que condenava os hereges ao exílio e ao confisco de suas propriedades, ao mesmo tempo que os excluía da vida civil. Mais tarde, em 1224, o imperador Frederico II uniu-se à perseguição com o ordenamento *Cum ad conservandum*, que definia a heresia como um crime de *lesa maiestatis* que devia ser castigado com a morte na fogueira. Em 1229, o Concílio de Toulouse estabeleceu que os hereges deveriam ser identificados e castigados. Os hereges declarados e seus protetores deviam ser queimados na fogueira. A casa onde um herege era descoberto devia ser destruída e a terra sobre a qual estava construída devia ser confiscada. Aqueles que renegavam suas crenças deviam ser emparedados, enquanto aqueles que reincidissem tinham que sofrer o suplício da fogueira. Depois, entre 1231 e 1233, Gregório IX instituiu um tribunal especial com a função específica de erradicar a heresia: a Inquisição. Em 1254, o papa Inocêncio IV, com o consenso dos principais teólogos da época, autorizou o uso da tortura contra os hereges (Vauchez, 1990, p. 163-5).

[20] André Vauchez atribui o "sucesso" da Inquisição a seus procedimentos. A prisão de suspeitos era planejada em absoluto segredo. A princípio, a perseguição consistia em incursões contra as reuniões dos hereges, organizadas em colaboração com as autoridades públicas. Mais adiante, quando os valdenses e cátaros já haviam sido forçados à clandestinidade, os suspeitos eram chamados a comparecer perante um tribunal sem que lhes fossem ditas as razões pelas quais haviam sido convocados. O mesmo sigilo caracterizava o processo de investigação. Não eram informadas ao investigados quais eram as acusações contra eles, e era permitido manter o anonimato daqueles que denunciavam. Os suspeitos eram liberados se dessem informações sobre seus cúmplices e prometessem manter suas confissões em silêncio. Dessa forma, quando os hereges eram presos, nunca podiam saber se alguém de sua congregação havia declarado em seu prejuízo (Vauchez, 1990, p. 167-8). Como destaca Italo Mereu, o trabalho da Inquisição romana deixou cicatrizes profundas na história da cultura europeia, criando um clima de intolerância e suspeita institucional que continua

No entanto, como Henry Charles Lea, entre outros, demonstrou em sua monumental história da perseguição da heresia, mesmo com as poucas crônicas disponíveis é possível criar uma imagem imponente de suas atividades e credos, assim como do papel da resistência herege nas lutas antifeudais (Lea, 1888).

Apesar de ter influência das religiões orientais que mercadores e cruzados traziam à Europa, a heresia popular era menos um desvio da doutrina ortodoxa do que um movimento de protesto que aspirava a uma democratização radical da vida social.[21] A heresia era o equivalente à "teologia da libertação" para o proletariado medieval. Ela expressava as demandas populares de renovação espiritual e justiça social, desafiando, em seu apelo a uma verdade superior, tanto a Igreja quanto a autoridade secular. A heresia denunciava as hierarquias sociais, a propriedade privada e a acumulação de riquezas e difundia entre o povo uma concepção nova e revolucionária da sociedade que, pela primeira vez na Idade Média, redefinia todos os aspectos da vida cotidiana (o trabalho, a propriedade, a reprodução sexual e a situação das mulheres), colocando a questão da emancipação em termos verdadeiramente universais.

O movimento herético proporcionou também uma estrutura comunitária alternativa de dimensão internacional, permitindo que os membros das seitas vivessem com mais autonomia e se beneficiassem da rede de apoio constituída por contatos, escolas e refúgios com os quais podiam contar para ajudá-los e inspirá-los nos momentos de necessidade. Efetivamente, não é exagero dizer que o movimento herético foi a primeira "internacional proletária" — tais eram o alcance das seitas

---

corrompendo o sistema legal até nossos dias. O legado da Inquisição é uma cultura de suspeita que depende da denúncia anônima e da detenção preventiva, e trata os suspeitos como se sua culpabilidade já tivesse sido demonstrada (Mereu, 1979).
21 Lembremos aqui da distinção de Friedrich Engels entre as crenças hereges de camponeses e artesãos, associadas à sua oposição à autoridade feudal, e aquelas dos burgueses, que eram principalmente um protesto contra o clero (Engels, 1977, p. 43).

(particularmente dos cátaros e dos valdenses) e as conexões que elas estabeleceram entre si por meio das feiras comerciais, das peregrinações e dos permanentes cruzamentos de fronteiras dos refugiados provocados pelas perseguições.

Camponeses enforcam monge que vendeu indulgências.
Niklaus Manuel Deutsch, [sem título], 1525, xilogravura.

Na raiz da heresia popular estava a crença de que Deus já não falava por meio do clero, devido à ganância, à corrupção e ao comportamento escandaloso dos religiosos. As duas seitas principais apresentavam-se como as "igrejas verdadeiras". O desafio dos hereges, porém, era principalmente político, já que desafiar a Igreja pressupunha enfrentar ao mesmo tempo o pilar ideológico do poder feudal, o principal senhor de terras da Europa e uma das instituições que mais contribuía com a exploração cotidiana do campesinato. No século XI, a Igreja havia se tornado um poder despótico que usava sua pretensa investidura divina para governar com mão de ferro e encher seus cofres com o uso de incontáveis meios de extorsão. Vender absolvições, indulgências e ofícios religiosos, chamar os fiéis à Igreja só para pregar a santidade do dízimo e fazer de todos os sacramentos um mercado eram práticas comuns em todos os níveis, do papa ao padre da aldeia, de forma que a corrupção do clero se tornou notória em todo o mundo cristão. As coisas degeneraram a tal ponto que o clero não enterrava os mortos, nem batizava ou dava absolvição dos pecados, se não recebesse alguma compensação. Até mesmo a comunhão se tornou ocasião para negociar e, "se alguém resistia a uma demanda injusta, o recalcitrante era excomungado e depois precisava pagar pela reconciliação uma soma maior do que a original" (Lea, 1961, p. 11).

 Nesse contexto, a propagação das doutrinas heréticas não apenas canalizava o desdém que as pessoas sentiam pelo clero mas também dava a elas confiança em suas opiniões e instigava sua resistência à exploração clerical. Sob a égide do Novo Testamento, os hereges ensinavam que Cristo não possuía propriedades e que, se a Igreja quisesse recuperar seu poder espiritual, deveria se desfazer de todas as suas posses. Também ensinavam que os sacramentos não eram válidos quando ministrados por padres pecaminosos, e que as formas exteriores de adoração — edifícios, imagens, símbolos — deviam ser descartadas, porque só o que importava era a crença interior. Além disso, exortavam as pessoas a não pagar os dízimos e negavam a existência do purgatório, cuja invenção havia servido ao clero como fonte de lucro, por meio das missas pagas e da venda de indulgências.

A Igreja, por sua vez, usava a acusação de heresia para atacar toda forma de insubordinação social e política. Em 1377, quando os trabalhadores têxteis de Ypres (Flandres) se levantaram empunhando armas contra seus empregadores, não apenas foram enforcados como rebeldes mas também queimados pela Inquisição como hereges (Cohn, 1970, p. 105). Há documentos que mostram que algumas tecelãs foram ameaçadas de excomunhão por não terem entregado a tempo o produto de seu trabalho aos mercadores ou por não terem feito adequadamente o serviço (Volpe, 1971, p. 31). Em 1234, para castigar os arrendatários que se negavam a pagar o dízimo, o bispo de Bremen convocou uma cruzada contra eles, "como se fossem hereges" (Lambert, 1992, p. 98). Entretanto, os hereges também eram perseguidos pelas autoridades seculares, desde o imperador até os patrícios urbanos, que percebiam que o apelo herético à "verdadeira religião" tinha implicações subversivas e questionava os fundamentos de seu poder.

A heresia constituía tanto uma crítica às hierarquias sociais e à exploração econômica quanto uma denúncia da corrupção clerical. Como destaca Gioacchino Volpe, a rejeição a todas as formas de autoridade e um forte sentimento anticlerical eram elementos comuns às seitas. Muitos hereges compartilhavam do ideal da pobreza apostólica[22] e do desejo de regressar à simples

---

22 A politização da pobreza, junto com o surgimento de uma economia monetária, introduziu uma mudança decisiva na atitude da Igreja perante os pobres. Até o século XIII, a Igreja exaltou a pobreza como um estado de santidade e se dedicou à distribuição de esmolas, tratando de convencer os rústicos a aceitarem sua situação e não invejarem os ricos. Nos sermões dominicais, os padres eram pródigos em histórias como a do pobre Lázaro, sentado no céu ao lado de Jesus, vendo seu vizinho rico, mas avarento, arder em chamas. A exaltação da *sancta paupertas* [santa pobreza] também servia para demarcar, para os ricos, a necessidade da caridade como meio de salvação. Com essa tática, a Igreja conseguia doações substanciais de terras, edifícios e dinheiro, supostamente para distribuir entre os necessitados; assim, tornou-se uma das instituições mais ricas da

vida comunal que havia caracterizado a Igreja primitiva. Alguns, como os Pobres de Lyon e a Irmandade do Espírito Livre, viviam de esmolas. Outros sustentavam-se com trabalho manual.[23] Outros ainda faziam experiências com o "comunismo", como os primeiros taboritas na Boêmia, para os quais o estabelecimento da igualdade e a propriedade comunal eram tão importantes quanto a reforma religiosa (Holmes, 1975, p. 202; Hilton, 1973, p. 124; Cohn, 1970, p. 215-7).[24] Sobre os valdenses, um

Europa. Porém, quando o número de pobres aumentou e os hereges começaram a desafiar a ganância e a corrupção da Igreja, o clero retirou suas homilias sobre a pobreza e introduziu muitos "matizes". A partir do século XIII, a Igreja afirmou que somente a pobreza voluntária tinha mérito ante os olhos de Deus, como sinal de humildade e renúncia aos bens materiais; na prática, isso significava que agora apenas seria oferecida ajuda aos "pobres que merecessem", isto é, aos membros empobrecidos da nobreza, e não aos que mendigavam nas ruas ou nas portas da cidade. Esses últimos eram vistos cada vez mais como suspeitos de vadiagem ou fraude.

23 Entre os valdenses se deu uma grande polêmica sobre qual era a forma correta de se manter. Ela foi resolvida no Encontro de Bérgamo, em 1218, com uma importante ruptura entre as duas vertentes principais do movimento. Os valdenses franceses (Pobres de Lyon) optaram por uma vida baseada na esmola, enquanto os da Lombardia decidiram que cada um deveria viver de seu próprio trabalho e formar coletivos de trabalhadores ou cooperativas (*congregationes laborantium*) (De Stefano, 1950, p. 775). Os valdenses lombardos mantiveram seus pertences — casas e outras formas de propriedade privada — e aceitaram o matrimônio e a vida familiar (Little, 1978, p. 125).

24 Segundo descrição de Engels, os taboritas eram a ala democrática revolucionária do movimento nacional de libertação hussita contra a nobreza alemã na Boêmia. Sobre isso Engels apenas nos diz que "suas demandas refletiam o desejo do campesinato e das classes baixas urbanas de acabar com toda a opressão feudal" (Engels, 1977, p. 44). Mas essa história surpreendente é narrada com mais detalhes em *The Inquisition of the Middle Ages* [A Inquisição da Idade Média], de Henry Charles Lea (1961, p. 523-40), em que lemos que eram camponeses e pessoas pobres que não queriam nobres e senhores entre eles e que tinham tendências republicanas. Eram chamados de taboritas porque, em 1419, quando os hussitas de Praga foram atacados, seguiram viagem até o monte Tabor. Ali, fundaram uma nova cidade que se tornou o centro tanto da resistência contra a nobreza alemã quanto de experimentos comunistas. A história conta que, quando chegaram de Praga, abriram grandes baús nos quais foi pedido a cada um que guardasse suas posses, para que todas as coisas pudessem ser comuns. Aparentemente, esse acordo coletivo não durou muito, mas seu espírito perdurou durante algum tempo depois de sua desaparição (Demetz, 1997, p. 152-7).

Os taboritas se distinguiam dos utraquistas — mais moderados —, pois entre seus objetivos estavam a independência da Boêmia e a retenção da propriedade que haviam confiscado (Lea, 1961, p. 530). Ambos coincidiam nos quatro artigos de fé em que se uniam ao movimento hussita contra inimigos externos: (i) livre pregação da Palavra de Deus; (ii) comunhão (tanto do vinho quanto do pão); (iii) abolição do domínio do clero sobre as posses temporais e seu retorno à vida evangélica de Cristo e dos apóstolos; e (iv) castigo de todas as ofensas à lei divina, sem exceção de pessoa ou condição. A unidade era muito necessária. Para sufocar a revolta dos hussitas, em 1421, a Igreja enviou um exército de 150 mil homens contra taboritas e utraquistas. "Cinco vezes", escreve Lea, "ao longo de 1421, os cruzados invadiram a Boêmia, e nas cinco vezes foram derrotados". Dois anos mais tarde, no Concílio de Siena, a Igreja decidiu que, se não podia derrotar militarmente os hereges da Boêmia, tinha que isolá-los e matá-los de fome por meio de um bloqueio.

inquisidor relatou também que "eles evitam todas as formas de comércio para se esquivar das mentiras, fraudes e blasfêmias", e os descreveu caminhando descalços, vestidos com roupas de lã, sem nada que lhes pertencesse e, assim como os apóstolos, possuindo tudo comunitariamente (Lambert, 1992, p. 64). O conteúdo social da heresia encontra-se, entretanto, mais bem expresso nas palavras de John Ball, o líder intelectual da Revolta Camponesa de 1381, na Inglaterra, que denunciou: "Fomos feitos à imagem de Deus, mas nos tratam como animais", e acrescentou: "Nada estará bem na Inglaterra [...] enquanto houver cavalheiros e servos" (Dobson, 1983, p. 371).[25]

Os cátaros, a mais influente das seitas hereges, destacam-se na história dos movimentos sociais europeus pela singular aversão à guerra, inclusive às cruzadas, pela oposição à pena de morte (que provocou o primeiro pronunciamento explícito da Igreja a favor da pena capital)[26] e pela tolerância com outras

---

Mas isso também falhou, e as ideias hussitas continuaram a ser difundidas na Alemanha, na Hungria e nos territórios eslavos do sul. Outro exército de cem mil homens foi lançado contra eles em 1431, novamente em vão. Dessa vez, os cruzados fugiram do campo de batalha ainda antes que o confronto começasse, ao "ouvirem o canto de batalha das temidas tropas hussitas" (Lea, 1961, p. 530).

O que finalmente destruiu os taboritas foram as negociações entre a Igreja e a ala moderada dos hussitas. Habilmente, os diplomatas eclesiásticos aprofundaram a divisão entre os utraquistas e os taboritas. Assim, quando se empreendeu outra cruzada contra os hussitas, os utraquistas se uniram aos barões católicos pagos pelo Vaticano e exterminaram seus irmãos na Batalha de Lipany, em 30 de maio de 1434. Nesse dia, treze mil taboritas foram mortos no campo de batalha.

Assim como em todos os movimentos hereges, as mulheres do movimento taborita eram muito ativas. Muitas lutaram na batalha por Praga, em 1420, quando 1,5 mil mulheres taboritas cavaram uma trincheira que defenderam com pedras e forquilhas (Demetz, 1997).

25 Essas palavras — "o chamamento à igualdade social mais comovente da história da língua inglesa", de acordo com o historiador R. B. Dobson — foram postas na boca de John Ball para incriminá-lo e fazê-lo parecer um idiota por Jean Froissart, um cronista francês contemporâneo, severo opositor da Revolta Camponesa na Inglaterra. A primeira oração do sermão que, segundo se dizia, John Ball havia proferido muitas vezes, é a seguinte (na tradução de Lord Berners, século XVI): "Ah, vocês, pessoas de bem, as coisas não estão bem na Inglaterra, não estarão até que tudo seja comum e até que não haja mais servos nem cavalheiros, mas estejamos todos unidos e os senhores não sejam mais senhores que nós mesmos" (Dobson, 1983, p. 371).

26 Por volta de 1210, a Igreja havia estabelecido que a reivindicação da abolição da pena de morte era um "erro" herege, que atribuía aos valdenses e aos cátaros. A pressuposição de que os opositores à Igreja eram abolicionistas era tão forte que cada herege que quisesse se submeter à Igreja tinha de afirmar que "o poder secular pode, sem cometer o pecado capital, praticar juízos de sangue, com a condição de que castigue com justiça, não por ódio, com prudência, sem precipitação" (Megivern, 1997, p. 101). Como destaca James J. Megivern

religiões. A França meridional, seu bastião antes da cruzada albigense, "era um refúgio seguro para os judeus enquanto o antissemitismo crescia na Europa; [aqui] uma fusão do pensamento cátaro e do pensamento judaico produziu a Cabala, a tradição do misticismo judaico" (Spencer, 1996, p. 171). Os cátaros também repudiavam o matrimônio e a procriação e eram estritamente vegetarianos, tanto porque se recusavam a matar animais quanto porque desejavam evitar qualquer comida que, como ovos e carnes, fosse gerada sexualmente.

Essa atitude negativa contra a natalidade foi atribuída à influência exercida sobre os cátaros por seitas orientais dualistas, como os paulicianos — uma seita de iconoclastas que repudiava a procriação por considerá-la o ato pelo qual a alma fica presa ao mundo material (Erbstösser, 1984, p. 13-4) — e, sobretudo, os bogomilos, que, no século X, faziam proselitismo entre os camponeses dos Bálcãs. Os bogomilos, movimento popular "nascido entre camponeses cuja miséria física os tornou conscientes da perversidade das coisas" (Spencer, 1996, p. 15), pregavam que o mundo visível era obra do diabo (pois, no mundo de Deus, os bons seriam os primeiros) e se negavam a ter filhos para não trazer novos escravizados a esta "terra de atribulações", tal como definiam a vida em um de seus panfletos (Wakefield & Evans, 1991, p. 457).

A influência dos bogomilos sobre os cátaros está comprovada[27] e é possível que o repúdio ao matrimônio e à procriação

---

(1997, p. 103), o movimento herege adotou superioridade moral nessa questão e "forçou os 'ortodoxos', ironicamente, a assumir a defesa de uma prática muito questionável".
27 Entre as provas da influência dos bogomilos sobre os cátaros se encontram dois trabalhos que "os cátaros da Europa Ocidental tomaram dos bogomilos": *The Vision of Isaiah* [A visão de Isaías] e *The Secret Supper* [A ceia secreta], citados na resenha de literatura cátara de Wakefield e Evans (1991, p. 447-65). Os bogomilos eram para a Igreja oriental o que os cátaros foram para a ocidental. Além de seu maniqueísmo e antinatalismo, o que mais alarmava as autoridades bizantinas era o "anarquismo radical", a desobediência civil e o ódio de classe dos bogomilos. Como escreveu o presbítero Cosmo em seus sermões contra eles: "Ensinam sua gente a não obedecer a seus senhores, injuriam os ricos, odeiam o rei, ridicularizam os anciãos, condenam os boiardos, veem como vis ante os olhos de Deus aqueles que servem ao rei e proíbem os servos de trabalhar para seu patrão". A heresia teve uma enorme e longa influência no campesinato dos Bálcãs. "Os bogomilos pregavam na linguagem do povo e sua mensagem foi compreendida pelo

Jan Hus martirizado em Gottlieben, em 1413. Depois de sua morte, suas cinzas foram arremessadas no Rio Reno. Gravura de autoria desconhecida, c.1560.

por parte dos cátaros provenha de uma recusa similar a uma vida "degradada à mera sobrevivência" (Vaneigem, 1986, p. 72), mais do que uma "pulsão de morte" ou um desprezo pela vida. Isso é o que sugere o fato de que o antinatalismo dos cátaros não estava associado a uma concepção degradante da mulher

povo [...] sua organização flexível, suas soluções atraentes para o problema do mal e seu compromisso com o protesto social tornaram o movimento praticamente indestrutível" (Browning, 1975, p. 164-6). A influência dos bogomilos sobre a heresia pode ser rastreada no uso frequente, no século XIII, da expressão *buggery* [sodomia] para conotar, primeiro, heresia e, depois, homossexualidade (Bullough, 1976, p. 76 ss.). [*Buggery* é uma palavra utilizada em inglês como sinônimo de "sodomia" e deriva de "búlgaro". Os bogomilos eram frequentemente associados aos povos da região que hoje corresponde ao território da Bulgária — N.T.E.]

e da sexualidade, como é frequente no caso das filosofias que desprezam a vida e o corpo. As mulheres ocupavam um lugar importante nas seitas. Quanto à atitude dos cátaros acerca da sexualidade, parece que, enquanto os "perfeitos" se abstinham do coito, não era esperado dos outros membros a prática da abstinência sexual. Alguns desdenhavam da importância que a Igreja designava à castidade, argumentando que implicava uma sobrevaloração do corpo. Outros hereges atribuíam um valor místico ao ato sexual, tratando-o inclusive como um sacramento (*Christeria*) e pregando que praticar sexo, em vez de abster-se, era a melhor forma de alcançar um estado de inocência. Assim, ironicamente, os hereges eram perseguidos tanto por serem libertinos quanto por serem ascetas extremos.

As crenças sexuais dos cátaros eram, obviamente, uma elaboração sofisticada de questões desenvolvidas por meio do encontro com religiões orientais hereges, mas a popularidade de que gozaram e a influência que exerceram sobre outras heresias ressaltam também uma realidade experimental mais ampla, arraigada nas condições do matrimônio e da reprodução na Idade Média.

Sabemos que, na sociedade medieval, devido à escassa disponibilidade de terras e às restrições protecionistas impostas pelas guildas para a entrada nos ofícios, tanto para os camponeses quanto para os artesãos não era possível ou desejável ter muitos filhos e, com efeito, as comunidades de camponeses e artesãos esforçavam-se para controlar a quantidade de crianças que nascia entre eles. O método mais comumente usado para essa finalidade era a postergação do matrimônio, um acontecimento que, até mesmo entre os cristãos ortodoxos, ocorria em idade madura (se ocorria), sob a regra de "se não há terra, não há casamento" (Homans, 1960, p. 37-9). Consequentemente, uma grande quantidade de jovens tinha que praticar a abstinência sexual ou desafiar a proibição eclesiástica relativa ao sexo fora do casamento. É possível imaginar que o repúdio herege à procriação deve ter encontrado ressonância entre eles. Em outras palavras, é concebível que nos códigos sexuais e reprodutivos dos hereges possamos ver realmente resquícios de uma tentativa de controle medieval da natalidade. Isso explicaria o motivo pelo qual, quando o crescimento populacional se tornou uma preocupação social fundamental durante a profunda crise demográfica e com a escassez de trabalhadores no final do século XIV, a heresia passou a ser associada aos crimes reprodutivos, especialmente à "sodomia", ao infanticídio e ao aborto. Isso não quer dizer que as doutrinas reprodutivas dos hereges tiveram um impacto demográfico decisivo, e sim que, pelo menos durante dois séculos, na Itália, na França e na Alemanha, criou-se um clima político em que qualquer forma de anticoncepção (incluindo a "sodomia", isto é, o sexo anal) passou a ser associada à heresia. A ameaça que as doutrinas sexuais dos hereges representava para a ortodoxia também deve ser levada em conta no contexto dos esforços realizados pela Igreja para estabelecer um controle sobre o matrimônio e a sexualidade que lhe permitia colocar a todos – do imperador até o mais pobre camponês – sob seu escrutínio disciplinar.

A POLITIZAÇÃO DA SEXUALIDADE

Como assinalou Mary Condren em *The Serpent and the Goddess* [A serpente e a deusa] (1989), um estudo sobre a entrada do cristianismo na Irlanda céltica, a tentativa eclesiástica de regular o comportamento sexual tem uma longa história na Europa. Desde tempos muito antigos (depois que o cristianismo se tornou a religião estatal, no século IV), o clero reconheceu o poder que o desejo sexual conferia às mulheres sobre os homens e tentou persistentemente exorcizá-lo, identificando o sagrado com a prática de evitar as mulheres e o sexo. Expulsar as mulheres de qualquer momento da liturgia e do ministério dos sacramentos; tentar roubar os poderes mágicos das mulheres de dar vida ao adotar trajes femininos; e fazer da sexualidade um objeto de vergonha — esses foram os meios pelos quais uma casta patriarcal buscou quebrar o poder das mulheres e de sua atração erótica. Nesse processo, "a sexualidade foi investida de uma nova importância. Transformou-se num tema de confissão, no qual os mais ínfimos detalhes das funções corporais mais íntimas se transformaram em tema de discussão" e "os diferentes aspectos do sexo foram divididos no pensamento, na palavra, na intenção, nas vontades involuntárias e nos fatos reais do sexo para conformar uma ciência da sexualidade" (Condren, 1989, p. 87). Os penitenciais (*Paenitentiali*), manuais que começaram a ser distribuídos a partir do século VII como guias práticos para os confessores, são um dos lugares privilegiados para a reconstrução dos cânones sexuais eclesiásticos. No primeiro volume da *História da sexualidade* (1978 [2019]), Foucault enfatizou o papel que tiveram esses manuais na produção do sexo como discurso e de uma concepção mais polimorfa da sexualidade no século XVII. Mas os penitenciais já exerciam um papel decisivo

Castigo por adultério. Amarrados um ao outro, os amantes são levados pelas ruas. Miniatura de autoria desconhecida (c. 1290).

na produção de um novo discurso sexual na Idade Média. Esses trabalhos demonstram que a Igreja tentou impor um verdadeiro catecismo sexual, prescrevendo detalhadamente as posições permitidas durante o ato sexual (na verdade, só uma era permitida), os dias em que se podia fazer sexo, com quem era permitido e com quem era proibido.

Essa supervisão sexual aumentou no século XII, quando os concílios de Latrão de 1123 e 1139 lançaram uma nova cruzada contra a prática corrente do casamento e do concubinato[28] entre os clérigos e declararam o matrimônio um *sacramento* cujos votos não podiam ser dissolvidos por nenhum poder temporal. Nesse momento, foram reiteradas também as limitações impostas pelos penitenciais sobre o ato sexual.[29] Quarenta anos

---

[28] A proibição que a Igreja impunha aos casamentos e concubinatos dos clérigos era motivada, mais que por alguma necessidade de restaurar sua reputação, pelo desejo de defender sua propriedade, que estaria ameaçada por muitas subdivisões e pelo medo de que as esposas dos padres interferissem excessivamente nas questões do clero (McNamara & Wemple, 1988, p. 93-5). A resolução do 2º Concílio de Latrão reforçou uma outra, que já havia sido adotada no século anterior, mas não havia sido colocada em prática devido a uma revolta generalizada contrária a ela. O protesto atingiu seu clímax em 1061, com uma "rebelião organizada" que levou à eleição do bispo de Parma como antipapa, sob o título de Honório II, e à sua posterior tentativa frustrada de capturar Roma (Taylor, 1954, p. 35). O Concílio de Latrão de 1123 não apenas proibiu os casamentos no clero como também declarou nulos os que já existiam, impondo uma situação de terror e pobreza às famílias dos padres, especialmente a suas esposas e filhos (Brundage, 1987, p. 214, 216-7).

[29] Os cânones reformados do século XII ordenavam aos casados evitar o sexo durante os três períodos da quaresma associados com a Páscoa, com o Pentecostes e com o Natal, em qualquer domingo do ano, nos dias festivos que antecediam o recebimento da

mais tarde, com o 3º Concílio de Latrão, em 1179, a Igreja intensificou seus ataques contra a "sodomia", dirigindo-os, simultaneamente, aos homossexuais e ao sexo não procriador (Boswell, 1980, p. 277-86), e pela primeira vez condenou a homossexualidade, "a incontinência que vai contra a natureza" (Spencer, 1995, p. 114).

Com a adoção dessa legislação repressiva, a sexualidade foi completamente politizada. Não observamos ainda a obsessão mórbida com que a Igreja católica abordaria depois as questões sexuais. Porém, já no século XII, podemos ver a Igreja não somente espiando os dormitórios de seu rebanho como também fazendo da sexualidade uma questão de Estado. As escolhas sexuais não ortodoxas dos hereges também devem ser vistas, portanto, como uma postura antiautoritária, uma tentativa de arrancar seus corpos das garras do clero. Um claro exemplo dessa rebelião anticlerical foi o surgimento, no século XIII, das novas seitas panteístas, como os amalricanos e a Irmandade do Espírito Livre, que, contra os esforços da Igreja para controlar a conduta sexual, pregavam que Deus está em todos nós e que, portanto, é impossível pecar.

---

comunhão, nas noites de bodas, durante o período menstrual da esposa, durante a gravidez, durante a amamentação e enquanto faziam penitência (Brundage, 1987, p. 198-9). Essas restrições não eram novas; eram reafirmações da sabedoria eclesiástica expressas em dúzias de penitenciais. A novidade era sua incorporação ao corpo da Lei Canônica, "que foi transformada em um instrumento efetivo para o governo e a disciplina eclesiásticas no século XII". Tanto a Igreja como os laicos reconheciam que um requisito legal, com penalidades explícitas, teria um estatuto diferente de uma penitência sugerida pelo confessor pessoal de cada um. Nesse período, as relações interpessoais mais íntimas se converteram em assunto de advogados e criminólogos (Brundage, 1987, p. 578).

AS MULHERES E A HERESIA

Um dos aspectos mais significativos do movimento herético é a elevada posição social que este designou às mulheres. Na Igreja, como destaca Gioacchino Volpe, as mulheres não eram nada, mas entre os heréticos eram consideradas como iguais; elas tinham os mesmos direitos que os homens e desfrutavam de uma vida social e de uma mobilidade (perambulando, pregando) que durante a Idade Média não encontravam em nenhum outro contexto (Volpe, 1971, p. 20; Koch, 1983, p. 247). Nas seitas hereges, principalmente entre os cátaros e os valdenses, as mulheres tinham direito de ministrar os sacramentos, de pregar, de batizar e até mesmo de alcançar ordens sacerdotais. Está documentado que Valdo se afastou da ortodoxia porque seu bispo se recusou a permitir que as mulheres pudessem pregar. E dos cátaros se diz que adoravam uma figura feminina, a Senhora do Pensamento, que influenciou o modo como Dante concebeu Beatriz (Taylor, 1954, p. 100). Os hereges também permitiam que mulheres e homens compartilhassem a mesma moradia mesmo sem estarem casados, já que não temiam que isso necessariamente os instigasse a comportamentos promíscuos. Com frequência, mulheres e homens hereges viviam juntos livremente, como irmãos e irmãs, da mesma forma que nas comunidades ágapes da Igreja primitiva. As mulheres também formavam suas próprias comunidades. Um caso típico foi o das beguinas, mulheres laicas das classes médias urbanas que viviam juntas (especialmente na Alemanha e em Flandres), sustentando-se com seu trabalho, fora do controle masculino e sem subordinação ao controle monástico (McDonnell, 1954; Neel, 1989).[30]

---

[30] A relação entre as beguinas e a heresia é incerta. Enquanto alguns de seus contemporâneos, como Jacques de Vitry — descrito por Carol Neel como "um importante ministro eclesiástico" —, apoiaram a iniciativa como uma alternativa à heresia, as beguinas

Não surpreende que as mulheres estivessem mais presentes na história da heresia que em qualquer outro aspecto da vida medieval (Volpe, 1971, p. 20). De acordo com Gottfried Koch, já no século X elas compunham uma parte importante dos bogomilos. No século XI, foram mais uma vez as mulheres que deram vida aos movimentos hereges na França e na Itália. Nessa ocasião, as hereges provinham dos setores mais pobres dos servos e constituíram um verdadeiro movimento de mulheres que se desenvolveu dentro dos diferentes grupos hereges (Koch, 1983, p. 246-7). As hereges também estão presentes nas crônicas da Inquisição; sabemos que algumas delas foram queimadas na fogueira, outras foram "emparedadas" pelo resto da vida.

É possível dizer que a importante presença das mulheres nas seitas hereges foi responsável pela "revolução sexual" nesses movimentos? Ou devemos supor que o chamado ao "amor livre" foi uma manobra masculina para ganhar fácil acesso aos favores sexuais das mulheres? Essas perguntas não podem ser respondidas facilmente. Sabemos, entretanto, que as mulheres tentavam controlar sua função reprodutiva, já que são numerosas as referências ao aborto e ao uso feminino de contraceptivos nos penitenciais. De forma significativa – em vista da futura criminalização dessas práticas durante a caça às bruxas –, designavam-se os métodos contraceptivos como "poções para a esterilidade" ou *maleficia* (Noonan, 1965, p. 155-61) e se pressupunha que eram usados pelas mulheres.

Na Alta Idade Média, a Igreja ainda via essas práticas com certa indulgência, impulsionada pelo reconhecimento de que, por razões econômicas, as mulheres podiam estabelecer um limite para suas gestações. Assim, no *Decretum*, escrito por Burcardo, bispo de Worms, por volta de 1010, indagava-se:

"foram, finalmente, condenadas sob suspeita de heresia pelo Concílio de Viena de 1312", provavelmente pela intolerância do clero contra as mulheres que escapavam do controle masculino. As beguinas desapareceram posteriormente, "forçadas a deixar de existir pela reprovação eclesiástica" (Neel, 1989, p. 324-7, 329, 333, 339).

> Fizeste o que algumas mulheres estão acostumadas a fazer quando fornicam e desejam matar suas crias, agir com sua *maleficia* e suas ervas para matar ou cortar o embrião ou, se ainda não o tiverem concebido, conspirar para que não o concebam? (Noonan, 1965, p. 160)

Depois dessa pergunta ritual, era estipulado que as culpadas fizessem penitência durante dez anos; mas também se observava que "haveria diferença entre a ação de uma pobre mulherzinha motivada pela dificuldade de prover a sua própria alimentação e a de uma mulher que busca esconder um crime de fornicação" (Noonan, 1965, p. 160).

As coisas, no entanto, mudaram drasticamente logo que o controle das mulheres sobre a reprodução começou a ser percebido como uma ameaça à estabilidade econômica e social, tal como ocorreu no período subsequente à catástrofe demográfica produzida pela Peste Negra, a praga apocalíptica que, entre 1347 e 1352, aniquilou mais de um terço da população europeia (Ziegler, 1969, p. 230).

Mais adiante, veremos qual foi o papel desse desastre demográfico na "crise do trabalho" da Baixa Idade Média. Aqui, podemos ressaltar que, depois da disseminação da praga, os aspectos sexuais da heresia adquiriram maior importância em sua perseguição. Eles foram grotescamente distorcidos segundo formas que anteciparam as posteriores representações dos sabás de bruxas. Em meados do século XIV, não bastava aos inquisidores acusar os hereges de sodomia e de licenciosidade sexual em seus informes; agora eles também os acusavam de cultuar animais, de praticar o infame *bacium sub cauda* (beijo sob o rabo) e de regozijarem-se em rituais orgiásticos, voos noturnos e sacrifícios de crianças (Russell, 1972). Os inquisidores relatavam também a existência de uma seita de adoradores do diabo, conhecidos como luciferianos. Coincidindo com esse processo, que marcou a transição da perseguição à heresia para a caça às bruxas, a figura do herege se tornou, cada vez mais, a de uma mulher, de forma que, no início do século XV, a bruxa se transformou no principal alvo da perseguição aos hereges.

No entanto, o movimento herege não parou por aí. Seu epílogo se deu em 1533, com a tentativa dos anabatistas de estabelecer uma Nova Jerusalém na cidade alemã de Münster. Essa tentativa foi sufocada com um banho de sangue, seguido por

Mulher herege condenada à fogueira. As mulheres tiveram uma presença muito grande no movimento herético em todos os países europeus. Bernard Picart, xilogravura em *Cérémonies et coutumes religieuses de tous les peuples du monde*, tomo 2 (1722).

uma onda de represálias impiedosas que afetaram as lutas proletárias em toda a Europa (Hsia, 1988a, p. 51-69).

Até então, nem a perseguição feroz, nem a demonização da heresia tinham sido capazes de evitar a difusão das crenças hereges. Como escreve Antonino De Stefano, nem a excomunhão, nem o confisco de propriedades, nem a tortura, nem a morte na fogueira, nem as cruzadas contra os hereges puderam debilitar a "imensa vitalidade e popularidade" da *heretica pravitatis*, o mal herege (De Stefano, 1950, p. 769). "Não existe nenhuma comuna", escreveu Jacques de Vitry em princípios do século XIII, "em que a heresia não tenha seus seguidores, seus defensores e seus crentes". Até mesmo depois da cruzada contra os cátaros de 1215, que destruiu seus bastiões, a heresia (junto com o Islã) continuou sendo o inimigo e a ameaça principal que a Igreja teve de enfrentar. Novos seguidores apareciam em todas as profissões e camadas sociais: o campesinato, os setores mais pobres do clero (que se identificavam com os pobres e levaram às suas lutas a linguagem do Evangelho), os burgueses urbanos e até mesmo a nobreza menor. Mas a heresia popular era, sobretudo, um fenômeno das classes baixas. O ambiente em que floresceu foi o dos proletários rurais e urbanos: camponeses, sapateiros e trabalhadores têxteis "aos quais se pregava a igualdade, fomentando seu espírito de revolta com predições proféticas e apocalípticas" (De Stefano, 1950, p. 776).

Podemos vislumbrar a popularidade dos hereges nos julgamentos que a Inquisição ainda levava adiante, em 1330, na região de Trento (norte da Itália), contra aqueles que haviam oferecido hospitalidade aos apostólicos quando seu líder, Frei Dolcino, havia passado pela região, trinta anos antes (Orioli, 1993, p. 217-37). No momento de sua chegada, muitas portas se abriram para dar refúgio a Dolcino e a seus seguidores. Mais uma vez, em 1304, quando, com o anúncio da chegada de um reino sagrado de pobreza e amor, Frei Dolcino fundou uma comunidade entre as montanhas de Vercellese (Piemonte), os camponeses da região, que já haviam se levantado contra o bispo de Vercelli, lhe ofereceram seu apoio (Mornese & Buratti, 2000). Durante três anos, os dolcinianos resistiram às cruzadas e ao bloqueio que o bispo organizou contra eles – houve mulheres vestidas como homens lutando junto aos combatentes. No fim das contas, foram derrotados apenas pela fome e pela esmagadora superioridade das forças que a Igreja havia mobilizado (Lea, 1961, p. 615-20; Hilton, 1973, p. 108). No mesmo dia em que as tropas reunidas pelo bispo de Vercelli finalmente venceram, "mais de mil hereges morreram em meio às chamas ou no rio ou pela força da espada, dos modos mais cruéis". Margherita, a companheira de Dolcino, foi queimada lentamente até morrer diante de seus olhos, porque se negou a retratar-se. Dolcino foi arrastado e, pouco a pouco, despedaçado pelos caminhos da montanha, a fim de dar um exemplo conveniente à população local (Lea, 1961, p. 620).

LUTAS URBANAS

Não apenas as mulheres e os homens mas também os camponeses e os trabalhadores urbanos descobriram nos movimentos heréticos uma causa comum. Essa comunhão de interesses entre pessoas que, de outra forma, poderíamos supor que teriam preocupações e aspirações distintas deve-se a diferentes motivos. Em primeiro lugar, na Idade Média existia uma relação estreita entre a cidade e o campo. Muitos burgueses eram ex-servos que haviam se mudado ou fugido para a cidade com a esperança de uma vida melhor e, enquanto exerciam seus ofícios, continuavam trabalhando a terra, particularmente em épocas de colheita. Seus pensamentos e desejos ainda estavam profundamente configurados pela vida na aldeia e pela permanente relação com a terra. Camponeses e trabalhadores também eram unidos pelo fato de estarem subordinados aos mesmos governantes. No século XIII, sobretudo no norte e no centro da Itália, a nobreza proprietária de terras e os mercadores patrícios da cidade estavam começando a se integrar, funcionando como uma estrutura única de poder. Essa situação promoveu solidariedade e preocupação mútua entre os trabalhadores. Assim, quando os camponeses se rebelavam, encontravam os artesãos e os trabalhadores a seu lado, além de uma massa de pobres urbanos cada vez maior. Foi isso que aconteceu durante a revolta camponesa na Flandres marítima, que se iniciou em 1323 e terminou em junho de 1328, depois que o rei da França e a nobreza flamenca derrotaram os rebeldes em Cassel, em 1327. Como escreve David Nicholas (1992, p. 213-4), "a habilidade dos rebeldes para continuar o conflito durante cinco anos só pode ser concebida com a participação de toda a cidade". Ele acrescenta que, no final de 1324, os artesãos de Ypres e Bruges somaram-se aos camponeses rebeldes:

Bruges, agora sob o controle de um partido de tecelões e *fullers*, seguiu o rumo da revolta camponesa. [...] Iniciou-se uma guerra de propaganda, na qual monges e pregadores disseram às massas que havia chegado uma nova era e que eles eram iguais aos aristocratas. (Nicholas, 1992, p. 213-4)

Outra aliança entre camponeses e trabalhadores urbanos foi a dos *tuchins*, um movimento de "bandidos" que operava nas montanhas do centro da França, ao qual os artesãos se juntaram, em uma organização típica das populações rurais (Hilton, 1973, p. 128).

O que unia camponeses e artesãos era uma aspiração comum de nivelar as diferenças sociais. Como escreve Norman Cohn, esse fato é evidenciado em vários tipos de documento:

> Desde os provérbios dos pobres que lamentam que "o homem pobre sempre trabalha, sempre preocupado, trabalha e chora, não ri nunca de coração, enquanto o rico ri e canta".
>
> Desde peças de mistério em que se diz que "cada homem deve ter tantas propriedades quanto qualquer outro e não temos nada que possamos chamar de nosso. Os grandes senhores possuem tudo e os pobres só contam com o sofrimento e a adversidade".
>
> Desde as sátiras mais lidas que denunciavam que "os magistrados, reitores, sacristãos e prefeitos vivem todos do roubo. Todos engordando pelo trabalho dos pobres, todos querem saqueá-los [...]. O forte rouba o fraco". Ou também: "Os bons trabalhadores fazem pão do trigo, mas nunca o mastigam; não, só recebem os resíduos do grão, do bom vinho só recebem os fundos e da boa roupa, apenas a palha. Tudo o que é saboroso e bom vai para a nobreza e para o clero". (Cohn, 1970, p. 99-100)

Essas queixas demonstram quão profundo era o ressentimento popular contra as desigualdades que existiam entre os "pássaros grandes" e os "pássaros pequenos", os "gordos" e os "magros", como ricos e pobres eram chamados na gíria política

Os camponeses pegaram em armas em Flandres, em 1323; na França, em 1358; na Inglaterra, em 1381; em Florença, Gante e Paris, em 1370 e 1380. Miniatura de uma *jacquerie* [revolta camponesa] no manuscrito *Crônicas de Froissart* (c. 1390).

florentina do século XIV. "Nada ficará bem na Inglaterra até que todos tenhamos a mesma condição", proclamava o já citado John Ball durante sua campanha para organizar a Revolta Camponesa de 1381 (Cohn, 1970, p. 199).

Como vimos, as principais expressões dessa aspiração a uma sociedade mais igualitária eram a exaltação da pobreza e o comunismo dos bens. Entretanto, a afirmação de uma perspectiva igualitária também se refletiu em uma nova atitude diante do trabalho, mais evidente entre as seitas hereges. De um lado, temos uma estratégia de "recusa ao trabalho", como a adotada pelos valdenses franceses (os Pobres de Lyon) e os membros de algumas ordens conventuais (franciscanos, espirituais), que, com o desejo de se libertar das preocupações mundanas, dependiam das esmolas e do apoio da comunidade para sobreviver. Por outro lado, temos uma nova valorização do trabalho, particularmente do trabalho manual, que alcançou sua forma mais consciente na propaganda dos lolardos ingleses, que lembravam seus seguidores de que "os nobres têm casas bonitas, nós temos apenas trabalho e penúrias, mas tudo vem do nosso trabalho" (Cohn, 1970; Christie-Murray, 1976, p. 114-5).

Sem dúvida, recorrer ao "valor do trabalho" — uma novidade numa sociedade dominada pela classe militar — funcionava principalmente como um lembrete da arbitrariedade do poder feudal. Contudo, essa nova consciência demonstra também a emergência de novas forças sociais que tiveram um papel crucial no desmantelamento do sistema feudal.

A valorização do trabalho reflete a formação de um proletariado urbano, constituído em parte por artífices e aprendizes — que trabalhavam para mestres artesãos e produziam para o mercado local —, mas fundamentalmente por trabalhadores diaristas assalariados, empregados por mercadores ricos em indústrias que produziam para a exportação. Na virada do século XIV, em Florença, Siena e Flandres, era possível encontrar concentrações de até quatro mil trabalhadores diaristas (tecelões, *fullers*, tintureiros) na indústria têxtil. Para eles, a vida na cidade era apenas um novo tipo de servidão, nesse caso sob o domínio dos mercadores de tecido que exerciam o mais estrito controle sobre suas atividades e a dominação de classe mais despótica. Os assalariados urbanos não podiam formar associações e eram proibidos até mesmo de se reunir em qualquer lugar, fosse qual fosse o objetivo; não podiam portar armas nem as ferramentas de seu ofício; e não podiam fazer greve, sob pena de morte (Pirenne, 1956, p. 132). Em Florença, não tinham direitos civis; diferentemente dos artífices, não eram parte de nenhuma corporação de ofício ou guilda e estavam expostos aos abusos mais cruéis nas mãos dos mercadores. Estes, além de controlar o governo da cidade, dirigiam um tribunal próprio e, com total impunidade, espiavam, prendiam, torturavam e enforcavam os trabalhadores ao menor sinal de problemas (Rodolico, 1971).

É entre esses assalariados que encontramos as formas mais radicais de protesto social e uma maior aceitação das ideias heréticas (Rodolico, 1971, p. 56-9). Durante o século XIV, particularmente em Flandres, os trabalhadores têxteis estiveram envolvidos em constantes rebeliões contra o bispo, contra a nobreza, contra os mercadores e até mesmo contra as principais corporações de ofício. Em Bruges, quando, em 1348, os ofícios mais importantes se tornaram poderosos, os trabalhadores da lã continuaram a se rebelar contra eles. Em Gante, em 1335, uma revolta da burguesia local foi superada por uma rebelião de tecelões que tentavam estabelecer uma "democracia operária" baseada na supressão de todas as autoridades, exceto das que viviam do trabalho manual (Boissonnade, 1927, p. 310-1). Derrotados por uma coalizão imponente de forças (que incluía o príncipe, a nobreza, o clero e a burguesia), os tecelões tentaram novamente, em 1378, e desta vez obtiveram êxito, instituindo algo que (talvez com certo exagero) foi chamado de a primeira "ditadura do proletariado" conhecida na história. Segundo Prosper Boissonnade, seu objetivo era "impulsionar os artífices contra seus mestres, os assalariados contra os grandes empresários, os camponeses contra os senhores e o clero. Dizia-se que eles pensavam em exterminar toda a classe burguesa, com exceção das crianças de até seis anos, e que planejavam fazer o mesmo com a nobreza" (Boissonnade, 1927, p. 311). Só foram derrotados por uma batalha em campo aberto, ocorrida em Roosebecque, em 1382, na qual 26 mil deles perderam a vida (Boissonnade, 1927, p. 311).

Os acontecimentos em Bruges e Gante não foram casos isolados. Na Alemanha e na Itália, os artesãos e os trabalhadores também se rebelavam a cada ocasião que se apresentava, forçando a burguesia local a viver em um estado de terror constante. Em Florença, os trabalhadores tomaram o poder em 1379, liderados pelos *ciompi*, os trabalhadores diaristas da indústria têxtil florentina.[31] Eles também estabeleceram um governo de trabalhadores que durou apenas uns poucos meses antes de ser completamente derrotado em 1382 (Rodolico, 1971). Os trabalhadores de Liège, nos Países Baixos, obtiveram maior êxito. Em 1384, a nobreza e os ricos (chamados de "grandes"), incapazes de continuar uma resistência que havia persistido durante mais de um século, renderam-se. Dali para frente, "as corporações de ofício dominaram completamente a cidade", tornando-se os árbitros do governo municipal (Pirenne, 1937, p. 201). Na Flandres marítima, os artesãos também haviam dado seu apoio à revolta camponesa em uma luta que durou de 1323 até 1328, naquilo que Pirenne descreve como "uma genuína tentativa de revolução social" (Pirenne, 1937, p. 195). Aqui — como destaca um contemporâneo oriundo de Flandres, cuja filiação de classe é evidente —, "a praga da insurreição era

---

31 Os *ciompi* eram os encarregados de lavar, pentear e lubrificar a lã para que pudesse ser trabalhada. Eram considerados trabalhadores não qualificados e tinham o status social mais baixo. *Ciompo* é um termo pejorativo que significa sujo e andrajoso, provavelmente devido ao fato de que os *ciompi* trabalhavam seminus e sempre estavam engordurados e manchados de tinta. Sua revolta começou em julho de 1382, disparada pelas notícias de que um deles, Simoncino, havia sido preso e torturado. Aparentemente, fizeram-lhe revelar, sob tortura, que os *ciompi* haviam tido reuniões secretas durante as quais, beijando-se na boca, prometeram defender-se mutuamente dos abusos de seus empregadores. Ao saberem da prisão de Simoncino, os trabalhadores correram até a casa da guilda da indústria da lã — o Palazzo dell'Arte — para exigir a libertação do companheiro. Com Simoncino livre, ocuparam a casa da guilda, estabeleceram patrulhas sobre a Ponte Vecchio e penduraram a insígnia das "guildas menores" (*arti minori*) nas janelas da sede da guilda. Também ocuparam a prefeitura, onde afirmaram haver encontrado uma sala cheia de cordas de forca destinadas a eles, segundo acreditavam. Aparentemente, com a situação sob controle, os *ciompi* apresentaram uma petição exigindo que fossem incorporados ao governo, que não continuassem sendo castigados com a amputação de uma mão por inadimplência, que os ricos pagassem mais impostos e que os castigos corporais fossem substituídos por multas em dinheiro. Na primeira semana de agosto, formaram uma milícia e criaram novos ofícios, enquanto eram realizados preparativos para eleições nas quais, pela primeira vez, participariam membros dos *ciompi*. No entanto, seu novo poder não durou mais que um mês, já que os magnatas da lã organizaram um locaute que os reduziu à fome. Depois de derrotados, muitos foram presos, enforcados e decapitados; muitos mais tiveram que abandonar a cidade, num êxodo que marcou o início da decadência da indústria da lã em Florença (Rodolico, 1971).

tal que os homens se revoltaram com a vida" (Pirenne, 1937, p. 196). Assim, entre 1320 e 1332, a "gente de bem" de Ypres implorou ao rei que não permitisse que os bastiões internos do povoado em que viviam fossem demolidos, dado que os protegiam da "gente comum" (Pirenne, 1937, p. 202-3).

A PESTE NEGRA E
A CRISE DO TRABALHO

A Peste Negra, que matou, em média, entre 30% e 40% da população europeia, constituiu um ponto de inflexão no decorrer das lutas medievais (Ziegler, 1969, p. 230). Esse colapso demográfico sem precedentes ocorreu depois de a Grande Fome de 1315-1322 ter debilitado a resistência das pessoas contra doenças (Jordan, 1996) e mudou profundamente a vida social e política da Europa, praticamente inaugurando uma nova era no continente. As hierarquias sociais foram viradas de cabeça para baixo, devido ao efeito nivelador da mortandade generalizada. A familiaridade com a morte também enfraqueceu a disciplina social. Diante da possibilidade de uma morte repentina, as pessoas já não se preocupavam em trabalhar ou acatar as regulações sociais e sexuais, e tentavam ao máximo se divertir, festejando tanto quanto podiam, sem pensar no futuro.

A consequência mais importante da peste foi, contudo, a intensificação da crise do trabalho gerada pelo conflito de classes. Com a dizimação da mão de obra, os trabalhadores tornaram-se extremamente escassos, o custo do trabalho aumentou de forma crítica e a determinação das pessoas em romper os laços do domínio feudal foi fortalecida.

Como ressalta Christopher Dyer, a escassez de mão de obra causada pela epidemia modificou as relações de poder em benefício das classes baixas. Em épocas nas quais a terra era escassa, era possível controlar os camponeses por meio da ameaça de expulsão. Porém, uma vez que a população foi dizimada e havia abundância de terra, as ameaças dos senhores deixaram de ter um efeito significativo, pois os camponeses podiam mudar-se livremente e achar novas áreas para cultivar (Dyer, 1968, p. 26). Assim, enquanto as plantações apodreciam e o gado caminhava sem rumo pelos campos, os camponeses e artesãos repentinamente tomaram conta da situação. Um sintoma desse novo processo foi o aumento das greves de inquilinos, reforçadas pelas ameaças de êxodo em massa para outras terras ou para a cidade. Como mostram laconicamente as crônicas feudais, os camponeses "negavam-se a pagar" (*negant solvere*). Também declaravam que "não seguiriam mais os costumes" (*negant consuetudines*) e ignoravam as ordens dos senhores de consertar suas casas, limpar as valas ou capturar os servos fugitivos (Dyer, 1968, p. 24).

Até o final do século XIV, a recusa a pagar o aluguel e a realizar serviços havia se transformado em um fenômeno coletivo. Aldeias inteiras organizaram-se conjuntamente para deixar de pagar as multas, os impostos e a talha, e negaram-se a reconhecer a troca de serviços e as determinações dos tribunais senhoriais, que eram os principais instrumentos do poder feudal. Nesse contexto, a quantidade de aluguéis e de serviços retidos era menos importante do que a subversão da relação de classes em que se baseava a ordem feudal. Foi assim que um escritor do começo do século XVI, cujas palavras refletiam o ponto de vista da nobreza, resumiu a situação:

> Os camponeses são ricos demais [...] e não sabem o que significa a obediência; não levam a lei em consideração, desejariam que não houvesse nobres [...] e gostariam de decidir qual renda deveríamos obter por nossas terras. (Dyer, 1968, p. 33)

Como resposta ao aumento do custo da mão de obra e ao desmoronamento da renda feudal, ocorreram várias tentativas de aumentar a exploração do trabalho a partir do restabelecimento da prestação de serviços laborais compulsórios ou, em alguns casos, da escravidão. Em Florença, a importação de escravizados foi autorizada em 1366.[32] Essas medidas, porém, só aprofundaram o conflito de classes. Na Inglaterra, a nobreza tentou conter o aumento dos custos do trabalho por meio de um Estatuto Laboral que impunha limites ao salário máximo, o que provocou a Revolta Camponesa de 1381. Esta se estendeu de uma região a outra e terminou com milhares de camponeses marchando de Kent a Londres "para falar com o rei" (Hilton, 1973; Dobson, 1983). Na França, entre 1379 e 1382, também houve um "turbilhão revolucionário" (Boissonnade, 1927, p. 314). As insurreições proletárias eclodiram em Bezier, onde quarenta tecelões e sapateiros foram enforcados. Em Montpellier, os trabalhadores insurgentes proclamaram que, "para o Natal, venderemos carne cristã a seis pence a libra". Estouraram revoltas em Carcassone, Orleans, Amiens, Tournai, Rouen e, finalmente, em Paris, onde em 1413 se estabeleceu uma "democracia dos trabalhadores".[33] Na Itália, como já mencionado, a revolta mais importante foi a dos *ciompi*. Teve início em julho de 1382, quando os trabalhadores têxteis de Florença forçaram a burguesia, durante um tempo, a compartilhar o governo e a declarar uma moratória sobre todas as dívidas nas quais haviam incorrido os assalariados; mais tarde, proclamaram que, essencialmente, se tratava de uma ditadura do proletariado ("o povo de Deus"), embora fosse

---

[32] Depois da Peste Negra, os países europeus passaram a condenar a vadiagem e a perseguir a vagabundagem, a mendicância e a recusa ao trabalho. A Inglaterra teve a iniciativa ao publicar o Estatuto de 1349, que condenava os salários altos e a vadiagem, estabelecendo que quem não trabalhasse e não possuísse nenhum meio de sobrevivência teria de aceitar qualquer trabalho. Na França, em 1351, foram emitidas ordenanças similares, recomendando às pessoas que não dessem comida nem hospedagem a mendigos e a vagabundos com boa saúde. Uma ordenança posterior estabeleceu, em 1354, que aqueles que permanecessem ociosos, passassem o tempo em tavernas, jogando dados ou mendigando teriam que aceitar algum trabalho ou aguentar as consequências; os infratores primários iam à prisão a pão e água, enquanto os reincidentes eram colocados no tronco. Quem infringisse a regra pela terceira vez era marcado a fogo na fronte. Na legislação francesa surgiu um novo elemento que se tornou parte da luta moderna contra os vagabundos: o trabalho forçado. Em Castela, uma ordenança introduzida em 1387 permitia aos particulares prender vagabundos e empregá-los durante um mês sem salário (Geremek, 1985, p. 53-65).

[33] O conceito de "democracia dos trabalhadores" pode parecer absurdo quando é aplicado a essas formas de governo. Porém, devemos considerar que, nos Estados Unidos, comumente considerado um país democrático, ainda nenhum trabalhador industrial se tornou presidente, e que os órgãos mais altos de governo estão completamente ocupados pelos representantes da aristocracia econômica.

rapidamente esmagada pelas forças conjuntas da nobreza e da burguesia (Rodolico, 1971).

A frase "Agora é o momento" – que se repete nas cartas de John Ball – ilustra claramente o espírito do proletariado europeu no final do século XIV, uma época em que, em Florença, a roda da fortuna começava a aparecer nas paredes das tavernas e das oficinas, a fim de simbolizar a iminente mudança de sorte.

Durante esse processo, o horizonte político e as dimensões organizacionais da luta dos camponeses e artesãos se expandiram. Regiões inteiras rebelaram-se, formando assembleias e recrutando exércitos. Algumas vezes, os camponeses se organizaram em bandos, atacaram os castelos dos senhores e destruíram os arquivos onde eram mantidos os registros escritos da servidão. No século XV, os enfrentamentos entre camponeses e nobres tornaram-se verdadeiras guerras, como a dos *remensas*, na Espanha, que se estendeu de 1462 a 1486.[34] Em 1476, iniciou-se na Alemanha o ciclo de lutas conhecido como Guerra Camponesa, cujo ponto de partida foi a conspiração liderada por Hans, o Flautista. Esses processos se propagaram na forma de quatro rebeliões sangrentas conduzidas pelo Bundschuh ("sindicato camponês"), que ocorreram entre 1493 e 1517 e culminaram em uma guerra aberta que se estendeu de 1522 a 1525, espalhando-se por quatro países (Engels, 1977 [2019]; Blickle, 1977).

Em nenhum desses casos os rebeldes se conformaram apenas com exigir algumas restrições ao regime feudal, tampouco

---

[34] Os *remensas* eram uma liquidação de impostos que os servos camponeses tinham que pagar na Catalunha para deixar suas terras. Depois da Peste Negra, os camponeses sujeitos aos *remensas* também estavam submetidos a um novo imposto conhecido como *los malos usos*, que, em épocas anteriores, havia sido aplicado de maneira menos generalizada (Milton, 1973, p. 117-8). Esses novos impostos e os conflitos em torno do uso de terras abandonadas deram origem a uma guerra regional prolongada, em cujo transcurso os camponeses catalães recrutaram um homem a cada três famílias. Também estreitaram seus laços por meio de associações juramentadas, tomaram decisões em assembleias camponesas e, para intimidar os proprietários de terra, cobriram os campos com cruzes e outros símbolos ameaçadores. Na última fase da guerra, exigiram o fim da renda e o estabelecimento de direitos camponeses de propriedade (Milton, 1973, p. 120-21, 133).

negociaram exclusivamente para obter melhores condições de vida. O objetivo era colocar fim ao poder dos senhores. Durante a Revolta Camponesa de 1381, os camponeses ingleses declararam que "a velha lei deve ser abolida". Efetivamente, no começo do século XV, pelo menos na Inglaterra, a servidão ou a vilanagem haviam desaparecido quase por completo, embora a revolta tenha sido derrotada política e militarmente e seus líderes, executados de modo brutal (Titow, 1969, p. 58).

O que se seguiu tem sido descrito como a "idade de ouro do proletariado europeu" (Marx, 1909 [2017]; Braudel, 1967, p. 128 ss.), algo muito distinto da representação canônica do século XV, que foi imortalizado iconograficamente como uma época amaldiçoada pela dança da morte e pelo *memento mori* [lembre-se de que você vai morrer].

Thorold Rogers retratou uma imagem utópica desse período em seu famoso estudo sobre os salários e as condições de vida na Inglaterra medieval. "Em nenhum outro momento", escreve, "os salários foram tão altos e a comida tão barata [na Inglaterra]" (Rogers, 2006, p. 326 ss.). Às vezes, os trabalhadores eram pagos por todos os dias do ano, apesar de não trabalharem aos domingos ou nos principais feriados. A comida corria à custa dos empregadores, e era pago um *viaticum* para ir e vir de casa ao trabalho, calculado por cada milha de distância. Além disso, os trabalhadores exigiam pagamento em dinheiro e queriam trabalhar apenas cinco dias por semana.

Como veremos, há razões para sermos céticos com relação ao alcance dessa abundância. No entanto, para uma parte importante do campesinato da Europa Ocidental e para os trabalhadores urbanos, o século XV foi uma época de força sem precedentes. Não só a escassez de trabalho lhes deu poder de decisão, mas também o espetáculo de empregadores competindo por seus serviços reforçou sua própria valorização e apagou séculos de degradação e submissão. Diante dos olhos dos empregadores, o "escândalo" dos altos salários que os trabalhadores demandavam só era igualado pela nova arrogância que exibiam: sua recusa a trabalhar ou a continuar trabalhando depois que haviam satisfeito suas necessidades (o que agora podiam fazer mais rapidamente, devido aos salários mais elevados); sua obstinada determinação de se oferecerem somente para tarefas limitadas, em vez de períodos prolongados de tempo; suas demandas por benefícios extras além do salário; e sua vestimenta ostensiva que, de acordo com as queixas dos críticos sociais da época, os tornava indistinguíveis dos senhores. "Os servos agora são senhores e os senhores são servos", reclamava John Gower em *Mirour de l'omme* [Espelho do homem] (1378), "o camponês pretende imitar os costumes do homem livre e dá a si mesmo a aparência deste ao utilizar suas roupas" (Hatcher, 1994, p. 17).

A condição dos sem-terra também melhorou depois da Peste Negra (Hatcher, 1994), e não apenas na Inglaterra. Em 1348, os cônegos da Normandia queixaram-se de que não conseguiam encontrar ninguém que estivesse disposto a cultivar suas terras

A Peste Negra dizimou um terço da população da Europa. Foi um momento de inflexão, social e politicamente, na história europeia. Gravura de autoria desconhecida baseada em miniatura de Jehan de Grise no manuscrito *Romance de Alexandre* (c. 1338-1410).

sem pedir mais do que aquilo que seus servos cobravam no início do século. Na Itália, na França e na Alemanha, os salários foram duplicados e triplicados (Boissonnade, 1927, p. 316-20). Nas terras banhadas pelos rios Reno e Danúbio, o poder de compra do salário agrícola diário chegou a equiparar-se ao preço de um porco ou de uma ovelha, e esses níveis salariais alcançavam também as mulheres, já que a diferença entre a renda feminina e a masculina havia diminuído drasticamente devido à Peste Negra.

Para o proletário europeu, isso significou não só a conquista de um nível de vida que não voltaria a ser igualado até o século XIX, mas também o desaparecimento da servidão. No fim do século XIV, as amarras entre os servos e a terra haviam praticamente desaparecido (Marx, 1909, p. 788 [2017, p. 788]). Por todas as partes, os servos eram substituídos por camponeses livres — titulares de posses consuetudinárias (*copyholds*) ou de *enfiteuses* (*leaseholds*) — que só aceitavam trabalhar em troca de uma recompensa substancial.

A POLÍTICA SEXUAL, O SURGIMENTO DO ESTADO E A CONTRARREVOLUÇÃO

Todavia, no final do século XV, teve início uma contrarrevolução que atuava em todos os níveis da vida social e política. Em primeiro lugar, as autoridades empreenderam importantes esforços para cooptar os trabalhadores homens mais jovens e rebeldes por meio de uma maliciosa política sexual que lhes deu acesso a sexo gratuito e transformou o antagonismo de classe em antagonismo contra as mulheres proletárias. Como demonstrou Jacques Rossiaud em *Prostituição na Idade Média* (1988 [1991]), na França, as autoridades municipais praticamente *descriminalizaram* o estupro nos casos em que as vítimas eram mulheres de classe baixa. Na Veneza do século XIV, o estupro de proletárias solteiras raramente tinha como consequência algo além de um puxão de orelhas, até mesmo nos casos frequentes de ataque em grupo (Ruggiero, 1989, p. 91-108). O mesmo ocorria na maioria das cidades francesas, onde o estupro coletivo de mulheres proletárias se tornou uma prática comum, que se realizava aberta e ruidosamente durante a noite, em grupos de dois a quinze homens que invadiam as casas ou arrastavam as vítimas pelas ruas sem a menor intenção de se esconder ou dissimular. Aqueles que participavam desses "esportes" eram jovens artífices ou empregados domésticos, ou ainda filhos de famílias ricas sem nenhum centavo no bolso, enquanto as mulheres eram meninas pobres que trabalhavam como criadas ou lavadeiras, sobre as quais circulavam rumores de que eram "mantidas" por seus senhores (Rossiaud, 1988, p. 22 [1991, p. 26]). Em média, metade dos jovens teve alguma participação nesses ataques, que Rossiaud descreve como uma forma de protesto de classe, um meio para que homens proletários — forçados a postergar o casamento por muitos anos, devido às suas condições econômicas — cobrassem aquilo que era "seu" e se vingassem dos ricos. Entretanto, os resultados foram destrutivos para todos os trabalhadores, pois o estupro de mulheres pobres com consentimento estatal debilitou a solidariedade de classe que havia sido alcançada na luta antifeudal. Como era de se esperar, as autoridades encararam os distúrbios causados por essa política (as brigas, a presença de bandos de jovens perambulando pelas ruas à noite em busca de aventuras e perturbando a tranquilidade pública) como um preço pequeno a se pagar em troca da diminuição das tensões sociais, já que estavam obcecadas pelo medo das grandes insurreições urbanas e pela crença de que, se os homens pobres conseguissem se impor, eles se apoderariam de suas esposas e disporiam delas coletivamente (Rossiaud, 1988, p. 13 [1991, p. 27]).

Para essas mulheres proletárias, tão arrogantemente sacrificadas por senhores e servos, o preço a pagar foi incalculável. Uma vez estupradas, não era fácil recuperar seu lugar na sociedade. Com a reputação destruída, tinham que abandonar a cidade ou se dedicar à prostituição (Rossiaud, 1988 [1991]; Ruggiero, 1989, p. 99). Elas não eram as únicas que sofriam, porém. A legalização do estupro criou um clima intensamente misógino que degradou todas as mulheres, qualquer que fosse sua classe. Também insensibilizou a população em relação à violência contra as mulheres, preparando o terreno para a caça às bruxas que começaria nesse mesmo período. Os primeiros julgamentos por bruxaria ocorreram no final do século XIV, e pela primeira vez a Inquisição registrou a existência de uma heresia e de uma seita de adoradores do demônio completamente femininas.

Outro aspecto da política sexual fragmentadora que príncipes e autoridades municipais levaram a cabo com a finalidade de dissolver o protesto dos trabalhadores foi a institucionalização da prostituição, implementada com o estabelecimento de bordéis municipais que logo proliferaram por toda a Europa. Tornada possível graças ao regime de salários elevados, a prostituição gerida pelo Estado foi vista como um remédio útil contra a turbulência da juventude proletária, que podia desfrutar, na Grand Maison — como era chamado o bordel estatal na França —, de um privilégio antes reservado aos homens mais velhos (Rossiaud, 1988 [1991]). O bordel municipal também era considerado um remédio contra a homossexualidade (Otis, 1985), que, em algumas cidades europeias, como Pádua e Florença, se praticava ampla e publicamente, mas que depois da Peste Negra começou a ser temida como causa de despovoamento.[35]

Assim, entre 1350 e 1450, em cada cidade e aldeia da Itália e da França foram abertos bordéis geridos publicamente e

---

[35] A proliferação de bordéis públicos foi acompanhada, assim, de uma campanha contra os homossexuais que se estendeu até mesmo a Florença, onde a homossexualidade era uma parte importante da tessitura social "que atraía homens de todas as idades, estados civis e níveis sociais". A homossexualidade era tão popular em Florença que as prostitutas costumavam usar roupas masculinas para atrair os clientes. Os sinais de mudança vieram de duas iniciativas introduzidas pelas autoridades em 1403, quando a cidade proibiu os "sodomitas" de assumirem cargos públicos e instituiu uma comissão de controle dedicada a extirpar a homossexualidade: o Escritório da Decência. Significativamente, o primeiro passo tomado pelo Escritório foi preparar a abertura de um novo bordel público, de tal forma que, em 1418, as autoridades ainda continuavam buscando meios para erradicar a sodomia "da cidade e do campo" (Rocke, 1997, p. 30-2, 35). Sobre a promoção da prostituição financiada publicamente como remédio contra a diminuição da população e a "sodomia" por parte do governo florentino, ver também Richard C. Trexler (1993, p. 32): "Como outras cidades italianas do século xv, Florença acreditava que a prostituição patrocinada oficialmente combatia outros dois males incomparavelmente mais importantes do ponto de vista moral e social: a homossexualidade masculina — cuja prática se atribuía ao obscurecimento da diferença entre os sexos e, portanto, de toda a diferença e decoro — e a diminuição da população legítima, como consequência de uma quantidade insuficiente de matrimônios".
Trexler aponta que é possível encontrar a mesma correlação entre a difusão da homossexualidade, a diminuição da população e o patrocínio estatal da prostituição em Lucca, Veneza e Siena entre o final do século xiv e o início do xv. Ele aponta também que o crescimento na quantidade e no poder social das prostitutas levou finalmente a uma reação violenta, de tal maneira que, enquanto "no começo do século xv, pregadores e estadistas haviam acreditado profundamente [em Florença] que nenhuma cidade em que mulheres e homens parecessem iguais podia se sustentar por muito tempo [...], um século mais tarde perguntavam para si mesmos se uma cidade poderia sobreviver enquanto as mulheres de classe alta não pudessem ser diferenciadas das prostitutas de bordel" (Trexler, 1993, p. 65).

Os bordéis eram vistos como um remédio contra os protestos sociais, a heresia e a homossexualidade. Xilogravura alemã de autoria desconhecida, século XV.

financiados por impostos, numa quantidade muito superior à que passaria a existir no século XIX. Em 1453, Amiens, por exemplo, tinha 53 bordéis. Além disso, foram eliminadas todas as restrições e penalidades contra a prostituição. As prostitutas agora podiam abordar os clientes em qualquer parte da cidade, inclusive na frente da igreja durante a missa. Não estavam mais ligadas a nenhum código de vestimenta ou obrigadas a usar marcas distintivas, pois a prostituição era oficialmente reconhecida como serviço público (Otis, 1985, p. 9-10).

Até mesmo a Igreja chegou a ver a prostituição como uma atividade legítima, pois acreditava-se que o bordel administrado pelo Estado provia um antídoto contra as práticas sexuais orgiásticas das seitas hereges e, como já mencionado, era um remédio para a sodomia, assim como um meio para proteger a vida familiar.

É difícil discernir, de forma retrospectiva, até que ponto esse "recurso sexual" ajudou o Estado a disciplinar e dividir o proletariado medieval. O que é certo é que esse *new deal* foi parte de um processo mais amplo que, em resposta à intensificação do conflito social, levou à centralização do Estado como o único agente capaz de confrontar a generalização da luta dos trabalhadores e de preservar as relações de classe.

Nesse processo, como se verá mais adiante, o Estado tornou-se o gestor supremo das relações de classe e o supervisor da reprodução da força de trabalho — função que continua desempenhando até hoje. No exercício desse poder, como dissemos, em muitos países foram criadas leis que estabeleciam limites ao custo do trabalho, fixando o salário máximo; proibiam a vadiagem, agora duramente castigada (Geremek, 1985, p. 61 ss.); e incentivavam os trabalhadores a se reproduzir.

Em última instância, o crescente conflito de classes provocou uma nova aliança entre a burguesia e a nobreza, sem a qual as revoltas proletárias não poderiam ter sido derrotadas. De fato, é difícil aceitar a afirmação, frequentemente feita pelos historiadores, segundo a qual essas lutas não tinham possibilidades de sucesso devido à estreiteza de seu horizonte político e "à confusão de suas demandas". Na verdade, os objetivos dos camponeses e dos artesãos eram absolutamente transparentes. Eles exigiam que "cada um devia ter o mesmo que os demais" (Pirenne, 1937, p. 202 [1982, p. 203]) e, para atingir tal objetivo, uniam-se a todos aqueles "que não tinham nada a perder", atuando conjuntamente, em diferentes regiões, sem medo de enfrentar os exércitos bem treinados da nobreza, apesar de não terem habilidades militares.

Se eles foram derrotados, foi porque todas as forças do poder feudal — a nobreza, a Igreja e a burguesia —, apesar de suas divisões tradicionais, os enfrentaram de forma unificada por medo de uma rebelião proletária. Com efeito, a imagem que chegou a nós de uma burguesia em guerra permanente contra a nobreza, que levava em suas bandeiras o clamor pela igualdade e pela democracia, é uma distorção. Na Baixa Idade Média, para onde quer que olhemos, desde a Toscana até a Inglaterra e os Países Baixos, encontramos a burguesia aliada com a nobreza visando à eliminação das classes subalternas.[36] A burguesia reconheceu, tanto nos camponeses quanto nos tecelões e sapateiros democratas de suas cidades, um inimigo que fez até mesmo com que valesse a pena sacrificar sua preciosa autonomia política. Foi assim que a burguesia urbana, depois de dois séculos de lutas para conquistar soberania plena dentro das muralhas de suas comunas, restituiu o poder à nobreza, subordinando-se voluntariamente ao reinado do príncipe e dando, assim, o primeiro passo em direção ao Estado absolutista.

---

36 Na Toscana, onde a democratização da vida política havia chegado mais longe do que em qualquer outra região europeia, na segunda metade do século XV se deu uma inversão dessa tendência e uma restauração do poder da nobreza, promovida pela burguesia mercantil com a finalidade de bloquear a ascensão das classes baixas. Nessa época, produziu-se uma fusão orgânica entre as famílias dos mercadores e da nobreza, por meio do casamento e de prerrogativas compartilhadas. Isso acabou com a mobilidade social, a conquista mais importante da sociedade urbana e da vida comunal na Toscana medieval (Luzzati, 1981, p. 187, 206).

Matthäus Merian, *Precedentes das Quatro Pragas da Terra*, 1630, gravura em *Iconum Biblicarum*. Ver nota de rodapé 22 (p. 140).

CAPÍTULO 2
—
A ACUMULAÇÃO DO TRABALHO E A DEGRADAÇÃO DAS MULHERES
—
A CONSTRUÇÃO DA "DIFERENÇA" NA "TRANSIÇÃO PARA O CAPITALISMO"

INTRODUÇÃO 122 · A ACUMULAÇÃO CAPITALISTA E A ACUMULAÇÃO DO TRABALHO NA EUROPA 128 · A PRIVATIZAÇÃO DA TERRA NA EUROPA, A PRODUÇÃO DE ESCASSEZ E A SEPARAÇÃO ENTRE PRODUÇÃO E REPRODUÇÃO 138 · A REVOLUÇÃO DOS PREÇOS E A PAUPERIZAÇÃO DA CLASSE TRABALHADORA EUROPEIA 156 · A INTERVENÇÃO ESTATAL NA REPRODUÇÃO DO TRABALHO: A ASSISTÊNCIA AOS POBRES E A CRIMINALIZAÇÃO DA CLASSE TRABALHADORA 167 · DIMINUIÇÃO DA POPULAÇÃO, CRISE ECONÔMICA E DISCIPLINAMENTO DAS MULHERES 175 · A DESVALORIZAÇÃO DO TRABALHO FEMININO 189 · MULHERES: OS NOVOS BENS COMUNS E AS SUBSTITUTAS DAS TERRAS PERDIDAS 199 · O PATRIARCADO DO SALÁRIO 201 · A DOMESTICAÇÃO DAS MULHERES E A REDEFINIÇÃO DA FEMINILIDADE E DA MASCULINIDADE: MULHERES, OS SELVAGENS DA EUROPA 207 · COLONIZAÇÃO, GLOBALIZAÇÃO E MULHERES 214 · SEXO, RAÇA E CLASSE NAS COLÔNIAS 223 · O CAPITALISMO E A DIVISÃO SEXUAL DO TRABALHO 240

ME PERGUNTO SE TODAS AS GUERRAS, DERRAMAMENTO DE SANGUE E MISÉRIA NÃO COMEÇARAM A ASSALTAR A CRIAÇÃO QUANDO UM HOMEM PROCUROU SER SENHOR DE OUTRO [...] E SE ESSA MISÉRIA NÃO IRÁ EMBORA [...] QUANDO TODAS AS RAMIFICAÇÕES DA HUMANIDADE CONSIDERAREM A TERRA COMO UM TESOURO COMUM A TODOS.

— GERRARD WINSTANLEY, *THE NEW LAW OF RIGHTEOUSNESS* [A NOVA LEI DA RETIDÃO] (1649)

> Para ele, ela era uma mercadoria fragmentada cujos sentimentos e escolhas raras vezes eram consideradas: sua cabeça e seu coração estavam separados de suas costas e mãos e divididas de seu útero e vagina. Suas costas e músculos eram forçados no trabalho do campo [...] às suas mãos se exigia cuidar e nutrir o homem branco [...] sua vagina, usada para o prazer sexual dele, era a porta de acesso ao útero, lugar para os investimentos de capital dele — o ato sexual era o investimento de capital, e o filho, a mais-valia acumulada.
>
> — Barbara Omolade, "Heart of Darkness" [Coração da Escuridão] (1983)

INTRODUÇÃO

O desenvolvimento do capitalismo não foi a única resposta à crise do poder feudal. Em toda a Europa, vastos movimentos sociais comunalistas e rebeliões contra o feudalismo haviam oferecido a promessa de uma nova sociedade construída sobre as bases da igualdade e da cooperação. Contudo, em 1525, sua expressão mais poderosa, a Guerra Camponesa na Alemanha, ou, como foi chamada por Peter Blickle, a "revolução do homem comum", foi esmagada.[1] Em represália, cem mil rebeldes foram massacrados. Mais tarde, em 1535, a "Nova Jerusalém" — a tentativa dos anabatistas, na cidade de Münster, de trazer o reino de Deus para a terra — também terminou em um banho de sangue. Antes, essa empreitada já havia sido enfraquecida, presumivelmente, pela virada patriarcal de seus líderes, os quais, ao impor a poligamia, levaram as mulheres de suas fileiras a se revoltar.[2] Com essas derrotas, agravadas pelo desdobramento da

---

[1] Peter Blickle se opõe ao conceito de uma "guerra camponesa" devido à composição social dessa revolução, que incluía em suas fileiras muitos artesãos, mineiros e intelectuais. A Guerra Camponesa combinou sofisticação ideológica (expressa nos doze "artigos" promovidos pelos rebeldes) com uma poderosa organização militar. Os doze "artigos" incluíam: rejeição à servidão; redução dos dízimos; revogação das leis contra a caça clandestina; afirmação do direito de coletar lenha; diminuição dos serviços laborais; redução das rendas; afirmação dos direitos de uso das terras comunais; e abolição dos impostos de herança (Blickle, 1985, p. 195-201). A excepcional destreza militar demonstrada pelos rebeldes dependia, em parte, da participação na revolta de soldados profissionais, incluindo os lansquenetes — os célebres soldados suíços que, nessa época, eram a elite das tropas mercenárias na Europa. Os lansquenetes colocaram sua experiência militar a serviço dos camponeses, lideraram seus exércitos e, em diversas situações, se recusaram a atuar contra os rebeldes. Em certa ocasião, justificaram sua recusa argumentando que eles próprios também vinham do campesinato e que dependiam dos camponeses para seu sustento em tempos de paz. Quando ficou claro para os príncipes germânicos que não se podia confiar nos lansquenetes, passaram a mobilizar tropas da Liga da Suábia (*Schwäbischer Bund*), trazidas de regiões mais afastadas, para quebrar a resistência camponesa. Sobre a história dos lansquenetes e sua participação na Guerra Camponesa, ver Baumann (1994, p. 237-56).
[2] Politicamente, os anabatistas representaram uma fusão dos "movimentos sociais da Baixa Idade Média e o novo movimento anticlerical que se desencadeou a partir da Reforma". Como os hereges medievais, os anabatistas condenavam o individualismo econômico e a cobiça, e apoiavam uma forma de comunalismo cristão. A tomada de Münster teve lugar sob a Guerra Camponesa, quando a agitação e as insurreições urbanas se estenderam de Frankfurt a Colônia e a outras cidades do norte da Alemanha. Em 1531, as corporações tomaram o controle da cidade de Münster, rebatizando-a de

caça às bruxas e pelos efeitos da expansão colonial, o processo revolucionário na Europa chegou ao fim. O poderio militar não foi suficiente, entretanto, para evitar a crise do feudalismo.

Na Baixa Idade Média, ante uma crise de acumulação que se prolongou por mais de um século, a economia feudal estava condenada. Podemos deduzir as dimensões da crise com base em algumas estimativas básicas que apontam uma mudança muito importante na relação de poder entre trabalhadores e mestres entre 1350 e 1500. O salário real cresceu em torno de 100%, os preços caíram por volta de 33%, os aluguéis também caíram, a jornada de trabalho diminuiu e surgiu uma tendência à autossuficiência local.[3] No pessimismo dos mercadores e proprietários de terra da época — assim como nas medidas adotadas pelos Estados europeus para proteger os mercados, suprimir a concorrência e forçar as pessoas a trabalhar nas condições impostas — também é possível encontrar provas de uma tendência crônica à desacumulação. Anotações nos registros dos feudos documentam que "o trabalho não valia nem o café da manhã" (Dobb, 1963, p. 54 [1983, p. 40]). A economia feudal não podia se reproduzir.

Nova Jerusalém, e, sob a influência de imigrantes anabatistas holandeses, instalaram um governo comunal baseado na partilha de bens. Como escreveu Po-Chia Hsia, os documentos da Nova Jerusalém foram destruídos e sua história foi contada apenas por seus inimigos. Não devemos supor, portanto, que os acontecimentos se deram tal como foram narrados. De acordo com as evidências disponíveis, as mulheres primeiro desfrutaram de um alto grau de liberdade na cidade — "podiam se divorciar de seus maridos incrédulos e formar novos matrimônios", por exemplo. As coisas mudaram com a decisão do governo reformado de introduzir a poligamia, o que provocou uma "resistência ativa" entre as mulheres que, segundo se presume, foi reprimida com prisões e até execuções (Hsia, 1988a, p. 58-9). Não está claro o motivo dessa decisão, mas, dado o papel decisivo que desempenharam as corporações na "transição" em relação às mulheres, o episódio merece maior investigação. Sabemos, de fato, que as corporações realizaram campanhas em vários países para remover as mulheres dos lugares de trabalho assalariado — e nada indica que se opuseram à perseguição de bruxas.

[3] Sobre o aumento do salário real e a queda de preços na Inglaterra, ver North e Thomas (1973, p. 74). Sobre os salários florentinos, ver Cipolla (1994, p. 206). Sobre a queda do valor da produção na Inglaterra, ver Britnel (1993, p. 156-71). Sobre a estagnação da produção agrária em distintos países europeus, ver Slicher van Bath (1963, p. 160-70). Rodney Hilton sustenta que nesse período se experimentou "uma contração das economias rurais e industriais [...] provavelmente sentida em primeiro lugar pela classe dominante [...]. Os rendimentos senhoriais e os lucros industriais e comerciais começaram a cair. [...] A revolta nas cidades desorganizou a produção industrial e a revolta no campo fortaleceu a resistência camponesa ao pagamento da renda. A renda e os lucros caíram ainda mais" (Hilton, 1985, p. 240-1).

E a sociedade capitalista tampouco poderia ter "evoluído" a partir dela, já que a autossuficiência e o novo regime de salários elevados permitiam a "riqueza popular" mas "excluíam a riqueza capitalista" (Marx, 1909, p. 789 [2017, p. 789]).

Foi em resposta a essa crise que a classe dominante europeia lançou a ofensiva global que, ao longo de ao menos três séculos, mudaria a história do planeta, estabelecendo as bases do sistema capitalista mundial no esforço implacável de se apropriar de novas fontes de riqueza, expandir sua base econômica e colocar novos trabalhadores sob seu comando.

Como sabemos, "a conquista, a subjugação, o assassínio para roubar, em suma, a violência" foi o pilar desse processo (Marx, 1909, p. 785 [2017, p. 786]). Assim, o conceito de uma "transição para o capitalismo" é, em muitos sentidos, uma ficção. Nos anos 1940 e 1950, historiadores britânicos usaram esse conceito para definir um período — que ia aproximadamente de 1450 a 1650 — em que o feudalismo na Europa estava se decompondo, enquanto nenhum novo sistema socioeconômico havia ainda assumido seu lugar, apesar de alguns elementos da sociedade capitalista já estarem tomando forma.[4] O conceito de "transição", portanto, nos ajuda a pensar em um processo prolongado de mudança e em sociedades nas quais a acumulação capitalista coexistia com formações políticas que não eram ainda predominantemente capitalistas. Contudo, o termo sugere um desenvolvimento histórico gradual, linear, ao passo que o período a que o conceito se refere foi um dos mais sangrentos e descontínuos de que se tem notícia — uma época que foi testemunha de transformações apocalípticas que os historiadores só podem descrever nos termos mais duros: a Era de Ferro (Kamen), a Era do Saque (Hoskins) e a Era do Chicote (Stone). O termo "transição", então, é incapaz de evocar as mudanças que abriram caminho para o advento do capitalismo

---

4 Sobre Maurice Dobb e o debate a respeito da transição ao capitalismo, ver Kaye (1984, p. 23-69).

e das forças que conformaram essas mudanças. Portanto, neste livro usarei esse termo principalmente em um sentido temporal, enquanto, para os processos sociais que caracterizaram a "reação feudal" e o desenvolvimento das relações capitalistas, empregarei o conceito marxiano de "acumulação primitiva", embora concorde, como apontam alguns críticos, que devemos repensar a interpretação de Marx nesse ponto.[5]

Marx introduziu o conceito de "acumulação primitiva", no final do livro I de *O capital*, para descrever a reestruturação social e econômica iniciada pela classe dominante europeia em resposta à crise de acumulação, e para estabelecer, em polêmica com Adam Smith,[6] que (i) o capitalismo não poderia ter se desenvolvido sem uma concentração prévia de capital e trabalho; e (ii) a dissociação entre trabalhadores e meios de produção, e não a abstinência dos ricos, é a fonte da riqueza capitalista. A acumulação primitiva é, então, um conceito útil, já que conecta a "reação feudal" com o desenvolvimento de uma economia capitalista, e identifica as condições *históricas* e *lógicas* para o desenvolvimento do sistema capitalista, em que "primitiva" ("originária") indica tanto uma pré-condição para a existência de relações capitalistas como um evento específico no tempo.[7]

---

[5] Entre os críticos do conceito de "acumulação primitiva", tal como utilizado por Marx, estão Samir Amin (1974) e Maria Mies (1986 [2022]). Enquanto Amin volta a atenção para o eurocentrismo de Marx, Mies enfatiza sua cegueira com relação à exploração das mulheres. Uma crítica distinta aparece em Yann Moulier-Boutang (1998, p. 16-27), que aponta em Marx a origem da impressão (errônea) de que o objetivo da classe dominante na Europa era se libertar de uma força de trabalho de que não necessitava. Boutang salienta que ocorreu exatamente o contrário: o objetivo da expropriação de terras era fixar os trabalhadores em seus empregos, e não incentivar a mobilidade. O capitalismo, como sublinha Moulier-Boutang, sempre se preocupou principalmente em evitar a fuga do trabalho.

[6] Michael Perelman assinala que o termo "acumulação primitiva" foi, na realidade, cunhado por Adam Smith, e logo rechaçado por Marx devido ao caráter a-histórico do uso que Smith lhe deu. "Para sublinhar sua distância em relação a Smith, Marx intitulou o capítulo final do primeiro tomo de *O capital*, consagrado ao estudo da acumulação primitiva, como 'a assim chamada acumulação primitiva', fazendo a expressão 'assim chamada' preceder, pejorativamente, o termo 'acumulação primitiva'. Fundamentalmente, Marx descartou a mítica acumulação 'anterior' a fim de centrar a atenção na experiência histórica real" (Perelman, 2000, p. 25-6).

[7] Sobre a relação entre as dimensões histórica e lógica da "acumulação primitiva" e suas implicações para os movimentos políticos de hoje, ver De Angelis (2011), Perlman (1985) e Cohen (1998).

Contudo, Marx analisou a acumulação primitiva quase exclusivamente partindo do ponto de vista do proletariado industrial assalariado: o protagonista, sob sua perspectiva, do processo revolucionário do seu tempo e a base para uma sociedade comunista futura. Desse modo, em sua explicação, a acumulação primitiva consiste essencialmente na expropriação da terra do campesinato europeu e na formação do trabalhador independente "livre". Entretanto, Marx também reconheceu que

> A descoberta das terras auríferas e argentíferas na América, o extermínio, a escravização e o soterramento da população nativa nas minas, o começo da conquista e saqueio das Índias Orientais, a transformação da África numa reserva para a caça comercial de peles-negras [...] constituem momentos fundamentais da acumulação primitiva. (Marx, 1909, p. 823 [2017, p. 821])

Marx registrou ainda que "grande parte dos capitais que atualmente ingressam nos Estados Unidos, sem certidão de nascimento, é sangue de crianças que acabou de ser capitalizado na Inglaterra" (Marx, 1909, p. 829-30 [2017, p. 826]). Por outro lado, não encontramos em seu trabalho nenhuma menção às profundas transformações que o capitalismo introduziu na reprodução da força de trabalho e na posição social das mulheres. Na análise de Marx sobre a acumulação primitiva, tampouco aparece alguma referência à "Grande Caça às Bruxas" dos séculos XVI e XVII, ainda que essa campanha terrorista patrocinada pelo Estado tenha sido fundamental para a derrota do campesinato europeu, facilitando sua expulsão das terras anteriormente comunais.

Neste e nos seguintes capítulos discuto esses eventos, especialmente com relação à Europa, defendendo que:

(i) a expropriação dos meios de subsistência dos trabalhadores europeus e a escravização dos povos originários da

América e da África nas minas e nas plantações do "Novo Mundo" não foram os únicos meios pelos quais um proletariado mundial foi formado e "acumulado";

(ii) esse processo demandou a transformação do corpo em uma máquina de trabalho e a sujeição das mulheres para a reprodução dessa força de trabalho. Principalmente, exigiu a destruição do poder das mulheres, que, tanto na Europa como na América, foi alcançada por meio do extermínio das "bruxas";

(iii) a acumulação primitiva não foi, então, simplesmente uma acumulação e uma concentração de trabalhadores exploráveis e de capital; foi *também uma acumulação de diferenças e divisões dentro da classe trabalhadora*, em que as hierarquias construídas sobre o gênero, assim como sobre a "raça" e a idade, se tornaram constitutivas da dominação de classe e da formação do proletariado moderno;

(iv) não podemos, portanto, identificar acumulação capitalista com libertação do trabalhador, mulher ou homem, como muitos marxistas (entre outros) têm feito, ou ver o advento do capitalismo como um momento de progresso histórico. Pelo contrário, o capitalismo criou formas de escravidão mais brutais e mais traiçoeiras, na medida em que implantou no corpo do proletariado divisões profundas que servem para intensificar e ocultar a exploração. É em grande medida por causa dessas imposições — especialmente a divisão entre homens e mulheres — que a acumulação capitalista continua devastando a vida em todos os cantos do planeta.

A ACUMULAÇÃO CAPITALISTA E A ACUMULAÇÃO DO TRABALHO NA EUROPA

Marx escreveu que o capital emerge sobre a face da terra "escorrendo sangue e lama por todos os poros, da cabeça aos pés" (Marx, 1909, p. 834 [2017, p. 830]) e, com efeito, quando olhamos para o começo do desenvolvimento capitalista, temos a impressão de estar num imenso campo de concentração. No "Novo Mundo", encontramos a sujeição das populações nativas por meio dos regimes de *mita* ou *cuatéquil*,[8] sob os quais uma multidão de pessoas deu a vida para extrair prata e mercúrio das minas de Huancavelica e Potosí. Na Europa do Leste, desenvolveu-se uma "segunda servidão" que prendeu à terra uma população de produtores agrícolas que jamais havia sido serva.[9] Na Europa Ocidental, ocorreram os cercamentos, a caça às bruxas, as marcações a fogo, os açoites e o encarceramento de vagabundos e mendigos em *workhouses*[10] e em casas correcionais recém-construídas, modelos para o futuro sistema

---

[8] Para uma descrição dos sistemas de *encomienda*, *mita* e *cuatéquil*, ver (entre outros) Gunder Frank (1978, p. 45 [1983, p. 78]), Stern (1982) e Clendinnen (1987). Gunder Frank descreveu a *encomienda* como "um sistema sob o qual eram concedidos aos proprietários de terra espanhóis direitos sobre o trabalho das comunidades indígenas". Porém, em 1548, os espanhóis "começaram a substituir a *encomienda de servicio* pelo *repartimiento*, chamado de *cuatéquil* no México e de *mita* no Peru, e que obrigava os chefes das comunidades indígenas a suprir o *juez repartidor* espanhol (juiz distribuidor) com uma certa quantidade de homens-dia de trabalho por mês [...]; aquele funcionário espanhol distribuía, por seu turno, os trabalhadores índios a contratantes de trabalho assalariado, que pagavam um certo salário mínimo" (1978, p. 45 [1983, p. 78]). Sobre os esforços dos espanhóis para submeter os trabalhadores no México e no Peru, por meio de diferentes etapas de colonização, e seus impactos no colapso catastrófico da população indígena, ver novamente Gunder Frank (1978, p. 43-9 [1983, p. 76-82]).

[9] Para uma discussão sobre a "segunda servidão", ver Wallerstein (1974) e Kamen (1972). Aqui é importante destacar que os camponeses, transformados em servos pela primeira vez, produziam agora para o mercado internacional de cereais. Em outras palavras, apesar do caráter aparentemente retrógrado da relação de trabalho que lhes foi imposta, sob o novo regime esses camponeses estavam integrados a uma economia capitalista em desenvolvimento e à divisão de trabalho capitalista em escala internacional.

[10] As *workhouses*, literalmente "casas de trabalho", eram uma espécie de asilo para pobres, estabelecidos na Inglaterra no século XVII. [N.T.E.]

carcerário. No horizonte, temos o surgimento do tráfico de escravos africanos, enquanto nos mares os barcos já transportavam, da Europa para a América, *indentured servants* [servos contratados][11] e criminosos condenados.

O que se deduz desse panorama é que o uso da força foi a principal alavanca, o principal poder econômico no processo de acumulação primitiva,[12] porque o desenvolvimento capitalista exigiu um imenso salto na riqueza apropriada pela classe dominante europeia e no número de trabalhadores colocado sob o seu comando. Em outras palavras, a acumulação primitiva consistiu em uma imensa acumulação de força de trabalho — "trabalho morto", na forma de bens roubados, e "trabalho vivo", na forma de seres humanos disponíveis à exploração — colocada em prática numa escala nunca antes vista na história.

De forma significativa, a tendência da classe capitalista durante seus primeiros três séculos de existência era impor a escravidão e outras formas de trabalho forçado como relação de trabalho dominante, uma tendência que só foi limitada pela resistência dos trabalhadores e pelo perigo de esgotamento da força de trabalho.

Isso era o que ocorria nas colônias americanas, onde, no século XVI, se formavam as economias baseadas no trabalho forçado, mas não só. Mais adiante, examinarei a importância do trabalho escravo e do sistema de plantation na acumulação capitalista. Aqui, quero destacar que, também na Europa

---

[11] Os *indentured servants* eram obrigados a trabalhar por determinado período de tempo, durante o qual recebiam casa, comida e, às vezes, uma escassa remuneração, com a qual pagavam seu traslado a outro país. [N.T.E.]

[12] Faço aqui eco à frase de Marx no livro I de *O capital*: "A violência [...] é ela mesma uma potência econômica" (Marx, 1909, p. 824 [2017, p. 821]). Muito menos convincente é a observação de Marx que acompanha essa mesma frase: "A violência é a parteira de toda sociedade velha que está prenhe de uma sociedade nova" (Marx, 1909, p. 824 [2017, p. 821]). Em primeiro lugar, as parteiras trazem vida ao mundo, e não destruição. Essa metáfora também sugere que o capitalismo "evoluiu" a partir de forças gestadas no seio do mundo feudal — uma suposição que o próprio Marx refuta em sua discussão sobre a acumulação primitiva. Comparar a violência com as potências geradoras de uma parteira também coloca um véu de bondade sobre o processo de acumulação de capital, sugerindo necessidade, inevitabilidade e, em última análise, progresso.

do século XV, a escravidão, nunca completamente abolida, se viu revitalizada.[13]

Como relata o historiador italiano Salvatore Bono, a quem devemos o mais extenso estudo sobre a escravidão na Itália, havia muitos escravizados nas regiões do Mediterrâneo durante os séculos XVI e XVII, e sua quantidade aumentou depois da Batalha de Lepanto (1571), que intensificou as hostilidades contra o mundo muçulmano. Bono calcula que, em Nápoles, viviam mais de 10 mil escravizados e, em todo o reino napolitano, 25 mil (1% da população); em outras cidades da Itália e do sul da França registram-se números similares. Na Itália, desenvolveu-se também um sistema de escravidão pública, em que milhares de estrangeiros sequestrados — os antepassados dos atuais imigrantes sem documentos — eram empregados pelos governos municipais em obras públicas ou então entregues a particulares para trabalhar na agricultura. Muitos eram destinados aos remos das galeras, fonte de trabalho na qual se destacava a frota do Vaticano (Bono, 1999, p. 6-8).

A escravidão é "aquela forma [de exploração] que o senhor sempre se esforça para alcançar" (Dockès, 1982, p. 2). A Europa não era uma exceção, e é importante que isso seja enfatizado para dissipar a suposição de que existe uma conexão especial entre a escravidão e a África.[14] No entanto, a escravidão na Europa continuou a ser um fenômeno limitado, já que as condições materiais para sua existência não estavam dadas, embora

---

13 A escravidão nunca foi abolida na Europa. Sobrevivia em certos nichos, basicamente, como escravidão doméstica feminina. No final do século XV, entretanto, os portugueses começaram novamente a importar escravizados da África. As tentativas de estabelecer a escravidão continuaram na Inglaterra, durante o século XVI, resultando (depois da introdução da assistência pública) na construção de *workhouses* e casas correcionais — processo em que a Inglaterra foi pioneira na Europa.

14 A esse respeito, ver Amin (1974). Também é importante ressaltar a existência da escravidão europeia durante os séculos XVI e XVII (e depois), pois esse fato foi frequentemente "esquecido" pelos historiadores europeus. De acordo com Salvatore Bono, esse esquecimento autoinduzido é produto da "Partilha da África", justificada como uma missão para pôr fim à escravidão no continente africano. Bono argumenta que as elites europeias não podiam admitir terem empregado escravizados na Europa, o pretenso berço da democracia.

o desejo dos empregadores em implementá-la deva ter sido muito intenso se levarmos em conta que, na Inglaterra, não foi abolida até o século XVIII. A tentativa de reinstaurar a servidão também falhou — exceto no Leste Europeu, onde a escassez populacional conferiu aos proprietários de terra um novo poder de decisão (Wallerstein, 1974, p. 90-5 [1974, p. 94-9]; Kriedte, 1978, p. 69-70). Na Europa Ocidental, sua restauração foi evitada devido à resistência camponesa, que culminou na Guerra Camponesa na Alemanha em 1525. Essa "revolução do homem comum", um amplo esforço organizacional que se espalhou por três países (Alemanha, Áustria e Suíça), unindo trabalhadores de todos os setores (agricultores, mineiros, artesãos, inclusive os melhores artistas alemães e austríacos),[15] foi um marco na história europeia. Assim como a Revolução Bolchevique de 1917 na Rússia, a Guerra Camponesa atacou diretamente os poderosos, fundindo-se na mente deles com a tomada de Münster pelos anabatistas, em 1535, o que confirmou seus temores de que estava em marcha uma conspiração internacional para destituí-los.[16] Depois da derrota, ocorrida

---

15 Paolo Thea (1998) reconstituiu de forma poderosa a história dos artistas alemães que se posicionaram ao lado dos camponeses: "Durante a Reforma, alguns dos melhores artistas do século XVI abandonaram seus ateliês para se unir aos camponeses em luta [...] Escreveram documentos inspirados nos princípios da pobreza evangélica, como o de compartilhar os bens e o da redistribuição da riqueza. Algumas vezes [...] empunharam armas pela causa. A lista interminável de quem, depois das derrotas militares de maio e junho de 1525, encarou os rigores do Código Penal, aplicado de forma impiedosa pelos vencedores contra os vencidos, inclui nomes famosos. Entre eles estão [Jörg] Ratget, esquartejado em Pforzheim, [Philipp] Dietman, decapitado, e [Tilman] Riemenschneider, mutilado — ambos em Würzburg —, e [Matthias] Grünewald, perseguido na corte de Mainz, onde trabalhava. Os acontecimentos impactaram Holbein, o Jovem, a tal ponto que ele abandonou a Basileia, cidade dividida pelo conflito religioso".
Na Suíça, na Áustria e no Tirol, os artistas também participaram da Guerra Camponesa, incluindo nomes famosos como Lucas Cranach (Cranach, o Velho) e um grande número de pintores e gravadores menores (Thea, 1998, p. 7). Thea afirma que a participação profundamente sentida dos artistas na causa dos camponeses também é demonstrada pela revalorização de temas que retratam a vida rural — camponeses dançando, animais e flora — na arte alemã do século XVI (Thea, 1998, p. 12-15, 73, 79, 80). "O campo tinha se animado [...], [ele] havia adquirido no levante uma personalidade que valia a pena representar" (Thea, 1998, p. 155).
16 Durante os séculos XVI e XVII, os governantes europeus interpretaram e reprimiram cada protesto social pelo prisma da Guerra Camponesa e do anabatismo. Os ecos da revolução anabatista foram sentidos na Inglaterra elisabetana e na França, inspirando severidade e rigorosa vigilância com relação a qualquer desafio à autoridade constituída. "Anabatista"

A imagem ilustra o credo anabatista na partilha comunitária de bens. Ver nota de rodapé 16 (p. 131). Frontispício de Christoph Andreas Fischer, *Der hutterischen Wiedertäuffer Taubenkobel* (1617).

no mesmo ano da conquista do Peru e celebrada por Albrecht Dürer em seu *Monumento aos Camponeses Vencidos* (Thea, 1998, p. 65, 134-5), a vingança foi impiedosa. "Milhares de cadáveres jaziam no chão, da Turíngia até a Alsácia, nos campos, nos bosques, em fossos de milhares de castelos desmantelados e incendiados", "assassinados, torturados, empalados, martirizados" (Thea, 1998, p. 153, 146). Mas o relógio não podia andar para trás. Em várias regiões da Alemanha e em outros territórios que haviam estado no centro da "guerra", mantiveram-se direitos consuetudinários e até mesmo formas de governo territorial.[17]

tornou-se uma palavra maldita, um símbolo de opróbrio e intenção criminosa, como "comunista" nos Estados Unidos da década de 1950 e "terrorista", hoje.
17 Em algumas cidades-Estado, mantiveram-se as autoridades aldeãs e os privilégios. Em várias comarcas, os camponeses "continuaram negando-se a pagar dívidas, impostos e serviços laborais". "Me deixavam gritar e não me davam nada", queixava-se o abade de Schussenried, referindo-se a quem trabalhava em sua terra (Blickle, 1977, p. 172). Na Alta Suábia, apesar de a servidão não ter sido abolida, algumas das principais

No entanto, essa era uma exceção. Nos lugares onde não foi possível vencer a resistência dos trabalhadores, que se recusavam a voltar à situação de servos, a resposta foi a expropriação da terra dos camponeses e a introdução do trabalho assalariado forçado. Os trabalhadores que tentavam oferecer seu trabalho de forma independente ou abandonar seus empregadores eram castigados com o encarceramento e até mesmo com a morte, em caso de reincidência. Na Europa, um mercado de trabalho "livre" não se desenvolveria antes do século XVIII; mesmo depois disso, o trabalho assalariado contratado só foi obtido após uma intensa luta e para um grupo limitado de pessoas, na maioria homens adultos. Contudo, como a escravidão e a servidão não puderam ser plenamente restabelecidas, a crise do trabalho que caracterizou a Baixa Idade Média continuou na Europa até a entrada do século XVII, agravada pela campanha para maximizar a exploração do trabalho, que colocou em risco a reprodução da força de trabalho. Essa contradição – que ainda caracteriza o desenvolvimento capitalista[18] – explodiu de modo ainda mais dramático nas colônias americanas, onde o trabalho, as doenças e os castigos disciplinares destruíram dois terços da população

---

demandas dos camponeses com relação aos direitos de herança e matrimônio foram aceitas por meio do Tratado de Memmingen, de 1526. "No Alto Reno, algumas comarcas também chegaram a acordos que eram positivos para os camponeses" (Blickle, 1977, p. 172-9). Em Berna e Zurique, na Suíça, a escravidão foi abolida. Negociaram-se melhorias para o "homem comum" no Tirol e em Salzburgo (Blickle, 1977, p. 176-9). Mas "a verdadeira filha da revolução" foi a assembleia territorial instituída na Alta Suábia depois de 1525, que assentou as bases para um sistema de autogoverno que perdurou até o século XIX. Então surgiram novas assembleias territoriais, que "[realizaram] debilmente uma das demandas de 1525: que o homem comum fizesse parte das cortes territoriais, junto com a nobreza, o clero e os habitantes das cidades". Blickle (1977, p. 181-2) conclui que, "onde quer que essa causa tenha triunfado, não podemos dizer que ali os senhores tenham coroado sua conquista militar com uma vitória política, já que o príncipe estava ainda atado ao consentimento do homem comum. Somente depois, durante a formação do Estado absoluto, o príncipe pôde liberar-se do consentimento".

[18] Referindo-se à crescente pauperização no mundo, ocasionada pelo desenvolvimento capitalista, o antropólogo francês Claude Meillassoux (1981, p. 140), em *Mulheres, celeiros & capitais*, afirmou que essa contradição anuncia uma futura crise para o capitalismo: "Em última instância, o imperialismo – como meio para reproduzir força de trabalho barata – está levando o capitalismo a uma grave crise, já que, embora existam milhões de pessoas no mundo [...] que não participam diretamente do emprego capitalista [...], quantos ainda podem, devido ao rompimento dos laços sociais, à fome e às guerras que causa, produzir para sua própria subsistência e alimentar seus filhos?".

Camponês desfraldando uma bandeira em que se lê "Liberdade". Gravura no manuscrito de Thomas Murner, *Von dem grossen Lutherischen Narren* (1522).

originária nas décadas imediatamente após a Conquista.[19] A contradição também estava no cerne do tráfico e da exploração do trabalho escravo. Milhões de africanos morreram devido às terríveis condições de vida a que eram submetidos durante a travessia[20] e nas plantations. A exploração da força de trabalho jamais atingiu proporções tão genocidas na Europa, exceto sob o regime nazista. Ainda assim, nos séculos XVI e XVII, a privatização da terra e a mercantilização das relações sociais (resposta dos senhores e dos comerciantes à crise econômica) também causaram ali uma pobreza e uma mortalidade generalizadas, além de uma intensa resistência que ameaçou afundar a nascente economia capitalista. Sustento que esse é o contexto histórico em que se deve situar a história das mulheres e da reprodução na transição do feudalismo para o capitalismo, porque as mudanças que o advento do capitalismo introduziu na posição social das mulheres — sobretudo entre as proletárias, seja na Europa, seja na América — foram impostas basicamente com a finalidade de

---

[19] A dimensão da catástrofe demográfica causada pelo "intercâmbio colombiano" continua sendo debatida até hoje. As estimativas do declínio da população na América do Sul e na América Central no primeiro século pós-colombiano variam muito, mas a opinião acadêmica contemporânea é quase unânime em comparar seus efeitos a um holocausto americano. André Gunder Frank (1978, p. 43 [1983, p. 76]) escreve que, "em pouco mais de um século, a população nativa caiu 90%, e até mesmo 95% no México, Peru e algumas outras áreas". De forma semelhante, Noble David Cook (1981, p. 116) menciona que "talvez nove milhões de pessoas vivessem dentro dos limites delineados pelas fronteiras atuais do Peru. Um século depois do contato, o número de habitantes remanescentes era, mais ou menos, uma décima parte dos que estavam ali quando os europeus invadiram o mundo andino".
[20] Em inglês, a travessia de barcos carregados de cativos da África até a América recebia o nome de *Middle Passage*. Os barcos começavam a viagem na Europa apinhados de mercadorias, que trocavam por escravizados na costa da África. Logo seguiam viagem à América com esses escravizados a bordo, os quais seriam vendidos para comprar mercadorias americanas, as quais seriam, por sua vez, vendidas na Europa. Isto é, desse circuito triangular, o tráfico de escravos ocupava o trajeto intermediário e, por isso, alguns textos traduzem a expressão por "passagem do meio". [N.T.E.]

Esta imagem, que representa um camponês entronizado sobre uma coleção de objetos de sua vida cotidiana, é altamente ambígua. Pode sugerir que os camponeses foram traídos ou que eram eles mesmos que deveriam ser tratados como traidores. Portanto, a imagem foi interpretada tanto como uma sátira dos camponeses rebeldes quanto como uma homenagem à sua força moral. O que sabemos com certeza é que Dürer ficou profundamente perturbado pelos eventos de 1525 e, como luterano convicto, deve ter seguido Lutero em sua condenação da revolta. Albrecht Dürer, *Monumento aos Camponeses Vencidos*, 1525, xilogravura.

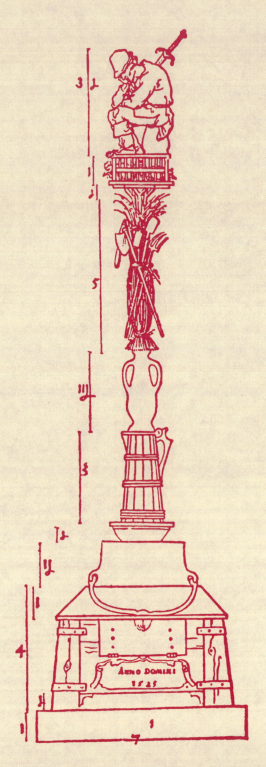

buscar novas fontes de mão de obra e novas formas de arregimentar e dividir a força de trabalho.

Para apoiar essa argumentação, abordarei os principais desenvolvimentos que deram forma ao advento do capitalismo na Europa: a privatização da terra e a Revolução dos Preços. Defendo que nenhuma das duas foi suficiente para produzir um processo de proletarização autossustentável. Depois, examinarei, em linhas gerais, as políticas que a classe capitalista introduziu com o fim de disciplinar, reproduzir e expandir o proletariado europeu, começando pelo ataque contra as mulheres e resultando na construção de uma nova ordem patriarcal, que defino como o "patriarcado do salário". Finalmente, indagarei até que ponto a produção de hierarquias raciais e sexuais nas colônias foi capaz de formar um campo de confrontação ou de solidariedade entre mulheres indígenas, africanas e europeias, e entre mulheres e homens.

A PRIVATIZAÇÃO DA TERRA NA EUROPA, A PRODUÇÃO DE ESCASSEZ E A SEPARAÇÃO ENTRE PRODUÇÃO E REPRODUÇÃO

Desde o começo do capitalismo, a guerra e a privatização da terra empobreceram a classe trabalhadora. Esse fenômeno foi internacional. Em meados do século XVI, os comerciantes europeus haviam expropriado boa parte da terra das Ilhas Canárias para transformá-la em plantations de cana-de-açúcar. O maior processo de privatização e cercamento de terras ocorreu no continente americano, onde, no início do século XVII, os espanhóis tinham se apropriado de um terço das terras comunais indígenas sob o sistema da *encomienda*. A perda de terras era também uma das consequências da captura e escravização de africanos, o que privava muitas comunidades de seus melhores jovens.

Na Europa, a privatização da terra começou no final do século XV, simultaneamente à expansão colonial. Ela assumiu diferentes formas: despejo de inquilinos, aumento de aluguel e impostos elevados por parte do Estado, o que levou ao endividamento e à venda de terras. Defino todos esses processos como *expropriação de terra* porque, mesmo quando não se usava a força, a perda da terra se dava contra a vontade do indivíduo ou da comunidade e solapava sua capacidade de subsistência. Duas formas de expropriação de terra devem ser mencionadas: a guerra — cujo caráter mudou nesse período, uma vez que passou a ser usada como meio para transformar arranjos territoriais e econômicos — e a reforma religiosa.

"Antes de 1494, o conflito bélico na Europa havia consistido principalmente em guerras menores, caracterizadas por campanhas breves e irregulares" (Cunningham & Grell, 2000, p. 95).

Os homens enforcados pelas autoridades militares eram soldados que viraram ladrões. Ex-soldados eram uma parte importante do contingente de vagabundos e mendigos que lotava as estradas da Europa do século XVII. Jacques Callot, "O Enforcamento", 1633, gravura em metal, da série *Os Horrores da Guerra*.

Elas frequentemente ocorriam no verão, para que os camponeses, que formavam a maior parte dos exércitos, tivessem tempo de semear seus cultivos; os exércitos se enfrentavam durante longos períodos, sem que houvesse muita ação. No entanto, no século XVI, as guerras tornaram-se mais frequentes, e apareceu um novo tipo de conflito, em parte devido à inovação tecnológica, mas principalmente porque os Estados europeus começaram a recorrer à conquista territorial para resolver suas crises econômicas, financiados por ricos investidores. As campanhas militares tornaram-se muito mais longas. Os exércitos cresceram dez vezes em tamanho, tornando-se permanentes e profissionais.[21] Foram contratados mercenários que não tinham nenhum laço com a população. O objetivo da guerra passou a ser a eliminação do inimigo, de tal maneira que deixava em sua esteira vilarejos abandonados, campos cobertos de cadáveres,

---

21 Sobre as mudanças na natureza da guerra na Europa moderna, ver Cunningham e Grell (2000, p. 95-102) e Kaltner (1998). Cunningham e Grell (2000, p. 95) escrevem: "Em 1490, um exército grande era formado por 20 mil homens; em 1550, tinha duas vezes esse tamanho, enquanto, até o final da Guerra dos Trinta Anos, os principais Estados europeus tinham exércitos terrestres de cerca de 150 mil homens".

fome e epidemias, como em *Os Quatro Cavaleiros do Apocalipse* (1498) de Albrecht Dürer.[22] Esse fenômeno, cujo impacto traumático sobre a população foi refletido em numerosas representações artísticas, mudou a paisagem agrária da Europa.

Muitos contratos de arrendamento também foram anulados quando terras da Igreja passaram a ser confiscadas durante a Reforma Protestante, que começou com uma massiva apropriação de terras por parte da classe alta. Na França, um apetite comum pelas terras da Igreja inicialmente uniu classes baixas e altas no movimento protestante, mas, quando a terra foi leiloada, a partir de 1563, os artesãos e os trabalhadores diaristas, que haviam exigido a expropriação da Igreja "com uma paixão feita de rancor e de esperança" e que haviam se mobilizado sob a promessa de que eles também receberiam a sua parte, foram traídos em suas expectativas (Le Roy Ladurie, 1974, p. 173-6 [1997, p. 189-93]). Os camponeses, que haviam se tornado protestantes para se livrar dos dízimos, também foram enganados. Quando defenderam seus direitos, declarando que "o Evangelho promete terra, liberdade e emancipação", foram selvagemente atacados como fomentadores da sedição (Le Roy Ladurie, 1974, p. 192 [1997, p. 212]).[23] Na Inglaterra, grande parte da terra igualmente mudou de mãos em nome da reforma religiosa. W. G. Hoskins (1976, p. 121-3) descreveu essa mudança como "a maior transferência de terras na história inglesa desde a conquista normanda" ou, mais sucintamente, como

---

22 A gravura de Albrecht Dürer não foi a única representação dos quatro cavaleiros do Apocalipse. Há também uma de Lucas Cranach (1522) e uma de Matthäus Merian (1630). As representações de campos de batalha retratando matanças de soldados e civis, vilarejos em chamas e fileiras de corpos enforcados são muitas para serem todas mencionadas. A guerra é, provavelmente, o tema principal na pintura dos séculos XVI e XVII, infiltrando-se em cada representação, até mesmo nas mais ostensivamente dedicadas a temas sacros.

23 Esse desenlace põe em evidência os dois espíritos da Reforma: um popular e outro elitista, que logo se dividiram em linhas opostas. Enquanto a ala conservadora da Reforma insistia nas virtudes do trabalho e da acumulação de riquezas, a ala popular exigia uma sociedade governada pelo "amor piedoso", pela igualdade e pela solidariedade. Sobre as dimensões de classe da Reforma, ver Heller (1986) e Hsia (1988b).

"O Grande Saque".[24] Na Inglaterra, todavia, a privatização da terra foi realizada basicamente por meio de "cercamentos" — um fenômeno associado de tal modo com a expropriação dos trabalhadores da sua "riqueza coletiva" que, em nosso tempo, é usado por militantes anticapitalistas como um significante para cada ataque aos direitos sociais.[25]

No século XVI, "cercamento" era um termo técnico que indicava o conjunto de estratégias usadas pelos lordes ingleses e pelos fazendeiros ricos para eliminar o uso comum da terra e expandir suas propriedades.[26] Referia-se, sobretudo, à aboli-

---

[24] Na Inglaterra, a Igreja pré-Reforma havia concentrado de 25% a 30% da propriedade. Henrique VIII vendeu 60% das terras eclesiais (Hoskins, 1976, p. 121-3). Quem mais ganhou com o confisco e teve maior entusiasmo com o cercamento das terras adquiridas não foi a antiga nobreza nem aqueles que dependiam dos espaços comuns para se manter, mas a pequena nobreza proprietária de terras (*gentry*) e os "homens novos", especialmente advogados e comerciantes, que personificavam a avareza na imaginação camponesa (Cornwall, 1977, p. 22-8). Era contra esses "homens novos" que os camponeses se inclinavam a extravasar sua fúria. A tabela a seguir, elaborada por Kriedte (1983, p. 60), registra um excelente retrato da situação, ilustrando quem foram os vencedores e os perdedores na grande transferência de terras ocorrida durante a Reforma na Inglaterra. Ela mostra que entre 20% e 25% das terras da Igreja se transformaram em propriedade da *gentry*. As colunas seguintes são as mais relevantes.

DISTRIBUIÇÃO DA TERRA POR GRUPO SOCIAL NA INGLATERRA E NO PAÍS DE GALES		
	1436 (EM %) (EXCLUINDO GALES)	1690 (EM %)
GRANDES PROPRIETÁRIOS	15-20	15-20
GENTRY	25	45-50
PEQUENOS PROPRIETÁRIOS	20	25-33
IGREJA E COROA	25-33	5-10

Sobre as consequências da Reforma na Inglaterra, no que concerne à propriedade da terra, ver também Hill (1958, p. 41), que escreve: "Não é necessário idealizar as abadias como proprietárias indulgentes para admitir certa verdade nas acusações contemporâneas de que os novos compradores diminuíram os contratos de arrendamento, arruinaram os aluguéis e desalojaram os inquilinos. [...] 'Não sabes', disse John Palmer a um grupo de arrendatários que estava desalojando, 'que a graça do rei degradou todas as casas dos monges, dos frades e das freiras? Portanto, não terá chegado o momento em que nós, *gentlemen*, degradaremos as casas desses pobres patifes?'".

[25] Ver Coletivo Midnight Notes (1990), The Ecologist (1993) e o debate em curso sobre "cercamentos" e "o comum" em *The Commoner* (disponível em: www.thecommoner.org.uk), especialmente n. 2 (set. 2001) e n. 3 (jan. 2002).

[26] Antes de mais nada, "cercamento" queria dizer "envolver um pedaço de terra com cercas, canais ou outras barreiras ao livre trânsito de homens e animais, em que a cerca era marca de propriedade e ocupação exclusiva de um terreno. Portanto, por meio do cercamento, o uso coletivo da terra, geralmente acompanhando por algum grau de propriedade comunal, seria abolido, suplantado pela propriedade individual e pela ocupação

ção do sistema de campos abertos (*open-field system*), um acordo pelo qual os aldeões possuíam faixas de terra não contíguas num campo sem cercas. Cercar incluía também o fechamento das terras comunais e a demolição dos barracos dos camponeses que não tinham terra mas podiam sobreviver graças a seus direitos consuetudinários.[27] Grandes extensões de terra também foram cercadas para criar reservas de veados, ao passo que vilarejos inteiros foram derrubados para serem transformados em pasto.

Embora os cercamentos tenham continuado até o século XVIII (Neeson, 1993), mais de duas mil comunidades foram destruídas dessa maneira antes mesmo da Reforma (Fryde, 1996, p. 185). A extinção dos vilarejos rurais foi tão severa que a Coroa inglesa ordenou uma investigação em 1518 e outra em 1548. Porém, apesar da nomeação de várias comissões reais, pouco se fez para deter essa tendência. Em vez disso, teve início uma luta intensa, culminando em numerosos levantes, acompanhados por um extenso debate sobre os méritos e deméritos da privatização da terra que continua até os dias atuais, revitalizado pela investida do Banco Mundial sobre os últimos bens comuns do planeta.

Resumidamente, o argumento oferecido pelos "modernizadores" de todas as posições políticas é que os cercamentos

---

isolada" (Slater, 1968, p. 1-2). Havia uma variedade de meios para se abolir o uso coletivo da terra nos séculos XV e XVI. As vias legais eram: (i) a compra, por uma pessoa, de todos os lotes alugados e de seus direitos acessórios; (ii) a emissão por parte do rei de uma licença especial para cercar, ou a aprovação de uma lei de cercamento pelo Parlamento; (iii) um acordo entre o proprietário e os inquilinos, incorporado num decreto da Chancery [corte especializada em assuntos civis]; (iv) a realização de cercamentos parciais de terrenos baldios por parte dos lordes, sob as disposições dos Estatutos de Merton (1235) e Westminster (1285). Roger Manning (1988, p. 25) destaca, no entanto, que esses "métodos legais [...] escondiam, muitas vezes, o uso da força, a fraude e a intimidação contra os inquilinos". E. D. Fryde (1996, p. 186) escreve que "o assédio prolongado aos inquilinos, combinado com ameaças de despejo à mínima oportunidade legal", e a violência física foram usados para provocar despejos em massa, "particularmente durante os anos de desordem entre 1450 e 1485 [período da Guerra das Duas Rosas]". Em *Utopia* (1516), Thomas More expressou a angústia e a desolação geradas por essas expulsões em massa, quando falou de certas ovelhas que haviam se tornado tão gulosas e selvagens que "comiam e engoliam os próprios homens". "Ovelhas", acrescentou, "que consomem e destroem e devoram campos inteiros, casas e cidades".

[27] Em *The Invention of Capitalism* [A invenção do capitalismo], Michael Perelman (2000, p. 38 ss.) ressaltou a importância dos "direitos consuetudinários" (por exemplo, a caça), que eram, muitas vezes, de vital importância, marcando a diferença entre a sobrevivência e a indigência total.

estimularam a eficiência agrícola e que os deslocamentos provocados foram compensados com um crescimento significativo da produtividade da terra. Afirma-se que a terra estava esgotada e que, se tivesse permanecido nas mãos dos pobres, teria deixado de produzir (antecipando a "tragédia dos comuns" de Garrett Hardin),[28] enquanto sua aquisição por parte dos ricos permitiu que a terra descansasse. Junto com a inovação agrícola, continua o argumento, os cercamentos tornaram a terra mais produtiva, o que levou à expansão do abastecimento de alimentos. Desse ponto de vista, qualquer exaltação dos méritos da posse coletiva da terra é descartada como uma "nostalgia do passado", presumindo que as formas comunais agrárias são retrógradas e ineficientes e que quem as defende sofre de um apego desmedido à tradição.[29]

Entretanto, esses argumentos não se sustentam. A privatização da terra e a comercialização da agricultura não aumentaram a quantidade de alimentos disponíveis para as pessoas comuns, embora a disponibilidade de comida para o mercado e para a exportação tenha aumentado. Para os trabalhadores, isso representou a instauração de dois séculos de fome, da mesma

---

[28] O ensaio "A tragédia dos comuns", de Garrett Hardin (1968 [2011]), foi um dos pilares da campanha ideológica de apoio à privatização da terra na década de 1970. A "tragédia", na versão de Hardin, é a inevitabilidade do egoísmo hobbesiano como determinante do comportamento humano. Em sua opinião, num campo comum hipotético, cada pastor quer maximizar seu lucro sem levar em conta as repercussões de sua ação sobre os outros pastores, de tal maneira que "a ruína é o destino a que todos os homens se apressam, cada um perseguindo seu próprio interesse" (Baden & Nooan, 1998, p. 8-9).

[29] A defesa dos cercamentos a partir da "modernização" tem uma longa história, mas o neoliberalismo lhe deu novo impulso. Seu principal fomentador foi o Banco Mundial, que frequentemente exige aos governos da África, da Ásia, da América Latina e da Oceania que privatizem suas terras comuns como condição para recebimento de empréstimos. Uma defesa clássica dos ganhos em produtividade derivados dos cercamentos pode ser encontrada em Harriett Bradley (1968). A literatura acadêmica adotou um enfoque do "custo-benefício" mais equânime, exemplificado pelos trabalhos de Gordon Mingay (1997) e Robert Duplessis (1997, p. 65-70). A batalha sobre os cercamentos agora cruzou as fronteiras disciplinares e está sendo discutida também por especialistas em literatura. Um exemplo do cruzamento de fronteiras disciplinares está em Burt e Archer (1994), especialmente os ensaios de James R. Siemon (1994), e William C. Carroll (1994). Carroll detectou que houve, no período Tudor, uma animada defesa dos cercamentos e uma crítica aos campos comuns levada a cabo por porta-vozes da própria classe que cerca. De acordo com esse discurso, os cercamentos fomentavam a empresa privada, que, por sua vez, aumentava a produção agrária, enquanto os campos comuns eram os "semeadores e receptáculos de ladrões, delinquentes e mendigos" (Carroll, 1994, p. 37-8).

forma que, atualmente, mesmo nas áreas mais férteis da África, da Ásia e da América Latina, a desnutrição é endêmica, devido à destruição da posse comum da terra e da política de "exportação ou morte" imposta pelos programas de ajuste do Banco Mundial. Tampouco a introdução de novas técnicas agrícolas na Inglaterra compensou essa perda. Pelo contrário, o desenvolvimento do capitalismo agrário "operou em perfeita harmonia" com o empobrecimento da população rural (Lis & Soly, 1979, p. 102). Um testemunho da miséria produzida pela privatização da terra é o fato de que, apenas um século depois do surgimento do capitalismo agrário, sessenta cidades europeias instituíram alguma forma de assistência social ou estavam se movendo nesse sentido, ao mesmo tempo que a indigência se tornava um problema internacional (Lis & Soly, 1979, p. 87). O crescimento populacional pode ter contribuído para a situação, mas sua importância foi vista de modo exagerado e deve ser circunscrita no tempo. Nos últimos anos do século XVI, a população estava se estagnando ou diminuindo em quase toda a Europa, mas naquela época os trabalhadores não extraíam nenhum benefício dessa mudança.

Há também erros em relação à efetividade do sistema de agricultura em campos abertos. Historiadores neoliberais descreveram-no como um desperdício, mas até mesmo um partidário da privatização da terra como Jean De Vries reconhece que o uso comum dos campos agrícolas tinha muitas vantagens. Ele protegia os camponeses do fracasso de uma colheita, devido à variedade de faixas de terra a que uma família tinha acesso; também permitia um planejamento manejável do trabalho, dado que cada faixa requeria atenção em diferentes momentos; e promovia uma forma de vida democrática, construída sobre a base do autogoverno e da autossuficiência, já que todas as decisões – quando plantar, quando colher, quando drenar os pântanos, quantos animais seriam permitidos nos campos comuns – eram tomadas pelos camponeses em assembleia (De Vries, 1976, p. 42-3; Hoskins, 1976, p. 11-2).

Todos os festivais, jogos e encontros da comunidade camponesa tinham lugar nas terras comunais.
Daniel Hopfer, *Feira Rural* [detalhe], século XVI, gravura.

As mesmas considerações são aplicáveis às "terras comunais". Menosprezadas na literatura do século XVI como uma fonte de preguiça e de desordem, as terras comunais eram fundamentais para a reprodução de muitos pequenos fazendeiros ou lavradores que sobreviviam apenas porque tinham acesso a pradarias, nas quais podiam manter vacas, ou bosques, dos quais extraíam madeira, frutos silvestres e ervas, ou pedreiras, lagoas e espaços abertos para se reunirem. Além de incentivar as tomadas de decisão coletivas e a cooperação no trabalho, as terras comunais eram a base material sobre a qual podia crescer a solidariedade e a sociabilidade camponesa. Todos os festivais, os jogos e as reuniões da comunidade rural eram realizados nas terras comunais.[30] A função social das terras comunais era especialmente importante para as mulheres, que, com menos direitos sobre a terra e menos poder social, eram mais dependentes das terras comunais para a subsistência, a autonomia e a sociabilidade. Parafraseando a afirmação de Alice Clark sobre a importância dos mercados para as mulheres na Europa pré-capitalista, é possível dizer que as terras comunais também foram o centro da vida social das mulheres, o lugar onde se reuniam, trocavam notícias, recebiam conselhos e podiam formar um ponto de vista próprio – autônomo da perspectiva masculina – sobre os acontecimentos da comunidade (Clark, 1968, p. 51).

Essa rede de relações de cooperação, a que Richard Tawney (1967) se referiu como o "comunismo primitivo" do vilarejo feudal, desmoronou quando o sistema de campos abertos foi abolido e as terras comunais foram cercadas. Não só a cooperação no trabalho agrícola desapareceu com a privatização da terra e a substituição dos contratos coletivos de trabalho por acordos individuais, como também se aprofundaram as diferenças econômicas entre a população rural, à medida que aumentou o número de ocupantes ilegais que não tinham nada além de uma cama e uma vaca, e a quem não restava outra opção a não ser "ajoelhar e baixar a cabeça" para implorar por um emprego (Seccombe, 1992). A coesão social começou a se decompor,[31] as famílias se desintegraram, os jovens deixaram os vilarejos para se unir ao crescente contingente de vagabundos ou trabalhadores itinerantes – que logo se tornou o principal problema social da época –, enquanto os idosos eram

---

30 Os campos comuns eram os lugares onde se realizavam os festivais populares e outras atividades coletivas, como esportes, jogos e reuniões. Quando foram cercados, a sociabilidade que havia caracterizado a comunidade dos vilarejos foi gravemente debilitada. Entre os rituais que deixaram de existir estava a *rogationtide perambulation*, uma procissão anual entre os campos, com o objetivo de benzer os futuros cultivos, que não pôde continuar a acontecer devido aos cercamentos (Underdown, 1985a, p. 81).
31 Sobre a decomposição da coesão social, ver, entre outros, Underdown (1985a), especialmente o capítulo 3, que também descreve os esforços empreendidos pela nobreza mais antiga para se distinguir dos novos ricos.

abandonados à própria sorte. Isso prejudicou principalmente as mulheres mais velhas, que, não contando mais com o apoio dos filhos, caíam nas fileiras dos pobres ou sobreviviam à base de empréstimos e pequenos furtos ou atrasando o pagamento de suas dívidas. O resultado foi um campesinato polarizado não apenas por desigualdades econômicas cada vez mais profundas, mas também por um emaranhado de ódios e ressentimentos que está bem documentado nos escritos sobre a caça às bruxas; eles mostram que as discussões relacionadas aos pedidos de ajuda, à entrada de animais sem autorização em propriedades alheias e à inadimplência de aluguéis estavam por trás de muitas acusações (Kriedte, 1983, p. 55; Briggs, 1996, p. 289-316).

Os cercamentos também debilitaram a situação econômica dos artesãos. Da mesma forma que, hoje em dia, as corporações multinacionais se aproveitam dos camponeses cujas terras foram expropriadas pelo Banco Mundial para construir "zonas de livre exportação" onde as mercadorias são produzidas por menor custo, nos séculos XVI e XVII os negociantes capitalistas se aproveitaram da mão de obra barata disponível nas áreas rurais para quebrar o poder das guildas urbanas e destruir a independência dos artesãos. Isso aconteceu principalmente com a indústria têxtil, reorganizada como indústria artesanal rural, na base do "sistema doméstico", antecedente da atual "economia informal", também construída sobre o trabalho das mulheres e das crianças.[32] Mas os trabalhadores têxteis não

---

[32] A indústria artesanal foi resultado da extensão da indústria rural no feudo, reorganizada por negociantes capitalistas com a finalidade de aproveitar a grande reserva de trabalho liberada pelos cercamentos. Com essa manobra, os negociantes tentaram alterar os altos salários e o poder das guildas urbanas. Foi assim que nasceu o "sistema doméstico" — um sistema pelo qual os capitalistas distribuíam, entre as famílias rurais, lã ou algodão para fiar ou tecer, e frequentemente também os instrumentos de trabalho, e depois recolhiam o produto pronto. A importância do sistema doméstico e da indústria artesanal para o desenvolvimento da indústria britânica pode ser deduzida do fato de que a totalidade da indústria têxtil, o setor mais importante na primeira fase do desenvolvimento capitalista, foi organizada dessa maneira. A indústria artesanal apresentava duas vantagens fundamentais para os empregadores: evitava o perigo das "associações" e barateava o custo do trabalho, já que sua organização no lar fornecia aos trabalhadores serviços domésticos gratuitos e a cooperação de seus filhos e esposas, que eram tratadas como ajudantes e recebiam baixos salários como "auxiliares".

foram os únicos que tiveram seu trabalho barateado. Logo que perderam o acesso à terra, os trabalhadores lançaram-se numa dependência econômica que não existia na época medieval, uma vez que sua condição de sem-terra deu aos empregadores o poder de reduzir seu pagamento e ampliar a jornada de trabalho. Em regiões protestantes, isso ocorreu sob o disfarce da Reforma religiosa, que duplicou os dias de trabalho por meio da eliminação dos feriados religiosos.

Não surpreende que, com a expropriação da terra, viesse uma mudança de atitude dos trabalhadores com relação ao salário. Enquanto na Idade Média os salários podiam ser vistos como um instrumento de liberdade (em contraste com a obrigatoriedade dos serviços laborais característicos da servidão), começaram a ser vistos como instrumentos de escravidão logo que o acesso à terra foi perdido (Hill, 1975a, p. 181 ss.).[33]

Tamanho era o ódio que os trabalhadores sentiam pelo trabalho assalariado que Gerrard Winstanley, o líder dos *diggers*,[34] declarou que, se alguém trabalhava em troca de pagamento, não faria diferença viver com o inimigo ou com seu próprio irmão. Isso explica o crescimento, na aurora do processo de cercamento (usando o termo num sentido amplo para incluir todas as formas de privatização da terra), da quantidade de "vagabundos" e homens "sem senhor" que preferiam errar pelos caminhos, arriscando-se à escravidão ou à morte — como prescrevia a legislação "sangrenta" aprovada contra quem adotava esse estilo de vida — a trabalhar em troca de pagamento (Herzog, 1989, p. 45-52).[35] Também explica a extenuante luta que os cam-

---

33 O trabalho assalariado foi tão identificado com a escravidão que os "niveladores" (*levellers*), que defendiam a igualdade durante a Guerra Civil Inglesa no século XVII, excluíam os trabalhadores assalariados do direito ao voto, já que não os consideravam suficientemente independentes de seus empregadores para poder votar. "Por que uma pessoa livre haveria de escravizar a si mesma?", perguntava Zorro, um personagem em *Mother Hubbard's Tale* [Conto da Mãe Hubbard] (1591), de Edmund Spenser.
34 *Diggers* [escavadores] e *ranters* [faladores, resmungões] eram os nomes de grupos radicais que atuaram na Revolução Inglesa. [N.T.]
35 A bibliografia sobre vagabundos é abundante. Entre os autores mais importantes sobre esse tema estão Beier (1974) e Geremek, com a obra *Poverty, a History* [Pobreza,

poneses realizaram para defender suas terras da expropriação, não importa quão escassas fossem.

Na Inglaterra, as lutas contra o cercamento dos campos tiveram início no final do século XV e continuaram durante os séculos XVI e XVII, quando a derrubada de cercas se tornou a "forma mais importante de protesto social" e o símbolo do conflito de classes (Manning, 1988, p. 311). Os motins contra os cercamentos se transformavam frequentemente em levantes massivos. O mais notório foi a Rebelião de Kett, assim chamada por causa de seu líder, Robert Kett, que se deu no condado de Norfolk em 1549. Não se tratou de uma rusga menor. Em seu auge, os rebeldes somavam 16 mil, contavam com uma artilharia, derrotaram um exército do governo de 12 mil homens e, inclusive, tomaram Norwich, que era então a segunda maior cidade da Inglaterra (Fletcher, 1973, p. 64-77; Cornwall, 1977, p. 137-241; Beer, 1982, p. 82-139).[36] Além disso, os rebeldes também escreveram um programa que, se tivesse sido colocado em prática, teria controlado o avanço do capitalismo agrário e eliminado todos os vestígios do poder feudal no país. Consistia em 29 demandas que Kett, um fazendeiro e curtidor, apresentou ao Lorde Protetor. A primeira era que, "a partir de agora, nenhum homem voltará a promover cercamentos". Outros artigos exigiam que os aluguéis fossem reduzidos a valores que prevaleceram 65 anos antes, que "todos os possuidores de títulos pudessem desfrutar dos benefícios de todos os campos comuns" e que "todos os servos fossem libertados, pois

uma história] (1994).
[36] No início do século XVI, a baixa *gentry* participou de muitos motins, utilizando o ódio popular contra cercamentos, aquisições e reservas para resolver disputas com seus superiores. Porém, depois de 1549, "diminuiu a capacidade dirigente da pequena nobreza nas querelas sobre os cercamentos com os pequenos proprietários ou os artesãos, e aqueles que trabalhavam na indústria artesanal doméstica tomaram a iniciativa nos protestos agrários" (Manning, 1988, p. 312). Manning descreve o "forasteiro" como típica vítima de um motim contra os cercamentos: "Os comerciantes que tentavam comprar seu ingresso na aristocracia proprietária eram particularmente vulneráveis aos motins contra os cercamentos, assim como os fazendeiros que arrendavam terra. Em 24 dos 75 casos da Corte da Star Chamber, esses motins se dirigiram contra os novos proprietários e os fazendeiros. Outros seis casos incluíam proprietários ausentes, um perfil muito semelhante" (Manning, 1988, p. 50).

Cortejo de mulheres que costumava seguir os exércitos, inclusive nos campos de batalha. As mulheres, incluindo esposas e prostitutas, cuidavam da reprodução dos soldados. Note-se a mulher usando uma mordaça.
Hans Sebald Beham, *Mulheres e Valetes* [detalhe], c. 1530, gravura.

Deus fez a todos livres com seu precioso derramamento de sangue" (Fletcher, 1973, p. 142-4). Essas demandas foram colocadas em prática. Em todo Norfolk, cercas foram arrancadas. Somente quando outro exército do governo atacou é que os rebeldes se detiveram: 3,5 mil foram assassinados no massacre que se seguiu, e centenas ficaram feridos. Kett e seu irmão William foram enforcados do lado de fora das muralhas de Norwich.

No entanto, as lutas contra os cercamentos prosseguiram na época de Jaime I, com evidente aumento da presença das mulheres (Manning, 1988, p. 96-7, 114-6, 281; Mendelson & Crawford, 1998). Durante seu reinado, em torno de 10% dos motins contra os cercamentos incluíram mulheres entre os rebeldes. Alguns protestos eram inteiramente femininos. Em 1607, por exemplo,

37 mulheres, lideradas por uma tal "Capitã Dorothy", atacaram mineiros de carvão que trabalhavam naquilo que as mulheres reivindicavam como sendo os campos comuns do vilarejo de Thorpe Moor, em Yorkshire. Quarenta mulheres foram "derrubar as cercas e as barreiras" de um cercamento em Waddingham (Lincolnshire) em 1608; e, em 1609, num feudo de Dunchurch (Warwickshire), "quinze mulheres, incluindo esposas, viúvas, solteironas, filhas solteiras e criadas, se reuniram por conta própria para desenterrar as cercas e tapar os canais" (Manning, 1988, p. 97). Novamente, em York, em maio de 1624, mulheres destruíram um cercamento e, por isso, foram para a prisão — dizia-se que "haviam desfrutado do tabaco e da cerveja depois de sua façanha" (Fraser, 1984, p. 225-6). Mais tarde, em 1641, uma multidão que irrompeu num pântano cercado em Buckden era formada fundamentalmente por mulheres, auxiliadas por meninos (Fraser, 1984). Esses são apenas alguns exemplos de um tipo de confronto em que mulheres, portando forcados e foices, resistiram ao cercamento de terras ou à drenagem de pântanos quando seu modo de vida estava ameaçado.

Essa forte presença feminina foi atribuída à crença de que as mulheres estavam acima da lei, sendo "protegidas" legalmente pelo marido. Até mesmo os homens, diz-se, se vestiam como mulheres para arrancar as cercas. No entanto, essa explicação não pode ser levada adiante, pois o governo não tardou em eliminar esse privilégio, passando a prender e encarcerar as mulheres que participavam nos motins contra os cercamentos.[37] Além disso, não devemos pressupor que as mulheres não

---

[37] A crescente presença das mulheres nos levantes contra os cercamentos era influenciada pela crença popular de que a lei "não regia" as mulheres e de que elas podiam vencer os cercamentos com impunidade (Mendelson & Crawford, 1998, p. 386-7). Entretanto, a Corte da Star Chamber fez todo o possível para desacreditar a população sobre tal crença. Em 1605, um ano depois da lei sobre bruxaria de Jaime I, a Corte sancionou que, "se as mulheres cometerem as ofensas de entrar sem autorização, de amotinamento ou outras, e se uma ação é trazida contra elas ou seus maridos, eles pagarão multas e danos, mesmo que a entrada ou a ofensa seja cometida sem o consentimento de seus maridos" (Manning, 1988, p. 98).

tinham seus próprios interesses na resistência à expropriação da terra. Pelo contrário.

Assim como ocorreu com a comutação, as mulheres foram as que mais sofreram quando a terra foi perdida e a comunidade do vilarejo se desintegrou. Isso se deve, em parte, ao fato de que, para elas, era muito mais difícil que se tornassem "vagabundas" ou trabalhadoras migrantes, pois uma vida nômade as expunha ainda mais à violência masculina, especialmente num momento em que a misoginia estava crescendo. As mulheres também tinham mobilidade reduzida devido à gravidez e ao cuidado dos filhos, um fato ignorado pelos pesquisadores que consideram que a fuga da servidão (por meio da migração e de outras formas de nomadismo) seja uma forma paradigmática de luta. As mulheres tampouco podiam se tornar soldados remunerados, apesar de algumas terem se unido aos exércitos como cozinheiras, lavadeiras, prostitutas e esposas;[38] porém, essa opção também desapareceu no século XVII à medida que, progressivamente, os exércitos foram regulamentados e as multidões de mulheres que costumavam segui-los foram expulsas dos campos de batalha (Kriedte, 1983, p. 55).

As mulheres também foram mais prejudicadas pelos cercamentos porque, assim que a terra foi privatizada e as relações monetárias começaram a dominar a vida econômica, elas passaram a encontrar dificuldades maiores do que as dos homens para se sustentar, tendo sido confinadas ao trabalho reprodutivo no exato momento em que esse trabalho estava sendo absolutamente desvalorizado. Conforme veremos, esse fenômeno, que acompanhou a mudança de uma economia de subsistência para uma monetária, pode ser atribuído a diferentes fatores em cada fase do desenvolvimento capitalista. Fica claro, todavia, que a mercantilização da vida econômica forneceu as condições materiais para que isso ocorresse.

---

[38] Sobre esse tema, ver, entre outras, Maria Mies (1986 [2022]).

Com o desaparecimento da economia de subsistência que havia predominado na Europa pré-capitalista, a unidade entre produção e reprodução, típica de todas as sociedades baseadas na produção para consumo próprio, chegou ao fim conforme essas atividades foram se tornando portadoras de outras relações sociais e eram sexualmente diferenciadas. No novo regime monetário, somente a produção para o mercado estava definida como atividade criadora de valor, enquanto a reprodução do trabalhador começou a ser considerada algo sem valor do ponto de vista econômico e, inclusive, deixou de ser considerada um trabalho. O trabalho reprodutivo continuou sendo remunerado – embora em valores inferiores – quando era realizado para os senhores ou fora do lar. No entanto, a importância econômica da reprodução da força de trabalho realizada no âmbito doméstico e sua função na acumulação do capital se tornaram invisíveis, mistificadas como uma vocação natural e designadas como "trabalho de mulheres". Além disso, as mulheres foram excluídas de muitas ocupações assalariadas e, quando trabalhavam em troca de pagamento, ganhavam uma miséria em comparação com o salário masculino médio.

Essas mudanças históricas – que tiveram um auge no século XIX, com a criação da figura da dona de casa em tempo integral – redefiniram a posição das mulheres na sociedade e com relação aos homens. A divisão sexual do trabalho que emergiu daí não apenas sujeitou as mulheres ao trabalho reprodutivo mas também aumentou sua dependência, permitindo que o Estado e os empregadores usassem o salário masculino como instrumento para controlar o trabalho das mulheres. Dessa forma, a separação efetuada entre a produção de mercadorias e a reprodução da força de trabalho também tornou possível o desenvolvimento de um uso especificamente capitalista do salário e dos mercados como meios para a acumulação de trabalho não remunerado.

O mais importante é que a separação entre produção e reprodução criou uma classe de mulheres proletárias que estavam tão despossuídas como os homens, mas, diferentemente deles, quase não tinham acesso aos salários. Em uma sociedade cada vez mais monetizada, acabaram forçadas à condição de pobreza crônica, à dependência econômica e à invisibilidade como trabalhadoras.

Como veremos, a desvalorização e a feminização do trabalho reprodutivo foi um desastre também para os homens trabalhadores, pois a desvalorização do trabalho reprodutivo inevitavelmente desvalorizou o seu produto: a força de trabalho. Entretanto, não há dúvida de que, na "transição do feudalismo para o capitalismo", as mulheres sofreram um processo excepcional de degradação social que foi fundamental para a acumulação de capital e que permaneceu assim desde então.

Diante desses fatos, é impossível dizer que a separação entre o trabalhador e a terra e o advento da economia monetária formaram o ponto culminante da luta travada pelos trabalhadores medievais para se libertarem da servidão. Não foram os trabalhadores — mulheres ou homens — que foram libertados pela privatização da terra; o que se "libertou" foi o capital, na mesma medida em que a terra estava agora "livre" para funcionar como meio de acumulação e exploração, e não mais como meio de subsistência. Libertados foram os proprietários de terra, que agora podiam despejar sobre os trabalhadores a maior parte do custo de sua reprodução, dando-lhes acesso a alguns meios de subsistência apenas quando estavam diretamente empregados. Quando não havia trabalho disponível ou esse trabalho não era lucrativo o bastante — por exemplo, em épocas de crises comerciais ou agrárias —, os trabalhadores podiam, ao contrário, ser despedidos e abandonados à própria sorte para morrer de fome.

A separação entre os trabalhadores e seus meios de subsistência, assim como sua nova dependência das relações monetárias, significou também que o salário real agora podia ser reduzido, ao mesmo tempo que o trabalho feminino podia ser mais desvalorizado em relação ao masculino por meio da manipulação monetária. Não é coincidência, então, que, assim que a terra começou a ser privatizada, os preços dos alimentos, que durante dois séculos haviam permanecido estáveis, passaram a aumentar.[39]

---

[39] Por volta do ano de 1600, o salário real na Espanha havia perdido 30% de seu poder de compra com relação a 1511 (Hamilton, 1965, p. 280). Sobre a Revolução dos Preços, ver, em particular, o trabalho já clássico de Earl J. Hamilton (1965), que estuda o impacto que tiveram os metais preciosos americanos; David Hackett Fischer (1996), sobretudo o capítulo 2 (p. 66-113); e o livro compilado por Peter Ramsey (1971).

A REVOLUÇÃO DOS PREÇOS E A PAUPERIZAÇÃO DA CLASSE TRABALHADORA EUROPEIA

Devido às suas devastadoras consequências sociais, esse fenômeno "inflacionário" foi chamado de Revolução dos Preços (Ramsey, 1971). Ele foi atribuído, tanto pelos economistas daquele tempo quanto por posteriores (Adam Smith, por exemplo), à chegada de ouro e prata da América, "fluindo para a Europa [pela Espanha] numa corrente colossal" (Hamilton, 1965, p. VII). No entanto, já foi notado que os preços haviam começado a aumentar antes que esses metais passassem a circular nos mercados europeus (Braudel, 1966a, p. 517-24 [1983, p. 564-72]). Além disso, o ouro e a prata, por si mesmos, não são capital e poderiam ter sido usados para outros fins, como para produzir joias ou cúpulas douradas, ou ainda para bordar roupas. Se funcionaram como instrumento para regular os preços, capazes de transformar até mesmo o trigo em uma mercadoria preciosa, foi porque se inseriram num universo capitalista em desenvolvimento, no qual uma crescente porcentagem da população – um terço, na Inglaterra (Laslett, 1971, p. 53) – não tinha acesso à terra e precisava comprar os alimentos que antes produzia, e porque a classe dominante aprendeu a usar o poder mágico do dinheiro para reduzir os custos laborais. Em outras palavras, os preços aumentaram por causa do desenvolvimento de um sistema de mercado nacional e internacional que estimulava a exportação e a importação de produtos agrícolas, e porque os comerciantes acumulavam bens para depois vendê-los por um preço maior. Em setembro de 1565, na Antuérpia, "enquanto os pobres literalmente morriam de fome nas ruas", um depósito desmoronou de tão abarrotado que estava de cereais (Fischer, 1996, p. 88).

Foi nessas circunstâncias que a chegada do tesouro americano provocou uma enorme redistribuição da riqueza e um novo processo de proletarização.[40] Os preços crescentes arruinaram os pequenos fazendeiros, que tiveram de renunciar às suas terras para comprar cereais ou pão quando as colheitas não eram capazes de alimentar a família, e criaram uma classe de empresários capitalistas que acumularam fortunas pelo investimento na agricultura e pelo empréstimo de dinheiro, numa época em que possuir dinheiro era, para muita gente, uma questão de vida ou morte (Wallerstein, 1974, p. 83 [1974, p. 84]).[41]

---

[40] Assim resume Peter Kriedte (1983, p. 54-5) os desenvolvimentos econômicos desse período: "A crise aprofundou as diferenças de renda e de propriedade. A pauperização e a proletarização cresceram de forma paralela à acumulação de riqueza. [...] Um trabalho sobre Chippenham, em Cambridgeshire, mostrou que as colheitas ruins [de finais do século XVI e começo do XVII] levaram a uma mudança decisiva. Entre 1544 e 1712, as fazendas de porte médio quase desapareceram. Ao mesmo tempo, a proporção de propriedades de noventa acres ou mais cresceu de 3% para 14%; as famílias sem-terra aumentaram de 32% para 63%".

[41] O crescente interesse dos empresários capitalistas pelo empréstimo foi, talvez, o motivo subjacente da expulsão dos judeus da maioria das cidades e países da Europa nos séculos XV e XVI: Parma (1488), Milão (1489), Genebra (1490), Espanha (1492) e Áustria (1496). As expulsões e os *pogroms* continuaram durante um século ou mais. Até a corrente mudar de rumo com Rodolfo II, em 1577, era ilegal para os judeus viver em praticamente toda a Europa Ocidental. Logo que o empréstimo se transformou em um negócio lucrativo, essa atividade, antes declarada indigna de um cristão, foi reabilitada, como demonstra esse diálogo entre um camponês e um burguês rico, escrito de forma anônima, na Alemanha, por volta de 1521 (Strauss, 1971, p. 110-1):

"CAMPONÊS: O que me traz até você? É que gostaria de ver como passa seu tempo.

BURGUÊS: Como deveria passar meu tempo? Estou aqui sentado, contando meu dinheiro, não vê?

CAMPONÊS: Diga-me, burguês, quem lhe deu tanto dinheiro que passa todo seu tempo a contá-lo?

BURGUÊS: Quer saber quem me deu meu dinheiro? Vou lhe contar. Um camponês bate em minha porta e me pede um empréstimo de dez ou vinte florins. Pergunto-lhe se possui um terreno de bons pastos ou um campo lindo para arar. Ele diz: 'Sim, burguês, tenho uma boa pradaria e um bom campo, os dois juntos valem cem florins'. Eu lhe respondo: 'Excelente! Entregue-me como garantia sua pradaria e seu campo e, se você se comprometer a pagar um florim por ano como juros, pode obter seu empréstimo de vinte florins'. Contente de ouvir a boa notícia, o camponês responde: 'Dou-lhe com prazer essa garantia'. 'Mas devo dizer', replico, 'que, se alguma vez deixar de pagar os juros a tempo, tomarei posse de sua terra e a tornarei minha propriedade'. E isso não preocupa o camponês, que prossegue, empenhando a mim seus pastos e seu campo como garantia. Eu empresto a ele o dinheiro e ele paga os juros pontualmente durante um ou dois anos; logo vem uma colheita ruim e ele se atrasa em seus pagamentos. Confisco sua terra, desalojo-o e a pradaria e o campo são meus. E faço isso não só com os camponeses, mas também com os artesãos. Se um comerciante é dono de uma casa boa, empresto-lhe uma soma de dinheiro por ela e, dentro de pouco tempo, a casa me pertence. Dessa maneira, adquiro uma grande quantidade de propriedades e riqueza e é por isso que passo todo meu tempo contando meu dinheiro.

CAMPONÊS: E eu que pensava que só os judeus praticavam a usura! Agora escuto que também os cristãos a praticam.

BURGUÊS: Usura? Quem está falando em usura? O que o devedor paga são os juros".

A Revolução dos Preços disparou também um colapso histórico nos salários reais, comparável ao que vem ocorrendo, em nossa época, na África, na Ásia e na América Latina, precisamente nos países que sofreram o "ajuste estrutural" do Banco Mundial e do FMI. Em 1600, o salário real na Espanha havia perdido 30% de seu poder de compra com relação a 1511 (Hamilton, 1965, p. 280), e seu colapso foi igualmente severo em outros países. Enquanto o preço dos alimentos ficou oito vezes maior, os salários apenas triplicaram (Fischer, 1996, p. 74). Isso não foi obra da mão invisível do mercado, mas produto de uma política estatal que impedia que os trabalhadores se organizassem, enquanto dava aos comerciantes a máxima liberdade com relação ao estabelecimento de preços e ao movimento de mercadorias. Como era de se esperar, algumas décadas mais tarde, o salário real havia perdido dois terços de seu poder de compra, tal como mostram as mudanças que repercutiram nas remunerações diárias de um carpinteiro inglês, expressas em quilos de cereais, entre os séculos XIV e XVIII (Slicher van Bath, 1963, p. 327):

ANOS	QUILOS DE CEREAIS
1351–1400	121,8
1401–1450	155,1
1451–1500	143,5
1500–1550	122,4
1551–1600	83,0
1601–1650	48,3
1651–1700	74,1
1701–1750	94,6
1751–1800	79,6

Levou séculos para que os salários na Europa voltassem ao nível a que haviam chegado na Baixa Idade Média. A situação piorou a ponto de, na Inglaterra, em 1550, os artesãos homens terem que trabalhar quarenta semanas para ganhar o mesmo que ganhavam em quinze, no começo do século. Na França, os salários caíram 60% entre 1470 e 1570 (Fischer, 1996, p. 78).[42] O colapso do salário foi especialmente desastroso para as mulheres. No século XIV, as mulheres recebiam metade da remuneração de um homem para realizar a mesma tarefa; em meados do século XVI, estavam recebendo apenas um terço do salário masculino (que já se encontrava reduzido) e não conseguiam mais se manter com o trabalho assalariado nem na agricultura nem no setor manufatureiro, um fato que, sem dúvida, é responsável pela gigantesca expansão da prostituição nesse período.[43] O que se seguiu foi o empobrecimento absoluto da classe trabalhadora, um fenômeno tão difundido e generalizado que, em 1550 e muito tempo depois, os trabalhadores na Europa eram chamados simplesmente de "os pobres".

Prova dessa dramática pauperização é a mudança ocorrida na dieta dos trabalhadores. A carne desapareceu de suas mesas, com exceção de uns poucos restos de toucinho, assim como a cerveja e o vinho, o sal e o azeite de oliva (Braudel, 1973, p. 127 ss. [2005, p. 167 ss.]; Le Roy Ladurie, 1974 [1997]). Do século XVI ao XVIII, a dieta dos trabalhadores consistiu basicamente em pão, a principal despesa de seu orçamento. Isso representou um retrocesso histórico (não importa o que pensemos sobre as normas alimentares) comparado

---

[42] Com relação à Alemanha, Peter Kriedte (1983, p. 51-2) escreve: "Uma investigação recente mostra que, durante as três primeiras décadas do século XVI, um trabalhador da construção em Augsburgo [Baviera] podia manter adequadamente sua mulher e dois filhos com seu salário anual. A partir desse momento, seu nível de vida começou a piorar. Entre 1566 e 1575 e, desde 1585 até a eclosão da Guerra dos Trinta Anos, seu salário já não podia pagar o mínimo necessário para a subsistência de sua família". Sobre o empobrecimento da classe trabalhadora europeia, provocado pelos cercamentos e pela Revolução dos Preços, ver também Lis e Soly (1979, p. 72-9), que afirmam que, na Inglaterra, "entre 1500 e 1600, o preço dos cereais aumentou seis vezes, enquanto os salários aumentaram três vezes". Não surpreende que, para Francis Bacon, os trabalhadores e os camponeses não fossem nada além de "mendigos que vão de porta em porta". Na França, na mesma época, a capacidade de compra dos camponeses e dos trabalhadores assalariados caiu 45%. "Em Newcastle [...], trabalho assalariado e pobreza eram considerados sinônimos" (Lis & Soly, 1979, p. 72-4).
[43] Sobre o crescimento da prostituição no século XVI, ver Roberts (1992 [1998]).

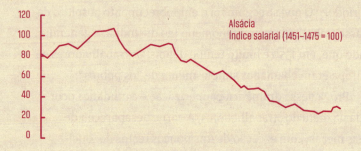

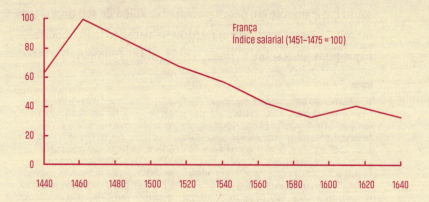

A Revolução dos Preços e a queda do salário real, 1480-1640. A Revolução dos Preços desencadeou um colapso histórico no salário real. Em poucas décadas, o salário real perdeu dois terços de sua capacidade de compra. Até o século XIX, o salário real não voltaria ao nível que alcançara no século XV (Phelps Brown & Hopkins, 1981).

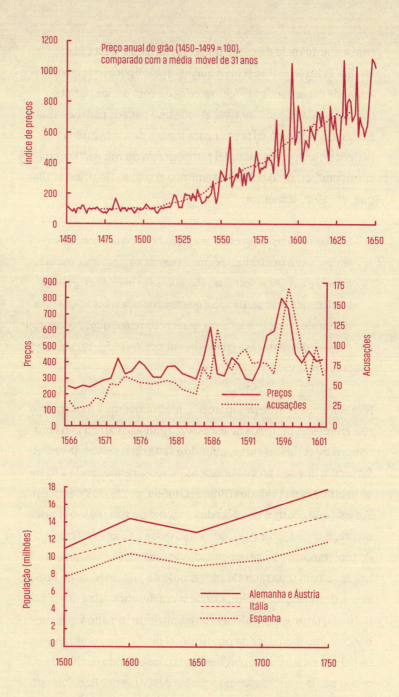

As consequências sociais da Revolução dos Preços são reveladas por esses gráficos, que indicam, respectivamente, o aumento do preço dos grãos na Inglaterra entre 1490 e 1650; o aumento concomitante dos preços e dos crimes contra a propriedade em Essex (Inglaterra) entre 1566 e 1622; e a queda da população medida em milhões de pessoas na Alemanha, na Áustria, na Itália e na Espanha no século XVII (Fischer, 1996).

com a abundância de carne que caracterizou a Baixa Idade Média. Peter Kriedte escreve que, naquela época, o "consumo anual de carne havia atingido a cifra de cem quilos por pessoa, uma quantidade incrível até mesmo para os padrões atuais. No século XIX, essa cifra caiu para menos de vinte quilos" (Kriedte, 1983, p. 52). Braudel também fala do fim da "Europa carnívora", citando como testemunha o suábio Heinrich Müller, que, em 1550, comentou:

> Na casa do camponês comia-se como não se come agora. Nesse tempo, todos os dias havia carne e comida em profusão; nas quermesses e nas festas, as mesas abatiam-se ao peso da carga. Hoje em dia, tudo mudou. Há anos, que tempos calamitosos, que carestia! E a alimentação dos camponeses mais remediados é quase pior do que a dos diaristas e criados de outrora. (Braudel, 1973, p. 130 [2005, p. 173])

Não somente a carne desapareceu, mas também se tornaram recorrentes os períodos de escassez, agravados ainda mais nos tempos de colheitas ruins, quando a falta de reservas de cereais fazia com que seu preço subisse às nuvens, condenando à fome os habitantes das cidades (Braudel, 1966a, p. 328 [1983, p. 366]). Foi isso que ocorreu nas décadas de fome de 1540 e 1550 e, novamente, nas de 1580 e 1590, que estão entre as piores na história do proletariado europeu, coincidindo com distúrbios generalizados e com uma quantidade recorde de julgamentos de bruxas. A desnutrição, porém, também era desenfreada em tempos normais, tanto que os alimentos adquiriram um alto valor simbólico como indicador de privilégio. O desejo por comida entre os pobres alcançou proporções épicas, inspirando sonhos de orgias pantagruélicas, como aquelas descritas por Rabelais em *Gargântua e Pantagruel* (1522), e causando obsessões apavorantes, como a convicção (difundida entre os agricultores do nordeste italiano) de que as bruxas vagavam pelo campo à noite para se alimentar do gado (Mazzali, 1988, p. 73).

De fato, a Europa que se preparava para se tornar o prometeico motor do mundo, supostamente levando a humanidade a novos patamares tecnológicos e culturais, era um lugar onde as pessoas nunca tinham o suficiente para comer. A comida passou a ser um objeto de desejo tão intenso que se acreditava que os pobres vendiam a alma para o diabo para que ele lhes ajudasse a conseguir alimentos. A Europa também era um lugar onde, em tempos de más colheitas, as pessoas do campo comiam caroços, raízes selvagens e cortiça de árvores, e multidões erravam pelos campos, chorando e gemendo — "era tanta fome que poderiam devorar brotos nos campos" (Le Roy Ladurie, 1974) –, ou invadiam as cidades para aproveitar a distribuição de cereais ou para atacar as casas e os armazéns dos ricos que, por sua vez, corriam para conseguir armas e fechar os portões das cidades de modo a manter os famintos do lado de fora (Heller, 1986, p. 56-63).

Que a transição para o capitalismo inaugurou um longo período de fome para os trabalhadores na Europa — que muito possivelmente terminou devido à expansão econômica gerada pela colonização — é algo que também fica demonstrado pelo fato de que, nos séculos XIV e XV, a luta dos trabalhadores havia se centrado em torno da demanda por mais "liberdade" e menos trabalho, enquanto nos séculos XVI e XVII os trabalhadores foram espoliados pela fome e protagonizaram ataques a padarias e armazéns e motins contra a exportação das colheitas locais (Manning, 1988; Fletcher, 1973; Cornwall, 1977; Beer, 1982; Bercé, 1990; Lombardini, 1983). As autoridades descreviam quem participava desses ataques como "inúteis", "pobres" e "gente humilde", mas a maioria era composta de artesãos, que viviam de forma muito precária nessa época.

Eram as mulheres que, em geral, iniciavam e lideravam as revoltas por comida. Na França do século XVII, 6 dos 31 motins por subsistência estudados por Ives-Marie Bercé foram perpetrados exclusivamente por mulheres. Nos demais, a presença feminina era tão manifesta que Bercé os chama de "motins de mulheres" (Kamen, 1972; Bercé, 1990, p. 169-79; Underdown, 1985b).[44] Ao comentar sobre esse fenômeno na Inglaterra do século XVIII, Sheila Rowbotham concluiu que as mulheres se destacaram nesse tipo de protesto por seu papel de cuidadoras da família. Mas as mulheres também foram as mais arruinadas pelos altos preços, já que, por terem menos acesso que os homens ao dinheiro e ao emprego, dependiam mais da comida barata para sobreviver. Por essa razão, apesar de sua condição subordinada, rapidamente saíam às ruas quando os preços da comida aumentavam ou quando se espalhava o rumor de que se levariam os suprimentos de cereais da cidade. Foi o que aconteceu durante o levante de Córdoba, em 1652, que começou "cedo pela manhã [...] quando uma mulher pobre foi chorando pelas ruas do bairro pobre, levando o corpo de seu filho, que havia morrido de fome" (Kamen, 1972, p. 364). O mesmo ocorreu em Montpellier, em 1645, quando as mulheres saíram às ruas "para proteger seus filhos da fome" (Kamen, 1972, p. 356). Na França, as mulheres cercavam as padarias se estivessem convencidas de que os cereais seriam racionados ou se descobrissem que os ricos haviam comprado o melhor pão e que o restante era mais minguado ou mais caro. Multidões de mulheres pobres se reuniam

---

[44] Como comenta David Underdown (1985, p. 117): "O papel proeminente das mulheres amotinadas [pela comida] foi comentado com frequência. Em Southampton, em 1608, um grupo de mulheres se negou a esperar enquanto a corporação debatia sobre o que fazer com um barco que estava sendo carregado com destino a Londres; abordaram-no e se apossaram da carga. Supõe-se que as mulheres foram as amotinadas no incidente de Weymouth, em 1622, enquanto em Dorchester, em 1631, um grupo (alguns deles internos de uma casa de trabalho) deteve uma carreta acreditando, erroneamente, que continha trigo; um deles queixou-se de um comerciante local que 'despachou para além--mar' os melhores frutos da terra, inclusive manteiga, queijo, trigo etc.".

Sobre a presença das mulheres nos motins alimentares, ver também Sara Mendelson e Patricia Crawford, que escrevem: "As mulheres tiveram um papel preponderante nos motins por cereal [na Inglaterra]". Por exemplo, "em Maldon, em 1629, uma multidão de mais de cem mulheres e crianças abordou os barcos para evitar que o cereal fosse despachado". Eram liderados por uma tal "Capitã Ann Carter, que logo foi julgada e enforcada" (Mendelson & Crawford, 1998, p. 385-6).

Família de vagabundos.
Lucas van Leyden, *Os Mendigos*,
1520, gravura.

nas barracas dos padeiros exigindo pão e acusando-os de esconder suas provisões. As revoltas estouravam também nas praças onde se realizavam as feiras de cereais, ou nas rotas percorridas por carroças com milho para exportação e "nas margens dos rios, onde [...] os barqueiros eram avistados carregando sacos. Nessas ocasiões, os amotinados armavam emboscadas para as carroças; [...] com forcados e varas, [...] os homens levavam os sacos, as mulheres juntavam todo cereal que fosse possível em suas saias" (Bercé, 1990, p. 171-3).

A luta por comida se deu também por outros meios, tais como a caça ilegal, o roubo dos campos ou casas vizinhas e os ataques às casas dos ricos. Em Troyes, em 1523, se espalhou o boato de que os pobres teriam tocado fogo nas residências mais abastadas, preparando-se para invadi-las (Heller, 1986, p. 55-6).

Em Mechelen, nos Países Baixos, as casas dos especuladores foram marcadas com sangue por camponeses furiosos (Fischer, 1996, p. 88). Não surpreende que os "delitos famélicos" tenham se tornado muito preocupantes nos procedimentos disciplinares dos séculos XVI e XVII. Um exemplo é a recorrência do tema do "banquete diabólico" nos julgamentos por bruxaria, sugerindo que se banquetear de cordeiro assado, pão branco e vinho era agora considerado um ato diabólico, se fosse feito por "gente comum". Mas as principais armas que os pobres tinham à sua disposição na luta pela sobrevivência eram seus próprios corpos famintos, como nos tempos em que as hordas de vagabundos e mendigos cercavam os mais abastados, meio mortos de fome e doentes, empunhando suas armas, mostrando-lhes suas feridas e forçando-os a viver num constante estado de medo frente à possibilidade de contaminação e à revolta. "Não se pode caminhar pela rua ou parar numa praça", escreveu um homem de Veneza em meados do século XVI, "sem que as multidões nos rodeiem pedindo caridade: vemos a fome estampada em seus rostos, seus olhos como anéis sem joia, o estado lamentável de seus corpos, cujas peles têm apenas a forma de seus ossos" (Fischer, 1996, p. 88). Um século mais tarde, em Florença, o cenário era o mesmo. "Já não se pode aí ouvir a missa", queixava-se um tal G. Balducci, em abril de 1650, "tanto se é assediado durante os ofícios por miseráveis 'nus e cheios de sarna'" (Braudel, 1966b, p. 734-5 [1984, p. 97]).[45]

---

[45] Os comentários de um médico na cidade italiana de Bérgamo, durante a carestia de 1630, tinham um tom similar: "O ódio e o terror engendrados por uma multidão enlouquecida de gente meio morta, que assedia as pessoas nas ruas, nas praças, nas igrejas, nas portas das casas, que torna a vida intolerável, além do fedor imundo que emana deles e do espetáculo constante dos moribundos [...] só pode acreditar nisso quem já tenha experimentado" (Cipolla, 1993, p. 129).

A INTERVENÇÃO ESTATAL NA REPRODUÇÃO DO TRABALHO: A ASSISTÊNCIA AOS POBRES E A CRIMINALIZAÇÃO DA CLASSE TRABALHADORA

A luta por comida não era a única frente na batalha contra a expansão das relações capitalistas. Por toda parte as massas resistiam à destruição de suas formas anteriores de existência, lutando contra a privatização da terra, contra a abolição dos direitos consuetudinários, contra a imposição de novos impostos, contra a dependência do salário e contra a contínua presença de exércitos em suas vizinhanças, tão odiados que as pessoas corriam para trancar os portões das cidades, na tentativa de evitar que os soldados se assentassem junto a elas.

Na França, ocorreram cerca de mil "emoções" (levantes) entre as décadas de 1530 e 1670, muitas delas envolvendo províncias inteiras e exigindo a intervenção de tropas (Goubert, 1982, p. 205). Inglaterra, Itália e Espanha apresentavam um cenário parecido,[46] o que indica que o mundo pré-capitalista dos vilarejos, que Marx repudiou com a rubrica de "idiotia rural", pôde produzir um nível de lutas tão elevado quanto qualquer outro que o proletariado industrial tenha travado.

---

[46] Sobre os protestos no século XVI e XVII na Europa, ver *The Iron Century* [O século de ferro], de Henry Kamen, especialmente o capítulo 10, "Popular Rebellion, 1550-1660" [Rebelião popular, 1550-1660] (Kamen, 1972, p. 331-85). Segundo o autor: "A crise de 1595-1597 ocorreu em toda a Europa, com repercussões na Inglaterra, França, Áustria, Finlândia, Hungria, Lituânia e Ucrânia. Provavelmente, nunca antes na história da Europa coincidiram tantas rebeliões ao mesmo tempo" (Kamen, 1972, p. 336). Houve rebeliões em Nápoles em 1595, 1620, 1647 (Kamen, 1972, p. 334-5, 350, 361-3). Na Espanha, as rebeliões estouraram em 1640, na Catalunha; em Granada, em 1648; em Córdoba e Sevilha, em 1652. Sobre os motins e rebeliões na Inglaterra nos séculos XVI e XVII, ver Cornwall (1977), Underdown (1985b) e Manning (1988). Sobre as revoltas na Espanha e na Itália, ver também Braudel (1966b, p. 738-9 [1984, 100-1]).

Na Idade Média, a migração, a vagabundagem e o aumento dos "crimes contra a propriedade" eram parte da resistência ao empobrecimento e à despossessão; e esses fenômenos alcançaram proporções massivas. Em todos os lados — se dermos crédito às queixas das autoridades daquela época — os vagabundos pululavam, mudavam de cidade, cruzavam fronteiras, dormiam nos celeiros ou se apinhavam nos portões das cidades — uma vasta humanidade envolvida em sua própria diáspora, que durante décadas escapou ao controle das instâncias públicas. Só em Veneza foram registrados seis mil vagabundos em 1545. "Na Espanha, os vagabundos povoam as estradas, param em todas as cidades" (Braudel, 1966b, p. 740 [1984, p. 102]).[47] Começando pela Inglaterra, sempre pioneira nesses assuntos, o Estado promulgou novas leis contra a vagabundagem, muito mais severas, que prescreviam a escravidão e a pena de morte em casos de reincidência. Mas a repressão não foi efetiva e, nos séculos XVI e XVII, as estradas europeias continuaram sendo lugares de encontros e de grande (co)moção. Por elas passaram hereges fugindo da perseguição, soldados dispensados, artífices e outros tipos de "gente humilde" em busca de emprego, e, posteriormente, artesãos estrangeiros, camponeses expulsos de suas terras, prostitutas, vendedores ambulantes, "ladrões de galinha" e mendigos profissionais. Pelas estradas da Europa transitaram, sobretudo, as lendas, as histórias e as experiências de um proletariado em desenvolvimento. Enquanto isso, os índices de criminalidade também aumentaram, até o ponto de podermos supor que uma recuperação e reapropriação massiva da riqueza comunal roubada estava a caminho.[48]

---

[47] Sobre a vagabundagem na Europa, além de Beier (1974, 1986) e Geremek (1985, 1987, 1988 [1995]), ver Braudel (1966b, p. 739-43 [1984, p. 101-5]) e Kamen (1972, p. 390-4).

[48] Sobre o aumento de delitos contra a propriedade depois da Revolução dos Preços, ver, neste capítulo, gráficos das páginas 160-1. Ver também Richard J. Evans (1996, p. 35), Kamen (1972, p. 397-403) e Lis e Soly (1984). Lis e Soly (1984, p. 218) escrevem que "os dados disponíveis sugerem que, na Inglaterra, a criminalidade total aumentou de forma acentuada no período elisabetano e na dinastia Stuart, especialmente entre 1590 e 1620".

Vagabundo sendo açoitado pelas ruas.
Gravura inglesa de autoria desconhecida, século XVI.

Hoje, esses aspectos da transição para o capitalismo podem parecer — pelo menos para a Europa — coisa do passado, ou, como Marx afirmou nos *Grundrisse* (1973, p. 459 [2011, p. 338], "condições históricas" do desenvolvimento capitalista, que seriam superadas por formas mais maduras do capitalismo. A semelhança fundamental entre esses fenômenos e as consequências sociais da nova fase de globalização que testemunhamos hoje, no entanto, nos diz algo diferente. O empobrecimento, as rebeliões e a escalada do "crime" são elementos estruturais da acumulação capitalista, uma vez que o capitalismo deve despojar a força de trabalho de seus meios de reprodução para impor sua dominação.

O desaparecimento de formas mais extremas de miséria e de rebeldia nas regiões europeias que se industrializaram durante o século XIX não é uma prova contrária a tal afirmação. A miséria e a rebeldia proletárias não pararam ali; apenas diminuíram na medida em que a superexploração dos trabalhadores passou a ser exportada, por meio da institucionalização da escravidão, num primeiro momento, e, posteriormente, por meio da expansão da dominação colonial.

O período de "transição", por sua vez, continuou sendo, na Europa, um período de intenso conflito social, preparando terreno para uma série de iniciativas estatais que, a julgar por seus efeitos, tiveram três objetivos principais: (i) criar uma força de trabalho mais disciplinada; (ii) dispersar os protestos sociais; e (iii) fixar os trabalhadores nos trabalhos que lhes haviam sido impostos. Vamos analisar cada um deles.

Almejando a disciplina social, lançou-se um ataque contra todas as formas de sociabilidade e sexualidade coletivas — incluindo esportes, jogos, danças, funerais, festivais e outros ritos grupais que haviam servido para criar laços e solidariedade entre os trabalhadores. O ataque foi sancionado por um dilúvio de leis: na Inglaterra, foram 25 somente para a regulação de tabernas, entre 1601 e 1606 (Underdown, 1985a, p. 47-8). Peter Burke (1978 [1999]), em sua obra sobre o assunto, explicou esse processo como uma campanha contra a "cultura popular". Contudo, como podemos notar, o que estava em jogo era a dessocialização ou descoletivização da reprodução da força de trabalho, bem como a tentativa de impor um uso mais produtivo do tempo livre. Na Inglaterra, esse processo alcançou o ápice com a chegada dos puritanos ao poder, depois da Guerra Civil (1642-1649), quando o medo da indisciplina social deu lugar à proibição das reuniões e dos festejos proletários. Entretanto, a "reforma moral" foi igualmente intensa nas regiões não protestantes, onde, no mesmo período, as procissões religiosas substituíram os bailes e as cantorias que vinham sendo realizados dentro e fora das igrejas. Até mesmo as relações entre os indivíduos e Deus foram privatizadas: nas regiões protestantes, por meio da instituição de uma relação direta entre o indivíduo e a divindade; nas regiões católicas, com a introdução da confissão individual. A própria igreja, enquanto centro comunitário, deixou de ser a sede de qualquer atividade social que não estivesse relacionada com o culto. Como resultado, o cercamento físico operado pela privatização da terra e o cercamento das terras comunais foram ampliados por meio de um processo de cercamento social: a reprodução dos trabalhadores passou do campo aberto para o lar, da comunidade para a família, do espaço público (a terra comunal, a igreja) para o privado.[49]

Em segundo lugar, entre 1530 e 1560, foi introduzido um sistema de assistência pública em pelo menos sessenta cidades europeias, tanto por iniciativa das prefeituras locais quanto por intervenção direta do Estado central (Lis & Soly, 1979, p. 92).[50] Seus objetivos exatos ainda são debatidos. Enquanto boa parte da literatura sobre a questão vê a introdução da assistência pública como uma resposta para a crise humanitária que colocou em perigo o controle social, o acadêmico marxista francês Yann Moulier-Boutang insiste, em um vasto estudo sobre o trabalho forçado, que seu principal objetivo era a "grande fixação" dos trabalhadores, isto é, a tentativa de evitar sua fuga do trabalho (Moulier-Boutang, 1998, p. 291-3).[51]

De qualquer modo, a introdução da assistência pública foi um momento de inflexão na mediação estatal entre os trabalhadores e o capital, assim como na definição da função do Estado. Foi o primeiro reconhecimento da *insustentabilidade* de um sistema capitalista regido exclusivamente por meio da fome e do terror. Também foi o primeiro passo na construção do Estado

---

[49] Na Inglaterra, entre os momentos de sociabilidade e reprodução coletiva que foram aniquilados com a perda dos campos abertos e das terras comunais, encontravam-se as procissões primaveris organizadas com a finalidade de benzer os campos — e que não puderam seguir existindo, uma vez que foram barradas — e as danças que se realizavam em torno da Árvore de Maio no primeiro dia desse mês (Underdown, 1985a).

[50] Sobre a instituição da assistência pública, ver Geremek (1994), especialmente o capítulo 4 (p. 142-77), "The Reform of Charity" [A reforma da caridade].

[51] Concordo apenas parcialmente com o argumento do autor de que a "ajuda aos pobres" não era tanto uma resposta à miséria produzida pela expropriação da terra e pela inflação dos preços quanto uma medida destinada a evitar a fuga dos trabalhadores e criar, assim, um mercado de trabalho local. Como já mencionei, Moulier-Boutang (1998) superestima o grau de mobilidade que os trabalhadores tinham à sua disposição, já que não considera a situação particular das mulheres. Mais ainda, diminui a importância do fato de que a assistência também fora o resultado de uma luta — que não pode ser reduzida à fuga do trabalho, e incluía assaltos, invasões de cidades por massas famintas de gente do campo (uma constante na França do século XVI) e outras formas de ataque. Não é coincidência que, nesse contexto, Norwich, núcleo da rebelião de Kett, tenha se tornado, pouco tempo depois de sua derrota, o centro e o modelo das reformas de assistência aos pobres.

como garantidor da relação entre as classes e como supervisor da reprodução e da disciplina da força de trabalho.

Antecedentes dessa função podem ser encontrados no século XIV, quando, diante da generalização das lutas antifeudais, o Estado surgiu como a única organização capaz de enfrentar uma classe trabalhadora regionalmente unificada, armada e que já não limitava suas demandas à política econômica do feudo. Em 1351, com a aprovação do Estatuto dos Trabalhadores na Inglaterra, que fixou o salário máximo, o Estado encarregou-se formalmente da regulação e da repressão do trabalho, uma vez que os senhores locais não eram mais capazes de garanti-las. No entanto, foi com a introdução da assistência pública que o Estado começou a reivindicar a "propriedade" da mão de obra, ao mesmo tempo que instituía uma "divisão do trabalho" capitalista dentro da própria classe dominante. Essa divisão permitia que os empregadores renunciassem a qualquer responsabilidade na reprodução dos trabalhadores, com a segurança de que o Estado interviria, seja por meio de recompensas, seja por meio de punições, para lidar com as inevitáveis crises. Com essa inovação, houve um salto também na administração da reprodução social, resultando na introdução de registros demográficos (organização de censos, registro das taxas de mortalidade e de natalidade e dos casamentos) e na aplicação da contabilidade nas relações sociais. É exemplar o trabalho dos administradores do Bureau des Pauvres [Serviço aos pobres] em Lyon, França, que, no final do século XVI, aprenderam a calcular a quantidade de pobres e a quantidade de alimentos que cada criança ou adulto necessitava, e a rastrear os falecimentos para assegurar que ninguém pudesse reclamar assistência em nome de uma pessoa morta (Zemon Davis, 1968, p. 244-6).

Além dessa nova "ciência social", foi desenvolvido também um debate internacional sobre a administração da assistência pública que antecipava a atual discussão acerca do bem-estar social. Apenas os incapacitados para o trabalho, descritos como "pobres merecedores", deviam ser assistidos? Ou os trabalhadores "saudáveis" que não conseguissem arranjar um emprego também deveriam receber ajuda? E quanto, para mais ou para menos, deveria lhes ser dado, de modo que não fossem desestimulados a procurar trabalho? Essas questões foram cruciais do ponto de vista da disciplina social, uma vez que um objetivo fundamental da assistência pública era atar os trabalhadores aos seus empregos. Nesses assuntos, porém, raramente era possível obter um consenso.

Enquanto os reformadores humanistas, como Juan Luis Vives,[52] e os porta-vozes dos burgueses ricos reconheciam os benefícios econômicos e disciplinares de uma distribuição da caridade mais liberal e centralizada (embora não fossem além da distribuição de pão), uma parte do clero se opôs energicamente à proibição das doações individuais. De todo modo, a assistência, apesar das diferenças de sistemas e opiniões, foi administrada com tamanha tacanhez que o conflito gerado era tão grande quanto o apaziguamento. As pessoas assistidas ressentiam-se com os rituais humilhantes a elas impostos, como carregar o "sinal da infâmia" (antes reservado aos leprosos e aos judeus) ou participar (na França) das procissões anuais dos pobres, em que tinham que desfilar cantando hinos e carregando velas. E protestavam veementemente quando as esmolas não eram prontamente oferecidas ou não se adequavam às suas necessidades. Como resposta, em algumas cidades francesas foram erigidas forcas durante as distribuições de comida, ou exigia-se que os pobres trabalhassem em troca de alimentação (Zemon

---

[52] O humanista espanhol Juan Luis Vives, conhecedor dos sistemas de ajuda aos pobres de Flandres e da Espanha, era um dos principais partidários da caridade pública. Em sua obra *De Subvention Pauperum* [Do socorro aos pobres] (1526), sustentou que "a autoridade secular, não a Igreja, deve ser responsável pela ajuda aos pobres" (Geremek, 1994, p. 187). Vives ressaltou que as autoridades deviam encontrar trabalho para os saudáveis, insistindo que "os indisciplinados, os desonestos, os que roubam e os ociosos devem receber o trabalho mais pesado e com pior pagamento, a fim de que seu exemplo sirva para dissuadir os outros" (Geremek, 1994, p. 187).

Davis, 1968, p. 249). Na Inglaterra, à medida que avançava o século XVI, o recebimento de assistência pública – mesmo por crianças e idosos – foi condicionado ao encarceramento de quem a recebia nas "casas de trabalho", onde passaram a ser submetidos à experimentação de diferentes esquemas de trabalho.[53] Consequentemente, o ataque aos trabalhadores, que havia começado com os cercamentos e com a Revolução dos Preços, levou, ao cabo de um século, à *criminalização da classe trabalhadora*, isto é, à formação de um vasto proletariado que ou estava encarcerado nas recém-construídas casas de trabalho e de correção, ou se via forçado a buscar a sobrevivência fora da lei, em aberto antagonismo com o Estado – sempre a um passo do chicote e da forca.

Do ponto de vista da formação de uma força de trabalho laboriosa, essas medidas foram definitivamente um fracasso, e a constante preocupação com a questão da disciplina social nos círculos políticos dos séculos XVI e XVII indica que os estadistas e os empresários do momento estavam profundamente conscientes disso. Ademais, a crise social provocada por esse estado generalizado de rebelião agravou-se na segunda metade do século XVI devido a uma nova retração econômica, causada em grande medida pela drástica queda populacional na América espanhola após a Conquista e pelo encolhimento da economia colonial.

---

[53] A principal obra sobre o surgimento das casas de trabalho e de correção é *Cárcere e fábrica: as origens do sistema penitenciário (séculos XVI-XIX)* (1977 [2006]), de Dario Melossi e Massimo Pavarini. Esses autores afirmam que o principal objetivo do encarceramento era quebrar o senso de identidade e solidariedade entre os pobres. Ver também Geremek (1994, p. 206-29). Sobre os esquemas de trabalho projetados pelos proprietários ingleses para encarcerar os pobres em seus distritos, ver Marx (1909, p. 793 [2017, p. 793, n. 197]). Para o caso da França, ver Foucault (1973 [2012]), especialmente o capítulo 2, "A Grande Internação" (1973, p. 75-125 [2012, p. 45-78]).

DIMINUIÇÃO DA POPULAÇÃO, CRISE ECONÔMICA E DISCIPLINAMENTO DAS MULHERES

Em menos de um século, contando a partir da chegada de Colombo ao continente americano, o sonho dos colonizadores de uma oferta infinita de trabalho (ecoando a estimativa dos exploradores sobre a existência de "uma quantidade infinita de árvores" nas florestas americanas) foi frustrado.

Os europeus trouxeram a morte à América. As estimativas do colapso populacional que afetou a região como consequência da invasão colonial variam. No entanto, como já mencionamos, os especialistas, de forma quase unânime, comparam seus efeitos a uma espécie de "holocausto americano". De acordo com David Stannard (1992, p. 268-305), no século que se seguiu à Conquista a população caiu em torno de 75 milhões na América do Sul, o que representava 95% de seus habitantes. Essa é também a estimativa de André Gunder Frank (1978, p. 43 [1983, p. 76]), que escreve que, "em pouco mais de um século, a população nativa caiu cerca de 90%, e até mesmo 95% no México, Peru e algumas outras áreas". No México, a população diminuiu "de 11 milhões em 1519 para cerca de 6,5 milhões em 1540, cerca de 4,5 milhões em 1565, e cerca de 2,5 milhões em 1600" (Wallerstein, 1974, p. 89 [1974, p. 94]). Em 1580, "as doenças [...] somadas à brutalidade espanhola haviam matado ou expulsado a maior parte da população das Antilhas e das planícies da Nova Espanha, do Peru e do litoral caribenho" (Crosby Jr., 1972, p. 38), e logo acabariam com muitos mais no Brasil. O clero explicou esse "holocausto" como um castigo de Deus pelo comportamento "bestial" dos indígenas (Williams, 1986, p. 138). Mas suas consequências econômicas não foram ignoradas. Além disso, na década de 1580, a população começou a diminuir também na

Europa Ocidental, e continuou assim até o início do século XVII, atingindo seu auge na Alemanha, que perdeu um terço de seus habitantes.[54]

Com exceção da Peste Negra (1345-1348), essa foi uma crise populacional sem precedentes. As estatísticas, realmente atrozes, contam apenas uma parte da história. A morte recaiu sobre "os pobres". Em geral, não foram os ricos que morreram quando as pragas ou a varíola arrasaram as cidades, mas os artesãos, os trabalhadores diaristas e os vagabundos (Kamen, 1972, p. 32-3). Morreram em tal quantidade que seus corpos pavimentavam as ruas, e as autoridades denunciavam a existência de uma conspiração, instigando a população a buscar os malfeitores. Também foram considerados fatores do declínio populacional a baixa taxa de natalidade e a relutância dos pobres em se reproduzir. É difícil dizer até que ponto essa acusação era justificada, dado que os registros demográficos antes do século XVII eram bastante desiguais. Sabemos, contudo, que, no final do século XVI, a idade de casamento estava aumentando em todas as classes sociais e que, no mesmo período, a quantidade de crianças abandonadas — um fenômeno novo — começou a crescer. Há também as queixas dos pastores que, do púlpito, lançavam a acusação de que a juventude não se casava e não procriava para não trazer mais bocas ao mundo do que era capaz de alimentar.

---

[54] Enquanto Fischer (1996, p. 91-2) relaciona a diminuição da população na Europa, no século XVII, aos efeitos sociais da Revolução dos Preços, Kriedte (1983, p. 63) apresenta um panorama mais complexo. Kriedte defende que o declínio demográfico se deu por uma combinação de fatores, tanto malthusianos quanto socioeconômicos. A diminuição foi, para esse autor, uma resposta ao incremento populacional do início do século XVI e à apropriação da maior parte dos rendimentos agrícolas.
   Uma observação interessante a favor de meus argumentos acerca da ligação entre declínio demográfico e políticas estatais pró-natalidade foi feita por Duplessis (1997, p. 143), que escreve que a recuperação que se seguiu à crise populacional do século XVII foi muito mais rápida que nos anos posteriores à Peste Negra. Foi necessário um século para que a população começasse a crescer novamente depois da epidemia de 1348, enquanto, no século XVII, o processo de crescimento foi retomado em menos de cinquenta anos. Essas estimativas indicariam a presença, na Europa do século XVII, de uma taxa de natalidade muito mais alta, que poderia ser atribuída ao feroz ataque a qualquer forma de contracepção.

O ápice da crise demográfica e econômica foram as décadas de 1620 e 1630. Na Europa, assim como em suas colônias, os mercados se contraíram, o comércio se deteve, o desemprego se expandiu e, durante um tempo, pairou a possibilidade de que a economia capitalista em desenvolvimento entrasse em colapso, pois a integração entre as economias coloniais e europeias havia alcançado um ponto em que o impacto recíproco da crise acelerou rapidamente seu curso. Essa foi a primeira crise econômica internacional. Foi uma "Crise Geral", como designaram os historiadores (Kamen, 1972, p. 307 ss.; Fischer, 1996, p. 91).

É nesse contexto que o problema da relação entre trabalho, população e acumulação de riquezas passou ao primeiro plano do debate e das estratégias políticas, com a finalidade de produzir os primeiros elementos de uma política populacional e um regime de "biopoder".[55] A crueza dos conceitos aplicados, que às vezes confundem "população relativa" com "população absoluta", e a brutalidade dos meios pelos quais o Estado começou a castigar qualquer comportamento que obstruísse o crescimento populacional não deveriam nos enganar a esse respeito. Defendo que foi a crise populacional dos séculos XVI e XVII, e não a fome na Europa durante o século XVIII (tal como defendido por Foucault), que transformou a reprodução e o crescimento populacional em assuntos de Estado e objetos prioritários do discurso intelectual.[56] Sustento, ademais, que a

---

[55] "Biopoder" é um conceito usado por Foucault em sua *História da sexualidade*, v. 1, *A vontade de saber* (1978 [2019]) para descrever a passagem de uma forma autoritária de governo para uma mais descentralizada, baseada no "fomento do poder da vida" na Europa durante o século XIX. O termo "biopoder" expressa a crescente preocupação, em nível estatal, com o controle sanitário, sexual e penal do corpo dos indivíduos, assim como a preocupação com o crescimento e os movimentos populacionais e sua inserção no âmbito econômico. De acordo com esse paradigma, a emergência do biopoder apareceu com a ascensão do liberalismo e marcou o fim do Estado jurídico e monárquico.

[56] Faço essa distinção com base nos conceitos foucaultianos de "população" e "biopoder" discutidos pelo sociólogo canadense Bruce Curtis. Curtis compara o conceito de "população relativa" (*populousness*), que se usava nos séculos XVI e XVII, com a noção de "população absoluta" (*population*), que se tornou o fundamento da ciência moderna da demografia no século XIX. Ele enfatiza que *populousness* era um conceito orgânico e hierárquico. Quando os mercantilistas o usavam, estavam preocupados com a parte do corpo social que cria riqueza, isto é, com trabalhadores reais ou potenciais. O conceito

intensificação da perseguição às "bruxas" e os novos métodos disciplinares que o Estado adotou nesse período, com a finalidade de regular a procriação e retirar o controle das mulheres sobre a reprodução, têm também origem nessa crise. As provas desse argumento são circunstanciais e deve-se reconhecer que outros fatores também contribuíram para aumentar a determinação da estrutura de poder europeia dirigida a controlar de forma mais estrita a função reprodutiva das mulheres. Entre eles, devemos incluir a crescente privatização da propriedade e as relações econômicas que, dentro da burguesia, geraram uma nova ansiedade com relação à paternidade e à conduta das mulheres. De forma parecida, na acusação de que as bruxas sacrificavam crianças para o demônio – um tema central da "Grande Caça às Bruxas" dos séculos XVI e XVII –, podemos enxergar não só uma preocupação com o declínio da população mas também o medo que as classes abastadas nutriam com relação a seus subordinados, particularmente às mulheres de classe baixa, que, como criadas, mendigas ou curandeiras, tinham muitas oportunidades para entrar na casa dos empregadores e causar-lhes dano. No entanto, não pode ser apenas coincidência que, no momento em que os índices populacionais caíam e em que se formava uma ideologia que enfatizava a centralidade do trabalho na vida econômica, tenham se introduzido nos códigos legais europeus sanções severas, destinadas a castigar as mulheres consideradas culpadas de crimes reprodutivos.

O desdobramento concomitante de uma crise populacional, de uma teoria expansionista da população e da introdução de políticas que promoviam o crescimento populacional está bem

---

posterior de "população" é atomístico. "A população consiste numa quantidade de átomos indiferenciados distribuídos por meio de um espaço e tempo abstratos", escreve Curtis (2002, p. 508), "com suas próprias leis e estruturas". O que procuro argumentar é que há, entretanto, uma continuidade entre essas duas noções, já que, tanto no período mercantilista quanto no capitalismo liberal, a noção de população absoluta foi funcional à reprodução da força de trabalho.

documentado. Em meados do século XVI, a ideia de que a quantidade de cidadãos determinava a riqueza de uma nação havia se tornado algo parecido a um axioma social. "Do meu ponto de vista", escreveu o pensador político e demonólogo francês Jean Bodin (1530-1596), "nunca se deveria temer que haja demasiados súditos ou demasiados cidadãos, já que a força da comunidade está nos homens" (Bodin, 1992). O economista italiano Giovanni Botero (1540-1617) tinha uma posição mais sofisticada, que reconhecia a necessidade de um equilíbrio entre o número de pessoas e os meios de subsistência. Ainda assim, declarou que "a grandeza de uma cidade" não dependia de seu tamanho físico nem do circuito de suas muralhas, mas exclusivamente do número de residentes. A citação de Henrique IV de que "a força e a riqueza de um rei estão na quantidade e na opulência de seus cidadãos" resume o pensamento demográfico da época.

A preocupação com o crescimento da população pode ser detectada também no programa da Reforma Protestante. Rejeitando a tradicional exaltação cristã da castidade, os reformadores valorizavam o casamento, a sexualidade e até mesmo as mulheres, por sua capacidade reprodutiva. As mulheres são "necessárias para produzir o crescimento da raça humana", reconheceu Lutero, refletindo que, "quaisquer que sejam suas debilidades, as mulheres possuem uma virtude que anula todas elas: possuem um útero e podem dar à luz" (King, 1991, p. 115).

O apoio ao crescimento populacional chegou ao seu auge com o surgimento do mercantilismo,[57] que fez da existência de uma grande população a chave da prosperidade e do poder de uma nação. Frequentemente, o mercantilismo foi menosprezado

---

57 O auge do mercantilismo se deu durante a segunda metade do século XVII. Seu predomínio na vida econômica esteve associado aos nomes de William Petty (1623-1687) e Jean-Baptiste Colbert, o ministro da Fazenda de Luís XIV. No entanto, os mercantilistas do final do século XVII apenas sistematizaram ou aplicaram teorias que vinham sendo desenvolvidas desde o século XVI. Jean Bodin, na França, e Giovanni Botero, na Itália, são considerados economistas protomercantilistas. Uma das primeiras formulações sistemáticas da teoria econômica mercantilista encontra-se em *England's Treasure by Forraign Trade* [Tesouro da Inglaterra pelo comércio exterior] (1622), de Thomas Mun.

O parto era um dos principais eventos na vida de uma mulher e uma ocasião em que a cooperação feminina triunfava.
Albrecht Dürer, *O Nascimento da Virgem*, c. 1503-1504, xilogravura.

pelo saber econômico dominante, na medida em que se trata de um sistema de pensamento rudimentar, por supor que a riqueza das nações seja proporcional à quantidade de trabalhadores e de metais preciosos à sua disposição. Os meios brutais que os mercantilistas aplicaram para forçar as pessoas a trabalhar, em sua ânsia por volume de trabalho, contribuíram para que tivessem uma má reputação — afinal, a maioria dos economistas desejava manter a ilusão de que o capitalismo promove a liberdade, e não a coerção. Foi uma classe mercantilista que inventou as *workhouses*, perseguiu os vagabundos, "transportou" os criminosos às colônias americanas e investiu no tráfico de escravos, sempre afirmando a "utilidade da pobreza" e declarando que o "ócio" era uma praga social. Assim, embora isso não tenha sido reconhecido, encontramos na teoria e na prática mercantilistas a expressão mais direta dos requisitos da acumulação primitiva e da primeira política capitalista que trata explicitamente do problema da reprodução da força de trabalho. Essa política, como vimos, teve um aspecto "intensivo", que consistia na imposição de um regime totalitário que usava todos os meios para extrair o máximo de trabalho de cada indivíduo, independentemente de sua idade e condição. Mas ela teve também um aspecto "extensivo", que consistia no esforço para aumentar o tamanho da população e, desse modo, a envergadura do exército e da força de trabalho.

Como observou Eli Heckscher (1965, p. 158), "um desejo quase fanático por aumentar a população predominou em todos os países durante o período em que o mercantilismo esteve em seu apogeu, no final do século XVII". Ao mesmo tempo, foi estabelecida uma nova concepção dos seres humanos, em que estes eram vistos como recursos naturais que trabalhavam e que criavam para o Estado (Spengler, 1965, p. 8). Porém, mesmo antes do auge da teoria mercantilista, na França e na Inglaterra o Estado adotou um conjunto de medidas pró-natalistas que, combinadas com a assistência pública, formaram o embrião de uma política reprodutiva capitalista. Aprovaram-se leis que bonificavam o casamento e penalizavam o celibato, inspiradas nas que foram adotadas nos estertores do Império Romano com o mesmo propósito. Foi dada uma nova importância à família enquanto instituição-chave que assegurava a transmissão da propriedade e a reprodução da força de trabalho. Simultaneamente, observa-se o início do registro demográfico e da intervenção do Estado na supervisão da sexualidade, da procriação e da vida familiar.

A masculinização da prática médica é retratada nesta gravura inglesa de 1651, que mostra um anjo afastando uma curandeira do leito de um homem doente. A faixa denuncia sua incompetência: "Erros populares ou os erros do povo em questões de medicina". Thomas Cross, gravura no frontispício de James Primerose, *Popular Errours or the Errours of the People in Matter of Physick* (1651).

No entanto, a principal iniciativa do Estado com a finalidade de restaurar a proporção populacional desejada foi lançar uma verdadeira guerra contra as mulheres, claramente orientada a retirar-lhes o controle que exercem sobre o corpo e a reprodução. Como veremos mais adiante, essa guerra foi travada principalmente por meio da caça às bruxas, que literalmente demonizou qualquer forma de controle de natalidade e de sexualidade não procriativa, ao mesmo tempo que acusava as mulheres de sacrificar crianças para o demônio. Mas a guerra também recorreu à redefinição do que constituía um crime reprodutivo. Desse modo, a partir de meados do século XVI, ao mesmo tempo que os barcos portugueses retornavam da África com seus primeiros carregamentos humanos, todos os governos europeus começaram a impor penas mais severas à contracepção, ao aborto e ao infanticídio.

Esta última prática havia sido tratada com certa indulgência na Idade Média, pelo menos no caso das mulheres pobres; agora, porém, se tornava um delito sancionado com a pena de morte e castigado com severidade maior do que a aplicada aos crimes masculinos.

> Em Nuremberg, no século XVI, a pena por infanticídio materno era o afogamento; em 1580, ano em que as cabeças cortadas de três mulheres condenadas por infanticídio materno foram pregadas para contemplação pública, a sanção foi alterada para decapitação. (King, 1991, p. 10)[58]

---

[58] Para uma discussão sobre a nova legislação contra o infanticídio, ver, entre outros, Riddle (1997, p. 163-6), Wiesner (1993, p. 52-3) e Mendelson e Crawford (1998, p. 149). Os últimos escrevem que "o infanticídio era um crime que, provavelmente, fora

Também foram adotadas novas formas de vigilância para assegurar que as mulheres não interrompessem a gravidez. Na França, um édito real de 1556 requeria que as mulheres registrassem cada gravidez e sentenciava à morte aquelas cujos bebês morriam antes do batismo, depois de um parto às escondidas, não importando se fossem consideradas culpadas ou inocentes pelo ocorrido. Estatutos semelhantes foram aprovados na Inglaterra e na Escócia em 1624 e 1690. Também foi criado um sistema de espionagem com a finalidade de vigiar as mães solteiras e privá-las de qualquer apoio. Até mesmo hospedar uma mulher grávida solteira era ilegal, por temor de que pudessem escapar da vigilância pública; e quem fizesse amizade com ela era exposto à crítica pública (Wiesner, 1993, p. 51-2; Ozment, 1983, p. 43).

Uma das consequências de tudo isso foi que a mulheres começaram a ser processadas em grande escala: nos séculos XVI e XVII, mais mulheres foram executadas por infanticídio do que por qualquer outro crime, exceto bruxaria, uma acusação que também estava centrada no assassinato de crianças e em outras violações das normas reprodutivas. Significativamente, tanto no caso do infanticídio quanto no de bruxaria, aboliram-se os estatutos que anteriormente limitavam a atribuição de responsabilidade legal às mulheres. Assim, as mulheres ingressaram nas cortes da Europa pela primeira vez em nome próprio, como legalmente adultas, sob a acusação de serem bruxas e assassinas de crianças. Além disso, a suspeita sobre as parteiras começou

---

mais cometido pelas mulheres solteiras do que por qualquer outro grupo na sociedade. Um estudo do infanticídio no começo do século XVII mostrou que, de 60 mães, 53 eram solteiras e 6, viúvas". As estatísticas mostram também que o infanticídio era punido de forma mais frequente do que a bruxaria. Margaret King (1991, p. 10) escreve que em Nuremberg foram "executadas 14 mulheres por esse crime, entre 1578 e 1615, mas apenas uma bruxa. Entre 1580 e 1606, o Parlamento de Rouen julgou quase tantos casos de infanticídio quanto de bruxaria, mas castigou o infanticídio com maior severidade. A Genebra calvinista mostra uma proporção maior de execuções por infanticídio do que por bruxaria; entre 1590 e 1630, 9 mulheres das 11 condenadas foram executadas por infanticídio, em comparação com apenas uma de 30 suspeitas por bruxaria". Essas estimativas são confirmadas por Merry Wiesner (1993, p. 52), que escreve que, "em Genebra, por exemplo, 25 de 31 mulheres acusadas de infanticídio durante o período de 1595 a 1712 foram executadas, em comparação com 19 de 122 acusadas de bruxaria". Na Europa, mulheres foram executadas por infanticídio até o século XVIII.

a surgir nesse período – o que levou à entrada de médicos homens na sala de partos –, oriunda mais do medo que as autoridades tinham do infanticídio do que de qualquer outra preocupação pela suposta incompetência médica das parteiras.

Com a marginalização das parteiras, teve início um processo pelo qual as mulheres perderam o controle que haviam exercido sobre a procriação, sendo reduzidas a um papel passivo no parto, enquanto os médicos homens passaram a ser considerados como "aqueles que realmente davam a vida", como nos sonhos alquimistas dos magos renascentistas. Com essa mudança, também teve início o predomínio de uma nova prática médica que, em caso de emergência, priorizava a vida do feto em detrimento da vida da mãe. Isso contrastava com o processo de nascimento habitual que as mulheres haviam controlado. E, para que efetivamente ocorresse, a comunidade de mulheres que se reunia em torno da cama da futura mãe teve que ser expulsa da sala de partos, ao mesmo tempo que as parteiras eram postas sob a vigilância do médico ou eram recrutadas para policiar outras mulheres.

Na França e na Alemanha, as parteiras tinham que se tornar espiãs do Estado se quisessem continuar com a prática. Esperava-se delas que informassem sobre todos os novos nascimentos, que descobrissem os pais de crianças nascidas fora do casamento e que examinassem as mulheres suspeitas de ter dado à luz em segredo. Também tinham que examinar as mulheres locais, buscando sinais de lactância, quando eram encontradas crianças abandonadas nos degraus das igrejas (Wiesner, 1933, p. 52). O mesmo tipo de colaboração era exigida de parentes e vizinhos. Nos países e nas cidades protestantes, esperava-se que os vizinhos espiassem as mulheres e informassem sobre todos os detalhes sexuais relevantes: se uma mulher recebia um homem quando o marido estava ausente, ou se entrava numa casa com um homem e fechava a porta (Ozment, 1983, p. 42-4). Na Alemanha, a cruzada pró-natalista atingiu tal ponto que as mulheres eram castigadas se não fizessem esforço suficiente durante o parto, ou se demonstrassem pouco entusiasmo por suas crias (Rublack, 1996, p. 92).

O resultado dessas políticas, que duraram duzentos anos (as mulheres continuavam sendo executadas na Europa por infanticídio no final do século XVIII), foi a escravização das mulheres à procriação. Enquanto na Idade Média elas podiam usar métodos contraceptivos e haviam exercido um controle indiscutível sobre o parto, a partir de agora seus úteros se transformaram em território político, controlados pelos homens e pelo Estado: a procriação foi colocada diretamente a serviço da acumulação capitalista.

Nesse sentido, o destino das mulheres na Europa Ocidental, no período da acumulação primitiva, foi similar ao das mulheres escravizadas nas plantations coloniais americanas, que, especialmente depois do fim do tráfico de escravos, em 1807, foram forçadas por seus senhores a se tornar produtoras de novos trabalhadores. A comparação, obviamente, tem sérios limites. As mulheres europeias não estavam abertamente expostas às agressões sexuais, embora as mulheres proletárias pudessem ser estupradas impunemente e castigadas por isso. Tampouco tiveram que sofrer a agonia de ver seus filhos levados embora e vendidos em leilão. Os ganhos econômicos derivados dos nascimentos a que estavam obrigadas a gerar eram muito mais dissimulados. Nesse aspecto, a condição de mulher escravizada revela de uma forma mais explícita a verdade e a lógica da acumulação capitalista. Mas, apesar das diferenças, em ambos os casos o corpo feminino foi transformado em instrumento para a reprodução do trabalho e para a expansão da força de trabalho, tratado como uma máquina natural de criação, funcionando de acordo com ritmos que estavam fora do controle das mulheres.

Esse aspecto da acumulação primitiva está ausente da análise de Marx. Com exceção de seus comentários no *Manifesto comunista* acerca do uso das mulheres na família burguesa – como produtoras de herdeiros que garantiam a transmissão da propriedade familiar –, Marx nunca reconheceu que a procriação poderia se tornar um terreno de exploração e, pela mesma razão, um terreno de resistência. Ele nunca imaginou que as mulheres pudessem se recusar a reproduzir ou que esta recusa pudesse se transformar em parte da luta de classes. Nos *Grundrisse* (1973, p. 100 [2011, p. 54]), Marx argumentou que o desenvolvimento capitalista avança independentemente das taxas populacionais, porque, em virtude da crescente produtividade do trabalho, o trabalho que o capital explora diminui constantemente em relação ao "capital constante" (isto é, o capital investido em maquinário e outros bens), com a consequente determinação de uma "população excedente". Mas essa dinâmica, que define como a "lei de população peculiar ao modo de produção capitalista" (Marx, 1909, p. 692-3 [2017, p. 706-7]), só poderia ser imposta se a procriação fosse um processo puramente biológico ou uma atividade que respondesse automaticamente à mudança econômica, e se o capital e o Estado não precisassem se preocupar com que as "mulheres entrassem em greve contra a produção de crianças". De fato, esse era o pressuposto de Marx. Ele reconheceu que o desenvolvimento capitalista foi acompanhado por um crescimento na população, cujas causas discutiu ocasionalmente. No entanto, como Adam Smith, ele viu esse aumento como um "efeito natural" do desenvolvimento econômico. No livro I de *O capital*, contrastou reiteradamente a determinação de um "excedente de população" com o "crescimento natural" da população. Por que a procriação deveria ser um "fato da natureza" e não uma atividade historicamente determinada, carregada de interesses e relações de poder diversas? – eis uma pergunta que Marx não formulou. Tampouco imaginou que os homens e as mulheres poderiam ter interesses distintos no que diz respeito a fazer filhos, uma atividade que ele tratou como um processo indiferenciado, neutro do ponto de vista de gênero.

Na realidade, as mudanças na procriação e na população estão tão longe de ser automáticas ou "naturais" que, em todas as fases do desenvolvimento capitalista, o Estado teve que recorrer à regulação e à coerção para expandir ou reduzir a força de trabalho. Isso era especialmente verdade no momento em que o capitalismo estava apenas decolando, quando os músculos e os ossos dos trabalhadores eram os principais meios de produção. Mas, mesmo depois — e até o presente —, o Estado não poupou esforços na sua tentativa de arrancar das mãos femininas o controle da reprodução e da determinação sobre onde, quando ou em que quantidade as crianças deveriam nascer. Como resultado, as mulheres foram forçadas frequentemente a procriar contra sua vontade, experimentando uma alienação de seu corpo, de seu "trabalho" e até mesmo de seus filhos mais profunda que a experimentada por qualquer outro trabalhador (Martin, 1987, p. 19-21). Ninguém pode descrever, de fato, a angústia e o desespero pelos quais passa uma mulher ao ver seu corpo se voltando contra si mesma, como acontece no caso de uma gravidez indesejada. Isso é particularmente verdade naquelas situações em que a gravidez fora do casamento era penalizada e quando ter um filho torna a mulher vulnerável ao ostracismo social ou, até mesmo, à morte.

A DESVALORIZAÇÃO DO TRABALHO FEMININO

A criminalização do controle das mulheres sobre a procriação é um fenômeno cuja importância não pode deixar de ser enfatizada, tanto do ponto de vista de seus efeitos sobre as mulheres, quanto por suas consequências na organização capitalista do trabalho. Está bem documentado que, durante a Idade Média, as mulheres possuíam muitos métodos contraceptivos, que consistiam basicamente em ervas transformadas em poções e "pessários" (supositórios vaginais) usados para estimular a menstruação, para provocar um aborto ou para criar uma condição de esterilidade. Em *Eve's Herbs: A History of Contraception in the West* [Ervas de Eva: uma história da contracepção no Ocidente] (1997), o historiador estadunidense John Riddle oferece um extenso catálogo das substâncias mais utilizadas e os efeitos esperados ou mais prováveis.[59] A criminalização da contracepção expropriou as mulheres desse conhecimento, que havia sido transmitido de geração a geração, proporcionando-lhes certa autonomia em relação ao nascimento dos filhos. Aparentemente, em alguns casos, esse conhecimento não foi perdido, mas passou à clandestinidade; no entanto, quando o controle da natalidade reapareceu no cenário social, os métodos contraceptivos já não eram do tipo que as mulheres podiam usar, mas foram especificamente criados para o uso masculino. Quais consequências demográficas se seguiram a essa mudança? — eis uma pergunta que, por enquanto, não vou tentar responder, embora recomende o trabalho de Riddle (1997) para uma discussão sobre o tema. Aqui,

---

[59] Um artigo interessante sobre o tema é "The Witches' Pharmacopœia" [A farmacopeia das bruxas] (1896), de Robert Fletcher.

quero apenas ressaltar que, ao negar às mulheres o controle sobre o próprio corpo, o Estado privou-as da condição fundamental de sua integridade física e psicológica e rebaixou a maternidade à condição de trabalho forçado, além de confinar as mulheres à atividade reprodutiva de um modo desconhecido por sociedades anteriores. Entretanto, forçar as mulheres a procriar contra a sua vontade ou, como dizia uma canção feminista dos anos 1970, forçá-las a "produzir filhas e filhos para o Estado"[60] é uma definição parcial das funções das mulheres na nova divisão sexual do trabalho. Um aspecto complementar foi a definição das mulheres como não trabalhadoras, um processo muito estudado pelas historiadoras feministas, e que, na Europa, estava praticamente completo até o final do século XVII.

Nessa época, as mulheres haviam perdido espaço inclusive em empregos que outrora tradicionalmente ocuparam, como a fabricação de cerveja e a realização de partos, pois havia novas restrições para empregá-las. As proletárias, em particular, encontraram dificuldades para obter qualquer emprego além daqueles com status mais baixos: empregadas domésticas (a ocupação de um terço da mão de obra feminina), trabalhadoras rurais, fiandeiras, tecelãs, bordadeiras, vendedoras ambulantes ou amas de leite. Como explica Merry Wiesner, entre outros autores, ganhava espaço (no direito, nos registros de impostos, nas ordenações das guildas) a suposição de que as mulheres não deviam trabalhar fora de casa e de que tinham apenas que participar na "produção" para ajudar o marido. Dizia-se até mesmo que qualquer trabalho feito por mulheres em casa era "não trabalho" e não possuía valor, mesmo quando voltado para o mercado (Wiesner, 1993, p. 83 ss.). Assim, se uma mulher costurava algumas roupas, tratava-se de "trabalho

---

[60] A referência é de uma canção feminista italiana de 1971, intitulada "Aborto di Stato" [Aborto de Estado]. Essa canção faz parte do álbum *Canti di donne in lotta* [Canções de mulheres em luta], lançado em 1974 pelo Gruppo Musicale del Comitato per il Salario al Lavoro Domestico di Padova [Grupo musical do comitê pelo salário para o trabalho doméstico de Pádua].

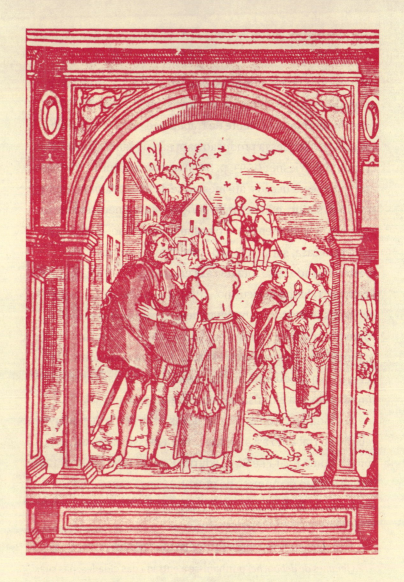

Uma prostituta convidando um cliente. O número de prostitutas cresceu imensamente como saldo da privatização da terra e da comercialização da agricultura, processos que expulsaram muitas camponesas das áreas rurais.
Gravura francesa de autoria desconhecida, século XVIII.

doméstico" ou de "tarefas de dona de casa", mesmo que as roupas não fossem para a família; quando um homem fazia o mesmo trabalho, se considerava como "produtivo". A desvalorização do trabalho feminino era tal que os governos das cidades ordenaram às guildas que ignorassem a produção que as mulheres (especialmente as viúvas) realizavam em casa, por não se tratar realmente de trabalho, e porque as mulheres precisavam dessa produção para não depender da assistência pública. Wiesner (1993, p. 84-5) acrescenta que as mulheres aceitavam essa ficção e até mesmo se desculpavam por pedir trabalho, suplicando por um serviço devido à necessidade de sustento. Rapidamente, todo trabalho feminino, quando realizado em casa, seria definido como "tarefa doméstica", e até mesmo quando feito fora de casa era pago com um valor menor do que o trabalho masculino — nunca o suficiente para que as mulheres pudessem sobreviver dele. O casamento era visto como a verdadeira carreira para uma mulher, e a incapacidade das mulheres de sobreviverem sozinhas era dada como tão certa que, quando uma mulher solteira tentava se assentar em um vilarejo, era expulsa, mesmo se ganhasse um salário.

Somada à expropriação das terras, essa perda de poder com relação ao trabalho assalariado levou à massificação da prostituição. Como relata Le Roy Ladurie (1974, p. 112-3 [1997, p. 124]), o crescimento do número de prostitutas na França era visível por todas as partes:

> De Avignon a Narbonne e a Barcelona, as "mulheres libertinas" (*femmes de débauche*) punham-se à entrada das cidades, nas ruas dos bairros de luz vermelha [...] e nas pontes [...] de tal modo que, em 1594, o "tráfico vergonhoso" estava mais florescente que nunca.

A situação era similar na Inglaterra e na Espanha, onde todos os dias chegavam às cidades mulheres pobres do campo. Mesmo as esposas de artesãos complementavam a renda familiar por meio desse trabalho. Em Madri, em 1631, um panfleto distribuído pelas autoridades políticas denunciava o problema, queixando-se de que muitas mulheres vagabundas estavam agora perambulando pelas ruas, becos e tavernas da cidade, atiçando os

A prostituta e o soldado. Viajando com frequência junto dos acampamentos militares, as prostitutas atuavam como esposas para os soldados e para outros proletários, lavando e cozinhando, além de proverem serviços sexuais aos homens. Niklaus Manuel, *Dois Amantes*, 1522, ilustração.

homens a pecar com elas (Vigil, 1986, p. 114-5). Porém, logo que a prostituição se tornou a principal forma de subsistência para uma grande parte da população feminina, a atitude institucional a respeito dela mudou. Enquanto na Baixa da Idade Média a prostituição havia sido aceita oficialmente como um mal necessário e as prostitutas haviam se beneficiado de um regime de

Uma prostituta submetida a um tipo de tortura conhecido como *acabussade*. "Ela será imersa no rio várias vezes e, então, encarcerada pelo resto da vida." Gravura em Pierre Dufour [pseudônimo], *Histoire de la prostitution chez tout les peoples du monde* (c. 1851-1853).

altos salários, no século XVI a situação se inverteu. Num clima de intensa misoginia, caracterizada pelo avanço da Reforma Protestante e pela caça às bruxas, a prostituição foi inicialmente sujeita a novas restrições e, depois, criminalizada. Por todas as partes, entre 1530 e 1560, os bordéis urbanos foram fechados e as prostitutas, sobretudo aquelas que trabalhavam na rua, severamente penalizadas: banimento, flagelação e outras reprimendas cruéis. Entre elas, a "cadeira de imersão" (*ducking stool* ou *acabussade*) – "um espetáculo repugnante", como a descreve Nickie Roberts (1992, p. 115-6 [1998, p. 145]) –, em que as vítimas eram atadas, às vezes presas numa jaula, e, então, repetidamente imersas em rios ou lagoas até quase se afogarem. Enquanto isso, na França do século XVI, o estupro de prostitutas deixou de ser crime (King, 1991, p. 78).[61] Em Madri, também foi decidido que as vagabundas e as prostitutas não estavam autorizadas a permanecer e a dormir nas ruas ou sob os pórticos da cidade; se fossem pegas em flagrante, deveriam receber cem chibatadas e, depois, ser banidas da cidade por seis anos, além de ter a cabeça e as sobrancelhas raspadas.

O que pode explicar esse ataque tão drástico contra as trabalhadoras? E de que maneira a exclusão das mulheres da esfera do trabalho socialmente reconhecido e das relações monetárias se relaciona com a imposição da maternidade forçada e com a simultânea massificação da caça às bruxas?

Quando se consideram esses fenômenos da perspectiva privilegiada do presente, depois de quatro séculos de disciplinamento capitalista das mulheres, as respostas parecem se impor por si mesmas. Embora o trabalho assalariado das mulheres e os trabalhos domésticos e sexuais (remunerados) ainda sejam estudados com muita frequência isolados uns dos outros, agora nos encontramos numa posição melhor para ver que a discriminação sofrida pelas mulheres como mão de

---

[61] Sobre o fechamento dos bordéis na Alemanha, ver Wiesner (1986, p. 194-209).

obra remunerada esteve diretamente relacionada à sua função como trabalhadoras não assalariadas no lar. Dessa forma, podemos relacionar a proibição da prostituição e a expulsão das mulheres do espaço de trabalho organizado com a criação da figura da dona de casa e da redefinição da família como lugar para a produção da força de trabalho. De um ponto de vista teórico e político, entretanto, a questão fundamental está nas condições que tornaram possível tal degradação, e as forças sociais que a promoveram ou que dela foram cúmplices.

A resposta aqui é que um importante fator na desvalorização do trabalho feminino foi a campanha levada a cabo por artesãos, a partir do final do século XV, com o propósito de excluir as trabalhadoras de suas oficinas, supostamente para protegerem-se dos ataques dos comerciantes capitalistas que empregavam mulheres a preços menores. Os esforços dos artesãos deixaram registros abundantes.[62] Tanto na Itália quanto na França e na Alemanha, artífices solicitaram às autoridades que não permitissem que as mulheres competissem com eles, baniram-nas de seus quadros, fizeram greve quando a proibição não foi levada em consideração e até negaram-se a trabalhar com homens que trabalhavam com mulheres. Aparentemente, os artesãos estavam interessados também em limitar as mulheres ao trabalho doméstico, já que, dadas as suas dificuldades econômicas, "a prudente administração da casa por parte de uma esposa" (Brauner, 1995) estava se tornando para eles uma condição indispensável para evitar a bancarrota e para manter uma oficina independente. Sigrid Brauner (1995, p. 96-7) fala da importância que os artesãos alemães davam a essa norma social. As mulheres procuraram resistir a essa investida, mas, devido às táticas intimidatórias que os trabalhadores usaram contra elas, fracassaram. Aquelas

---

[62] Um vasto catálogo dos lugares e dos anos em que as mulheres foram expulsas do artesanato pode ser encontrado em David Herlihy (1995). Ver também Merry Wiesner (1986, p. 174-85).

Assim como a "luta pelas calças", a imagem da esposa dominadora desafiando a hierarquia sexual e batendo no marido era um dos alvos favoritos da literatura social dos séculos XVI e XVII. Martin Treu, [sem título], século XVII, gravura.

que ousaram trabalhar fora do lar, em um espaço público e para o mercado, foram representadas como megeras sexualmente agressivas ou até mesmo como "putas" ou "bruxas" (Howell, 1986, p. 182-3).[63] Com efeito, há provas de que a onda de misoginia que no final do século XV cresceu nas cidades europeias — refletida na obsessão dos homens pela "luta pelas calças" e pela personagem da esposa desobediente, retratada na literatura popular batendo em seu marido ou montando em suas costas como a um cavalo — emanou também dessa tentativa (contraproducente) de tirar as mulheres dos postos de trabalho e do mercado.

Por outro lado, é evidente que essa tentativa não haveria triunfado se as autoridades não tivessem cooperado. Obviamente, perceberam que aquilo era o mais favorável a seus interesses, pois, além de pacificar os artífices rebeldes, a exclusão das mulheres dos ofícios forneceu as bases necessárias para sua fixação no trabalho reprodutivo e para sua utilização como trabalho mal remunerado na indústria artesanal doméstica.

---

63 Howell (1986, p. 182) escreve: "As comédias e sátiras da época, por exemplo, retratavam com frequência as mulheres inseridas no mercado e nas oficinas como megeras, com caracterizações que não somente as ridicularizavam ou repreendiam por assumir papéis na produção mercadológica, mas frequentemente também chegavam a acusá-las de agressão sexual.

MULHERES: OS NOVOS BENS COMUNS E AS SUBSTITUTAS DAS TERRAS PERDIDAS

Foi a partir dessa aliança entre os artesãos e as autoridades das cidades, junto com a contínua privatização da terra, que se forjou uma nova divisão sexual do trabalho ou, melhor dizendo, um novo "contrato sexual",[64] segundo as palavras de Carol Pateman (1988), que definia as mulheres em termos — mães, esposas, filhas, viúvas — que ocultavam sua condição de trabalhadoras e davam aos homens livre acesso a seus corpos, a seu trabalho e aos corpos e ao trabalho de seus filhos.

De acordo com esse novo contrato social-sexual, as mulheres proletárias se tornaram, para os trabalhadores homens, substitutas das terras que eles haviam perdido com os cercamentos, seu meio de reprodução mais básico e um bem comum de que qualquer um podia se apropriar e usar segundo sua vontade. Os ecos dessa "apropriação primitiva" podem ser ouvidos no conceito de "mulher comum" (Karras, 1989),[65] que, no século XVI, qualificava aquelas mulheres que se prostituíam. Porém, na nova organização do trabalho, *todas as mulheres (exceto as que haviam sido privatizadas pelos homens burgueses) tornaram-se bens comuns*, pois, uma vez que as atividades das mulheres foram definidas como não trabalho, o trabalho delas começou a parecer um recurso natural, disponível para todos, assim como o ar que respiramos e a água que bebemos.

---

[64] Em uma crítica detalhada à teoria do contrato social do século XVII, conforme formulada por Thomas Hobbes e John Locke, Carol Pateman (1988 [1993]) argumenta que o "contrato social" se baseou em um "contrato sexual" mais fundamental, que reconhecia o direito dos homens de se apropriar do corpo e do trabalho das mulheres.

[65] Segundo Karras (1996, p. 138), "'mulher comum' significava uma mulher disponível para todos os homens. 'Homem comum', no entanto, denotava alguém de origem humilde e podia ser usado tanto no sentido depreciativo quanto no elogioso; a palavra não significava nem um comportamento um pouco gentio nem solidariedade de classe".

Essa foi uma derrota histórica para as mulheres. Com sua expulsão dos ofícios e a desvalorização do trabalho reprodutivo, a pobreza foi feminilizada. Para colocar em prática a "apropriação primitiva" dos homens sobre o trabalho feminino, foi construída uma nova ordem patriarcal, reduzindo as mulheres a uma dupla dependência: de seus empregadores e dos homens. O fato de que relações de poder desiguais entre mulheres e homens, assim como uma divisão sexual do trabalho discriminatória, existiam mesmo antes do advento do capitalismo não foge a essa avaliação. Isso porque, na Europa pré-capitalista, a subordinação das mulheres aos homens esteve atenuada pelo fato de que elas tinham acesso às terras e a outros bens comuns, enquanto no novo regime capitalista *as próprias mulheres se tornaram bens comuns*, dado que seu trabalho foi definido como um recurso natural que estava fora da esfera das relações de mercado.

O PATRIARCADO DO SALÁRIO

Nesse contexto, foram significativas as mudanças ocorridas dentro da família, que começou a se separar da esfera pública, adquirindo suas conotações modernas enquanto principal centro para a reprodução da força de trabalho.

Equivalente ao mercado, instrumento para a privatização das relações sociais e, sobretudo, para a propagação da disciplina capitalista e da dominação patriarcal, a família surge no período de acumulação primitiva também como a instituição mais importante para a apropriação e para o ocultamento do trabalho das mulheres.[66]

Isso pode ser observado especialmente nas famílias da classe trabalhadora. Trata-se, todavia, de um tema pouco estudado. As discussões anteriores privilegiaram a família de homens proprietários, plausivelmente porque, na época a que estamos nos referindo, essa era a forma dominante e o modelo de relação com os filhos e entre os cônjuges. Também houve mais interesse na família como instituição política do que como lugar de trabalho. Enfatizou-se, então, o fato de que, na nova família burguesa, o marido tornou-se o representante do Estado, o encarregado de disciplinar e supervisionar as "classes subordinadas", uma categoria que, para os teóricos políticos dos séculos XVI e XVII, como Jean Bodin, incluía a esposa e os filhos (Schochet, 1975). Daí a identificação da família como um microestado ou uma microigreja, assim como a exigência, por parte das autoridades, de que trabalhadores e trabalhadoras solteiros vivessem sob o teto e sob as ordens de um senhor. Ressalta-se também que, dentro da família burguesa, a mulher perdeu muito de seu poder, sendo

---

[66] Sobre a família no período da "transição", ver Stone (1977) e Burguière e Lebrun (1996).

geralmente excluída dos negócios familiares e confinada a supervisionar os cuidados domésticos.

Mas o que falta nesse retrato é o reconhecimento de que, enquanto na classe alta era a *propriedade* que dava ao marido poder sobre a esposa e os filhos, *a exclusão das mulheres do recebimento de salário* dava ao trabalhador um poder semelhante sobre a sua esposa.

Um exemplo dessa tendência foi o tipo de família que se formou em torno dos trabalhadores da indústria artesanal no sistema doméstico. Longe de evitar o casamento e a formação de uma família, os homens que trabalhavam na indústria artesanal doméstica dependiam disso – afinal, uma esposa podia "ajudar" com o trabalho que eles realizavam para os comerciantes, ao cuidarem de suas necessidades físicas e do provimento dos filhos, que, desde a tenra idade, podiam ser empregados no tear ou em alguma ocupação auxiliar. Desse modo, até mesmo em tempos de declínio populacional, os trabalhadores da indústria doméstica continuaram aparentemente se multiplicando. Suas famílias eram tão numerosas que, no século XVII, um austríaco, observando os trabalhadores que moravam em seu vilarejo, descreveu-os como pardais num poleiro, apinhados em suas casas. O que se destaca nesse tipo de organização é que, embora a esposa trabalhasse junto ao marido, produzindo também para o mercado, era o marido que recebia o salário da mulher. Isso também ocorria com outras trabalhadoras assim que se casavam. Na Inglaterra, "um homem casado [...] tinha direitos legais sobre os rendimentos da esposa", inclusive quando o trabalho que ela realizava era cuidar de um bebê ou amamentar. Dessa forma, quando uma paróquia empregava uma mulher para fazer esse tipo de trabalho, os registros "ocultavam, frequentemente, sua condição de trabalhadoras", computando o pagamento em nome dos homens. "Se o pagamento seria feito ao homem ou à mulher, dependia do capricho do administrador" (Mendelson & Crawford, 1998, p. 287).

Essa política, que impossibilitava às mulheres terem seu próprio dinheiro, criou as condições materiais para sua sujeição aos homens e para a apropriação de seu trabalho por parte dos trabalhadores do sexo masculino. É nesse sentido que eu falo do *patriarcado do salário*.[67] Também devemos repensar o conceito de "escravidão do salário". Se é certo que os trabalhadores homens, sob o novo regime de trabalho assalariado, passaram a ser livres apenas num sentido formal, o grupo de trabalhadores que, na transição para o capitalismo, mais se aproximou da condição de escravos foram as mulheres trabalhadoras.

Ao mesmo tempo — dadas as condições miseráveis em que viviam os trabalhadores assalariados —, o trabalho doméstico, que as mulheres realizavam para a reprodução de suas famílias, estava necessariamente limitado. Casadas ou não, as proletárias precisavam ganhar algum dinheiro, o que conseguiam por meio de múltiplos serviços. Por outro lado, o trabalho doméstico exigia certo capital reprodutivo: móveis, utensílios, vestimentas, dinheiro para os alimentos. No entanto, os trabalhadores assalariados viviam na pobreza, "escravizados dia e noite" (como denunciou um artesão de Nuremberg em 1524) apenas para passar fome e com grande dificuldade de alimentar a esposa e os filhos (Brauner, 1995, p. 96). A maioria praticamente não tinha um teto sobre a cabeça, vivendo em cabanas compartilhadas com outras famílias e animais, onde a higiene (pouco observada até mesmo entre aqueles que estavam em melhor situação) faltava por completo; suas roupas eram farrapos e, no melhor dos casos,

---

67 A respeito do patriarcalismo do século XVII e, especificamente, do conceito de poder patriarcal na teoria do contrato social, ver novamente Pateman (1988), Eisenstein (1981) e Sommerville (1995).
   Ao discutir as mudanças que a teoria do contrato acarretou na Inglaterra, na atitude legal e filosófica para com as mulheres, Sommerville argumenta que os defensores do contrato defendiam a subordinação das mulheres aos homens tanto quanto os patriarcalistas, mas a justificavam de maneiras diferentes. Comprometidos, ao menos formalmente, com o princípio da "natureza igualitária" e do "consentimento dos governados", eles apelavam, em defesa da supremacia masculina, para a "inferioridade natural" das mulheres, segundo a qual as mulheres consentiam com a apropriação de sua propriedade e de seus direitos de voto pelo marido, uma vez que percebiam sua fraqueza intrínseca e sua necessidade de depender dos homens.

sua dieta consistia em pão, queijo e alguns vegetais. Dessa forma, não encontramos entre a classe trabalhadora, nesse período, a clássica figura da dona de casa em período integral. Foi somente no século XIX — como resposta ao primeiro ciclo intenso de lutas contra o trabalho industrial — que a "família moderna", centrada no trabalho reprodutivo, em tempo integral e não remunerado da dona de casa, se generalizou entre a classe trabalhadora, primeiro na Inglaterra e, mais tarde, nos Estados Unidos.

Seu desenvolvimento (após a aprovação das Leis Fabris, que limitavam o emprego de mulheres e de crianças nas fábricas) refletiu o primeiro investimento de longo prazo da classe capitalista sobre a reprodução da força de trabalho para além de sua expansão numérica. Foi resultado de uma permuta, forjada sob a ameaça de insurreição, entre a garantia de maiores salários, capazes de sustentar uma esposa "não trabalhadora", e uma taxa mais intensiva de exploração. Marx tratou disso como uma mudança do mais-valor "absoluto" para o "relativo", isto é, uma mudança de um tipo de exploração baseado na máxima extensão da jornada de trabalho e na redução do salário a um mínimo, em um regime em que é possível compensar os salários mais altos e as horas de trabalho mais curtas por meio de um aumento da produtividade do trabalho e do ritmo da produção. Da perspectiva capitalista, foi uma revolução social, que passou por cima do antigo comprometimento com baixos salários, resultado de um novo acordo entre trabalhadores e empregadores, novamente baseado na exclusão das mulheres do recebimento de salários — colocando um fim no recrutamento de mulheres observado nas primeiras fases da Revolução Industrial. Também foi o marco de um novo período de afluência capitalista, produto de dois séculos de exploração do trabalho escravo, que logo seria potencializado por uma nova fase de expansão colonial.

Nos séculos XVI e XVII, porém, apesar de uma obsessiva preocupação com o tamanho da população e com a quantidade de "trabalhadores pobres", o investimento real na reprodução da força de trabalho era extremamente baixo. Consequentemente, o grosso do trabalho reprodutivo realizado pelas proletárias não estava destinado às suas famílias, mas às famílias de seus empregadores ou, então, ao mercado. Em média, um terço da população feminina da Inglaterra, da Espanha, da França e da Itália trabalhava como criada. Assim, a tendência, no proletariado, era postergar o casamento e desintegrar a família (os vilarejos ingleses do século XVI experimentaram uma diminuição populacional anual de 50%). Com frequência, os pobres eram até mesmo proibidos de se casar, quando se temia que seus filhos pudessem cair na assistência pública. Nesses casos, as crianças eram retiradas de sua guarda e colocadas para trabalhar na paróquia. Estima-se que um terço ou mais da população rural da Europa permaneceu solteira; nas cidades, as taxas eram ainda maiores, especialmente entre as mulheres; na Alemanha, 40% eram "solteironas" ou viúvas (Ozment, 1983, p. 41-2).

Contudo, dentro da comunidade trabalhadora do período de transição, já podemos ver o surgimento da divisão sexual do trabalho que seria típica da organização capitalista – embora as tarefas domésticas tenham sido reduzidas ao mínimo e as mulheres proletárias também tivessem que trabalhar para o mercado. Em seu cerne, havia uma crescente diferenciação entre o trabalho feminino e o masculino, à medida que as tarefas realizadas por mulheres e homens se tornavam mais diversificadas e, sobretudo, passavam a sustentar relações sociais diferentes.

Por mais que fossem empobrecidos e destituídos de poder, os trabalhadores assalariados homens ainda podiam ser beneficiados pelo trabalho e pelos rendimentos de suas esposas, ou podiam comprar os serviços das prostitutas. Ao longo dessa primeira fase de proletarização, era a prostituta que realizava com maior frequência as funções de esposa para os trabalhadores homens, cozinhando e limpando para eles, além de servir-lhes sexualmente. Ademais, a criminalização da prostituição – que castigou a mulher, mas quase não teve efeitos sobre seus clientes homens – reforçou o poder masculino. Qualquer homem podia, agora, destruir uma mulher simplesmente declarando que ela era uma prostituta ou dizendo publicamente que ela havia cedido a seus desejos sexuais. As mulheres teriam que suplicar aos homens "que não lhes tirassem a honra", a única propriedade que lhes restava (Cavallo & Cerutti, 1980, p. 346 ss.), já que sua vida estava agora nas mãos dos homens, que, como os senhores feudais, podiam exercer sobre elas um poder de vida ou morte.

A DOMESTICAÇÃO DAS MULHERES E A REDEFINIÇÃO DA FEMINILIDADE E DA MASCULINIDADE: MULHERES, OS SELVAGENS DA EUROPA

Não é surpreendente, então, diante da desvalorização do trabalho e da condição social femininas, que a insubordinação das mulheres e os métodos pelos quais puderam ser "domesticadas" estivessem entre os principais temas da literatura e da política social da "transição" (Underdown, 1985b, p. 116-36).[68] As mulheres não poderiam ter sido totalmente desvalorizadas enquanto trabalhadoras e privadas de toda sua autonomia com relação aos homens se não tivessem sido submetidas a um intenso processo de degradação social; e, de fato, ao longo dos séculos XVI e XVII, as mulheres perderam terreno em todas as áreas da vida social.

Uma dessas áreas-chave pela qual se produziram grandes mudanças foi a lei. Nesse período, é possível observar uma constante erosão dos direitos das mulheres.[69] Um dos direitos mais importantes que as mulheres perderam foi o de realizar atividades econômicas por conta própria, como *femmes soles*. Na França, perderam o direito de fazer contratos ou de representar a si mesmas nos tribunais, tendo sido declaradas legalmente como "imbecis". Na Itália, começaram a aparecer com menos frequência nos tribunais para denunciar abusos perpetrados contra elas. Na Alemanha, quando uma mulher de classe média tornava-se viúva, passou a ser comum a designação de

---

[68] Ver Underdown (1985b) e Mendelson e Crawford (1998, p. 69-71).
[69] Sobre a perda de direitos das mulheres nos séculos XVI e XVII, na Europa, ver, entre outros, Merry Wiesner (1993, p. 33), que escreve: "A difusão do direito romano teve um efeito, em grande parte negativo, sobre o status civil legal das mulheres no início do período moderno, seja por causa das perspectivas que os próprios juristas, com base no direito romano, adotaram em relação às mulheres, seja pela aplicação mais estrita das leis existentes que o direito romano possibilitou".

um tutor para administrar seus negócios. Também foi proibido às mulheres alemãs que vivessem sozinhas ou com outras mulheres. No caso das mais pobres, não podiam morar nem com a própria família — afinal, pressupunha-se que não seriam adequadamente controladas. Em suma, além da desvalorização econômica e social, as mulheres experimentaram um processo de infantilização legal.

A perda de poder social das mulheres expressou-se também por meio de uma nova diferenciação sexual do espaço. Nos países mediterrâneos, as mulheres foram expulsas não apenas de muitos trabalhos assalariados como também das ruas, onde uma mulher desacompanhada corria o risco de ser ridicularizada ou atacada sexualmente (Davis, 1998). Na Inglaterra — "um paraíso para as mulheres", na visão de alguns visitantes italianos —, a presença delas em público também começou a ser malvista. As mulheres inglesas eram dissuadidas de sentar-se em frente a suas casas ou de ficar perto das janelas; também eram orientadas a não se reunirem com suas amigas (nesse período, a palavra *gossip* [fofoca], que significa "amiga", passou a ganhar conotações depreciativas). Inclusive, era recomendado às mulheres que não visitassem seus pais com muita frequência depois do casamento.

O modo como a nova divisão sexual do trabalho reconfigurou as relações entre homens e mulheres é algo que se pode ver no amplo debate travado na literatura erudita e popular acerca da natureza das virtudes e dos vícios femininos, um dos principais caminhos para a redefinição ideológica das relações de gênero na transição para o capitalismo. Conhecido desde muito antes como *la querelle des femmes*, o que resulta desse debate é uma curiosidade renovada pela questão, indicando que as velhas normas estavam se desmembrando e que o público estava se dando conta de que os elementos básicos da política sexual estavam sendo reconstruídos. É possível identificar duas tendências dentro desse debate. Por um lado, construíam-se novos cânones culturais que maximizavam as diferenças entre mulheres e homens,

Uma "resmungona" é obrigada a desfilar pela comunidade usando a "rédea", uma engenhoca de ferro empregada para punir mulheres de língua afiada. Significativamente, um aparato similar era usado por europeus traficantes de escravizados na África para dominar os cativos e transportá-los a seus barcos. Gravura em Ralph Gardiner, *England's Grievance Discovered, in Relation to the Coal-Trade* (1655).

criando protótipos mais femininos e mais masculinos (Fortunati, 1984). Por outro lado, foi estabelecido que as mulheres eram inerentemente inferiores aos homens — excessivamente emocionais e luxuriosas, incapazes de se governar — e tinham de ser colocadas sob o controle masculino. Da mesma forma que ocorreu com a condenação da bruxaria, o consenso sobre essa questão atravessava as divisões religiosas e intelectuais. Do púlpito ou por meio da escrita, humanistas, reformadores protestantes e contrarreformadores católicos, todos cooperaram constante e obsessivamente com o aviltamento das mulheres.

As mulheres eram acusadas de ser pouco razoáveis, vaidosas, selvagens, esbanjadoras. A língua feminina era especialmente culpável, considerada um instrumento de insubordinação. A principal vilã, porém, era a esposa desobediente, que, ao lado da "desbocada", da "bruxa" e da "puta", era o alvo favorito de dramaturgos, escritores populares e moralistas. Nesse sentido, *A megera domada* (1593), de Shakespeare, era um manifesto da época. O castigo da insubordinação feminina à autoridade patriarcal foi evocado e celebrado em inúmeras obras de teatro e panfletos. A literatura inglesa dos períodos de Elizabeth I e de Jaime I fez a festa com esses temas. Obra típica do gênero é *'Tis Pity She's a Whore* [Pena que ela é uma prostituta] (1633), de John Ford, que termina com o assassinato, a execução e o homicídio didáticos de três das quatro personagens femininas. Outras obras clássicas que trataram da disciplina das mulheres são *The Arraignment of Lewd, Idle, Froward, and Unconstant Women* [A denúncia de mulheres indecentes, ociosas, descaradas e inconstantes] (1615), de Joseph Swetnam, e *The Parliament of Women* [O parlamento de mulheres] (1646), uma sátira dirigida basicamente contra as mulheres de classe média, que as retrata muito ocupadas criando leis para conquistar a supremacia sobre os maridos.[70] No mesmo período, foram introduzidas novas leis e novas formas de tortura destinadas a controlar o comportamento das mulheres dentro e fora de casa, o que confirma que o

---

70 Juntando as obras de teatro e panfletos aos registros da corte do período, Underdown (1985b, p. 119) conclui que, "entre 1560 e 1640 [...] esses registros revelam uma intensa preocupação com as mulheres, tidas como uma ameaça visível ao sistema patriarcal. Mulheres discutindo e brigando com seus vizinhos, mulheres solteiras que recusam a se dedicar ao serviço doméstico, esposas que dominam seus maridos ou batem neles: todos aparecem com maior frequência que no período imediatamente anterior ou posterior. Não passa despercebido que essa também é a época em que as acusações de bruxaria atingiram um de seus picos".

vilipêndio literário das mulheres expressava um projeto político preciso, cujo objetivo era deixá-las sem autonomia e sem poder social. Na Europa da Era da Razão, colocava-se focinheiras nas mulheres acusadas de serem desbocadas, como se fossem cães, e elas eram exibidas pelas ruas; as prostitutas eram açoitadas ou enjauladas e submetidas a simulações de afogamentos, ao passo que se instaurava a pena de morte para mulheres condenadas por adultério (Underdown, 1985b, p. 117 ss.).

Não é exagero dizer que as mulheres eram tratadas com a mesma hostilidade e com o mesmo senso de distanciamento que se concedia aos "índios selvagens" na literatura produzida depois da Conquista. O paralelismo não é casual. Em ambos os casos, a depreciação literária e cultural estava a serviço de um projeto de expropriação. Como veremos, a demonização dos povos indígenas americanos serviu para justificar sua escravização e o saque de seus recursos. Na Europa, o ataque contra as mulheres justificou a apropriação de seu trabalho pelos homens e a criminalização de seu controle sobre a reprodução. O preço da resistência era, sempre, o extermínio. Nenhuma das táticas empregadas contra as mulheres europeias e contra os sujeitos coloniais poderia ter obtido êxito se não tivesse sido sustentada por uma campanha de terror. No caso das mulheres europeias, foi a caça às bruxas que exerceu o papel principal na construção de sua nova função social e na degradação de sua identidade social.

A definição das mulheres como seres demoníacos e as práticas atrozes e humilhantes a que muitas delas foram submetidas deixaram marcas indeléveis em sua psique coletiva e em seu senso de possibilidades. De todos os pontos de vista – social, econômico, cultural, político –, a caça às bruxas foi um momento decisivo na vida das mulheres; foi o equivalente à derrota histórica a que alude Engels em *A origem da família, da propriedade privada e do Estado* (1884) como causa do desmoronamento do mundo matriarcal, visto que a caça às bruxas destruiu todo um universo de práticas femininas, de relações

THE
Parliament of VVomen.

With the merrie Lawes by them newly Enacted. To live in more Eafe, Pompe, Pride, and wantonneffe: but efpecially that they might have fuperiority and domineere over their husbands: with a new way found out by them to cure any old or new Cuckolds, and how both parties may recover their credit and honefty againe

London, Printed for *W. Wilfon* and are to be fold by him in Will-yard in Little Saint Bartholomewes. 1646.

Aug: 14 : London 1646.

coletivas e de sistemas de conhecimento que haviam sido a base do poder feminino na Europa pré-capitalista, assim como a condição necessária para sua resistência na luta contra o feudalismo.

Com essa derrota, surgiu um novo modelo de feminilidade: a mulher e esposa ideal – passiva, obediente, parcimoniosa, casta, de poucas palavras e sempre ocupada com suas tarefas. Essa mudança começou no final do século XVII, depois de as mulheres terem sido submetidas a mais de dois séculos de terrorismo de Estado. Uma vez derrotadas, a imagem da feminilidade construída na "transição" foi descartada como uma ferramenta desnecessária, e uma nova, domesticada, ocupou seu lugar. Embora na época da caça às bruxas as mulheres tenham sido retratadas como seres selvagens, mentalmente débeis, de desejos insaciáveis, rebeldes, insubordinadas, incapazes de autocontrole, no século XVIII o cânone foi revertido. Elas passaram a ser retratadas como seres passivos, assexuados, mais obedientes e morais que os homens, capazes de exercer uma influência positiva sobre eles. Até mesmo sua irracionalidade podia ser valorizada, como constatou o filósofo holandês Pierre Bayle em seu *Dictionnaire historique et critique* [Dicionário histórico e crítico] (1740), no qual elogiou o poder do "instinto materno" feminino, defendendo que devia ser visto como um mecanismo providencial que assegurava que as mulheres continuassem se reproduzindo, apesar das desvantagens do parto e da criação de filhos.

Frontispício de *The Parliament of Women* (1646), obra típica da sátira antimulheres que dominou a literatura inglesa no período da Guerra Civil. [No frontispício se lê: "Parlamento das Mulheres. Com as alegres leis recentemente aprovadas por elas. Para viver com maior facilidade, pompa, orgulho e indecência: mas especialmente para que elas possam ter superioridade e dominar seus maridos: com um novo modo encontrado por elas de curar qualquer corno velho ou novo, e como as duas partes podem recuperar sua honra e honestidade novamente" – N.T.E.]

COLONIZAÇÃO, GLOBALIZAÇÃO E MULHERES

Enquanto a resposta à crise populacional na Europa foi a subjugação das mulheres à reprodução, na América, onde a colonização destruiu 95% da população nativa, a resposta foi o tráfico de escravos, capaz de prover à classe dominante europeia uma quantidade imensa de mão de obra.

Já no século XVI, aproximadamente um milhão de escravizados africanos e trabalhadores indígenas estavam produzindo mais-valor para a Espanha na América colonial, com uma taxa de exploração muito mais alta que a dos trabalhadores na Europa, contribuindo em setores da economia europeia que estavam se desenvolvendo numa direção capitalista (Blaut, 1992b, p. 45-6).[71] Em 1600, o Brasil, sozinho, exportava o dobro de valor em açúcar que toda a lã exportada pela Inglaterra no mesmo ano (Blaut, 1992b, p. 42). A taxa de acumulação das plantações brasileiras de cana era tão alta que, a cada dois anos, as fazendas duplicavam sua capacidade. A prata e o ouro também tiveram papel fundamental na solução da crise capitalista. O ouro importado do Brasil reativou o comércio e a indústria na Europa (De Vries, 1976, p. 20). Eram importadas mais de 17 mil toneladas em 1640, que davam à classe capitalista uma vantagem excepcional quanto ao acesso a trabalhadores, mercadorias e terras (Blaut, 1992b,

---

[71] James Blaut destaca que, apenas umas poucas décadas depois de 1492, "a taxa de crescimento e mudança se acelerou dramaticamente e a Europa entrou num período de rápido desenvolvimento". Segundo ele: "A empresa colonial no século XVI produziu capital de diversas maneiras. Uma foi a mineração de ouro e prata. Uma segunda foi a agricultura de plantation, principalmente no Brasil. Uma terceira foi o comércio com a Ásia, envolvendo especiarias, tecidos e muitas outras coisas. Um quarto elemento foi o lucro que retornou às casas europeias de uma variedade de empreendimentos produtivos e comerciais na América [...]. Um quinto foi a escravatura. A acumulação dessas receitas foi massiva" (Blaut, 1992b, p. 38).

p. 38-40). Contudo, a verdadeira riqueza era o trabalho acumulado por meio do tráfico de escravos, que tornou possível um modo de produção que não poderia ser imposto na Europa.

Sabe-se hoje que o sistema de plantation alimentou a Revolução Industrial, como defendeu Eric Williams (1944, p. 61-3 [1975, p. 67-70]), ressaltando que dificilmente se assentou um tijolo em Liverpool e em Bristol sem sangue africano. No entanto, o capitalismo não poderia sequer ter decolado sem a "anexação da América" e sem o "sangue e suor" que durante dois séculos fluíram das plantations para a Europa. Devemos enfatizar essa questão na medida em que ela nos ajuda a perceber quão essencial foi a escravidão para a história do capitalismo – e por que, periódica mas sistematicamente, sempre que o sistema capitalista se vê ameaçado por uma grande crise econômica, a classe capitalista tem que pôr em marcha um processo de "acumulação primitiva", isto é, um processo de colonização e escravidão em grande escala, como o que testemunhamos atualmente (Bales, 1999 [2001]).

O sistema de plantations foi decisivo para o desenvolvimento capitalista não somente pela imensa quantidade de mais-trabalho que se acumulou por meio dele, mas também porque estabeleceu um modelo de administração laboral, de produção voltada para a exportação, de integração econômica e de divisão internacional do trabalho que, desde então, tornou-se o paradigma das relações de classe capitalistas.

Com sua imensa concentração de trabalhadores e uma mão de obra cativa, arrancada de sua terra e que não podia confiar no apoio local, a plantation prefigurou não apenas a fábrica como também o uso posterior da imigração, além da globalização voltada a reduzir os custos do trabalho. Em particular, a plantation foi um passo crucial na formação de uma divisão internacional do trabalho que – por meio da produção de "bens de consumo" – integrou a mão de obra escrava à reprodução da força de trabalho europeia, ao mesmo tempo que mantinha os trabalhadores escravizados e os assalariados geográfica e socialmente separados.

A produção colonial de açúcar, chá, tabaco, rum e algodão — as mercadorias mais importantes, junto com o pão, para a reprodução da força de trabalho europeia — não se desenvolveu em grande escala até depois do decênio de 1650, após a escravidão ter sido institucionalizada e os salários terem começado, modestamente, a aumentar na Europa (Rowling, 1987, p. 51, 76, 85). É necessário mencionar aqui, no entanto, que, quando finalmente a produção se desenvolveu, foram introduzidos dois mecanismos que reestruturaram de forma significativa a reprodução do trabalho em nível internacional. De um lado, foi criada uma linha de montagem global, que reduziu o custo das mercadorias necessárias para produzir a força de trabalho na Europa e conectou os trabalhadores escravizados e assalariados por meio de modalidades que anteciparam o uso que o capitalismo faz atualmente dos trabalhadores asiáticos, africanos e latino-americanos como provedores de produtos de bens de consumo "baratos" (ou seja, barateados, devido aos esquadrões da morte e à violência militar) para os países capitalistas "avançados".

De outro lado, nas metrópoles, o salário se tornou um veículo pelo qual os bens produzidos pelos trabalhadores escravizados iam parar no mercado, isto é, um veículo por meio do qual os produtos do trabalho escravo realizavam seu valor. Dessa forma, assim como ocorria com o trabalho doméstico feminino, a integração do trabalho escravo à produção e à reprodução da força de trabalho metropolitana foi progressivamente consolidada. O salário se redefiniu claramente como instrumento de acumulação, como alavanca para mobilizar não somente o trabalho dos trabalhadores remunerados, mas também o trabalho de uma multidão de trabalhadores que ficava oculta devido às suas condições não salariais.

Os trabalhadores na Europa sabiam que estavam comprando produtos do trabalho escravo? Se sim, se opunham a isso? Essa é uma pergunta que gostaríamos de fazer a eles, mas que não posso responder. O certo é que a história do chá, do açúcar, do rum, do tabaco e do algodão é muito mais importante para o surgimento do sistema fabril do que podemos deduzir da contribuição que essas mercadorias tiveram enquanto matérias-primas ou meios de troca no tráfico de escravizados. Isso porque o que viajava com essas "exportações" não era apenas o sangue dos escravizados, mas também as sementes de uma nova ciência da exploração e uma nova divisão da classe trabalhadora, pela qual o trabalho assalariado, mais que oferecer uma alternativa ao trabalho escravo, foi transformado em dependente da escravidão, enquanto mecanismo para ampliar a parte não remunerada do dia de trabalho assalariado — da mesma maneira que o trabalho feminino não remunerado.

A vida dos trabalhadores escravizados na América e dos assalariados na Europa estava tão estreitamente conectada que, nas ilhas do Caribe, onde se davam aos cativos porções de terra (*provision grounds*) [uma "roça"] a serem cultivadas para seu próprio consumo, a quantidade de terra alocada a eles e a quantidade de tempo que lhes era dado para cultivá--las variavam proporcionalmente ao preço do açúcar no mercado mundial (Morrissey, 1989, p. 51-9), o que provavelmente era determinado pela dinâmica dos salários dos trabalhadores e sua luta pela reprodução.

No entanto, seria um erro concluir que a integração do trabalho escravo à produção do proletariado assalariado europeu criou uma comunidade de interesses entre os trabalhadores europeus e os capitalistas das metrópoles, supostamente consolidada pelo seu desejo comum de bens importados baratos.

Na realidade, assim como a Conquista, o tráfico de escravos foi uma desgraça histórica para os trabalhadores europeus. Como vimos, a escravidão (bem como a caça às bruxas) foi um imenso laboratório para a experimentação de métodos de controle do trabalho que logo foram importados à Europa. A escravidão afetou também os salários e a situação legal dos trabalhadores europeus: não pode ser coincidência que apenas quando a escravidão terminou os salários na Europa aumentaram consideravelmente e os trabalhadores europeus conquistaram o direito de se organizar.

Também é difícil imaginar que os trabalhadores na Europa tenham lucrado com a Conquista da América, pelo menos em sua fase inicial. Lembremos que a intensidade da luta antifeudal foi o que instigou a nobreza menor e os comerciantes a buscarem a expansão colonial, e que os conquistadores saíram das fileiras dos inimigos mais odiados da classe trabalhadora europeia. Também é importante lembrar que a Conquista forneceu às classes dominantes a prata e o ouro que elas usaram para pagar os exércitos mercenários que derrotaram as revoltas urbanas e rurais e que, nos mesmos anos em que os Aruaque, Asteca e Inca eram subjugados, os trabalhadores e trabalhadoras na Europa eram expulsos de suas casas, marcados como animais e queimadas como bruxas.

Não devemos supor, então, que o proletariado europeu foi sempre cúmplice do saque na América, embora, indubitavelmente, tenha havido proletários que, de forma individual, o foram. A nobreza esperava tão pouca cooperação das "classes baixas" que, inicialmente, os espanhóis apenas permitiam que uns poucos embarcassem. Somente oito mil espanhóis emigraram legalmente à América durante todo o século XVI, dos quais o clero representava 17% (Hamilton, 1965, p. 299; Williams, 1986, p. 38-40). Até mesmo posteriormente as pessoas foram proibidas de formar assentamentos no exterior de modo independente, devido ao temor de que pudessem colaborar com a população local.

Para a maioria dos proletários, durante os séculos XVII e XVIII, o acesso ao Novo Mundo foi realizado por meio da servidão por dívidas e pelo "degredo", a punição que as autoridades inglesas adotaram para livrar o país dos condenados, dos dissidentes políticos e religiosos e de uma vasta população de vagabundos e mendigos gerada pelos cercamentos. Como Peter Linebaugh e Marcus Rediker destacam em *A hidra de muitas cabeças* (2000 [2008]), o medo que os colonizadores tinham da migração sem restrições estava bem fundamentado, dadas as condições de vida miseráveis que prevaleciam na Europa e a atração que exerciam as notícias que circulavam sobre o Novo Mundo, mostrando-o como uma terra milagrosa em que as pessoas viviam livres da labuta e da tirania, dos senhores feudais e da ganância, e onde não havia lugar para "meu" e "seu", já que todas as coisas eram possuídas coletivamente (Linebaugh & Rediker, 2000 [2008]; Brandon, 1986, p. 6-7). A atração exercida pelo Novo Mundo era tão forte que a visão da nova sociedade que oferecia aparentemente influenciou o pensamento político do Iluminismo, contribuindo para a emergência de um novo sentido da noção de "liberdade" como ausência de um senhor — uma ideia antes desconhecida para a teoria política europeia (Brandon, 1986, p. 23-8). Não é de surpreender que alguns europeus tenham tentado "se perder" nesse mundo utópico, onde, como Linebaugh e Rediker (2000, p. 24 [2008, p. 34]) afirmam de modo contundente, poderiam reconstruir a experiência perdida das terras comunais. Alguns viveram durante anos com os povos indígenas, apesar das restrições que sofriam aqueles que se estabeleciam nas colônias americanas e do alto preço que pagavam aqueles que eram pegos, pois passavam a ser tratados como traidores e executados. Esse foi o destino de alguns dos primeiros colonos ingleses na Virgínia: depois de terem fugido para viver com os indígenas, foram capturados e condenados pelos conselheiros da colônia a serem "queimados, quebrados na roda [...] [e] enforcados ou fuzilados" (Koning, 1993, p. 61). "O terror impunha limites", comentam Linebaugh e Rediker (2000, p. 35 [2008, p. 44]). No entanto, em 1699, os ingleses continuavam tendo dificuldade para convencer aqueles que os nativos haviam tornado cativos a abandonarem o modo de vida indígena:

> Nenhum argumento, nenhuma súplica, nenhuma lágrima [como comentava um contemporâneo] [...] era capaz de persuadir muitos deles a abandonar seus amigos indígenas. Por outro lado, crianças indígenas foram educadas cuidadosamente entre os ingleses, vestidas e ensinadas e, mesmo assim, não há nenhum caso de alguma que tenha ficado com eles, mas sim que voltaram para seus próprios países. (Koning, 1993, p. 60)

Também para os proletários europeus, que se "vendiam" devido à servidão por dívidas, ou chegavam ao Novo Mundo para cumprir uma sentença penal, a sorte não foi muito diferente, a princípio, do destino dos escravizados africanos, com quem frequentemente trabalhavam lado a lado. A hostilidade de seus senhores era igualmente intensa, de modo que os donos das plantations os viam como um grupo perigoso — tanto que, na segunda metade do século XVII, começaram a limitar seu uso, introduzindo uma legislação destinada a separá-los dos africanos. Mas apenas no final do século XVIII as fronteiras raciais foram irrevogavelmente traçadas (Moulier-Boutang, 1998). Até então, a possibilidade de alianças entre brancos, negros e indígenas, bem como o medo dessa união na imaginação da classe dominante europeia, tanto na sua terra quanto nas plantations, estava constantemente presente. Shakespeare deu voz a isso em *A tempestade* (1611), em que imaginou a conspiração organizada por Calibã, o rebelde nativo, filho de uma bruxa, e por Trínculo e Estéfano, os proletários europeus que se lançam a viagens marítimas, sugerindo a possibilidade de uma aliança fatal entre os oprimidos e dando um contraponto dramático à capacidade mágica de Próspero em curar a discórdia entre os governantes.

Em *A tempestade*, a conspiração termina, desgraçadamente, com os proletários europeus demonstrando que não eram nada mais que ladrõezinhos insignificantes e bêbados, e com Calibã suplicando pelo perdão de seu senhor colonial. Assim, quando os rebeldes derrotados são levados diante de Próspero e de seus antigos inimigos, Sebastião e Antônio (agora reconciliados com ele), eles se encontram com escárnio e pensamentos de propriedade e divisão:

> SEBASTIÃO Ha! Ha!
> Senhor Antônio, o que serão essas criaturas?
> Será que estão à venda?
> ANTÔNIO Eu acho bem provável.
> Um deles, com certeza, é peixe até a espinha.
> E me parece negociável no mercado.
> PRÓSPERO Contemplai as insígnias destes homens
> E dizei se parecem gente honesta.
> Quanto a este patife deformado,
> Sua mãe era uma bruxa, tão potente
> Que controlava a lua e as marés
> E se envolvia no poder dos astros
> Além do que ela própria era capaz.
> Estes três surrupiaram minhas vestes,
> E este meio-diabo (que é bastardo)
> Aliou-se aos dois, tramando a minha morte.
> Essa dupla decerto conheceis,
> Pois são dos vossos. E assumo que é minha
> Esta porção de trevas.
>
> (Shakespeare, 1964, ato V, cena I, linhas 265-76 [2002, p. 202, linhas 338-54])

No entanto, fora de cena essa ameaça continuava. "Tanto nas Bermudas quanto em Barbados, os servos foram descobertos conspirando junto dos escravizados africanos, ao passo que, na década de 1650, milhares de condenados eram levados em embarcações das Ilhas Britânicas até lá" (Rowling, 1987, p. 57). Na Virgínia, o auge da aliança entre os servos negros e brancos foi a Rebelião de Bacon, entre 1675 e 1676, quando os escravizados africanos e os servos por dívidas ingleses se uniram para conspirar contra seus senhores.

É por essa razão que, a partir da década de 1640, a acumulação de um proletariado escravizado nas colônias do sul dos Estados Unidos e do Caribe foi acompanhada pela construção de hierarquias raciais, frustrando a possibilidade de tais combinações. Foram aprovadas leis que privavam os africanos de direitos civis que, anteriormente, lhes haviam sido concedidos, como a cidadania, o direito de portar armas e o direito de fazer declarações ou de buscar ressarcimentos perante um tribunal pelos danos que pudessem sofrer. O momento de inflexão ocorreu quando a escravidão foi transformada em condição hereditária e foi dado aos senhores de escravos o direito de espancá-los e matá-los. Além disso, os casamentos entre "negros" e "brancos" foram proibidos. Mais tarde, depois da Guerra de Independência dos Estados Unidos, a servidão dos brancos por dívidas, considerada um vestígio do domínio inglês, foi eliminada. Como resultado, no final do século XVIII, as colônias da América do Norte haviam passado de "uma sociedade com escravos para uma sociedade escravista" (Moulier-Boutang, 1998, p. 189), e a possibilidade de solidariedade entre africanos e brancos havia sido seriamente enfraquecida. "Branco", nas colônias, tornou-se não apenas uma distinção de privilégio social e econômico, que "servia para designar aqueles que, até 1650, tinham sido chamados de 'cristãos' e, depois, de 'ingleses' ou 'homens livres'" (Moulier-Boutang, 1998, p. 194), mas também um atributo moral, um meio pelo qual a hegemonia foi naturalizada. Já "negro" e "africano" passaram a ser sinônimos de escravo, a ponto de as pessoas negras livres — que ainda representavam considerável parcela da população norte-americana durante o século XVII — se virem forçadas, mais adiante, a provar que eram livres.

SEXO, RAÇA E CLASSE NAS COLÔNIAS

O resultado da conspiração de Calibã teria sido diferente se seus protagonistas fossem mulheres? E se o rebelde não fosse Calibã, mas Sycorax, sua mãe, a poderosa bruxa argelina, que Shakespeare oculta no segundo plano da peça? Ou se, em vez de Trínculo e Estéfano, fossem as irmãs das bruxas que, na mesma época da Conquista, estavam sendo queimadas na fogueira na Europa?

Essa é uma pergunta retórica, mas serve para questionar a natureza da divisão sexual do trabalho nas colônias e dos laços que podiam ser estabelecidos ali entre as mulheres europeias, as indígenas e as africanas, em virtude de uma experiência comum de discriminação sexual.

Em *Eu, Tituba: bruxa negra de Salem* (1992 [2019]), Maryse Condé nos permite compreender bem o tipo de situação que podia gerar esse laço quando descreve como Tituba e sua nova senhora, a jovem esposa do puritano Samuel Parris, a princípio, se apoiaram mutuamente contra o ódio assassino de seu marido pelas mulheres.

Um exemplo ainda mais extraordinário vem do Caribe, onde as mulheres inglesas de classe baixa "degredadas" da Grã-Bretanha como condenadas ou servas por dívidas tornaram-se uma parte significativa das turmas de trabalho sob comando unificado nas fazendas açucareiras. "Consideradas inadequadas para o casamento pelos homens brancos proprietários e desqualificadas para o trabalho doméstico" pela sua insolência e temperamento arruaceiro, "as mulheres brancas sem-terra eram relegadas ao trabalho manual nas plantations, às obras públicas e ao setor de serviços urbanos. Nesse universo, se sociabilizavam intimamente com a comunidade escravizada e com homens negros escravizados". Formavam lares e tinham filhos com eles (Beckles, 1995, p. 131-2). Também cooperavam e competiam com as escravizadas na venda de produtos cultivados ou de artigos roubados.

Entretanto, com a institucionalização da escravidão, que veio acompanhada por uma diminuição da carga laboral para os trabalhadores brancos e por uma queda no número de mulheres vindas da Europa como esposas para os fazendeiros, a situação mudou drasticamente. Qualquer que fosse sua origem social, as mulheres brancas ascenderam de categoria, esposadas dentro das classes mais altas do poder branco, e sempre que possível também se tornaram donas de escravos, geralmente de mulheres, empregadas para realizar o trabalho doméstico (Beckles, 1995).[72]

No entanto, esse processo não foi automático. Assim como o sexismo, o racismo teve que ser legislado e imposto. Entre as proibições mais reveladoras, devemos, mais uma vez, levar em conta que o casamento e as relações sexuais entre negros e brancos foram proibidos. As mulheres brancas que se casaram com escravizados negros foram condenadas, e os filhos gerados desses casamentos, escravizados pelo resto da vida. Essas leis, aprovadas em Maryland e na Virgínia na década de 1660, são prova da criação de cima para baixo de uma sociedade segregada e racista e de que as relações íntimas entre "negros" e "brancos" deveriam ser, efetivamente, muito comuns, já que para acabar com elas considerou-se necessário recorrer à escravização perpétua.

Como se seguissem o roteiro estabelecido pela caça às bruxas, as novas leis demonizavam a relação entre mulheres brancas e homens negros. Quando foram aprovadas, na década de 1660, a caça às bruxas na Europa estava chegando ao fim, mas, na América, todos os tabus em torno das bruxas

---

[72] Um caso emblemático é o das Bermudas, citado por Elaine Forman Crane (1990). Crane afirma que umas tantas mulheres brancas nas Bermudas eram donas de escravos — geralmente, de outras mulheres — e graças ao trabalho deles puderam manter certo grau de autonomia econômica.

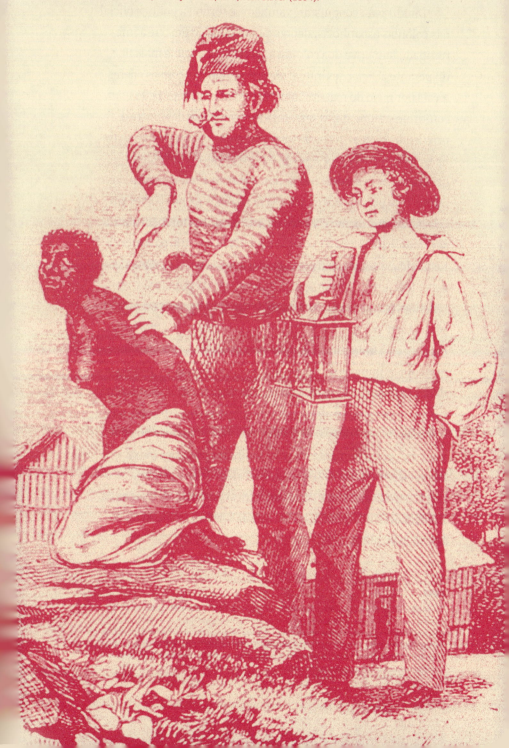

Mulher escravizada sendo marcada a ferro quente. Nos processos por bruxaria na Europa, a "marca do demônio" nas mulheres havia figurado de modo proeminente como um símbolo de sujeição total. Na realidade, os verdadeiros demônios eram os traficantes de escravos e os donos de terra brancos que, como os homens nesta imagem, não hesitavam tratar como gado as mulheres que escravizavam.
Gravura em Theodore Canot, *Twenty Years of an African Slaver* (1854).

e dos demônios negros estavam sendo revividos, dessa vez à custa dos homens negros.

"Dividir para conquistar" também se tornou a política oficial nas colônias espanholas, depois de um período em que a inferioridade numérica dos colonos sugeria uma atitude mais liberal perante as relações interétnicas e as alianças com os chefes locais por meio do matrimônio. No entanto, na década de 1540, conforme o aumento na quantidade de *mestizos* debilitava o privilégio colonial, a "raça" foi instaurada como um fator-chave na transmissão da propriedade e se estabeleceu uma hierarquia racial para separar indígenas, *mestizos* e *mulattos* uns dos outros e da população branca (Nash, 1980).[73] As proibições em relação ao casamento e à sexualidade feminina também aqui serviram para impor a exclusão social. Entretanto, na América hispânica, a segregação por raças foi apenas parcialmente bem-sucedida, devido à migração, à diminuição da população, às rebeliões indígenas e à formação de um proletariado urbano branco sem perspectivas de melhora econômica — e, portanto, propenso a se identificar com os *mestizos* e *mulattos* mais do que com os brancos de classe alta. Por isso, enquanto nas sociedades caribenhas baseadas no regime de plantation as diferenças entre europeus e africanos aumentaram com o tempo, nas colônias sul-americanas se tornou possível uma certa "recomposição", especialmente entre as mulheres de classe baixa europeias, *mestizas* e africanas, que, além de sua precária posição econômica, compartilhavam as desvantagens derivadas da dupla moral incorporada na lei, que as tornava vulneráveis ao abuso masculino.

---

[73] Nash (1980, p. 140) afirma: "Houve uma mudança significativa em 1549, quando a origem racial se tornou um fator, junto com as uniões matrimoniais legalmente sancionadas, para a definição de direitos de sucessão. A nova lei estabelecia que nem os *mulattos* (descendentes de homem branco e mulher índia), nem os *mestizos*, nem as pessoas nascidas fora do casamento eram permitidas a possuir índios em *encomienda*. [...] *Mestizo* e ilegítimo se tornaram quase sinônimos".

É possível encontrar sinais dessa "recomposição" nos arquivos da Inquisição sobre as investigações realizadas no México, durante o século XVIII, para erradicar as crenças mágicas e heréticas (Behar, 1987, p. 34-51). A tarefa era impossível e logo a própria Inquisição perdeu o interesse no projeto, convencida a essa altura de que a magia popular não era uma ameaça para a ordem política. Os testemunhos que recolheu revelam, no entanto, a existência de numerosos intercâmbios entre mulheres sobre temas relacionados a curas mágicas e remédios para o amor, criando com o tempo uma nova realidade cultural extraída do encontro entre tradições mágicas africanas, europeias e indígenas. Como afirma Ruth Behar (1987, p. 48):

> As mulheres indígenas davam beija-flores às curandeiras espanholas para que os usassem para atração sexual, as *mulattas* ensinaram as *mestizas* a domesticar seus maridos, uma feiticeira loba contou sobre o demônio a uma *coyota*.[74] Esse sistema "popular" de crenças era paralelo ao sistema de crenças da Igreja e se propagou tão rápido quanto o cristianismo pelo Novo Mundo, de tal forma que, depois de um tempo, tornou-se impossível distinguir nele o que era "indígena" e o que era "espanhol" ou "africano".

Entendidas, pela visão da Inquisição, como gente "carente de razão", esse universo feminino multicolorido descrito por Ruth Behar é um exemplo contundente das alianças que, para além das fronteiras coloniais e de cores, as mulheres podiam construir em virtude de sua experiência comum e de seu interesse em compartilhar conhecimentos e práticas tradicionais que estavam ao seu alcance para controlar sua reprodução e combater a discriminação sexual.

Assim como a discriminação estabelecida pela "raça", a discriminação sexual era mais que uma bagagem cultural que os

---

[74] Uma *coyota* era metade *mestiza* e metade indígena (Behar, 1987, p. 45).

colonizadores trouxeram da Europa com suas lanças e cavalos. Tratava-se, nada mais, nada menos, da destruição da vida comunitária, uma estratégia ditada por um interesse econômico específico e pela necessidade de se criarem as condições para uma economia capitalista — como tal, sempre ajustada à tarefa do momento.

No México e no Peru, onde o declínio populacional sugeria o incentivo do trabalho doméstico feminino, uma nova hierarquia sexual introduzida pelas autoridades espanholas privou as mulheres indígenas de sua autonomia e deu a seus familiares homens mais poder sobre elas. Sob as novas leis, as mulheres casadas tornaram-se propriedade dos homens e foram forçadas (contra o costume tradicional) a morar na casa do marido. Foi criado também um sistema de *compadrazgo*, que limitava ainda mais seus direitos, colocando nas mãos masculinas a autoridade sobre as crianças. Além disso, para assegurar que as mulheres indígenas reproduzissem os trabalhadores recrutados para realizar o trabalho de *mita* nas minas, as autoridades espanholas promulgaram leis que dispunham que ninguém poderia separar marido e mulher, o que significava que as mulheres seriam forçadas a seguir seus maridos, querendo ou não, inclusive para zonas que eram sabidamente campos de extermínio, devido à poluição criada pela mineração (Cook, 1981, p. 205-6).[75]

A intervenção dos jesuítas franceses na disciplina e no treinamento dos Innu, no Canadá, durante meados do século XVII,

---

75 As mais mortíferas eram as minas de mercúrio, como a de Huancavelica, em que milhares de trabalhadores morreram lentamente envenenados, passando por sofrimentos horríveis. Como escreve Noble David Cook (1981, p. 205-6): "Os trabalhadores na mina de Huancavelica enfrentavam tanto perigos imediatos quanto de longo prazo. Os desmoronamentos, as inundações e as quedas devido a túneis escorregadios eram ameaças cotidianas. A alimentação pobre, a ventilação inadequada nas câmaras subterrâneas e a notável diferença de temperatura entre o interior da mina e o ar rarefeito dos Andes apresentavam perigos imediatos para a saúde. [...] Os trabalhadores que permaneciam durante longos períodos nas minas talvez padecessem do pior de todos os destinos. Pó e finas partículas eram liberados no ar com os golpes das ferramentas usadas para desgastar o mineral. Os índios inalavam o pó, que continha quatro substâncias perigosas: vapores de mercúrio, arsênico, pentóxido de arsênico e cinábrio. Uma exposição prolongada [...] resultava em morte. Conhecido como 'mal da mina', quando avançava, era incurável. Nos casos menos severos, as gengivas se ulceravam e ficavam carcomidas".

nos dá um exemplo revelador de como se acumulavam as diferenças de gênero. Essa história foi relatada pela antropóloga Eleanor Leacock em seu *Myths of Male Dominance* [Mitos da dominação masculina] (1981), em que examina o diário de um de seus protagonistas: o padre Paul Le Jeune, um missionário jesuíta que, em ação tipicamente colonial, havia se juntado a um posto comercial francês para cristianizar os índios, transformando-os em cidadãos da "Nova França". Os Innu eram uma nação indígena nômade que havia vivido em grande harmonia, caçando e pescando na zona oriental da Península do Labrador. Porém, na época em que Le Jeune chegou, a comunidade vinha sendo debilitada pela presença de europeus e pela difusão do comércio de peles, de tal maneira que alguns homens da aldeia, ávidos por estabelecer uma aliança comercial com eles, pareciam estar tranquilos em deixar que os franceses determinassem de que forma deveriam ser governados (Leacock, 1981, p. 39 ss.).

Como ocorreu com frequência quando os europeus entraram em contato com as populações indígenas americanas, os franceses estavam impressionados pela generosidade dos Innu, por seu senso de cooperação e pela sua indiferença com relação ao status, mas se escandalizavam com sua "falta de moralidade". Observaram que os Innu careciam de concepções como propriedade privada, autoridade, superioridade masculina e, inclusive, recusavam-se a castigar seus filhos (Leacock, 1981, p. 34-8). Os jesuítas decidiram mudar tudo isso, propondo-se a ensinar aos indígenas os elementos básicos da civilização, convencidos de que isso era necessário para transformá-los em sócios comerciais de confiança. Nesse espírito, eles primeiro ensinaram-lhes que "o homem é o senhor", que, "na França, as mulheres não mandam em seus maridos" e que buscar romances à noite, divorciar-se quando qualquer dos parceiros desejasse e liberdade sexual para ambos, antes ou depois do casamento, eram coisas que deviam ser proibidas.

Esta é uma conversa que Le Jeune teve sobre essas questões com um homem innu:

> Eu disse-lhe que não era honrável para uma mulher amar a qualquer um que não fosse seu marido e que, com este mal pairando, ele não poderia ter certeza de que seu filho era realmente seu. Ele respondeu: "Não tens juízo. Vocês franceses amam apenas a seus filhos, mas nós amamos a todos os filhos de nossa tribo". Comecei a rir, vendo que ele filosofava como os cavalos ou as mulas.
> (Leacock, 1981, p. 50)

Apoiados pelo governador da Nova França, os jesuítas conseguiram convencer os Innu a providenciarem eles mesmos alguns chefes e a submeterem "suas" mulheres. Como era costume, uma das armas que os religiosos usaram foi insinuar que mulheres independentes demais, que não obedeciam a seus maridos, eram criaturas do demônio. Quando as mulheres innu fugiram, revoltadas pelas tentativas dos homens em submetê-las, os jesuítas persuadiram os homens a correrem atrás delas e ameaçarem aprisioná-las:

> Atos de justiça como estes [comentou orgulhoso Le Jeune numa ocasião particular] não causam surpresa na França, porque lá é comum que as pessoas ajam dessa forma, mas entre essa gente [...], onde todos se consideram livres, desde o nascimento, como os animais selvagens que os rodeiam nas grandes florestas [...], é uma maravilha, ou talvez um milagre, ver um comando peremptório sendo obedecido ou um ato de severidade ou de justiça.
> (Leacock, 1981, p. 54)

A maior vitória dos jesuítas foi, no entanto, persuadir os Innu a baterem em seus filhos, por acreditarem que o excesso de carinho que os "selvagens" tinham por seus descendentes fosse o principal obstáculo para sua cristianização. O diário de Le Jeune registra a primeira ocasião em que uma menina foi espancada publicamente, enquanto um de seus familiares passava um sermão assustador aos presentes sobre o significado histórico do acontecimento: "Este é o primeiro castigo a golpes [diz ele] que infligimos a alguém de nosso povo..." (Leacock, 1981, p. 54-5).

Os homens innu receberam esse treinamento sobre supremacia masculina porque os franceses queriam inculcar-lhes o "instinto" da propriedade privada, para induzi-los a se tornarem sócios confiáveis no comércio de peles. A situação nas plantations era muito diferente, já que a divisão sexual do trabalho era imediatamente ditada pelas demandas da força de trabalho dos agricultores e pelo preço das mercadorias produzidas pelos escravizados no mercado internacional.

Até a abolição do tráfico de escravos, como documentam Barbara Bush e Marietta Morrissey, tanto as mulheres como os homens eram submetidos ao mesmo grau de exploração; os fazendeiros achavam mais lucrativo fazer os escravizados trabalharem e "consumi-los" até a morte do que estimular sua reprodução. Nem a divisão sexual do trabalho, nem as hierarquias sexuais eram, então, pronunciadas. Os homens africanos não podiam decidir nada sobre o destino de suas companheiras e familiares, enquanto, das mulheres, longe de terem uma consideração especial, esperava-se que trabalhassem nos campos assim como os homens, especialmente quando a demanda de açúcar e de tabaco era alta. Elas também estavam sujeitas a castigos cruéis, mesmo que estivessem grávidas (Bush, 1990, p. 42-4).

Ironicamente, então, parecia que as mulheres haviam "conquistado" na escravidão uma dura igualdade com os homens de sua classe (Momsen, 1993). Contudo, nunca foram tratadas de forma igual. Dava-se menos comida às mulheres; diferentemente dos homens, elas eram vulneráveis aos ataques sexuais de seus senhores; e eram-lhes infligidos

> Mulheres escravizadas batalhavam para continuar as atividades que exerciam originalmente na África, como, por exemplo, vender os produtos que cultivavam, o que lhes permitia dar melhor amparo a suas famílias e obter alguma autonomia. Na imagem, família de escravizados negros originários do Loango, no Suriname. Gravura em John Stedman, *Narrative of a Five Years' Expedition, against the Revolted Negroes of Surinam* (1796).

castigos mais cruéis, já que, além da agonia física, tinham que suportar a humilhação sexual que sempre as acompanhava e os danos aos fetos que traziam dentro de si quando estavam grávidas.

Uma nova página se abriu, porém, depois de 1807, quando foi abolido o comércio de escravos e os fazendeiros do Caribe e dos Estados Unidos adotaram uma política de "criação de escravos". Como destaca Hilary Beckles em relação à ilha de Barbados, os proprietários das plantations tentavam controlar os hábitos reprodutivos das escravizadas desde o século XVII, "[encorajando-as] a terem mais ou menos filhos num determinado período de tempo", a depender de quanto trabalho era necessário no campo. Contudo, a regulação das relações sexuais e dos hábitos reprodutivos das mulheres apenas se tornou mais sistemática e intensa quando o fornecimento de escravizados africanos diminuiu (Beckles, 1989, p. 92).

Na Europa, a coação de mulheres à procriação havia levado à imposição da pena de morte pelo uso de contraceptivos. Nas plantations, onde os escravizados estavam se transformando numa mercadoria valiosa, a mudança para uma política de criação tornou as mulheres mais vulneráveis aos ataques sexuais, embora tenha levado a certas "melhorias" nas suas condições de trabalho: foram reduzidas as jornadas laborais, construíram-se casas de parto, ofereceram-se parteiras para assistir o parto, e expandiram-se os direitos sociais, por exemplo, de viagem e de reunião (Beckles, 1989, p. 99-100; Bush, 1990, p. 135). No entanto, essas mudanças não eram capazes de reduzir os danos infligidos contra as mulheres pelo trabalho nos campos,

◀ Uma reunião festiva em uma plantation caribenha. As mulheres eram o coração dessas reuniões, assim como eram o coração da comunidade escravizada e defensoras obstinadas da cultura trazida da África. Agostino Brunias, *Dança de Negros na Ilha de São Domingos*, 1779, gravura.

nem a amargura que experimentavam por sua falta de liberdade. Com exceção de Barbados, a tentativa dos fazendeiros de expandir a força de trabalho por meio da "reprodução natural" fracassou, e as taxas de natalidade nas plantations continuaram "anormalmente baixas" (Bush, 1990, p. 136-7; Beckles, 1989, p. 99-100). Se esse fenômeno foi consequência de uma categórica resistência à perpetuação da escravidão ou da debilidade física produzida pelas duras condições a que estavam submetidas as mulheres escravizadas, ainda é matéria de debate (Bush, 1990, p. 143 ss.). Entretanto, como afirma Bush, há boas razões para crer que o principal motivo do fracasso foi a recusa das mulheres a procriar, pois, logo que a escravidão foi erradicada, mesmo quando suas condições econômicas se deterioraram de certa forma, as comunidades de escravizados libertos começaram a crescer (Bush, 1990).[76]

A recusa das mulheres quanto à vitimização também reconfigurou a divisão sexual do trabalho, assim como ocorreu nas ilhas do Caribe, onde as escravizadas tornaram-se semilibertas vendedoras de produtos que elas cultivavam nas "roças" (chamadas de *polink* na Jamaica) entregues pelos fazendeiros aos cativos para que pudessem se sustentar. Os fazendeiros adotaram essa medida para economizar no custo da reprodução de mão de obra. No entanto, o acesso às "roças" também se demonstrou ser vantajoso para os escravizados; deu-lhes maior mobilidade e a possibilidade de usar o tempo destinado para seu cultivo em outras atividades.

---

[76] Barbara Bush (1990, p. 141) destaca que, se as escravizadas quisessem abortar, elas, sem dúvida, saberiam como fazê-lo, já que tinham à sua disposição o conhecimento que traziam da África.

A possibilidade de produzir pequenos cultivos, para venda ou consumo próprio, deu impulso à sua independência. As mais empenhadas no sucesso das "roças" foram as mulheres, que comercializavam a colheita, reapropriando-se e reproduzindo – dentro do sistema de plantations – as principais ocupações que realizavam na África. Uma consequência disso foi que, em meados do século XVIII, as mulheres escravizadas no Caribe haviam forjado para si um lugar na economia das plantations, contribuindo para a expansão e até mesmo para a criação do mercado de alimentos da ilha. Fizeram isso tanto como produtoras de grande parte dos alimentos que os escravizados e a população branca consumiam quanto como feirantes e vendedoras ambulantes das colheitas que cultivavam, complementadas com bens tomados da venda de seu senhor ou trocados com outros escravizados ou, ainda, dados por seus senhores para serem vendidos por elas.

Também foi por meio dessa habilidade que as escravizadas entraram em contato com as proletárias brancas, que muitas vezes haviam sido servas por dívidas, mesmo depois que estas últimas tivessem sido liberadas do trabalho forçado e se emancipado. Seu relacionamento, às vezes, podia ser hostil: as proletárias europeias, que também sobreviviam fundamentalmente do cultivo e da venda de sua colheita de alimentos, por vezes roubavam os produtos que as escravizadas levavam ao mercado ou tentavam impedir sua venda. No entanto, ambos os grupos de mulheres colaboraram também na construção de uma vasta rede de relações de compra e venda que escapava às leis criadas pelas autoridades coloniais, que, de tempos em tempos, se preocupavam com o fato de que essas atividades pudessem fazer com que perdessem o controle sobre as escravizadas.

Apesar da legislação introduzida para evitar que vendessem ou para limitar os lugares em que podiam fazê-lo, as mulheres escravizadas continuaram ampliando suas atividades no mercado e o cultivo de suas "roças", que chegaram a considerar como próprias, de tal maneira que, no final do século XVIII, estavam formando um protocampesinato que praticamente detinha o monopólio nos mercados das ilhas. Desse modo, de acordo com alguns historiadores, até mesmo antes da emancipação, a escravidão no Caribe havia praticamente terminado. As escravizadas – por mais inacreditável que pareça – foram uma força fundamental nesse processo, já que, apesar das tentativas das autoridades de limitar seu poder, deram forma, com sua determinação, ao desenvolvimento da comunidade escravizada e das economias das ilhas.

As mulheres escravizadas do Caribe também tiveram impacto decisivo na cultura da população branca, especialmente na das mulheres brancas, por meio de suas atividades como curandeiras, videntes, especialistas em práticas mágicas e no "domínio" que exercem sobre as cozinhas e quartos de seus senhores (Bush, 1990).

Não é de surpreender que elas fossem vistas como o coração da comunidade escrava. Os visitantes impressionavam-se com seus cantos, seus turbantes, seus vestidos e sua maneira extravagante de falar, que, segundo se entende agora, eram os meios com que contavam para satirizar seus senhores. As mulheres africanas e *creoles* influenciaram os costumes das mulheres brancas pobres, que, de acordo com a descrição de um contemporâneo, se comportavam como africanas, caminhando com os filhos amarrados ao quadril enquanto equilibravam bandejas de produtos na cabeça (Beckles, 1989, p. 81). No entanto, sua principal conquista foi o desenvolvimento de uma política de autossuficiência, que tinha como base as estratégias de sobrevivência e as redes de mulheres. Essas práticas e os valores a elas ligados, que Rosalyn Terborg-Penn (1995, p. 3-7) identificou como os princípios fundamentais do feminismo africano contemporâneo, redefiniram a comunidade africana da diáspora. Elas criaram não apenas as bases de uma nova identidade feminina africana, mas também as bases para uma nova sociedade, comprometida – contra a tentativa capitalista de impor a escassez e a dependência como condições estruturais de vida – com a reapropriação e a concentração nas mãos das mulheres dos meios fundamentais de subsistência, começando pela terra, pela produção de alimentos e pela transmissão intergeracional de conhecimento e cooperação.

O CAPITALISMO E A DIVISÃO SEXUAL DO TRABALHO

Como demonstra essa breve história das mulheres e da acumulação primitiva, a construção de uma nova ordem patriarcal, que tornava as mulheres servas da força de trabalho masculina, foi de fundamental importância para o desenvolvimento do capitalismo.

Sobre essa base foi possível impor uma nova divisão sexual do trabalho, que diferenciou tanto as tarefas que as mulheres e os homens deveriam realizar quanto suas experiências, suas vidas, sua relação com o capital e com outros setores da classe trabalhadora. Desse modo, assim como a divisão internacional do trabalho, a divisão sexual foi, sobretudo, uma relação de poder, uma divisão dentro da força de trabalho, ao mesmo tempo que um imenso impulso à acumulação capitalista.

Devemos enfatizar esse ponto, dada a tendência a atribuir exclusivamente à especialização das tarefas laborais o salto que o capitalismo introduziu na produtividade do trabalho. Na verdade, as vantagens que a classe capitalista extraiu da diferenciação entre trabalho agrícola e industrial e dentro do trabalho industrial — celebrada na ode de Adam Smith à fabricação de alfinetes — atenuam-se em comparação às extraídas da degradação do trabalho e da posição social das mulheres.

Conforme defendi, a diferença de poder entre mulheres e homens e o ocultamento do trabalho não remunerado das mulheres sob o disfarce da inferioridade natural permitiram ao capitalismo ampliar imensamente "a parte não remunerada do dia de trabalho" e usar o salário (masculino) para acumular trabalho feminino. Em muitos casos, serviram também para desviar o antagonismo de classe para um antagonismo entre homens e mulheres. Dessa forma, a acumulação primitiva foi, sobretudo, uma acumulação de diferenças, desigualdades,

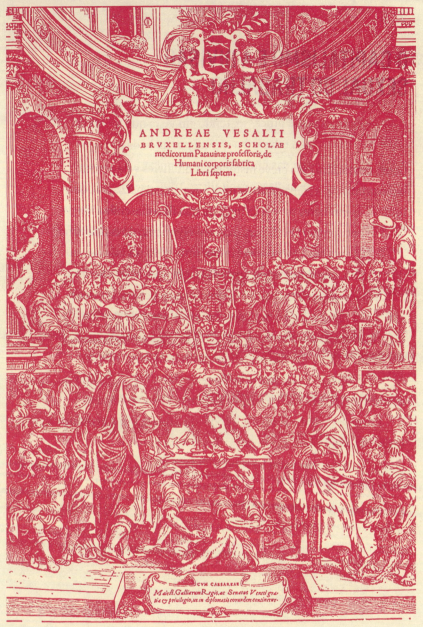

O triunfo da ordem patriarcal dos homens da classe dominante mediante a constituição de um novo teatro anatômico não poderia ser mais completo. Sobre a mulher dissecada e apresentada ao público, o autor diz que, "por medo de ser enforcada, ela declarou que estava grávida", mas depois que se descobriu que ela não estava, ela foi então enforcada. A figura feminina ao fundo (talvez uma prostituta ou uma parteira) abaixa os olhos, possivelmente envergonhada com a obscenidade da cena e a violência implícita.
Frontispício de Andreas Vesalius, *De Humanis Corporis Fabrica* (1543).

hierarquias e divisões que separaram os trabalhadores entre si e, inclusive, alienaram a eles mesmos.

Como vimos, os trabalhadores homens foram frequentemente cúmplices desse processo, tendo em vista que tentaram manter seu poder com relação ao capital por meio da desvalorização e da disciplina das mulheres, das crianças e das populações colonizadas pela classe capitalista. Todavia, o poder que os homens impuseram sobre as mulheres, em virtude de seu acesso ao trabalho assalariado e de sua contribuição reconhecida na acumulação capitalista, foi pago pelo preço da autoalienação e da "desacumulação primitiva" de seus poderes individuais e coletivos.

Nos próximos capítulos, procuro avançar no exame desse processo de desacumulação a partir da discussão de três aspectos-chave da transição do feudalismo para o capitalismo: a constituição do corpo proletário como uma máquina de trabalho, a perseguição das mulheres como bruxas e a criação dos "selvagens" e dos "canibais", tanto na Europa quanto no Novo Mundo.

Jan Luyken, *A Execução de Anne Hendricks por Bruxaria em Amsterdam, em 1571*, 1685, gravura.

CAPÍTULO 3

O GRANDE CALIBÃ

A LUTA CONTRA O CORPO REBELDE

> A VIDA NÃO É MAIS DO QUE UM MOVIMENTO DOS MEMBROS [...], POIS O QUE É O CORAÇÃO, SENÃO UMA MOLA; E OS NERVOS, SENÃO OUTRAS TANTAS CORDAS; E AS JUNTAS, SENÃO OUTRAS TANTAS RODAS, IMPRIMINDO MOVIMENTO AO CORPO INTEIRO.
>
> — HOBBES, *LEVIATÃ* (1650)

> NÃO OBSTANTE, SEREI UMA CRIATURA MAIS NOBRE NO PRECISO MOMENTO EM QUE MINHAS NECESSIDADES NATURAIS ME REBAIXAREM À CONDIÇÃO DE ANIMAL, MEU ESPÍRITO SURGIRÁ, SE ELEVARÁ E VOARÁ ATÉ O TRABALHO DOS ANJOS.
>
> — COTTON MATHER, *DIARY, 1681-1724* (1911-1912)

TENHA ALGUMA PIEDADE DE MIM […], POIS MEUS AMIGOS SÃO MUITO POBRES, E MINHA MÃE ESTÁ MUITO DOENTE, E EU MORREREI NA PRÓXIMA QUARTA-FEIRA PELA MANHÃ, ENTÃO ESPERO QUE O SENHOR SEJA BOM O BASTANTE PARA DAR A MEUS AMIGOS UMA QUANTIA SUFICIENTE DE DINHEIRO PARA QUE PAGUEM O CAIXÃO E A MORTALHA, PARA QUE POSSAM RETIRAR MEU CORPO DA ÁRVORE EM QUE VOU MORRER […] E NÃO SEJA COVARDE […]. ESPERO QUE TENHA CONSIDERAÇÃO PELO MEU POBRE CORPO, CONSIDERE-O COMO SE FOSSE O SEU, O SENHOR GOSTARIA QUE SEU PRÓPRIO CORPO ESTIVESSE A SALVO DOS CIRURGIÕES.

— CARTA DE RICHARD TOBIN, CONDENADO À MORTE EM LONDRES EM 1739

UMA DAS CONDIÇÕES PARA o desenvolvimento capitalista foi o processo definido por Michel Foucault como "disciplinamento do corpo", que, a meu ver, consistia em uma tentativa do Estado e da Igreja de transformar as potencialidades dos indivíduos em força de trabalho. Este capítulo examina como esse processo foi concebido e mediado no debate filosófico da época e quais as intervenções estratégicas geradas em torno dele.

No século XVI, nas regiões da Europa Ocidental mais afetadas pela Reforma Protestante e pelo surgimento da burguesia mercantil, observa-se a emergência, em todos os campos – no palco, no púlpito, na imaginação política e filosófica – de um novo conceito de pessoa. Sua encarnação ideal é o Próspero, personagem criado por Shakespeare em *A tempestade*, que combina a espiritualidade celestial de Ariel e a materialidade brutal de Calibã. Não obstante, sua figura demonstra certa ansiedade sobre o equilíbrio que se havia alcançado, o que impossibilita qualquer orgulho pela posição especial do "Homem" na Grande Cadeia do Ser.[1] Ao derrotar Calibã, Próspero deve admitir que "é minha esta porção de trevas", recordando assim a seu público que, sendo humanos, é verdadeiramente problemático que sejamos ao mesmo tempo o anjo e a besta.

No século XVII, o que permanece em Próspero como apreensão subliminar se concretiza como conflito entre a Razão e as Paixões do Corpo, o que dá um novo sentido aos clássicos temas judaico-cristãos para produzir um paradigma antropológico inovador. O resultado é a reminiscência das escaramuças medievais entre anjos e demônios pela posse das almas que partem para o Além. No entanto, o conflito é agora encenado dentro da pessoa, que é

---

[1] Próspero é um "homem novo". Didaticamente, Shakespeare atribui suas desgraças ao seu interesse excessivo por livros de magia, aos quais finalmente renuncia em troca de uma vida mais ativa em seu reino, onde seu poder virá não de sua magia, mas do governo de seus súditos. Contudo, já na ilha de seu exílio, suas atividades prefiguram uma nova ordem mundial, na qual o poder não se ganha com uma varinha mágica, e sim por meio da escravidão de muitos Calibãs em colônias distantes. O tratamento explorador de Próspero para com Calibã antecipa o papel do futuro senhor de plantation, que não poupará torturas e tormentos para forçar seus subordinados a trabalhar.

"O ataque do diabo ao homem moribundo é um tema que domina toda a tradição popular [medieval]" (Di Nola, 1987). Xilogravura de autoria desconhecida, século XV.

apresentada como um campo de batalha no qual existem elementos opostos em luta pela dominação. De um lado estão as "forças da Razão": a parcimônia, a prudência, o senso de responsabilidade, o autocontrole. De outro lado, estão os "baixos instintos do Corpo": a lascívia, o ócio, a dissipação sistemática das energias vitais que cada um possui. Esse combate se passa em diferentes frentes, já que a Razão deve se manter atenta aos ataques do ser carnal e evitar que — nas palavras de Lutero — a "sabedoria da carne" corrompa os poderes da mente. Nos casos extremos, a pessoa se converte em um terreno de luta de todos contra todos:

> Não me deixes ser nada, se dentro da bússola do meu ser não encontro a Batalha de Lepanto: as Paixões contra a Razão, a Razão contra a Fé, a Fé contra o Demônio e a minha Consciência contra todos eles. (Browne, 1928, p. 76)

Ao longo desse processo, uma mudança ocorre no campo metafórico, enquanto a representação filosófica da psicologia se apropria de imagens do Estado como entidade política para trazer à luz uma paisagem habitada por "governantes" e "sujeitos rebeldes", "multidões" e "revoltas", "cadeias" e "ordens imperiosas", e inclusive pelo carrasco, como diz Thomas Browne (1928, p. 72).[2] Como veremos, esse conflito entre a Razão e o Corpo, descrito pelos filósofos como um enfrentamento desenfreado entre "o melhor" e "o mais baixo", que não pode ser atribuído somente ao gosto pelo figurativo durante o Barroco, será purificado mais tarde para favorecer uma linguagem "mais masculina".[3] O discurso sobre a pessoa no século XVII imagina o desenvolvimento de uma batalha no microcosmo do indivíduo que sem dúvida se fundamenta na realidade da época. Ele é um aspecto do processo mais geral de reforma social, a partir do qual, já na "Era da Razão", a burguesia emergente tentou moldar as classes de acordo com as necessidades do desenvolvimento da economia capitalista.

Na tentativa de formar um novo tipo de indivíduo, a burguesia estabeleceu uma batalha contra o corpo que se converteu em sua marca histórica. De acordo com Max Weber, a

---

[2] "Cada homem é seu pior inimigo e, de certo modo, seu próprio carrasco", escreve Thomas Browne. Também Pascal, em *Pensamentos*, declara: "Guerra interna do homem entre a razão e as paixões. Se ele tivesse apenas razão sem paixões [...]. Se ele tivesse apenas paixões sem razão [...]. Contudo, posto que existem uma e outra, não se pode estar sem conflito [...]. Deste modo, se está sempre dividido e sempre se é contrário a si mesmo" (1941, p. 130). Sobre o conflito entre paixões e razão, e sobre as "correspondências" entre o "microcosmos" humano e o "corpo político" (*body politic*) na literatura elisabetana, ver Tillyard (1961, p. 75-9, 94-9).

[3] A reforma da linguagem — tema-chave na filosofia dos séculos XVI e XVII, de Bacon a Locke — era uma das principais preocupações de Joseph Glanvill, que em sua *Vanity of Dogmatizing* [Vaidade de dogmatizar] (1665), depois de proclamar sua adesão à cosmovisão cartesiana, advoga por uma linguagem adequada para descrever os entes claros e distintos (Glanvill, 1970, p. xxvi-xxx). Como resume Stephen Medcalf em sua introdução ao trabalho de Glanvill, uma linguagem adequada para descrever este mundo guarda uma ampla semelhança com as matemáticas, tem palavras de grande generalidade e clareza, apresenta uma imagem do universo de acordo com sua estrutura lógica, distingue claramente entre mente e matéria, entre o subjetivo e o objetivo, e "evita a metáfora como forma de conhecer e descrever, já que a metáfora depende da suposição de que o universo não está composto de seres completamente diferentes e por isso não pode ser descrito completamente em termos positivos e distintos" (Glanvill, 1970, p. xxx).

reforma do corpo está no coração da ética burguesa porque o capitalismo faz da aquisição "a finalidade da vida", em vez de tratá-la como meio para satisfazer nossas necessidades; para tanto, necessita que percamos o direito a qualquer forma espontânea de desfrutar a vida (Weber, 1958, p. 53 [2004, p. 46]). O capitalismo tenta também superar nosso "estado natural" ao romper as barreiras da natureza e ao estender o dia de trabalho para além dos limites definidos pela luz solar, dos ciclos das estações e mesmo do corpo, tal como estavam constituídos na sociedade pré-industrial.

Marx é outro que concebe a alienação do corpo como um traço distintivo da relação entre capitalista e trabalhador. Ao transformar o trabalho em uma mercadoria, o capitalismo faz com que os trabalhadores subordinem sua atividade a uma ordem externa, sobre a qual não têm controle e com a qual não podem se identificar. Desse modo, o processo de trabalho se converte em um espaço de estranhamento: o trabalhador "só se sente, por conseguinte e em primeiro lugar, junto a si [quando] fora do trabalho, e fora de si [quando] no trabalho. Está em casa quando não trabalha e, quando trabalha, não está em casa" (Marx, 1961, p. 72 [2010, p. 83]). Além disso, no desenvolvimento de uma economia capitalista, o trabalhador se converte – embora não formalmente – em "livre dono" de "sua" força de trabalho: diferentemente do escravo, pode colocá-la à disposição do comprador por um período limitado de tempo. Isso implica o fato de que "ele tem de se relacionar com sua força de trabalho" (suas energias, suas faculdades) "como sua propriedade e, assim, como sua própria mercadoria" (Marx, 1909, p. 186 [2017, p. 242]),[4] e também conduz a um sentido de dissociação com relação ao corpo, que passa a ser

---

[4] Marx não faz distinção entre trabalhadores homens e mulheres em sua discussão sobre a "liberação da força de trabalho". Há, no entanto, uma razão para manter o masculino na descrição desse processo. Mesmo quando foram "liberadas" das terras comuns, as mulheres não foram conduzidas pela trilha do mercado de trabalho assalariado.

Vagabundo e vendedora de retalhos. Os camponeses e artesãos expropriados não concordaram pacificamente em trabalhar em troca de pagamento. Com muito mais frequência, viraram mendigos, vagabundos ou criminosos.
Louis Léopold Boilly, *The Rag Picker*, 1822, litogravura.

reificado e reduzido a um objeto com o qual a pessoa deixa de estar imediatamente identificada.

A imagem de um trabalhador que vende livremente seu trabalho, ou que entende seu corpo como um capital que deva ser entregue a quem oferecer o melhor preço, se refere a uma classe trabalhadora já moldada pela disciplina do trabalho capitalista. Contudo, é apenas na segunda metade do século XIX que se pode vislumbrar um trabalhador como esse — moderado, prudente, responsável, orgulhoso de possuir um relógio (Thompson, 1964 [1987]), e que considera as condições impostas pelo modo de produção capitalista como "leis naturais e evidentes por si mesmas"

(Marx, 1909, p. 809 [2017, p. 808]) –, um tipo que personifica a utopia capitalista e que é o ponto de referência para Marx.

A situação era completamente diferente no período da acumulação primitiva, quando a burguesia emergente descobriu que a "liberação da força de trabalho" – quer dizer, a expropriação das terras comuns do campesinato – não foi suficiente para forçar os proletários despossuídos a aceitar o trabalho assalariado. À diferença do Adão de John Milton, que, ao ser expulso do Jardim do Éden, caminhou alegremente para uma vida dedicada ao trabalho,[5] não foi pacificamente que os trabalhadores e artesãos expropriados aceitaram trabalhar em troca de pagamento. Na maior parte das vezes, como dissemos, se converteram em mendigos, vagabundos e criminosos. Seria necessário um longo processo para produzir mão de obra disciplinada. Durante os séculos XVI e XVII, o ódio contra o trabalho assalariado era tão intenso que muitos proletários preferiam arriscar-se a terminar na forca a se subordinarem às novas condições de trabalho (Hill, 1975a, p. 219-39).[6]

Essa foi a primeira crise capitalista, muito mais séria que todas as crises comerciais que ameaçaram os alicerces desse sistema durante a primeira fase de seu desenvolvimento.[7] Como é

---

[5] "Com trabalho devo ganhar/ meu pão; com dano? O ócio teria sido pior;/ Meu trabalho me manterá" é a resposta de Adão aos medos de Eva, diante da perspectiva de terem que deixar o Jardim do Éden (Milton, 1992, versos 1.054-6, p. 579).

[6] Até o século XV, como assinala Christopher Hill, o trabalho assalariado pode ter aparecido como uma liberdade conquistada, porque as pessoas tinham acesso às terras comuns e possuíam terras próprias, não dependendo somente do salário. No entanto, no século XVI, aqueles que trabalhavam em troca de pagamento haviam sido expropriados; além do mais, os empregadores alegavam que os salários eram apenas complementares, mantendo-os em seu nível mais baixo. Desse modo, trabalhar pelo pagamento significava descer até a base da pirâmide social, e as pessoas lutavam desesperadamente para evitar tal destino (Hill, 1975a, p. 220-2). No século XVII o trabalho assalariado ainda era considerado uma forma de escravidão, tanto que os *levellers* excluíam os trabalhadores assalariados do direito ao voto, já que não os consideravam suficientemente independentes para poder eleger livremente seus representantes (Macpherson, 1962, p. 107-59 [1979, p. 117-170]).

[7] Em 1622, quando Jaime I pediu a Thomas Mun que investigasse as causas da crise econômica que havia golpeado a Inglaterra, este finalizou seu informe imputando a culpa dos problemas da nação à ociosidade dos trabalhadores ingleses. Referiu-se em particular à "lepra generalizada do nosso tocar gaita, do nosso falar de qualquer jeito, de nossos festins, de nossas discussões, e o tempo que perdemos no ócio e no prazer", que, em sua perspectiva, colocavam a Inglaterra em desvantagem na competição comercial com os laboriosos holandeses (Hill, 1975a, p. 125).

bem sabido, a resposta da burguesia foi a instituição de um verdadeiro regime de terror, implementado por meio da intensificação das penas (em particular daquelas que puniam crimes contra a propriedade), da introdução das Leis Sangrentas contra os vagabundos (com a intenção de atar os trabalhadores aos serviços que lhes haviam sido impostos, da mesma maneira que, em sua época, os servos estiveram fixados à terra) e da multiplicação das execuções. Só na Inglaterra, 72 mil pessoas foram enforcadas por Henrique VIII durante os 38 anos de seu reinado; e o massacre continuou até finais do século XVI. Na década de 1570, entre 300 e 400 "delinquentes" foram "devorados pelas forcas em um lugar ou outro a cada ano" (Hoskins, 1977, p. 9; Holinshed, 1965). Apenas em Devon, 74 pessoas foram enforcadas durante o ano de 1598 (Hoskins, 1977, p. 9).

No entanto, as classes dominantes não limitaram sua violência à repressão dos transgressores; também apontavam para uma transformação radical da pessoa, pensada para erradicar no proletariado qualquer comportamento que não conduzisse à imposição de uma disciplina mais estrita de trabalho. As dimensões desse ataque podem ser vistas nas legislações sociais introduzidas na Inglaterra e na França em meados do século XVI. Proibiram-se os jogos, em particular aqueles que, além de serem inúteis, debilitavam o sentido de responsabilidade do indivíduo e a "ética do trabalho". Fecharam-se tabernas e banhos públicos. Estabeleceram-se castigos para a nudez e também para outras formas "improdutivas" de sexualidade e sociabilidade. Era proibido beber, praguejar e insultar (Wright, 1960, p. 80-3; Thomas, 1971 [1991]; Van Ussel, 1971, p. 25-92; Riley, 1973, p. 19 ss.; Underdown, 1985a, p. 7-72).

Em meio a esse vasto processo de engenharia social, uma nova concepção e uma nova política sobre o corpo começaram a tomar forma. A novidade foi o ataque ao corpo como fonte de todos os males – ataque tão bem estudado e com tanta paixão quanto a que, na mesma época, animava a investigação dos movimentos celestes.

Por que o corpo foi tão importante para a política estatal e para o discurso intelectual? Alguém pode se sentir inclinado a responder que essa obsessão pelo corpo refletia o medo que o proletariado inspirava na classe dominante.[8] Era o mesmo medo que sentiam igualmente o burguês e o nobre, que, onde quer que fossem, nas ruas ou em suas viagens, eram assediados por uma multidão ameaçadora que implorava ajuda ou se preparava para roubá-los. Era também o mesmo medo que sentiam aqueles que dirigiam a administração do Estado, cuja consolidação era continuamente minada — mas também determinada — pela ameaça de distúrbios e desordens sociais.

No entanto, isso não era tudo. Não se pode esquecer que o proletariado mendicante e revoltoso — que forçava os ricos a viajar em charretes para escapar de seus ataques, ou dormir com duas pistolas debaixo do travesseiro — era o mesmo sujeito social que aparecia, cada vez mais, como fonte de toda a riqueza. Era o mesmo proletariado sobre o qual os mercantilistas, os primeiros economistas da sociedade capitalista, nunca se cansaram de repetir (embora sem tanta certeza) que "quanto mais, melhor", lamentando frequentemente a quantidade de corpos desperdiçados na forca.[9]

---

[8] O medo que as classes baixas (os "vis", os "miseráveis", na gíria da época) inspiravam na classe dominante pode ser medido na história relatada em *Social England Illustrated* [Inglaterra social ilustrada] (1903). Em 1580, Francis Hitchcock, em um panfleto intitulado "New Year's Gift to England" [Presente de Ano-Novo para a Inglaterra], veiculou a proposta de recrutar os pobres do país na Marinha, argumentando que "as pessoas miseráveis são [...] aptas a participar de uma rebelião ou tomar partido por quem quiser invadir esta nobre ilha [...] e reúnem as condições para prover soldados ou guerreiros à fortuna dos homens ricos. Pois eles podem indicar com seus dedos 'ali está', 'é aquele' e 'ele tem', e desta maneira alcançar o martírio de muitas pessoas ricas por sua fortuna". A proposta de Hitchcock foi, no entanto, derrotada; objetou-se que, se os pobres da Inglaterra fossem recrutados na Marinha, roubariam os barcos e se tornariam piratas (Lang, 1903, p. 85-6).
[9] Eli Heckscher escreve que, "em seu trabalho teórico mais importante, *A Treatise of Taxes and Contributions* [Um tratado sobre impostos e contribuições] (1662), [*sir* William Petty] propôs substituir todas as penas por trabalhos forçados, 'o que aumentaria o trabalho e o tesouro público'". "Por que não [perguntava Petty] castigar os ladrões insolventes com a escravidão, em vez de morte? Enquanto forem escravos podem ser tão forçados, por tão pouco, quanto a natureza o permita, convertendo-se assim em homens agregados à Nação e não em um a menos" (Heckscher, 1965, v. 2, p. 297). Na França, Colbert exortou a Corte de Justiça a condenar à galé tantos convictos quanto fossem possíveis, a fim de "manter este corpo necessário ao Estado" (Heckscher, 1962, v. 2, p. 298-9).

Muitas décadas se passaram antes que o conceito de valor do trabalho entrasse no panteão do pensamento econômico. No entanto, o fato de o trabalho (a "indústria"), mais do que a terra ou qualquer outra "riqueza natural", ser a fonte principal de acumulação foi uma verdade bem compreendida em um tempo no qual o baixo nível de desenvolvimento tecnológico fez dos seres humanos o recurso produtivo mais importante. Como disse Thomas Mun, filho de um comerciante londrino e porta-voz da doutrina mercantilista:

> Sabemos que nossas próprias mercadorias não nos rendem tanto lucro quanto nossa indústria [...]. Pois o ferro não é de grande valor se está nas minas, quando comparado com o uso e com as vantagens que este aporta quando é extraído, testado, transportado, comprado, vendido, fundido em armamento, mosquetes [...] forjado em âncoras, parafusos, palhetas, pregos e coisas similares, para ser usado em embarcações, casas, carroças, carros, arados e outros instrumentos de cultivo. (Abbott, 1946, p. 2)

Até mesmo o Próspero de Shakespeare insiste nesse fato econômico fundamental em um breve solilóquio sobre o valor do trabalho, que ele direciona a Miranda após ela ter manifestado o desgosto absoluto que lhe produzia Calibã:

> Mas, por ora,
> Necessitamos seu serviço. Ele traz lenha,
> Prepara o nosso fogo e cumpre mil tarefas
> Em nosso benefício.
> (Shakespeare, 1964, ato I, cena 2 [2002, p. 133, linhas 365-8])

O corpo, então, passou ao primeiro plano das políticas sociais porque aparecia não apenas como uma besta inerte diante dos estímulos do trabalho, mas como um recipiente de força de trabalho, um meio de produção, a máquina de trabalho primária.

Essa é a razão pela qual encontramos muita violência e também muito interesse nas estratégias que o Estado adotou com relação ao corpo; e o estudo dos movimentos e das propriedades do corpo se converteu no ponto de partida para boa parte da especulação teórica da época — já utilizada por Descartes para afirmar a imortalidade da alma; ou por Hobbes, para investigar as premissas da governabilidade social.

Efetivamente, uma das principais preocupações da nova filosofia mecânica era a *mecânica do corpo*, cujos elementos constitutivos — da circulação do sangue até a dinâmica da fala, dos efeitos das sensações até os movimentos voluntários e involuntários — foram separados e classificados em todos os seus componentes e possibilidades. O *Tratado do homem*, publicado em 1664,[10] é um verdadeiro manual anatômico, ainda que a anatomia que realiza seja tanto psicológica quanto física. Uma tarefa fundamental do projeto de Descartes foi instituir uma divisão ontológica entre um domínio considerado puramente mental e outro, puramente físico. Cada costume, cada atitude e cada sensação são, dessa maneira, definidas; seus limites são marcados e suas possibilidades, equilibradas com tal meticulosidade que se pode ter a impressão de que o "livro da natureza humana" foi aberto pela primeira vez ou, mais provável, que uma nova terra foi descoberta e os conquistadores estão se apressando em trazer um mapa de suas veredas, compilar a lista de seus recursos naturais e avaliar suas vantagens e desvantagens.

Nesse aspecto, Hobbes e Descartes foram representantes de sua época. O cuidado que exibem na exploração dos detalhes da realidade corporal e psicológica reaparece na análise puritana

---

10 O *Tratado do homem* (*Traité de l'homme*), publicado doze anos depois da morte de Descartes como *L'Homme de René Descartes* (1664), inaugura o "período maduro" do filósofo. Aplicando a física de Galileu a uma investigação dos atributos do corpo, Descartes tentou explicar todas as funções fisiológicas como matéria em movimento. "Desejo que considerem", escreveu Descartes no final do *Tratado do homem*, "que todas essas funções são naturalmente decorrentes, nessa máquina, somente da disposição de seus órgãos, assim como os movimentos de um relógio ou outro autômato decorrem da disposição de seus contrapesos, de suas rodas" (Descartes, 1972, p. 113 [2009, p. 251]).

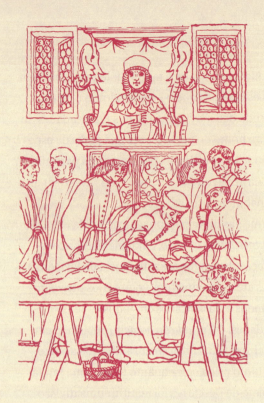

Lição de anatomia na Universidade de Pádua. O teatro anatômico revelou ao público um corpo desencantado e profanado. Xilogravura em *Fasciculo di Medicina* (1494).

das *inclinações e talentos* individuais,[11] selando o começo de uma psicologia burguesa que, nesse caso, estudava explicitamente todas as faculdades humanas do ponto de vista de seu potencial para o trabalho e de sua contribuição para a disciplina. Outro indício de uma nova curiosidade pelo corpo e "de uma mudança com relação às formas de ser e os costumes de épocas anteriores que permitiram que o corpo pudesse se abrir" (segundo as palavras de um médico do século XVII) foi o desenvolvimento da *anatomia* como disciplina científica, depois de sua relegação à obscuridade intelectual durante a Idade Média (Wightman, 1972, p. 90-2; Galzigna, 1978).

---

[11] Um princípio puritano consistia em que Deus dotou o "homem" de dons especiais que o fazem apto para uma vocação particular, daí a necessidade de um autoexame meticuloso para esclarecer a vocação para a qual fomos designados (Morgan, 1966, p. 72-3; Weber, 1958, p. 47 ss. [2004, p. 71 ss.]).

No entanto, ao mesmo tempo que o corpo aparecia como o principal protagonista da cena filosófica e política, um aspecto surpreendente dessas investigações foi a concepção degradada que se formara dele. O "teatro anatômico"[12] revelou ao público um corpo desencantado e profanado, que apenas em teoria pode ser concebido como a morada da alma, mas na verdade é tratado como uma realidade separada (Galzigna, 1978, p. 163-4).[13] Aos olhos do anatomista, o corpo é uma fábrica, tal qual mostra o título que Andrea Vesalius deu ao seu trabalho fundamental sobre a "indústria de dissecação": *De Humani Corporis Fabrica* [Da fabricação do corpo humano] (1543). Na filosofia mecanicista se descreve o corpo por uma analogia com a *máquina*, com frequência colocando a ênfase em sua *inércia*. O corpo é concebido como matéria bruta, completamente divorciada de qualquer qualidade racional: não sabe, não deseja, não sente. O corpo é puramente uma "coleção de membros", disse Descartes em seu *Discurso do método*, de 1634 (1973a, p. 152). Nicolas Malebranche, em *Entretiens sur la métaphysique, sur la religion et sur la mort* [Diálogos sobre a metafísica, sobre a religião e sobre a morte] (1688), faz eco disso e formula a pergunta decisiva: "Pode o corpo pensar?", para responder imediatamente: "Não, sem dúvida alguma, pois todas as modificações de tal extensão consistem apenas em percepções, raciocínio, prazeres, desejos, sentimentos, em uma palavra,

---

12 Como mostrou Giovanna Ferrari, uma das principais inovações introduzidas pelo estudo da anatomia na Europa do século XVI foi o "teatro anatômico", em que se organizava a dissecação como uma cerimônia pública, sujeita a normas similares às que regulavam as funções teatrais: "Tanto na Itália como no exterior, as lições públicas de anatomia se haviam convertido, na época moderna, em cerimônias ritualizadas que se realizavam em lugares especialmente destinados a elas. Sua semelhança com as funções teatrais é imediatamente visível ao se considerar algumas de suas características: a divisão das lições em fases distintas [...], a implantação de pagamento na entrada e a interpretação de música para entreter a audiência, as regras introduzidas para regular o comportamento dos assistentes e o cuidado colocado na 'produção'. W. S. Heckscher sustenta inclusive que muitas técnicas gerais de teatro foram originalmente desenhadas tendo em mente as funções das lições de anatomia públicas" (Ferrari, 1987, p. 82-3).
13 Segundo Mario Galzigna, da revolução epistemológica realizada pela anatomia no século XVI é que surge o paradigma mecanicista. O *corte* anatômico rompe o laço entre microcosmo e macrocosmo, e apresenta o corpo tanto como uma realidade separada quanto como um elemento de produção; nas palavras de Vesalius: uma fábrica.

pensamentos" (Popkin, 1966, p. 280). Também para Hobbes (1963 [2003], parte I, cap. VI) o corpo é um conglomerado de movimentos mecânicos que, ao necessitar de poder autônomo, opera a partir de uma causalidade externa, em um jogo de atrações e aversões em que tudo está regulado como em um autômato.

No entanto, pode-se estender à filosofia mecanicista aquilo que Michel Foucault afirma com relação às disciplinas sociais dos séculos XVII e XVIII (Foucault, 1977, p. 137 [1999, p. 118]). Aqui também encontramos uma perspectiva distinta do ascetismo medieval, em que a degradação do corpo tinha uma função puramente negativa, que buscava estabelecer a natureza temporal e ilusória dos prazeres terrenos e, consequentemente, a necessidade de renunciar ao próprio corpo.

Na filosofia mecanicista se percebe um novo espírito burguês, que calcula, classifica, faz distinções e degrada o corpo só para racionalizar suas faculdades, objetivando não apenas intensificar sua sujeição, mas também maximizar sua utilidade social (Foucault, 1977, p. 137-8 [1999, p. 119]). Longe de renunciar ao corpo, os teóricos mecanicistas tratavam de conceituá-lo, de tal forma que suas operações se fizessem inteligíveis e controláveis. Daí vem o orgulho (mais do que a comiseração) com que Descartes insiste que "esta máquina" (como ele chama o corpo de maneira persistente no *Tratado do homem*) é apenas um autômato robô e que sua morte não deve ser mais lamentada do que a quebra de uma ferramenta.[14]

Certamente, nem Hobbes nem Descartes dedicaram muita atenção aos assuntos econômicos, e seria absurdo ler em suas filosofias as preocupações cotidianas dos comerciantes ingleses ou holandeses. Contudo, não podemos evitar observar as

---

14 Também em *As paixões da alma*, Descartes minimiza "a diferença que há entre um corpo vivo e um corpo morto" (Descartes, 1973c, art. VI [1973, p. 228]): "e julguemos que o corpo de um homem vivo difere do de um morto como um relógio, ou outro autômato (isto é, uma máquina que se move por si mesma), quando se está montado e tem em si o princípio corporal dos movimentos para o qual foi instituído [...] difere do mesmo relógio, ou outra máquina, quando está quebrado e o princípio de seu movimento para de agir".

importantes contribuições que suas especulações em torno da natureza humana deram à aparição de uma ciência capitalista do trabalho. A concepção de que o corpo era algo mecânico, vazio de qualquer teleologia intrínseca — as "virtudes ocultas" atribuídas ao corpo tanto pela magia natural quanto pelas superstições populares da época —, pretendia tornar inteligível a possibilidade de subordiná-lo a um processo de trabalho que dependia cada vez mais de formas de comportamento uniformes e previsíveis.

Uma vez que seus dispositivos foram desconstruídos e ele próprio foi reduzido a uma ferramenta, o corpo pôde ser aberto à manipulação infinita de seus poderes e de suas possibilidades. Fez-se possível investigar os vícios e os limites da imaginação, as virtudes do hábito e os usos do medo, como certas paixões podem ser evitadas ou neutralizadas e como podem ser utilizadas de forma mais racional. Nesse sentido, a filosofia mecanicista contribuiu para incrementar o controle da classe dominante sobre o mundo natural, o que constitui o primeiro passo — e também o mais importante — no controle sobre a natureza humana. Assim como a *natureza*, reduzida à "Grande Máquina", pôde ser conquistada e (segundo as palavras de Bacon) "penetrada em todos seus segredos", da mesma maneira o *corpo*, esvaziado de suas forças ocultas, pôde ser "capturado em um sistema de sujeição" em que seu comportamento pôde ser calculado, organizado, pensado tecnicamente e "investido de relações de poder" (Foucault, 1977, p. 26 [1999, p. 25-6]).

Para Descartes, existe uma identidade entre o corpo e a natureza, já que ambos estão compostos das mesmas partículas e ambos atuam obedecendo a leis físicas uniformes, postas em marcha pela vontade de Deus. Dessa maneira, o corpo cartesiano não é apenas empobrecido e expropriado de qualquer virtude mágica; na grande separação ontológica que Descartes institui entre a essência da humanidade e suas condições acidentais, o corpo está divorciado da pessoa, está literalmente desumanizado. "Não sou este corpo", insiste

Descartes ao longo de suas *Meditações* (1641). E, efetivamente, em sua filosofia, o corpo conflui com um *continuum* de matéria precisa que a vontade pode contemplar, agora sem travas, como objeto próprio de dominação.

Como veremos, Descartes e Hobbes expressam dois projetos diferentes com relação à realidade corporal. No caso de Descartes, a redução do corpo à matéria mecânica faz possível o desenvolvimento de mecanismos de domínio de si que sujeitam o corpo à vontade. Para Hobbes, em contraste, a mecanização do corpo serve de justificação para a submissão total do indivíduo ao poder do Estado. Em ambos, no entanto, o resultado é uma redefinição dos atributos corporais que, ao menos idealmente, fazem com que o corpo seja apropriado para a regularidade e para o automatismo exigido pela disciplina do trabalho capitalista.[15] Ponho ênfase no "idealmente" porque, nos anos em que Descartes e Hobbes escreviam seus tratados, a classe dominante tinha que se confrontar com uma corporalidade muito diferente da que aparecia nas prefigurações desses filósofos.

De fato, é difícil reconciliar os corpos insubordinados que assombram a literatura social do "Século de Ferro" com as imagens precisas por meio das quais Descartes e Hobbes representavam o corpo em seus trabalhos. Não obstante, embora aparentemente distanciadas dos assuntos cotidianos da luta de classes, é nas especulações desses filósofos que se encontram as primeiras conceituações da transformação do corpo em máquina de trabalho, uma das principais tarefas da

---

[15] De particular importância nesse contexto foi o ataque à "imaginação" (*vis imaginativa*), que, na magia natural dos séculos XVI e XVII, era considerada uma força poderosa, por meio da qual o mago podia afetar o mundo circundante e trazer "saúde ou enfermidade, não apenas a seu próprio corpo, mas também a outros corpos" (Easlea, 1980, p. 94 ss.). Hobbes dedicou um capítulo do *Leviatã* para demonstrar que a imaginação é apenas um "sentido em decadência", similar nisso à memória, sendo que esta se torna gradualmente debilitada pelo traslado dos objetos de nossa percepção (Hobbes, 1962 [2001] parte I, cap. 2); também pode encontrar-se uma crítica da imaginação em *Religio Medici* [A religião de um médico] (1642), de *sir* Thomas Browne.

acumulação primitiva. Quando, por exemplo, Hobbes declara que "o coração [é] apenas uma mola [...] e as articulações apenas muitas rodas", percebemos em suas palavras um espírito burguês, em que não apenas o trabalho é *a condição e o motivo de existência do corpo*, mas que também sente a necessidade de transformar todos os poderes corporais em força de trabalho.

Esse projeto é crucial para compreender por que tanta especulação filosófica e religiosa dos séculos XVI e XVII consiste em uma verdadeira *vivissecção do corpo humano*, por meio da qual se decidia quais de suas propriedades poderiam viver e quais, em troca, deveriam morrer. Tratava-se de uma *alquimia social* que não convertia metais comuns em ouro, mas poderes corporais em força de trabalho. A mesma relação que o capitalismo introduziu entre a terra e o trabalho estava começando a tomar o controle sobre a relação entre o corpo e o trabalho. Enquanto o trabalho começava a ser considerado uma força dinâmica capaz de um desenvolvimento infinito, o corpo era visto como matéria inerte e estéril que apenas poderia se mover numa condição similar à relação que Newton estabelecera para a massa e o movimento, em que a massa tendia à inércia a menos que se aplicasse sobre ela uma força. Do mesmo modo que a terra, o corpo tinha que ser cultivado e, antes de mais nada, decomposto em partes, de tal maneira que pudesse liberar seus tesouros escondidos. Pois, enquanto o corpo é a *condição de existência da força de trabalho*, é também seu limite, já que constitui o principal elemento de resistência à sua utilização. Não era suficiente, então, decidir que *em si mesmo* o corpo não tinha valor; o corpo tinha que viver para que a força de trabalho pudesse viver.

O que morreu foi o conceito do corpo como receptáculo de poderes mágicos que havia predominado no mundo medieval. Na realidade, esse conceito foi destruído. Por trás da nova filosofia encontramos a vasta iniciativa do Estado, a partir da qual o que os filósofos classificaram como "irracional" foi considerado crime. Essa intervenção estatal foi o "subtexto"

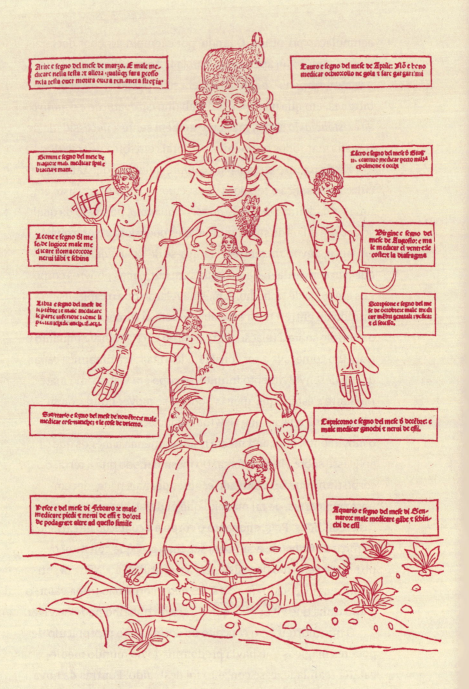

A concepção do corpo como um receptáculo de poderes mágicos derivava, em grande medida, da crença em uma correspondência entre o microcosmo do indivíduo e o macrocosmo do mundo celestial, como ilustra esta imagem do "homem do zodíaco".
Xilogravura em *Fasciculo di Medicina* (1494).

necessário da filosofia mecanicista. O "conhecimento" apenas pode se converter em "poder" se conseguir fazer cumprir suas prescrições. Isso significa que o corpo mecânico, o corpo-máquina, não poderia ter se convertido em modelo de comportamento social sem a destruição, por parte do Estado, de uma ampla gama de crenças pré-capitalistas, práticas e sujeitos sociais cuja existência contradizia a regulação do comportamento corporal prometido pela filosofia mecanicista. É por isso que, em plena "Era da Razão" — a idade do ceticismo e da dúvida metódica —, encontramos um ataque feroz ao corpo, firmemente apoiado por muitos dos que subscreviam a nova doutrina.

É assim que devemos ler o ataque contra a bruxaria e contra a visão mágica do mundo que, apesar dos esforços da Igreja, seguia predominante entre as classes populares durante a Idade Média. Na base da magia havia uma concepção animista da natureza que não admitia nenhuma separação entre a matéria e o espírito, e desse modo imaginava o cosmos como um *organismo vivo*, povoado de forças ocultas, onde cada elemento estava em relação "favorável" com o resto. De acordo com essa perspectiva, na qual a natureza era vista como um universo de signos e sinais marcados por afinidades invisíveis que tinham que ser decifradas (Foucault, 1970, p. 26-7 [1999, p. 35-6]), cada elemento — as ervas, as plantas, os metais e a maior parte do corpo humano — escondia virtudes e poderes que lhe eram peculiares. É por isso que existia uma variedade de práticas desenhadas para se apropriar dos segredos da natureza e torcer seus poderes de acordo com a vontade humana. Da quiromancia até a adivinhação, do uso de feitiços até a cura receptiva, a magia abria uma grande quantidade de possibilidades. Havia feitiços para ganhar jogos de cartas, para interpretar instrumentos desconhecidos, para se tornar invisível, para conquistar o amor de alguém, para ganhar imunidade na guerra, para fazer as crianças dormirem (Thomas, 1971 [1991]; Wilson, 2000).

Frontispício da primeira edição do *Doctor Faustus* (1604), de Christopher Marlowe, que apresenta o mago conjurando o diabo no espaço protegido de seu círculo mágico.

A erradicação dessas práticas era uma condição necessária para a racionalização capitalista do trabalho, dado que a magia aparecia como uma forma ilícita de poder e como um instrumento *para obter o desejado sem trabalhar* – quer dizer, aparecia como a prática de uma forma de rechaço ao trabalho. "A magia mata a indústria", lamentava Francis Bacon, admitindo que nada lhe parecia mais repulsivo do que a suposição de que alguém poderia alcançar coisas com um punhado de recursos inúteis e não com o suor da própria testa (Bacon, 1870, p. 381).

Além disso, a magia se apoiava em uma concepção qualitativa do espaço e do tempo que impedia a regularização do processo de trabalho. Como podiam os novos empresários impor padrões regulares de trabalho a um proletariado ancorado na crença de que há dias de sorte e dias sem sorte, ou seja, dias nos quais se pode viajar e outros nos quais não se deve sair de casa, dias bons para se casar e outros nos quais qualquer iniciativa deve ser prudentemente evitada? Uma concepção do cosmos que atribuía poderes especiais ao indivíduo — o olhar magnético, o poder de tornar-se invisível, de abandonar o corpo, de submeter a vontade dos outros por meio de encantos mágicos — era igualmente incompatível com a disciplina do trabalho capitalista.

Não seria frutífero investigar se esses poderes eram reais ou imaginários. Pode-se dizer que todas as sociedades pré-capitalistas acreditaram neles e que, em tempos recentes, fomos testemunhas de uma revalorização de práticas que, na época a que nos referimos, teriam sido condenadas por bruxaria. Esse é, por exemplo, o caso do crescente interesse pela parapsicologia e o *biofeedback*, que se aplicam cada vez mais, inclusive na medicina convencional. O renovado interesse pelas crenças mágicas é possível, hoje, porque elas já não representam uma ameaça social. A mecanização do corpo é a tal ponto constitutiva do indivíduo que, ao menos nos países industrializados, a crença em forças ocultas não coloca em perigo a uniformidade do comportamento social. Também se admite que a astrologia reapareça, com a certeza de que até mesmo o consumidor mais assíduo de mapas astrais consultará automaticamente o relógio antes de ir para o trabalho.

No entanto, essa não era uma opção para a classe dominante do século XVII, que, nessa fase inicial e experimental do desenvolvimento capitalista, ainda não havia alcançado o controle social necessário para neutralizar a prática da magia — e tampouco podia integrar funcionalmente a magia à organização da vida social. De seu ponto de vista, pouco importava se os poderes que as pessoas diziam ter, ou aspiravam ter, eram reais ou não, pois a mera existência de crenças mágicas era uma fonte de insubordinação social.

Tomemos, por exemplo, a difundida crença na possibilidade de encontrar tesouros escondidos com a ajuda de feitiços mágicos (Thomas, 1971, p. 234-7 [1991, p. 200-2]). Essa crença era certamente um obstáculo à instauração de uma disciplina do trabalho rigorosa e de aceitação espontânea. Igualmente ameaçador foi o uso que as classes baixas fizeram das *profecias* que, particularmente durante a Revolução Inglesa — como já havia ocorrido na Idade Média —, serviram para formular um programa de luta (Elton, 1972, p. 142 ss.). As profecias não são simplesmente a expressão de uma resignação fatalista; historicamente, têm sido um meio pelo qual os "pobres" expressam seus desejos com o fim de dotar seus planos de legitimidade e de motivar-se para atuar. Em "Behemoth", Hobbes reconheceu isso quando advertiu: "Não há nada que [...] dirija tão bem os homens em suas deliberações como a previsão das consequências de suas ações; a profecia é muitas vezes a causa principal dos acontecimentos prognosticados" (Hobbes, 1962, p. 399).

Contudo, independentemente dos perigos que a magia apresentava, a burguesia tinha que combatê-la porque seu poder debilitava o princípio de responsabilidade individual, já que a magia relacionava as causas da ação social com as estrelas, o que estava fora de alcance e controle. Desse modo, mediante a racionalização do espaço e do tempo que caracterizou a especulação filosófica dos séculos XVI e XVII, a profecia foi substituída pelo *cálculo de probabilidades,* cuja vantagem, do ponto de vista capitalista, é que o futuro pode ser antecipado apenas enquanto se suponha que o futuro será como o passado e que nenhuma grande mudança, nenhuma revolução, alterará as condições nas quais os indivíduos tomam decisões. De maneira similar, a burguesia teve que combater a suposição de que é possível estar em dois lugares ao mesmo tempo, pois a *fixação do corpo no espaço e no tempo,* quer dizer, *a identificação espaço-temporal do indivíduo*, é uma condição essencial para a regularidade do processo de trabalho.[16]

A incompatibilidade da magia com a disciplina do trabalho capitalista e com a exigência de controle social é uma das razões pelas quais o Estado lançou uma campanha de terror contra a magia — um terror aplaudido sem reservas por muitos dos que hoje em dia são considerados fundadores do racionalismo científico: Jean Bodin, Mersenne, o filósofo mecanicista e membro da Royal Society Richard Boyle e o mestre de Newton, Isaac Barrow.[17] Até mesmo o materialista Hobbes, mantendo distância, deu sua aprovação. "Quanto às [bruxas]", escreveu (1963, p. 67 [2003, p. 22]), "ainda que sua feitiçaria não seja, segundo penso, um poder real, é justo puni-las, pela falsa crença que possuem de não praticarem nenhum mal, somada a seu propósito de o praticarem se puderem". E acrescentou que, se se eliminassem essas superstições, "os homens estariam muito mais preparados do que agora para a obediência civil" (Hobbes, 1963, p. 67 [2003, p. 23]). Hobbes estava bem assessorado. As fogueiras nas quais morreram as bruxas e outros praticantes da magia, e as câmaras em que se executaram suas torturas, foram um laboratório onde se sedimentou a disciplina social, e onde muitos conhecimentos sobre o corpo foram adquiridos. Assim se eliminaram aquelas superstições que faziam obstáculo à transformação do corpo individual e social em um conjunto de mecanismos previsíveis e controláveis. E foi aqui, novamente, que nasceu o

---

16 Escreve Hobbes (1963, p. 72 [2003, p. 29]): "Nenhum homem, portanto, pode conceber uma coisa qualquer, mas tem de a conceber em algum lugar, e dotada de uma determinada magnitude, e suscetível de ser dividida em partes. Que alguma coisa esteja toda neste lugar, e toda em outro lugar ao mesmo tempo; que duas, ou mais coisas, possam estar num e no mesmo lugar ao mesmo tempo: nenhuma destas coisas jamais sobreveio ou pode sobrevir aos sentidos".
17 Entre os partidários da caça às bruxas se encontrava *sir* Thomas Browne, um médico e, segundo dizem, um dos primeiros defensores da "liberdade científica", cujo trabalho, aos olhos de seus contemporâneos, "apresentava um perigoso aroma de ceticismo" (Gosse, 1905, p. 25). Thomas Browne contribuiu pessoalmente com a morte de duas mulheres acusadas de serem "bruxas", os quais, não fosse sua intervenção, teriam sido salvas da forca, já que as acusações contra elas eram absurdas (Gosse, 1905, p. 147-9). Para uma análise detalhada desse julgamento, ver Geis e Bunn (1997).

uso científico da tortura, pois foram necessários o sangue e a tortura para "criar um animal" capaz de um comportamento regular, homogêneo e uniforme, marcado a fogo com o sinal das novas regras (Nietzsche, 1965, p. 189-90 [1998, p. 50]).

Um elemento significativo, nesse contexto, foi a condenação do aborto e da contracepção como um *maleficium*, o que deixou o corpo feminino — o útero foi reduzido a uma máquina para a reprodução do trabalho — nas mãos do Estado e da profissão médica. Voltarei a esse ponto no capítulo sobre a caça às bruxas, no qual sustento que a perseguição das bruxas foi o ponto culminante da intervenção estatal contra o corpo proletário na Era Moderna.

É necessário insistir que, apesar da violência empregada pelo Estado, o disciplinamento do proletariado continuou lentamente ao longo do século XVII, assim como durante o século XVIII, frente a uma forte resistência que não pôde ser superada nem mesmo pelo medo da execução. Um exemplo emblemático dessa resistência é analisado por Peter Linebaugh em "The Tyburn Riots Against the Surgeons" [As revoltas de Tyburn contra os cirurgiões]. Segundo o autor, no início do século XVIII, durante uma execução em Londres, os familiares e amigos do condenado lutaram para evitar que os assistentes dos cirurgiões se apropriassem do cadáver com o fim de usá-lo em estudos anatômicos. Essa batalha era feroz, porque o medo de ser dissecado não era menor que o medo da morte. A dissecação eliminava a possibilidade de que o condenado pudesse recuperar os sentidos após um enforcamento mal feito, tal e como ocorria frequentemente na Inglaterra do século XVIII (Linebaugh, 1975, p. 102-4). Entre a população se difundiu uma concepção mágica do corpo, segundo a qual este continuava vivo depois da morte e esta o enriquecia com novos poderes. Acreditava-se que os mortos tinham o poder de "regressar" e levar a cabo sua última vingança contra os vivos. Acreditava-se também que um cadáver tinha virtudes curativas. Desse modo,

A câmara de tortura.
Gravura de autoria desconhecida [similar a Bernard Picart, *Diverses manières dont le St. Office fait donner la question*, 1722, xilogravura em *Cérémonies et coutumes religieuses de tous les peuples du monde*, tomo 2 — N.E.].

multidões de enfermos se reuniam ao redor das forcas, esperando dos membros dos mortos efeitos tão milagrosos quanto aqueles atribuídos pelo toque do rei (Linebaugh, 1975, p. 109-10). A dissecação aparecia, assim, como mais uma infâmia, uma segunda morte, ainda maior, e os condenados passavam seus últimos dias assegurando-se de que seu corpo não seria abandonado nas mãos dos cirurgiões. Essa batalha, que significantemente se dava aos pés da forca, colocava à mostra a violência que comandava a racionalização científica do mundo e também o choque de dois conceitos opostos de corpo, dois investimentos opostos em relação a ele. Por um lado, temos um conceito de corpo ao qual são conferidos poderes mesmo depois da morte; o corpo não inspira repulsa e não é tratado como algo apodrecido ou alheio. Por outro lado, o corpo é considerado morto

Esta figura é um exemplo revelador da nova concepção
mecânica do corpo ao representar um camponês
como nada mais do que um meio de produção:
seu corpo composto inteiramente de utensílios agrícolas.
Gravura alemã de autoria desconhecida, século XVI.

embora ainda esteja vivo, já que é concebido como um instrumento mecânico que pode ser desmantelado como se se tratasse de uma máquina. "Nas forcas, na interseção das ruas Tyburn e Edware", escreve Peter Linebaugh (1975), "encontramos a conexão entre a história dos pobres de Londres e a história da ciência inglesa". Isso não foi uma coincidência; tampouco foi uma coincidência que o progresso da anatomia dependesse da capacidade dos cirurgiões para arrebatar os corpos dos enforcados em Tyburn.[18] O curso da racionalização científica estava intimamente ligado à tentativa, por parte do Estado, de impor seu controle sobre uma força de trabalho que não estava disposta a colaborar.

Como determinante das novas práticas com relação ao corpo, essa tentativa foi ainda mais importante que o desenvolvimento da tecnologia. Tal como sustenta David Dickson (1979, p. 24), a conexão entre a nova visão científica do mundo e a crescente mecanização da produção pode se sustentar apenas como uma metáfora. Certamente, o relógio e os dispositivos automáticos que tanto intrigavam Descartes e seus contemporâneos (por exemplo, as estátuas movidas hidraulicamente) eram modelos para uma nova ciência e para as especulações da filosofia mecanicista sobre os movimentos do corpo. Certo é também que, a partir do século XVII, as analogias anatômicas provinham das oficinas de produção: os braços eram considerados alavancas, o coração, uma bomba, os pulmões, um fole, os olhos eram lentes e o punho, um martelo (Mumford, 1962, p. 32). No entanto, essas metáforas mecânicas refletiam não a

---

18 Em todos os países da Europa do século XVI onde floresceu a anatomia, as autoridades aprovaram estatutos que permitiam que os corpos dos executados fossem usados em estudos anatômicos. Na Inglaterra, "o Colégio Médico ingressou no campo da anatomia em 1565, quando Elizabeth I concedeu à instituição o direito de se apropriar dos corpos de delinquentes dissecados" (O'Malley, 1964 [2002]). Sobre a colaboração entre as autoridades e os anatomistas em Bolonha, durante os séculos XVI e XVII, ver Ferrari (1987, p. 59, 60, 64, 87-8), que assinala que não apenas os executados mas também todos os "piores" entre os que morriam no hospital eram separados para os anatomistas. Em um caso, uma condenada à prisão perpétua foi trocada por uma condenada à morte para satisfazer a demanda dos acadêmicos.

influência da tecnologia *como tal*, mas o fato de que a *máquina estava se convertendo no modelo de comportamento social*.

A força inspiradora da necessidade de controle social é evidente até mesmo no campo da astronomia. Um exemplo clássico é o de Edmond Halley, secretário da Royal Society que, concomitantemente à aparição, em 1695, do cometa que logo receberia seu nome, organizou clubes em toda a Inglaterra para demonstrar a previsibilidade dos fenômenos naturais e dissipar a crença popular de que os cometas anunciavam desordens sociais. O caminho da racionalização científica confluiu com o disciplinamento do corpo social de maneira ainda mais evidente nas ciências sociais. Podemos ver, efetivamente, que seu desenvolvimento teve como premissas a homogeneização do comportamento social e a construção de um indivíduo prototípico ao qual se esperava que todos se ajustassem. Nos termos de Marx, este é um "indivíduo abstrato", construído de maneira uniforme, como uma média social (*social average*), e sujeito a uma descaracterização radical, de tal modo que todas as suas faculdades apenas podem ser apreendidas por meio de seus aspectos mais padronizados. A construção desse novo indivíduo foi a base para o desenvolvimento do que William Petty chamaria mais tarde, usando a terminologia hobbesiana, de *aritmética política* — uma nova ciência que estudaria cada forma de comportamento social em termos de *números, pesos e medidas*. O projeto de Petty se realizou com o desenvolvimento da *estatística* e da *demografia* (Wilson, 1965; Cullen, 1975), que efetuam sobre o corpo social as mesmas operações que a anatomia efetua sobre o corpo individual: dissecando a população e estudando seus movimentos — das taxas de natalidade às taxas de mortalidade, das estruturas geracionais até as ocupacionais — em seus aspectos mais massificados e regulares. Também é possível observar que, do ponto de vista do processo de abstração pelo qual passou o indivíduo na transição ao capitalismo, o desenvolvimento da "máquina humana" foi o principal salto tecnológico, o passo mais importante no desenvolvimento das forças produtivas que teve lugar no período de acumulação primitiva. *Podemos observar, em outras palavras, que a primeira máquina desenvolvida pelo capitalismo foi o corpo humano, e não a máquina a vapor, tampouco o relógio.*

Contudo, se o corpo é uma máquina, surge imediatamente um problema: como fazê-lo trabalhar? Das teorias da filosofia mecânica derivam dois modelos diferentes de governo do corpo. De um lado, temos o modelo cartesiano, que, pela suposição de um corpo puramente mecânico, postula a

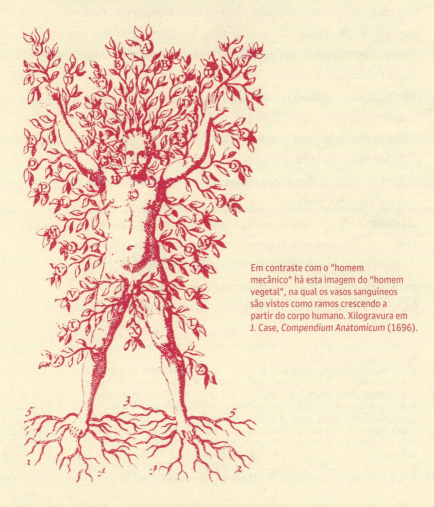

Em contraste com o "homem mecânico" há esta imagem do "homem vegetal", na qual os vasos sanguíneos são vistos como ramos crescendo a partir do corpo humano. Xilogravura em J. Case, *Compendium Anatomicum* (1696).

possibilidade de que se desenvolvam, no indivíduo, mecanismos de autodisciplina, de domínio de si (*self-management*) e de autorregulação que tornem possíveis as relações de trabalho voluntárias e o governo baseado no consentimento. De outro lado está o modelo hobbesiano, que, ao negar a possibilidade de uma razão livre do corpo, externaliza as funções de mando, consignando-as à autoridade absoluta do Estado.

O desenvolvimento de uma teoria do domínio de si por meio da mecanização do corpo é o centro das atenções da filosofia de Descartes, que – recordemos – não completou sua formação intelectual na França do absolutismo monárquico, e sim na Holanda burguesa, que elegeu como morada por agradar mais o seu espírito. As doutrinas de Descartes possuem um duplo objetivo: negar que o comportamento humano possa se ver influenciado por fatores externos (como as estrelas ou as inteligências celestiais) e liberar a alma de qualquer condicionamento corporal, fazendo-a assim capaz de exercer uma soberania ilimitada sobre o corpo.

Descartes acreditava que podia levar a cabo ambas as tarefas por meio da demonstração da natureza mecânica do comportamento animal. Nada, dizia em *O mundo ou tratado da luz* (1633), causa mais erros do que a crença de que os animais têm alma como nós. Por isso, quando preparava seu *Tratado do homem*, dedicou muitos meses a estudar a anatomia de órgãos dos animais; toda manhã ia ao matadouro para observar o corte dos bichos.[19] Fez, inclusive, muitas vivissecções, consolado possivel-

---

[19] De acordo com o primeiro biógrafo de Descartes, *monsieur* Adrien Baillet, durante sua estadia em Amsterdã em 1629, enquanto preparava seu *Tratado do homem*, Descartes visitou os matadouros da cidade e fez dissecações de diferentes partes dos animais: "Ele começou a execução do seu plano estudando anatomia, à qual se dedicou durante todo o inverno em que esteve em Amsterdã. Declarou ao padre Mersenne que, em seu entusiasmo para conhecer este tema, havia visitado um açougueiro quase diariamente, com a finalidade de presenciar a matança; e que ele o havia permitido que levasse para casa os órgãos animais que quisesse, para dissecá-los com mais tranquilidade. Com frequência fez o mesmo em outros lugares onde esteve posteriormente, sem encontrar nada pessoalmente vergonhoso ou que não estivesse à altura de sua posição, em uma prática que em si mesma era inocente e que podia produzir resultados muito úteis. Por isso se riu de certa pessoa maliciosa e invejosa que [...] havia tratado de fazê-lo passar por criminoso e

mente por sua crença de que, tratando-se apenas de seres inferiores "despojados de Razão", os animais que ele dissecava não conseguiam sentir nenhuma dor (Rosenfield, 1968, p. 8).[20]

Conseguir demonstrar a brutalidade dos animais era fundamental para Descartes; ele estava convencido de que poderia encontrar aí a resposta para suas perguntas sobre a localização, a natureza e o alcance do poder que controlava a conduta humana. Acreditava que em um animal dissecado poderia encontrar a prova de que o corpo só é capaz de realizar ações mecânicas e involuntárias, e que, portanto, o corpo não é constitutivo

---

o havia acusado de 'ir pelos povoados para ver como matavam os porcos'. [...] Não deixou de observar o que Versalius e os mais experientes entre os outros autores haviam escrito sobre anatomia. Contudo, aprendeu de uma maneira mais segura, dissecando pessoalmente animais de diferentes espécies" (Descartes, 1972, p. xiii-xiv).

Em 1633, numa carta a Mersenne, escreveu: "Eu anatomizo agora as cabeças de diversos animais para explicar em que consiste a imaginação, a memória" (Descartes, 1824, p. 255). Também em uma carta de 20 de janeiro relata em detalhe experimentos de vivissecção: "Após ter aberto o peito de um coelho vivo [...], de maneira que o tronco e o coração da aorta se vejam facilmente [...]. Seguindo a dissecação desse animal vivo, eu corto essa parte do coração que chamamos de sua ponta" (Descartes, 1826, p. 350). Finalmente, em junho de 1640, em resposta a Mersenne, que lhe havia perguntado por que os animais sentem dor se não possuem alma, Descartes assegurou que eles não sentem, pois dor existe apenas quando há entendimento, que é ausente nos bichos (Rosenfield, 1968, p. 8).

Esse argumento insensibilizou muitos contemporâneos cientificistas de Descartes sobre a dor que a vivissecção causava nos animais. Assim é como Nicolas de la Fontaine descrevia a atmosfera criada em Port Royal pela crença no automatismo dos animais: "Apenas havia um solitário que não falasse em autômato [...]. Ninguém dava importância ao fato de golpear um cachorro; com a maior indiferença lhe davam pauladas, rindo daqueles que se compadeciam de tais bestas como se estas tivessem sentido dor de verdade. Dizia-se que eram relógios, que aqueles gritos que lançavam ao ser golpeados não eram mais que o ruído de um pequeno impulso que haviam colocado em marcha, mas que de modo algum havia nele sentimento. Cravavam os pobres bichos sobre tábuas pelas quatro patas para cortá-los em vida e ver a circulação do sangue, que era grande matéria de discussão" (Rosenfield, 1968, p. 54).

20 A doutrina de Descartes sobre a natureza mecânica dos animais representava uma inversão total da concepção que havia prevalecido durante a Idade Média e até o século XVI, quando os animais eram considerados seres inteligentes, responsáveis, com uma imaginação particularmente desenvolvida e inclusive com capacidade de falar. Como mostraram Edvard Westermarck e, mais recentemente, Esther Cohen, em alguns países da Europa os animais eram julgados e, às vezes, executados publicamente por crimes que haviam cometido. Um advogado era designado para eles e o processo – julgamento, condenação e execução – era realizado com todas as formalidades legais. Em 1565, os cidadãos de Arles, por exemplo, pediram a expulsão de gafanhotos de seu povoado e, em outro caso, foram excomungados os vermes que infestavam uma paróquia. O último julgamento de um animal teve lugar na França, em 1845. Os animais também eram aceitos na corte como testemunhas para o *compurgatio* [compurgação]. Um homem que havia sido condenado por assassinato compareceu ante a corte com seu gato e seu galo, em presença deles jurou que era inocente e foi liberado (Westermarck, 1924, p. 254 ss.; Cohen, 1986).

da pessoa; a essência humana reside, então, em faculdades puramente imateriais. Para Descartes, o corpo humano é, também, um autômato, mas o que diferencia o "homem" do bicho e confere a "ele" domínio sobre o mundo circundante é a presença do pensamento. Desse modo, a alma, que Descartes desloca do cosmos e da esfera da corporalidade, retorna ao centro de sua filosofia dotada de um poder infinito na forma de razão e de vontade individuais.

Situado em um mundo sem alma e em um corpo-máquina, o homem cartesiano podia, então, como Próspero, quebrar sua varinha mágica para se converter não apenas no responsável por seus atos, mas também, aparentemente, no centro de todos os poderes. Ao se dissociar de seu corpo, o eu racional se desvinculava certamente de sua realidade corpórea e da natureza. Sua solidão, sem dúvida, seria a de um rei: no modelo cartesiano de pessoa não há um dualismo igualitário entre a cabeça pensante e o corpo-máquina, há apenas uma relação de senhor/escravo, já que a tarefa principal da vontade é dominar o corpo e o mundo natural. Vê-se, então, no modelo cartesiano de pessoa a mesma centralização das funções de mando que nesse mesmo período ocorria com o Estado: assim como a tarefa do Estado era governar o corpo social, na nova subjetividade a mente se converteu em soberana.

Descartes reconhece que a supremacia da mente sobre o corpo não se alcança facilmente, já que a Razão deve afrontar suas contradições internas. Assim, em *As paixões da alma* (1650), ele nos apresenta a perspectiva de uma batalha constante entre as faculdades baixas e as faculdades altas da alma, que ele descreve quase em termos militares, apelando para a nossa necessidade de valentia e de obter as armas adequadas para resistir aos ataques de nossas paixões. Devemos estar preparados para derrotas temporárias, pois talvez nossa vontade não seja sempre capaz de mudar ou deter nossas paixões. Mas ela pode neutralizá-las, desviando sua atenção para outra coisa, ou pode restringir os movimentos que provocam no corpo.

Pode, em outras palavras, evitar que as *paixões* se convertam em *ações* (Descartes, 1973c, p. 354-5 [1973, p. 246]).

Com a instituição de uma relação hierárquica entre a mente e o corpo, Descartes desenvolveu as premissas teóricas da disciplina do trabalho requerida para o desenvolvimento da economia capitalista. A supremacia da mente sobre o corpo implica que a vontade pode, em princípio, controlar as necessidades, as reações e os reflexos do corpo; que pode impor uma ordem regular sobre suas funções vitais e forçar o corpo a trabalhar de acordo com especificações externas, independentemente de seus desejos.

Ainda mais importante é que a supremacia da vontade permite a interiorização dos mecanismos de poder. Por isso, a contrapartida da mecanização do corpo é o desenvolvimento da Razão como juiz, inquisidor, gerente (*manager*) e administrador. Aqui encontramos as origens da subjetividade burguesa baseada no domínio de si (*self-management*), na propriedade de si, na lei e na responsabilidade, com os corolários da memória e da identidade. Aqui encontramos também as origens dessa proliferação de "micropoderes" que Michel Foucault descreveu em sua crítica do modelo jurídico-discursivo do Poder (Foucault, 1977 [1999]). Sem dúvida, o modelo cartesiano mostra que o Poder pode ser descentralizado, difundido através do corpo social apenas na medida em que volta a centrar-se na pessoa, que é então reorganizada como um microestado. Em outras palavras, ao difundir-se, o Poder não perde sua força – quer dizer, seu conteúdo e seus propósitos –, ele simplesmente adquire a colaboração do Eu em sua ascensão.

Dentro desse contexto, deve ser considerada a tese proposta por Brian Easlea (1980, p. 132 ss.) de que o principal benefício oferecido pelo dualismo cartesiano à classe capitalista foi a defesa cristã da imortalidade da alma e a possibilidade de derrotar o ateísmo implícito na magia natural, que estava carregada de implicações subversivas. Para apoiar essa perspectiva, Easlea sustenta que a defesa da religião foi uma questão central no cartesianismo, que, particularmente em sua versão inglesa, nunca esqueceu que "sem espírito não há Deus; nem bispo, nem rei" (Easlea, 1980, p. 202). O argumento de Easlea é atraente; sua insistência nos elementos "reacionários" do pensamento de Descartes, no entanto, torna impossível responder à pergunta que ele mesmo formula: por que o controle do cartesianismo na Europa foi tão forte a ponto de — inclusive depois de a física newtoniana dissipar a crença em um mundo natural, carente de poderes ocultos, e mesmo depois do advento da tolerância religiosa — continuar dando forma à visão dominante do mundo? Em minha opinião, a popularidade do cartesianismo entre as classes médias e altas estava diretamente relacionada com o programa de *domínio de si* promovido pela filosofia de Descartes. Em suas implicações sociais, esse programa foi tão importante para a elite da época quanto a relação hegemônica entre os seres humanos e a natureza legitimada pelo dualismo cartesiano.

O desenvolvimento do domínio de si (isto é, do governo de si, do desenvolvimento próprio) se tornou um requisito fundamental em um sistema socioeconômico capitalista no qual se pressupõe que o fundamento das relações sociais é que cada um seja proprietário de si mesmo, e que a disciplina já não dependa exclusivamente da coerção externa. A importância social da filosofia cartesiana recaía, em parte, no fato de que ela provia uma justificativa intelectual para isso. Desse modo, a teoria de Descartes sobre o domínio de si *derrota, mas também recupera* o lado ativo da magia natural, uma vez que substitui o poder imprevisível do mago (construído pela manipulação sutil das influências e das correspondências astrais) por um poder muito mais rentável — um poder para o qual nenhuma alma tem que ser confiscada —, gerado apenas da administração e da dominação dos corpos de outros seres. Não podemos dizer, então, como fez Easlea (repetindo uma crítica formulada por Leibniz), que o cartesianismo não pôde traduzir seus princípios em um conjunto de regulações práticas, quer dizer, que não pôde demonstrar aos filósofos – e, sobretudo, aos comerciantes e fabricantes – como poderiam se beneficiar dessa tentativa de controlar a matéria do mundo (Easlea, 1980, p. 151).

Se o cartesianismo falhou ao dar uma tradução tecnológica a seus preceitos, ele forneceu, no entanto, informações valiosas em relação ao desenvolvimento da "tecnologia humana". Sua compreensão da dinâmica do domínio de si levaria à construção de um novo modelo de pessoa, segundo o qual o indivíduo funcionava ao mesmo tempo como senhor e como escravo. Como interpretava tão bem os requisitos da disciplina do trabalho capitalista, no final do século XVII a doutrina de Descartes já havia se difundido pela Europa e sobrevivido inclusive à chegada da biologia vitalista e à crescente obsolescência do paradigma mecanicista.

As razões do triunfo de Descartes são ainda mais claras quando comparamos sua explicação de pessoa com a de Hobbes, seu rival inglês. O monismo biológico hobbesiano rechaçava o postulado de uma mente imaterial ou alma, que havia constituído a base do conceito cartesiano de pessoa e, com isso, a suposição cartesiana de que a vontade humana pode se libertar do determinismo corpóreo e instintivo.[21] Para Hobbes, o comportamento humano era um conglomerado de ações reflexas que seguiam leis naturais precisas e obrigavam o indivíduo a lutar incessantemente pelo poder e pela dominação dos demais (Hobbes, 1963, p. 141 ss. [2003, p. 106 ss.]). Daí a guerra de todos

---

[21] Foi dito que a perspectiva antimecanicista de Hobbes, na realidade, concedia mais poderes e dinamismo ao corpo que a versão cartesiana. Hobbes rechaça a ontologia dualista de Descartes e, em particular, a noção da mente como substância imaterial e incorpórea. A visão do corpo e da mente como um *continuum* monista dá conta das operações mentais recorrendo a princípios físicos e fisiológicos. No entanto, não menos que Descartes, ele retira o poder do organismo humano, assim como lhe nega movimento próprio e reduz as mudanças corporais a mecanismos de ação e reação. Por exemplo, para Hobbes, a percepção dos sentidos é o resultado de uma ação-reação, já que os órgãos e os sentidos opõem resistência aos impulsos atômicos que vêm do objeto externo; a imaginação é um sentido em decadência. Igualmente, a razão não é outra coisa além de uma máquina de fazer cálculos. Hobbes, não menos que Descartes, concebe as operações do corpo como termos de uma causalidade mecânica, sujeitas às mesmas leis que regulam o mundo da matéria inanimada.

contra todos (em um hipotético estado de natureza), e a necessidade de um poder absoluto que garantisse, por meio do medo e do castigo, a sobrevivência do indivíduo na sociedade.

> Porque as leis de natureza (como a *justiça*, a *equidade*, a *modéstia*, a *piedade*, ou em resumo, *fazer aos outros o que queremos que nos façam*) por si mesmas, na ausência do temor de um poder que as faça ser respeitadas, são contrárias às nossas paixões naturais, as quais nos fazem tender para a parcialidade, o orgulho, a vingança e coisas semelhantes. (Hobbes, 1963, p. 173 [2003, p. 143])

Como é bem sabido, a doutrina política de Hobbes provocou escândalo entre seus contemporâneos, que a consideraram perigosa e subversiva a tal ponto que Hobbes nunca foi admitido na Royal Society, embora o desejasse fortemente (Bowle, 1952, p. 163).

Em oposição a Hobbes, prevaleceu o modelo de Descartes, uma vez que ele expressava a já existente tendência de democratizar os mecanismos de disciplina social atribuindo à vontade individual a função de mando que, no modelo hobbesiano, havia sido deixada unicamente nas mãos do Estado. Como sustentaram muitos críticos de Hobbes, as bases da disciplina pública devem estar arraigadas no coração dos homens, pois, na ausência de uma legislação interna, os homens se dirigem inevitavelmente à revolução (Bowle, 1952, p. 97-8). "Para Hobbes", queixava-se Henry Moore, "não existe a liberdade da vontade e, portanto, não existe remorso da consciência ou da razão, apenas existe a vontade de quem tem a maior espada" (Moore *apud* Easlea, 1980, p. 159). Mais explícito foi Alexander Ross, que observou que "o freio da consciência é o que retém os homens perante a rebelião; não existe força exterior mais poderosa [...] não existe um juiz tão severo nem um torturador tão cruel quanto uma consciência acusadora" (Ross *apud* Bowle, 1952, p. 167).

É evidente que a crítica contemporânea ao ateísmo e ao materialismo de Hobbes não se baseava apenas em preocupações religiosas. A visão de Hobbes sobre o indivíduo enquanto máquina movida apenas por seus apetites e por suas aversões foi rechaçada não porque eliminou o conceito de criatura humana feita à imagem de Deus, e sim porque descartava a possibilidade de uma forma de controle social que não dependesse exclusivamente do domínio férreo do Estado. Essa é, em minha opinião, a diferença principal entre a filosofia de Hobbes e o cartesianismo. Essa distinção, no entanto, não pode ser vista se insistirmos nos elementos feudais da filosofia de Descartes, e particularmente em sua defesa da existência de Deus, com tudo o que isso supõe como aval do poder estatal. Se efetivamente privilegiamos o Descartes feudal, perdemos de vista o fato de que a eliminação do elemento religioso em Hobbes (isto é, a crença na existência das substâncias incorpóreas) era na realidade uma resposta à *democratização implícita no modelo cartesiano da soberania de si*, de que Hobbes sem dúvida desconfiava. Tal como havia demonstrado o ativismo das seitas puritanas durante a Guerra Civil Inglesa, a soberania de si podia transformar-se facilmente em uma proposta subversiva. O chamado dos puritanos a converter a gestão do comportamento próprio em consciência individual e a fazer da consciência própria o juiz final da verdade havia se radicalizado nas mãos dos sectários para se converter em uma recusa anárquica da autoridade estabelecida.[22] O exemplo dos *diggers* e dos *ranters* e de dezenas de pregadores mecanicistas que, em nome da "luz da consciência", haviam se oposto à legislação do Estado e da

---

22 Como lamentava Hobbes em *Behemoth* (1962, p. 190): "Depois que a Bíblia foi traduzida ao inglês, cada homem, melhor dizendo, cada criança e cada moça que podia ler inglês pensava que podia falar com Deus Todo Poderoso e que compreendia o que Ele dizia por ter lido as Escrituras uma ou duas vezes, vários capítulos por dia. A reverência e a obediência devidas à Igreja reformada e aos bispos e pastores foi abandonada, e cada homem se converteu em juiz da religião e intérprete das Escrituras". Também assinala que "uma quantidade de homens costumava ir às suas paróquias e cidades em dia de trabalho, abandonando suas profissões", para escutar aos pregadores mecanicistas (Hobbes, 1962, p. 194).

propriedade privada devia ter convencido Hobbes de que o chamado da "Razão" era uma perigosa faca de dois gumes.[23]

O conflito entre o "teísmo" cartesiano e o "materialismo" hobbesiano se resolveria com o tempo em uma assimilação recíproca, no sentido de que — como sempre na história do capitalismo — a descentralização dos mecanismos de comando, através de sua localização no indivíduo, foi finalmente alcançada apenas na medida em que houve uma centralização do poder no Estado. Para colocar essa resolução nos termos em que estava pautado o debate durante a Guerra Civil Inglesa: "nem os *diggers*, nem o absolutismo", e sim uma bem calculada mistura de ambos, na qual a democratização do comando recairia sobre as costas de um Estado sempre pronto, como o deus newtoniano, para impor outra vez a ordem sobre as almas que avançavam demasiadamente longe nas formas da autodeterminação. O xis da questão foi expresso lucidamente por Joseph Glanvill, membro cartesiano da Royal Society que, em uma polêmica com Hobbes, sustentou que o problema fundamental era o controle da mente sobre o corpo. Isso, no entanto, não implicava simplesmente o controle da classe dominante (a mente por excelência) sobre o corpo-proletariado, e sim, o que é igualmente importante, o desenvolvimento da capacidade de autocontrole dentro da pessoa.

Como demonstrou Foucault, a mecanização do corpo não abarcava apenas a repressão dos desejos, das emoções e de outras formas de comportamento que tinham de ser erradicadas; também abarcava o desenvolvimento de novas faculdades

---

23 É exemplar a "New Law of Righteousness" [Nova lei da retidão] (1649), de Gerrard Winstanley, na qual o mais célebre dos *diggers* pergunta: "Por acaso a luz da Razão fez a terra para que alguns homens acumulem em bolsas e estábulos, enquanto outros são oprimidos pela pobreza? Acaso a luz da Razão fez esta lei, que se um homem não tem abundância de terra para dar àqueles a quem tomou emprestado, aquele que empresta deve levar o outro como prisioneiro e fazer que seu corpo passe fome em um quarto fechado? Por acaso a luz da Razão fez esta lei que uma parte da humanidade mate e enforque a outra parte, em vez de colocar-se no seu lugar?" (Winstanley, 1941, p. 197).

no indivíduo que apareceriam como *outras* em relação ao corpo, e que se converteriam em agentes de sua transformação. O produto dessa alienação do corpo foi, em outras palavras, o desenvolvimento da *identidade* individual, concebida precisamente como "alteridade" em relação ao corpo e em perpétuo antagonismo com ele.

A aparição desse *alter ego* e a determinação de um conflito histórico entre a mente e o corpo representam o nascimento do indivíduo na sociedade capitalista. Fazer do próprio corpo uma realidade alheia que se deve avaliar, desenvolver e manter na linha, com o fim de obter dele os resultados desejados, se converteria em uma característica típica do indivíduo moldado pela disciplina do trabalho capitalista.

Como assinalamos, entre as "classes baixas", o desenvolvimento do domínio de si (*self-management*) como autodisciplina foi, durante muito tempo, objeto de especulação. Pode-se avaliar quão pequena era a autodisciplina esperada das "pessoas comuns" pelo fato de que, já na Inglaterra do século XVIII, havia 160 crimes punidos com a pena de morte (Linebaugh, 1992) e todo ano milhares de "pessoas comuns" eram transportadas às colônias ou condenadas às galés. Além disso, quando a população apelava à razão, era para apresentar demandas antiautoritárias, já que a soberania de si (*self-mastery*) em escala popular significava a rejeição da autoridade estabelecida mais do que a interiorização das normas sociais.

Efetivamente, durante o século XVII, o domínio de si foi uma prerrogativa burguesa. Como assinala Easlea, quando os filósofos falavam do "homem" como um ser racional, faziam referência exclusiva a uma pequena elite composta por homens adultos, brancos e de classe alta. "A grande multidão dos homens", escreveu Henry Power, um seguidor inglês de Descartes, "se parece mais com o autômato de Descartes, já que carece de qualquer poder de raciocinar e [seus membros] apenas podem ser chamados homens enquanto metáfora" (Easlea,

1980, p. 140).[24] Os da "melhor classe" concordavam que o proletariado pertencia a uma raça diferente. A seus olhos, desconfiados pelo medo, o proletariado parecia um "grande bicho", um "monstro de muitas cabeças", selvagem, vociferante, dado a qualquer excesso (Hill, 1975a, p. 181 ss.; Linebaugh & Rediker, 2001 [2008]). Também no plano individual, o vocabulário ritual identificava as massas como seres puramente instintivos. Assim, na literatura elisabetana, o mendigo é sempre "vigoroso" e "robusto", "grosseiro", "irascível" e "desordenado" — tais são as palavras que aparecem vez ou outra nas discussões sobre a classe baixa.

Nesse processo, o corpo não apenas perdeu todas as suas conotações naturalistas como também começou a emergir uma *função-corpo*, no sentido de que o corpo se converteu em um termo puramente relacional, que já não significava nenhuma realidade específica: pelo contrário, o corpo passou a ser identificado com qualquer impedimento ao domínio da Razão. Isso significa que, enquanto o proletariado se converteu em "corpo", o corpo se converteu em "proletariado" e, em particular, em sinônimo de mulher fraca e irracional (a "mulher em nós", como dizia Hamlet), ou ainda de africano "selvagem", definido puramente por sua função limitadora, isto é, por sua "alteridade" com respeito à Razão, e tratado como um agente de subversão interna.

No entanto, a luta contra esse "grande bicho" não esteve dirigida apenas contra "as pessoas de classe baixa". Também foi interiorizada pelas classes dominantes em sua batalha contra seu próprio "estado natural". Como vimos, assim como Próspero, a burguesia também teve que reconhecer que "é minha esta porção de trevas", isto é, que Calibã era parte de si

---

24 É tentador sugerir que essa suspeita a respeito da humanidade das "classes baixas" possa ser a razão pela qual poucos entre os primeiros críticos do mecanicismo cartesiano contestaram a visão mecânica do corpo humano. Como assinala Leonora C. Rosenfield (1968, p. 25): "Essa é uma das coisas estranhas de toda a discussão: nenhum dos ardentes defensores da alma animal, nesse primeiro período, levantou seu garrote para evitar que o corpo humano fosse contaminado pelo mecanicismo".

mesma (Brown, 1988; Tyllyard, 1961, p. 34-5). Essa consciência impregna a produção literária dos séculos XVI e XVII. A terminologia é reveladora. Inclusive aqueles que não seguiam Descartes viram o corpo como um bicho que tinha que ser mantido sob controle a todo momento. Seus instintos foram comparados com "súditos", destinados a serem "governados", e os sentidos foram considerados uma prisão para a alma racional.

"Oh, quem surgirá desta masmorra/ Uma alma escravizada de tantas formas?", perguntou Andrew Marvell em seu "Dialogue between the Soul and the Body" [Diálogo entre a alma e o corpo]:

> Com parafusos de ossos, que se levantam agrilhoados
> nos pés; e nas mãos algemadas.
> Aqui cegos de um olho; e ali
> surdos com o tamborilar de uma orelha.
> Uma alma pendurada, como por uma corrente
> de nervos e artérias e veias.
> (Marvell *apud* Hill, 1964, p. 345)[25]

O conflito entre os apetites e a razão foi um tema central na literatura elisabetana (Tillyard, 1961, p. 75), enquanto entre os puritanos começou a ganhar força a ideia de que o "Anticristo" estava presente em todos os homens. Ao mesmo tempo, os debates sobre a educação e sobre a "natureza do homem", correntes entre a "gente de classe média", se centravam ao redor do conflito entre o corpo e a alma, indagando, de modo crucial, se os seres humanos são agentes voluntários ou involuntários.

Contudo, a definição de uma nova relação com o corpo não permaneceu em uma esfera puramente ideológica. Muitas práticas que começaram a aparecer na vida cotidiana assinalavam

---

[25] "O who shall, from this Dungeon, raise/ A Soul inslav'd so many wayes?// With bolts of Bones, that fetter'd stands/ In Feet; and manacled in Hands./ Here blinded with an Eye; and there/ Deaf with the drumming of an Ear./ A Soul hung up, as t'were, in Chain/ Of Nerves, and Arteries, and Veins" (Marvell, 1969). [N.E.]

as profundas transformações que estavam ocorrendo nesse âmbito: o uso de talheres, o desenvolvimento da vergonha com respeito à nudez, o advento das "boas maneiras" que tentavam regular como se deveria rir, caminhar, espirrar, como se comportar à mesa e quando se podia cantar, brincar, jogar (Elias, 1978, p. 129 ss. [1994, p. 135 ss.]). À medida que o indivíduo se dissociava cada vez mais do corpo, este último se convertia em um objeto de observação constante, como se se tratasse de um inimigo. O corpo começou a inspirar medo e repugnância. "O corpo do homem está cheio de sujeira", declarou Jonathan Edwards, cuja atitude é típica da experiência puritana, na qual a subjugação do corpo é uma prática cotidiana (Greven, 1977, p. 67). Eram particularmente repugnantes aquelas funções corporais que diretamente enfrentavam os "homens" com sua "animalidade". Tal foi o caso de Cotton Mather, que, em seu diário, confessou quão humilhado se sentiu um dia quando, urinando contra uma parede, viu um cachorro fazer o mesmo:

> Pensei em que coisas vis e baixas são os filhos de homens neste estado mortal. Até que ponto nossas necessidades naturais nos degradam e nos colocam, em certo sentido, no mesmo patamar que os cães. [...] Por conseguinte, resolvi como deveria ser minha prática ordinária, quando decido responder a uma ou a outra necessidade da natureza, fazer dela uma oportunidade para dar forma em minha mente a algum pensamento sagrado, nobre, divino. (Mather *apud* Greven, 1977, p. 67)

A grande paixão médica da época, a *análise dos excrementos* — a partir da qual se extraíram múltiplas deduções sobre as tendências psicológicas do indivíduo, seus vícios e suas virtudes (Hunt, 1970, p. 143-6) — também remonta a essa concepção do corpo como um receptáculo de sujeira e de perigos ocultos. Claramente, essa obsessão pelos excrementos humanos refletia em parte o desgosto que a classe média começava a sentir pelos aspectos não

Pieter Bruegel, *O País da Cocanha*, 1567, óleo sobre tela. Ver nota de rodapé 26 (p. 291).

produtivos do corpo — um desgosto inevitavelmente acentuado em um ambiente urbano onde os excrementos se apresentavam como um problema logístico, além de aparecerem como puro lixo. Contudo, nessa obsessão podemos enxergar também a necessidade burguesa de regular e purificar a máquina corporal de qualquer elemento que pudesse interromper sua atividade e ocasionar "tempos mortos" nos custos do trabalho. Os excrementos eram ao mesmo tempo tão analisados e degradados porque eram o símbolo dos "humores enfermos" que se acreditava viverem nos corpos e aos quais se atribuíam todas as tendências perversas dos seres humanos. Para os puritanos, os excrementos se converteram no signo visível da corrupção da natureza humana, uma forma de pecado original que tinha que ser combatido, subjugado, exorcizado. Daí o uso de purgantes, eméticos e enemas (lavagens intestinais) que se administravam às crianças e aos "possuídos" para expulsar deles os feitiços (Thorndike, 1958, p. 553 ss.).

Nessa tentativa obsessiva de conquistar o corpo em seus mais íntimos recônditos, vê-se refletida a mesma paixão com

Lucas Cranach, *A Fonte da Juventude*, 1546, óleo sobre tela. Ver nota de rodapé 26 (p. 291).

que, nesses mesmos anos, a burguesia tratou de conquistar — poderíamos dizer "colonizar" — esse ser alheio, perigoso e improdutivo que a seus olhos era o proletariado. Pois o proletariado era o Grande Calibã da época. O proletariado era esse "ser material bruto e por si mesmo desordenado" que Petty recomendava que fosse entregue às mãos do Estado, para que o Estado, em sua prudência, o pudesse "melhorar, administrar e configurar para seu proveito" (Furniss, 1957, p. 17 ss.).

Como Calibã, o proletariado personificava os "humores enfermos" que se escondiam no corpo social, começando pelos monstros repugnantes da ociosidade e do alcoolismo. Aos olhos de seus senhores, sua vida era pura inércia, mas, ao mesmo tempo, era paixão descontrolada e fantasia desenfreada, sempre pronta para explodir em violentos tumultos. Acima de tudo, era indisciplina, falta de produtividade, incontinência, desejo de satisfação física imediata; sua utopia não era uma vida de trabalho, e sim o país de Cocanha (Burke, 1978 [1999];

Graus, 1967),[26] onde as casas eram feitas de açúcar e os rios, de leite, e onde não apenas se podia obter o que se desejava sem esforço como se recebia dinheiro por comer e beber:

> Por dormir uma hora
> De sono profundo,
> Sem despertar,
> Ganha-se seis francos,
> E o mesmo para comer;
> E para bastante beber
> Ganha-se um dobrão de ouro;
> Esse país é engraçado,
> Ganha-se por dia
> Dez francos para amor fazer.
> (Burke, 1978, p. 190 [1999, p. 214])

A ideia de transformar esse ser preguiçoso, que sonhava a vida como um grande carnaval, em um trabalhador incansável deve ter parecido uma empreitada desesperadora. Significava, literalmente, "colocar o mundo de cabeça para baixo", mas de uma maneira totalmente capitalista, um

---

[26] Frantisek Graus (1967) afirma que "o nome 'Cocanha' apareceu pela primeira vez no século XIII (se supõe que *Cucaniensis* vem de *Kucken*) e parece ter sido usado como paródia", já que o primeiro contexto no qual foi encontrado é uma sátira de um monastério inglês da época de Eduardo II (Graus, 1967, p. 9). Graus discute a diferença entre o conceito medieval de "País das Maravilhas" e o conceito moderno de Utopia, argumentando que: "Na época moderna, a ideia básica de construção do mundo ideal significa que a Utopia deve estar povoada por seres ideais que se desfizeram de seus defeitos. Os habitantes de Utopia estão caracterizados por sua justiça e inteligência [...] Por outro lado, as visões utópicas da Idade Média começam a partir do homem tal e como é, e buscam realizar seus desejos atuais" (Graus, 1967, p. 9).
  Em Cocanha (*Schlaraffenland*), por exemplo, há comida e bebida em abundância, não há desejo de "alimentar-se" prudentemente, e sim de comer com gulodice, tal qual se havia desejado fazer na vida cotidiana: "Nesta Cocanha [...] também há uma fonte da juventude, na qual homens e mulheres entram por um lado para saírem pelo outro como belos jovens e meninas. Logo o relato continua com sua atitude de 'Mesa dos Desejos', que tão bem reflete a simples visão de uma vida ideal" (Graus, 1967, p. 7-8).
  Em outras palavras, o ideal de Cocanha não encarna nenhum projeto racional nem uma noção de "progresso"; é, no entanto, muito mais "concreto", "se apoia decididamente no entorno da aldeia" e "retrata um estado de perfeição não alcançado na época moderna" (Graus, 1967).

mundo onde a inércia do poder se converteria na falta de desejo e de vontade própria, onde a *vis erotica* se tornaria *vis lavorativa* e onde a necessidade seria experimentada apenas como carência, abstinência e penúria eterna.

Daí essa batalha contra o corpo, que caracterizou os primórdios do desenvolvimento capitalista e que continua, de diversas formas, até nossos dias. Vem desse contexto também a mecanização do corpo, que foi o projeto da nova filosofia natural e o ponto focal dos primeiros experimentos na organização do Estado. Se fizermos um apanhado desde a caça às bruxas até as especulações da filosofia mecanicista, incluindo as investigações meticulosas dos talentos individuais pelos puritanos, veremos que um único fio condutor une os caminhos aparentemente divergentes da legislação social, da reforma religiosa e da racionalização científica do universo. Essa foi uma tentativa de racionalizar a natureza humana, cujos poderes tinham que ser reconduzidos e subordinados ao desenvolvimento e à formação da mão de obra.

Como vimos, nesse processo o corpo foi progressivamente politizado; ele foi desnaturalizado e redefinido como o "outro", o objeto limite da disciplina social. Desse modo, o nascimento do corpo no século XVII também marcou seu fim, uma vez que o conceito de corpo deixaria de definir uma realidade orgânica específica para, em vez disso, tornar-se um significante político das relações de classe e das fronteiras movediças continuamente redesenhadas que essas relações produzem no mapa da exploração humana.

Mulheres voam em suas vassouras para o sabá depois de aplicar unguentos em seus corpos. Gravura em Thomas Lieber Erastus, *Dialogues touchant le pouvoir des sorcières* (1570).

CAPÍTULO 4
—
A GRANDE CAÇA ÀS BRUXAS NA EUROPA

INTRODUÇÃO 298 · A ÉPOCA DE QUEIMA DE BRUXAS E A INICIATIVA ESTATAL 302 · CRENÇAS DIABÓLICAS E MUDANÇAS NO MODO DE PRODUÇÃO 312 · CAÇA ÀS BRUXAS E REVOLTA DE CLASSES 320 · A CAÇA ÀS BRUXAS, A CAÇA ÀS MULHERES E A ACUMULAÇÃO DO TRABALHO 331 · A CAÇA ÀS BRUXAS E A SUPREMACIA MASCULINA: A DOMESTICAÇÃO DAS MULHERES 344 · A CAÇA ÀS BRUXAS E A RACIONALIZAÇÃO CAPITALISTA DA SEXUALIDADE 354 · A CAÇA ÀS BRUXAS E O NOVO MUNDO 365 · A BRUXA, A CURANDEIRA E O NASCIMENTO DA CIÊNCIA MODERNA 369

UM ANIMAL IMPERFEITO,
SEM FÉ, SEM LEI, SEM MEDO,
SEM CONSISTÊNCIA.

– DITADO FRANCÊS DO SÉCULO XVII
SOBRE AS MULHERES

EMBAIXO SÃO CENTAUROS, EM CIMA, MULHERES. SÃO DOS DEUSES SÓ DA CINTURA PARA CIMA, EMBAIXO É O CAPETA QUE MANDA. ALI É O INFERNO, ESCURIDÃO, UM FOGO SULFÚRICO ARDENDO, ESCALDANDO, FÉTIDO, CONSUMIDO DE PODRIDÃO!

– SHAKESPEARE, *REI LEAR* (1606 [2020])

> VOCÊS SÃO AS VERDADEIRAS HIENAS QUE NOS ENCANTAM COM A BRANCURA DE SUAS PELES E, QUANDO A LOUCURA NOS COLOCOU A SEU ALCANCE, VOCÊS SE LANÇARAM SOBRE NÓS. VOCÊS SÃO AS TRAIDORAS DA SABEDORIA, O IMPEDIMENTO DA INDÚSTRIA [...], OS IMPEDIMENTOS DA VIRTUDE E OS AGUILHÕES QUE NOS INSTIGAM A TODOS OS VÍCIOS, À IMPIEDADE E À RUÍNA. VOCÊS SÃO O PARAÍSO DOS NÉSCIOS, A PRAGA DO SÁBIO E O GRANDE ERRO DA NATUREZA.
>
> — WALTER CHARLETON, *EPHESIAN MATRON* [MATRONA DE ÉFESO] (1659)

INTRODUÇÃO

A caça às bruxas aparece raramente na história do proletariado. Continua a ser, até hoje, um dos fenômenos menos estudados na história da Europa[1] ou, talvez, da história mundial, se consideramos que a acusação de adoração ao demônio foi levada ao "Novo Mundo" pelos missionários e conquistadores como uma ferramenta para a subjugação das populações locais.

O fato de que a maior parte das vítimas na Europa tenham sido mulheres camponesas talvez possa explicar o motivo da indiferença dos historiadores em relação a tal genocídio; uma indiferença que beira a cumplicidade, já que a eliminação das bruxas das páginas da história contribuiu para banalizar sua eliminação física na fogueira, sugerindo que foi um fenômeno com um significado menor, quando não uma questão de folclore.

Até mesmo os estudiosos da caça às bruxas (no passado eram quase exclusivamente homens) eram frequentemente dignos herdeiros dos demonólogos do século XVI. Ainda que deplorassem o extermínio das bruxas, muitos insistiram em retratá-las como tolas miseráveis que sofriam com alucinações. Dessa maneira, sua perseguição poderia ser explicada como um processo de "terapia social" que serviu para reforçar a coesão amistosa (Midelfort, 1972, p. 3), ou poderia ser descrita em termos médicos como um "pânico", uma "loucura", uma "epidemia", todas caracterizações que tiram a culpa dos caçadores de bruxas e despolitizam seus crimes.

Os exemplos da misoginia que inspirou a abordagem acadêmica da caça às bruxas são abundantes. Como apontou Mary Daly já no ano recente de 1978, boa parte da literatura sobre

---

[1] Como sinalizou Erik Midelfort (1972, p. 7): "Com poucas exceções notáveis, o estudo da caça às bruxas se manteve impressionista. [...] É verdadeiramente notável quão poucas pesquisas existem sobre a bruxaria no caso da Europa, pesquisas que tentem enumerar todos os julgamentos a bruxas em certa cidade ou região".

esse tema foi escrita de "um ponto de vista favorável à execução das mulheres", o que desacredita as vítimas da sua perseguição, retratando-as como fracassos sociais (mulheres "desonradas" ou frustradas no amor) ou até mesmo como pervertidas que se divertiam zombando dos seus perseguidores masculinos com suas fantasias sexuais. Daly cita o exemplo da obra *The History of Psychiatry* [A história da psiquiatria], de F. G. Alexander e S. T. Selesnick, em que lemos que

> as bruxas acusadas frequentemente davam razão a seus perseguidores. Uma bruxa mitigava sua culpa confessando suas fantasias sexuais em audiência pública; ao mesmo tempo, alcançava certa gratificação erótica ao se ater a todos os detalhes diante de seus acusadores masculinos. Essas mulheres, gravemente perturbadas do ponto de vista emocional, eram particularmente suscetíveis à sugestão de que abrigavam demônios e diabos e estavam dispostas a confessar sua convivência com espíritos malignos, da mesma maneira que hoje em dia os indivíduos perturbados, influenciados pelas manchetes dos jornais, fantasiam serem assassinos procurados. (Daly, 1978, p. 213)

Tanto na primeira como na segunda geração de especialistas acadêmicos na caça às bruxas, podemos encontrar exceções a essa tendência de acusar as vítimas. Entre elas, devemos lembrar de Alan MacFarlane (1970), E. W. Monter (1969, 1976, 1977) e Alfred Soman (1992). Mas foi somente na sequência do movimento feminista que o fenômeno da caça às bruxas emergiu da clandestinidade a que foi confinado, graças à identificação das feministas com as bruxas, que logo foram adotadas como símbolo da revolta feminina (Bovenschen, 1978, p. 83 ss.).[2] As femi-

---

[2] Uma manifestação dessa identificação foi a criação da WITCH [bruxa], uma rede de grupos feministas autônomos que teve um papel importante na fase inicial do movimento de liberação das mulheres nos Estados Unidos. Como relata Robin Morgan, em *Sisterhood is Powerful* [Irmandade é poderosa] (1970), a WITCH nasceu durante o Halloween de 1968 em Nova York, mas "conciliábulos" rapidamente se formaram em outras cidades. O que a figura da bruxa significou para essas ativistas pode ser entendido por meio de um panfleto escrito pelo "conciliábulo" de Nova York que, depois de recordar que as bruxas

nistas reconheceram rapidamente que centenas de milhares de mulheres não poderiam ter sido massacradas e submetidas às torturas mais cruéis se não representassem um desafio à estrutura de poder. Também se deram conta de que essa guerra contra as mulheres, que se manteve durante um período de pelo menos dois séculos, constituiu um ponto de inflexão na história das mulheres na Europa, o "pecado original" no processo de degradação social que as mulheres sofreram com o advento do capitalismo, o que o conforma, portanto, como um fenômeno ao qual devemos retornar de forma reiterada se quisermos compreender a misoginia que ainda caracteriza a prática institucional e as relações entre homens e mulheres.

Ao contrário das feministas, os historiadores marxistas, salvo raras exceções – inclusive quando se dedicaram ao estudo da "transição ao capitalismo" –, relegaram a caça às bruxas ao esquecimento, como se carecesse de relevância para a história da luta de classes. As dimensões do massacre deveriam, entretanto, ter levantado algumas suspeitas: em menos de dois séculos, centenas de milhares de mulheres foram queimadas, enforcadas e torturadas.[3] Deveria parecer significativo o

---

foram as primeiras praticantes do controle de natalidade e do aborto, afirma: "As bruxas sempre foram mulheres que se atreveram a ser corajosas, agressivas, inteligentes, não conformistas, curiosas, independentes, sexualmente liberadas, revolucionárias. [...] WITCH vive e ri em cada mulher. Ela é a parte livre de cada uma de nós. [...] Você é uma bruxa por ser mulher, indomável, desvairada, alegre e imortal" (Morgan, 1970, p. 605-6).

Entre as escritoras feministas estadunidenses que, de uma forma mais consciente, identificaram a história das bruxas com a luta pela liberação das mulheres estão Mary Daly (1978), Starhawk (1982) e Barbara Ehrenreich e Deirdre English, cujo *Witches, Midwives and Nurses: A History of Women Healers* [Bruxas, parteiras e enfermeiras: uma história de mulheres que curam] (1973) foi para muitas feministas, inclusive para mim, a primeira aproximação à história da caça às bruxas.

[3] Quantas bruxas foram queimadas? Trata-se de uma questão controversa dentro da pesquisa acadêmica sobre a caça às bruxas, muito difícil de responder, já que muitos julgamentos não foram registrados ou, se foram, o número de mulheres executadas não está especificado. Além disso, muitos documentos, nos quais podemos encontrar referências aos julgamentos por bruxaria, ainda não foram estudados ou foram destruídos. Na década de 1970, Monter (1976, p. 21) advertiu, por exemplo, que era impossível calcular a quantidade de julgamentos seculares a bruxas ocorridos na Suíça, já que frequentemente só estavam mencionados nos arquivos fiscais – e tais arquivos ainda não foram analisados. Trinta anos depois, as cifras ainda são amplamente discrepantes.

Enquanto algumas acadêmicas feministas defendem que a quantidade de bruxas executadas equivale ao número de judeus assassinados na Alemanha nazista, de acordo com

fato de a caça às bruxas ter sido contemporânea ao processo de colonização e extermínio das populações do Novo Mundo, aos cercamentos ingleses, ao começo do tráfico de escravos, à promulgação das Leis Sangrentas contra vagabundos e mendigos, e de ter chegado a seu ponto culminante no interregno entre o fim do feudalismo e a "guinada" capitalista, quando os camponeses na Europa alcançaram o ponto máximo do seu poder, ao mesmo tempo que sofreram a maior derrota da sua história. Até agora, no entanto, esse aspecto da acumulação primitiva tem permanecido um verdadeiro mistério.[4]

Anne L. Barstow — com base no atual trabalho arquivístico —, aproximadamente duzentas mil mulheres foram acusadas de bruxaria em um lapso de três séculos, sendo que a menor parte delas foi assassinada. Barstow admite, entretanto, que é muito difícil estabelecer quantas mulheres foram executadas ou morreram pelas torturas que sofreram: "Muitos arquivos não enumeram os vereditos dos julgamentos [...] [ou] não incluem as mortas na prisão. [...] Outras levadas ao desespero pela tortura se suicidaram nas celas. [...] Muitas bruxas acusadas foram assassinadas na prisão. [...] Outras morreram nos calabouços pelas torturas sofridas" (Barstow, 1994, p. 22-3).

Levando em conta também as que foram linchadas, Barstow conclui que ao menos cem mil mulheres foram assassinadas, mas acrescenta que as que escaparam foram "arruinadas para toda a vida", já que, uma vez acusadas, "a suspeita e a hostilidade as perseguiriam até a cova" (Barstow, 1994, p. 22-3).

Enquanto a polêmica sobre a magnitude da caça às bruxas continua, Midelfort e Larner forneceram estimativas regionais. Midelfort (1972) descobriu que, no sudeste da Alemanha, ao menos 3,2 mil bruxas foram queimadas somente entre 1560 e 1670, um período no qual "já não queimavam uma ou duas bruxas, mas vintenas e centenas" (Lea, 1922, p. 549). Christina Larner (1981) estima em 4,5 mil a quantidade de mulheres executadas na Escócia entre 1590 e 1650, mas também concorda que o número pode ser muito maior, já que a prerrogativa de levar a cabo a caça às bruxas era conferida também a notáveis conterrâneos, que tinham liberdade para prender "bruxas" e estavam encarregados de manter os arquivos.

[4] Duas escritoras feministas — Starhawk e Maria Mies — explicaram a caça às bruxas no contexto da acumulação primitiva, chegando a conclusões muito similares às apresentadas neste livro. Em *Dreaming the Dark* [Sonhando com as trevas] (1982), Starhawk conectou a caça às bruxas com a desapropriação do campesinato europeu das terras comunais, com os efeitos sociais da inflação de preços causada pela chegada do ouro e prata americanos à Europa e com o surgimento da medicina profissional. Também sinalizou que: "A [bruxa] já se foi [...] [mas] seus medos e as forças contra as quais lutou durante sua vida ainda vivem. Podemos abrir nossos diários e ler as mesmas acusações contra o ócio dos pobres. [...] Os expropriadores vão ao Terceiro Mundo, destruindo culturas [...] roubando os recursos da terra e das pessoas. [...] Se ligamos o rádio, podemos escutar o ruído das chamas [...]. Mas a luta também continua" (Starhawk, 1997, p. 218-9). Enquanto Starhawk examina principalmente a caça às bruxas no contexto da ascensão da economia de mercado na Europa, *Patriarcado e acumulação em escala mundial* (1986 [2022]), de Maria Mies, conecta o fenômeno com o processo de colonização e com a crescente conquista da natureza que caracterizaram a dominação capitalista. Mies (1986, p. 69-70, 78-88 [2022, p. 149-51, 162-80]) sustenta que a caça às bruxas foi parte da tentativa da classe capitalista emergente de estabelecer seu controle sobre a capacidade produtiva das mulheres e, fundamentalmente, sobre sua potência procriativa no contexto de uma nova divisão sexual e internacional do trabalho, construída sobre a exploração das mulheres, das colônias e da natureza.

A ÉPOCA DE QUEIMA DE BRUXAS E A INICIATIVA ESTATAL

O que ainda não foi reconhecido é que a caça às bruxas constituiu um dos acontecimentos mais importantes no desenvolvimento da sociedade capitalista e na formação do proletariado moderno. Isso porque o desencadeamento de uma campanha de terror contra as mulheres, não igualada por nenhuma outra perseguição, debilitou a capacidade de resistência do campesinato europeu frente ao ataque lançado pela aristocracia latifundiária e pelo Estado, em uma época na qual a comunidade camponesa já começava a se desintegrar sob o impacto combinado da privatização da terra, do aumento dos impostos e da extensão do controle estatal sobre todos os aspectos da vida social. A caça às bruxas aprofundou a divisão entre mulheres e homens, inculcou nos homens o medo do poder das mulheres e destruiu um universo de práticas, crenças e sujeitos sociais cuja existência era incompatível com a disciplina do trabalho capitalista, redefinindo assim os principais elementos da reprodução social. Nesse sentido, de um modo similar ao ataque contemporâneo à "cultura popular" e ao "Grande Internamento" de pobres e vagabundos em hospícios e nas casas de trabalho e de correção, a caça às bruxas foi um elemento essencial da acumulação primitiva e da "transição" ao capitalismo.

Mais adiante, veremos que tipos de medo a caça às bruxas conseguiu espalhar em favor da classe dominante europeia e que efeitos tiveram na posição das mulheres na Europa. Nesse ponto, quero reforçar que, contrariamente à visão propagada pelo Iluminismo, a caça às bruxas não foi o último suspiro de um mundo feudal agonizante. É bem consagrado o fato de que a "supersticiosa" Idade Média não perseguiu nenhuma bruxa — o próprio conceito de "bruxaria" não tomou forma até a Baixa

Idade Média, e nunca houve julgamentos e execuções massivas durante a "Idade das Trevas", apesar de a magia ter impregnado a vida cotidiana e, desde o Império Romano tardio, ter sido temida pela classe dominante como ferramenta de insubordinação entre os escravizados.[5]

Nos séculos VII e VIII, o crime de *maleficium* foi introduzido nos códigos dos novos reinos teutônicos, tal como aconteceu com o código romano. Era a época da conquista árabe, que, aparentemente, agitou o coração dos escravizados na Europa ante a expectativa de liberdade, animando-os a pegar em armas contra seus donos.[6] Dessa forma, essa inovação legal pode ter sido uma reação ao medo gerado entre as elites pelo avanço dos "sarracenos", que, de acordo com o que se acreditava, eram grandes especialistas nas artes mágicas (Chejne, 1983, p. 115-32). Naquela época, porém, só eram castigadas por *maleficium* aquelas práticas mágicas que infligiam dano às pessoas e às coisas, e a Igreja só usou essa expressão para criticar os que acreditavam nos atos de magia.[7]

---

[5] Desde o Império Romano tardio, as classes dominantes consideraram que a magia era suspeita de compor a ideologia dos escravizados e de constituir um instrumento de insubordinação. Pierre Dockès cita *De Re Rustica*, de Columella, um agrônomo romano da República tardia — que, por sua vez, cita Cato —, no sentido de que a familiaridade com astrólogos, adivinhos e feiticeiros deveria ser mantida sob controle, pois tinha uma influência perigosa sobre os escravizados. Columella recomendou que o *villicus* [escravo ou liberto de confiança] "não deve fazer sacrifícios sem ordens do seu senhor. Não deve receber adivinhos nem magos, que se aproveitavam das superstições dos homens para os conduzir ao crime. [...] Deve evitar a confiança de harúspices e feiticeiros, duas classes de pessoas que infectam as almas ignorantes com o veneno das superstições sem fundamento" (Columella *apud* Dockès, 1982, p. 213).

[6] Dockès cita o seguinte extrato de *Os seis livros da República* (1576), de Jean Bodin: "O poder dos árabes cresceu somente desse modo [dando ou prometendo a liberdade aos escravizados]. Pois assim que o capitão Omar, um dos tenentes de Maomé, prometeu a liberdade aos escravizados que o seguiam, atraiu a tantos outros que, em poucos anos, eles se converteram em senhores de todo o Oriente. Os rumores de liberdade e as conquistas dos escravizados enalteceram o coração dos cativos na Europa e eles passaram a pegar em armas, primeiro na Espanha, em 781, e logo no Sacro Império, nos tempos de Carlos Magno e Luís I, o Piedoso, como se pode ver nos éditos expedidos na época contra as conspirações declaradas entre os escravizados. [...] Ao mesmo tempo, esse arranque de ira estalou na Alemanha, onde os escravizados, em pé de guerra, sacudiram as propriedades dos príncipes e as cidades, e inclusive Luís I, rei dos alemães, foi forçado a reunir todas as suas forças para os aniquilar. Pouco a pouco, isso forçou os cristãos a diminuir a servidão e a libertar os cativos, com exceção de algumas *corvées*" (Bodin *apud* Dockès, 1982, p. 237).

[7] O *Canon Episcopi* (século X), considerado o texto mais importante na documentação da tolerância da Igreja em relação às crenças mágicas, qualificou como "infiéis" aqueles

A situação mudou por volta da metade do século XV. Nessa época de revoltas populares, epidemias e crise feudal incipiente, tiveram lugar os primeiros julgamentos de bruxas (no sul da França, na Alemanha, na Suíça e na Itália), as primeiras descrições do sabá (Monter, 1976, p. 18)[8] e o desenvolvimento da doutrina sobre a bruxaria, na qual a feitiçaria foi declarada como uma forma de heresia e como o crime máximo contra Deus, contra a Natureza e contra o Estado (Monter, 1976, p. 11-7). Entre 1435 e 1487, foram escritos 28 tratados sobre bruxaria (Monter, 1976, p. 19), culminando, às vésperas da viagem de Colombo, na publicação do tristemente célebre *Malleus Maleficarum, o martelo das feiticeiras* (1486), que, de acordo com uma nova bula papal sobre a questão, a *Summis Desiderantes* (1484), de Inocêncio VIII, afirmava que a Igreja considerava a bruxaria como uma nova ameaça. Entretanto, o clima intelectual que predominou durante o Renascimento, especialmente na Itália, seguiu caracterizado pelo ceticismo em relação a tudo que fosse ligado ao sobrenatural. Intelectuais italianos, de Ludovico Ariosto a Giordano Bruno

---

que acreditavam em demônios e voos noturnos, argumentando que tais "ilusões" eram produtos do diabo (Russell, 1972, p. 76-7). Entretanto, em seu estudo sobre a caça às bruxas no sudoeste da Alemanha, H. C. Erik Midelfort questionou a ideia de que a Igreja, na Idade Média, fosse cética e tolerante no que diz respeito à bruxaria. Esse autor foi particularmente crítico ao uso que se fez do *Canon Episcopi*, defendendo que o texto afirma o oposto da interpretação corrente. Em outras palavras, não devemos concluir que a Igreja tolerava práticas mágicas porque o autor do *Canon* atacava a crença na magia. De acordo com Midelfort, a posição do *Canon* era a mesma que a Igreja sustentou até o século XVIII. A Igreja condenava a crença na possibilidade dos atos de magia porque considerava que era uma heresia maniqueísta atribuir poderes divinos às bruxas e aos demônios. Entretanto, sustentava que era correto castigar aqueles que praticavam a magia, porque acobertavam maldade e se aliavam ao demônio (Midelfort, 1975, p. 16-9). Midelfort reforça que até mesmo na Alemanha do século XVI o clero insistiu na necessidade de não acreditar nos poderes demoníacos. Mas sinaliza que: (i) a maioria dos julgamentos foi instigada e administrada por autoridades seculares, a quem não interessavam as disquisições teológicas; e (ii) tampouco entre o clero a distinção entre "maldade" e "feito maligno" teve muitas consequências práticas, já que, depois de tudo, muitos clérigos recomendaram que as bruxas fossem castigadas com a morte.

[8] O sabá apareceu pela primeira vez na literatura medieval por volta da metade do século XV. Rossell Hope Robbins (1959, p. 415) escreveu que "Johannes Nieder (1435), um dos primeiros demonólogos, desconhecia o sabá, mas o panfleto francês anônimo 'Errores Gazariarum' (1459) contém uma descrição detalhada da 'sinagoga'. Por volta de 1458, Nicholas Jacquier usou a palavra *sabbat*, apesar de seu relato ser pouco preciso; *sabbat* apareceu também em um informe sobre a perseguição às bruxas em Lyon em 1460 – já no século XVI, o *sabbat* era um componente conhecido da bruxaria".

e Nicolau Maquiavel, olharam com ironia para as histórias clericais sobre os atos do diabo, enfatizando, por outro lado (especialmente no caso de Bruno), o poder nefasto do ouro e do dinheiro. *Non incanti ma contanti* [não encantos, e sim moedas] é o lema de um personagem de uma das comédias de Bruno, que resume a perspectiva da elite intelectual e dos círculos aristocráticos da época (Parinetto, 1998, p. 29-99).

Foi depois de meados do século XVI, nas mesmas décadas em que os conquistadores espanhóis subjugaram as populações americanas, que a quantidade de mulheres julgadas como bruxas começou a aumentar. Além disso, a iniciativa da perseguição passou da Inquisição às cortes seculares (Monter, 1976, p. 26). A caça às bruxas alcançou o ápice entre 1580 e 1630, ou seja, numa época em que as relações feudais já estavam dando lugar às instituições econômicas e políticas típicas do capitalismo mercantil. Foi nesse longo "Século de Ferro" que, praticamente por meio de um acordo tácito entre países que a princípio estavam em guerra, se multiplicaram as fogueiras, ao passo que o Estado começou a denunciar a existência de bruxas e a tomar a iniciativa de persegui-las.

Foi a *Constitutio Criminalis Carolina* – o Código Legal Imperial promulgado pelo rei católico espanhol Carlos V em 1532 – que estabeleceu que a bruxaria seria penalizada com a morte. Na Inglaterra protestante, a perseguição foi legalizada por meio de três Atos do Parlamento, aprovados, respectivamente, em 1542, 1563 e 1604, sendo que o último introduziu a pena de morte inclusive na ausência de dano a pessoas ou a coisas. Depois de 1550, na Escócia, na Suíça, na França e nos Países Baixos Espanhóis, também foram aprovadas leis e ordenanças que fizeram da bruxaria um crime capital e incitaram a população a denunciar as suspeitas de bruxaria. Estas foram republicadas, nos anos seguintes, para aumentar a quantidade de pessoas que podiam ser executadas e, novamente, para fazer da *bruxaria por si só*, e não dos danos que supostamente provocava, um crime grave.

Os mecanismos da perseguição confirmam que a caça às bruxas não foi um processo espontâneo, "um movimento vindo de baixo, ao qual as classes governantes e administrativas estavam obrigadas a responder" (Larner, 1981, p. 1). Como Christina Larner demonstrou no caso da Escócia, a caça às bruxas requeria vasta organização e administração oficial.[9] Antes que os vizinhos se acusassem entre si ou que comunidades inteiras fossem presas do "pânico", teve lugar um firme doutrinamento, no qual as autoridades expressaram publicamente sua preocupação com a propagação das bruxas e viajaram de aldeia em aldeia para ensinar as pessoas a reconhecê-las, em alguns casos levando consigo listas de mulheres suspeitas de serem bruxas e ameaçando castigar aqueles que lhes dessem asilo ou lhes oferecessem ajuda (Larner, 1981, p. 2).

Na Escócia, a partir do Sínodo de Aberdeen (1603), os ministros da Igreja presbiteriana receberam ordens para perguntar a seus paroquianos, sob juramento, se suspeitavam que alguma mulher fosse bruxa. Nas igrejas, foram colocadas urnas para permitir aos informantes o anonimato; então, depois que uma mulher caísse sob suspeita, o ministro, no púlpito, exortava os fiéis a testemunharem contra ela e proibia que lhe oferecessem qualquer assistência (Black, 1971, p. 13). Em outros países também se provocavam denúncias. Na Alemanha, era essa a tarefa dos "visitantes" designados pela Igreja luterana com

---

[9] Os julgamentos por bruxaria eram custosos, já que podiam durar meses e se tornar uma fonte de trabalho para muita gente (Robbins, 1959, p. 111). Os pagamentos pelos "serviços" e as pessoas envolvidas – o juiz, o cirurgião, o torturador, o escriba, os guardas –, inclusive suas refeições e o vinho, estavam descaradamente incluídos nos arquivos dos processos, ao que é preciso agregar o custo das execuções e o de manter as bruxas na prisão. O que segue é a fatura de um julgamento na cidade escocesa de Kirkcaldy em 1636: "Por dez cargas de carvão, para as queimar: 5 marcos ou 3 libras, 6 xelins e 8 pences. Por um barril de alcatrão: 14 xelins. Pela tela de cânhamo para coletes para elas: 3 libras e 10 xelins. Por sua feitura: 3 libras. Para a viagem a Finmouth para que o *laird* [senhor de terras] ocupe sua sessão como juiz: 6 libras. Para o carrasco por seus esforços: 8 libras e 14 xelins. Por seus gastos neste lugar: 16 xelins e 4 pence" (Robbins, 1959, p. 114).
Os custos do julgamento de uma bruxa eram pagos pelos parentes da vítima, mas, "quando a vítima não tinha um centavo", eram custeados pelos cidadãos do povoado ou pelo proprietário de terras (Robbins, 1959, p. 114). Sobre esse tema, ver Mandrou (1968, p. 112 [1979, p. 93]) e Larner (1981, p. 115), entre outros.

o consentimento dos príncipes alemães (Strauss, 1975, p. 54). Na Itália setentrional, eram os ministros e as autoridades que alimentavam suspeitas e que se asseguravam de que resultassem em denúncias; também certificavam-se de que as acusadas ficassem completamente isoladas, forçando-as, entre outras coisas, a levar cartazes nas vestimentas para que as pessoas se mantivessem longe delas (Mazzali, 1988, p. 112).

A caça às bruxas foi também a primeira perseguição na Europa que usou propaganda multimídia com o objetivo de gerar uma psicose em massa entre a população. Uma das primeiras tarefas da imprensa foi alertar o público dos perigos que as bruxas representavam, utilizando, para isso, panfletos que publicizavam os julgamentos mais famosos e os detalhes de seus feitos mais atrozes (Mandrou, 1968, p. 136 [1979, p. 113]). Para esse trabalho, foram recrutados artistas, entre eles o alemão Hans Baldung, a quem devemos alguns dos mais mordazes retratos de bruxas. Mas foram os juristas, os magistrados e os demonólogos, frequentemente encarnados na mesma pessoa, os que mais contribuíram na perseguição: eles sistematizaram os argumentos, responderam aos críticos e aperfeiçoaram a maquinaria legal que, por volta do final do século XVI, deu um formato padronizado, quase burocrático, aos julgamentos, o que explica as semelhanças entre as confissões para além das fronteiras nacionais. No seu trabalho, os homens da lei contaram com a cooperação dos intelectuais de maior prestígio da época, incluindo filósofos e cientistas que ainda hoje são elogiados como os pais do racionalismo moderno. Entre eles estava o teórico político inglês Thomas Hobbes, que, apesar de seu ceticismo sobre a existência da bruxaria, aprovou a perseguição como forma de controle social. Outro inimigo feroz das bruxas — obsessivo em seu ódio a elas e em seus apelos para um derramamento de sangue — foi Jean Bodin, o famoso advogado e teórico político francês, a quem o historiador Hugh Trevor-Roper chama de o Aristóteles e o Montesquieu do século XVI. Bodin,

Esta é a primeira e mais famosa de uma série de gravuras explorando pornograficamente o corpo feminino sob a aparência de uma denúncia.
Hans Baldung, *O Sabá das Bruxas*, 1510, xilogravura.

a quem se atribui o primeiro tratado sobre a inflação, participou de muitos julgamentos e escreveu um livro sobre "provas" (*Demomania*, 1580) no qual insistia que as bruxas deveriam ser queimadas vivas, em vez de "misericordiosamente" estranguladas antes de serem atiradas às chamas; que deveriam ser cauterizadas, de forma que sua carne apodrecesse antes de morrer; e que seus filhos também deveriam ser queimados.

Bodin não foi um caso isolado. Nesse "século de gênios" — Bacon, Kepler, Galileu, Shakespeare, Pascal, Descartes —, que foi testemunho do triunfo da revolução copernicana, do nascimento da ciência moderna e do desenvolvimento do racionalismo científico e filosófico, a bruxaria tornou-se um dos temas de debate favoritos das elites intelectuais europeias. Juízes, advogados, estadistas, filósofos, cientistas e teólogos se preocuparam com o "problema", escreveram panfletos e demonologias, concluíram que este era o mais vil dos crimes e exigiram sua punição.[10]

Não pode haver dúvida, então, de que a caça às bruxas foi uma iniciativa *política* de grande importância. Reforçar esse ponto não significa minimizar o papel que a Igreja católica teve na perseguição. A Igreja católica forneceu o arcabouço metafísico e ideológico para a caça às bruxas e a estimulou, da mesma forma que anteriormente havia estimulado a perseguição aos hereges. Sem a Inquisição, sem as numerosas bulas papais que exortavam as autoridades seculares a procurar e castigar as "bruxas"

---

[10] Hugh Trevor-Roper (1967, p. 91) escreve: "[A caça às bruxas] foi levada adiante pelos papas refinados do Renascimento, pelos grandes reformadores protestantes, pelos santos da Contrarreforma, pelos acadêmicos, advogados e eclesiásticos. [...] Se esses dois séculos foram a era das luzes, temos que admitir que, ao menos em algum aspecto, a era da escuridão foi mais civilizada".

e, sobretudo, sem os séculos de campanhas misóginas da Igreja contra as mulheres, a caça às bruxas não teria sido possível. Mas, ao contrário do que sugere o estereótipo, a caça às bruxas não foi somente um produto do fanatismo papal ou das maquinações da Inquisição Romana. No seu apogeu, as cortes seculares conduziram a maior parte dos julgamentos, enquanto nas regiões onde a Inquisição operava (Itália e Espanha) a quantidade de execuções permaneceu comparativamente mais baixa. Depois da Reforma Protestante, que debilitou o poder da Igreja católica, a Inquisição começou inclusive a conter o fervor das autoridades contra as bruxas ao mesmo tempo que intensificava a perseguição aos judeus (Milano, 1963, p. 287-9; Cardini, 1989, p. 13-6; Prosperi, 1989, p. 217 ss.; Martin, 1989, p. 32).[11] Além disso, a Inquisição sempre dependeu da cooperação do Estado para levar adiante as execuções, já que o clero queria evitar a vergonha do derramamento de sangue. A colaboração entre a Igreja e o Estado foi ainda maior nas regiões em que a Reforma levou o Estado a se tornar a Igreja (como na Inglaterra) ou a Igreja a se tornar Estado (como em Genebra e, em menor grau, na Escócia). Nesses casos, um ramo do poder legislava e executava, e a ideologia religiosa revelava abertamente suas conotações políticas.

A natureza política da caça às bruxas também fica demonstrada pelo fato de que tanto as nações católicas quanto as protestantes, em guerra entre si quanto a todas as outras temáticas, se uniram e compartilharam argumentos para perseguir as bruxas.

---

11 Conforme escreve Ruth Martin acerca do trabalho da Inquisição em Veneza: "Uma comparação feita por [P. F.] Grendler sobre a quantidade de sentenças de morte concedidas pela Inquisição e pelos tribunais civis o levou a concluir que 'as inquisições italianas atuaram com grande moderação se comparadas aos tribunais civis', e que 'a Inquisição italiana esteve marcada mais pelos castigos levianos e pelas comutações do que pela severidade', uma conclusão confirmada recentemente por E. W. Monter em seu estudo da Inquisição no Mediterrâneo. [...] No que diz respeito aos julgamentos venezianos, não houve sentenças de execução nem de mutilação, e a condenação às galés era rara. As penas de longos tempos em prisão também eram raras, e quando se ditavam condenações desse tipo ou banimentos, estes eram frequentemente comutados depois de um lapso de tempo relativamente curto. [...] As solicitações daqueles que estavam na prisão para que se lhes permitisse passar à prisão domiciliar em decorrência de problemas de saúde também foram tratadas com compaixão" (Martin, 1989, p. 32-3).

Assim, não é um exagero dizer que *a caça às bruxas foi o primeiro terreno de unidade na política dos novos Estados-nação europeus, o primeiro exemplo de unificação europeia depois do cisma provocado pela Reforma*. Isso porque, atravessando todas as fronteiras, a caça às bruxas se disseminou da França e da Itália para Alemanha, Suíça, Inglaterra, Escócia e Suécia.

Que medos instigaram semelhante política combinada de genocídio? Por que se desencadeou semelhante violência? E por que foram as mulheres seus alvos principais?

CRENÇAS DIABÓLICAS E MUDANÇAS NO MODO DE PRODUÇÃO

Devemos destacar de imediato que, até o dia de hoje, não existem respostas seguras a essas perguntas. Um obstáculo fundamental no caminho para encontrar uma explicação reside no fato de que as acusações contra as bruxas foram tão grotescas e inacreditáveis que não podem ser comparadas com nenhuma outra motivação ou crime.[12] Como dar conta do fato de que, durante mais de dois séculos, em distintos países europeus, *centenas de milhares* de mulheres foram julgadas, torturadas, queimadas vivas ou enforcadas, acusadas de terem vendido seu corpo e sua alma ao demônio e, por meios mágicos, assassinado inúmeras crianças, sugado seu sangue, fabricado poções com sua carne, causado a morte de seus vizinhos, destruído gado e cultivos, provocado tempestades e realizado muitas outras abominações? (De todo modo, ainda hoje, alguns historiadores nos pedem que acreditemos que a caça às bruxas foi completamente razoável no contexto da estrutura de crenças da época!)

Outro problema é que não contamos com o ponto de vista das vítimas, já que tudo o que restou das suas vozes são as confissões redigidas pelos inquisidores, geralmente obtidas sob tortura. E, por melhor que escutemos — como foi feito por Carlo Ginzburg (1991 [2007]) — o que vem à tona para além do folclore

---

12 Também há provas de mudanças significativas no peso atribuído às acusações específicas, à natureza dos crimes comumente associados à bruxaria e à composição social dos acusadores e das acusadas. A mudança mais significativa é, talvez, que em uma fase prematura da perseguição (durante os julgamentos do século XV) a bruxaria foi vista principalmente como um crime coletivo, que dependia da organização de reuniões massivas, enquanto no século XVII foi vista como um crime de natureza individual, uma carreira maléfica na qual se especializavam bruxas isoladas — um signo da ruptura dos laços comunais que resultaram da crescente privatização da terra e da expansão das relações comerciais durante esse período.

tradicional, por entre as fissuras das confissões que se encontram nos arquivos, não contamos com nenhuma forma de determinar sua autenticidade. Além disso, o extermínio das bruxas não pode ser explicado como um simples produto da cobiça, já que nenhuma recompensa comparável às riquezas das Américas poderia ter sido obtida com a execução e o confisco dos bens de mulheres que eram, em sua maioria, pobres.[13]

É por essas razões que alguns historiadores, como Brian Levack (1987 [1988]), se abstiveram de apresentar uma teoria explicativa, contentando-se em identificar os pré-requisitos para a caça às bruxas — por exemplo, a mudança no procedimento legal de um sistema acusatório privado para um público durante a Baixa Idade Média; a centralização do poder estatal; e o impacto da Reforma e da Contrarreforma na vida social.

Não existe, entretanto, a necessidade de tal agnosticismo, nem temos que decidir se os caçadores de bruxas acreditavam realmente nas acusações que dirigiram contra suas vítimas ou se as empregavam cinicamente como instrumentos de repressão social. Se considerarmos o contexto histórico no qual se produziu a caça às bruxas, o gênero e a classe das acusadas, bem como os efeitos da perseguição, podemos concluir que a caça às bruxas na Europa foi um ataque à resistência que as mulheres apresentaram contra a difusão das relações capitalistas e contra o poder que obtiveram em virtude de sua sexualidade, de seu controle sobre a reprodução e de sua capacidade de cura.

Caçar bruxas foi também fundamental para a construção de uma nova ordem patriarcal em que o corpo das mulheres, seu trabalho e seus poderes sexuais e reprodutivos foram colocados

---

[13] A Alemanha é uma exceção dentro desse padrão, já que ali a caça às bruxas afetou muitos membros da burguesia, inclusive muitos vereadores. Sem dúvida, na Alemanha, o confisco da propriedade foi o principal motivo por trás da perseguição, o que explica o fato de esta ter alcançado ali proporções incomparáveis com qualquer outro país, com exceção da Escócia. Entretanto, de acordo com Midelfort, a legalidade do confisco foi controversa; e até mesmo no caso das famílias ricas não lhes subtraíram mais de um terço da propriedade. Midelfort (1972, p. 164-9) acrescenta que, na Alemanha, "é inquestionável que a maior parte das pessoas executadas era pobre".

sob o controle do Estado e transformados em recursos econômicos. O que quer dizer que os caçadores de bruxas estavam menos interessados no castigo de qualquer transgressão específica do que na eliminação de formas generalizadas de comportamento feminino — que já não toleravam e que tinham que se tornar abomináveis aos olhos da população. O fato de que as acusações nos julgamentos se referiam frequentemente a acontecimentos ocorridos havia várias décadas; de que a bruxaria tivesse sido transformada em um *crimen exceptum*, ou seja, um crime que deveria ser investigado por meios especiais, incluindo a tortura; e de que eram puníveis inclusive na ausência de qualquer dano comprovado a pessoas e coisas são fatores que indicam que o alvo da caça às bruxas — como ocorre reiteradamente com a repressão política em épocas de intensa mudança e conflito social — não eram crimes socialmente reconhecidos, mas práticas anteriormente aceitas de grupos de indivíduos que tinham que ser erradicados da comunidade por meio do terror e da criminalização. Nesse sentido, a acusação de bruxaria cumpriu uma função similar à que cumpre o crime de "lesa-majestade" — que, de forma significativa, foi introduzido no código legal inglês no mesmo período — e a acusação de "terrorismo" atualmente. A própria imprecisão da acusação — o fato de que era impossível comprová-la, ao mesmo tempo que evocava o máximo horror — significava que ela podia ser utilizada para castigar qualquer forma de protesto, com a finalidade de gerar suspeita inclusive sobre os aspectos mais corriqueiros da vida cotidiana.

 Uma primeira ideia sobre o significado da caça às bruxas na Europa pode ser encontrada na tese proposta por Michael Taussig em seu clássico trabalho *O diabo e o fetichismo da mercadoria na América do Sul* (1980 [2010]). Nesse livro, o autor sustenta que as crenças diabólicas surgem em períodos históricos em que um modo de produção é substituído por outro. Em tais períodos, não somente as condições materiais de vida são transformadas radicalmente, mas também o são os fundamentos metafísicos da ordem social – por exemplo, a concepção de como se cria o valor, do que gera vida e crescimento, do que é "natural" e do que é antagônico aos costumes estabelecidos e às relações sociais (Taussig, 1980, p. 17 ss. [2010, p. 42 ss.]). Taussig desenvolveu sua teoria com base no estudo das crenças de trabalhadores rurais colombianos e de mineradores de estanho bolivianos numa época em que, em ambos os países, estavam surgindo certas relações monetárias que, aos olhos do povo, se associavam com a morte e inclusive com o diabólico, em comparação às formas de produção mais antigas, que ainda persistiam, orientadas à subsistência. Desse modo, nos casos analisados por Taussig, eram os pobres que suspeitavam da adoração ao demônio por parte dos mais ricos. Ainda assim, essa associação entre o diabo e a forma mercadoria nos faz lembrar também que, por trás da caça às bruxas, esteve a expansão do capitalismo rural, que incluiu a abolição de direitos consuetudinários e a primeira onda de inflação na Europa moderna. Esses fenômenos levaram ao crescimento da pobreza, da fome e do deslocamento social (Le Roy Ladurie, 1974, p. 208 [1997, p. 238]) e transferiram o poder para as mãos de uma nova classe de "modernizadores" que viram com medo e repulsa as formas de vida comunais típicas da Europa pré-capitalista. Foi por causa da iniciativa dessa classe protocapitalista que a caça às bruxas alçou voo, tanto como "plataforma na qual uma ampla gama de crenças e práticas populares [...] podiam ser perseguidas" (Normand & Roberts, 2000, p. 65) quanto como uma arma com a qual se podia derrotar a resistência à reestruturação social e econômica.

É significativo que a maioria dos julgamentos por bruxaria na Inglaterra tenha ocorrido em Essex, região em que a maior parte da terra foi cercada durante o século XVI,[14] enquanto

---

[14] Ainda não foi feita nenhuma análise séria da relação entre as mudanças na posse da terra – sobretudo a privatização da terra – e a caça às bruxas. Alan MacFarlane, o primeiro a sugerir que existiu uma importante conexão entre os cercamentos em Essex e a caça às bruxas na mesma área, se retratou depois (MacFarlane, 1978 [1989]). Apesar disso, a relação entre ambos os fenômenos é inquestionável. Como vimos no capítulo 2, a privatização

nas Ilhas Britânicas, onde a privatização da terra não ocorreu e tampouco foi parte da pauta, não existem registros de caça às bruxas. Os exemplos mais marcantes, nesse contexto, são a Irlanda e as Terras Altas Ocidentais da Escócia, onde não é possível encontrar nenhum rastro da perseguição, provavelmente porque em ambas as regiões ainda predominavam os laços de parentesco e um sistema coletivo de posse da terra, que impediram as divisões comunais e o tipo de cumplicidade com o Estado que tornou possível a caça às bruxas. Dessa maneira, nas Terras Baixas da Escócia, que passaram por um processo de privatização e de conversão à religião anglicana, e onde a economia de subsistência foi desaparecendo sob o impacto da Reforma presbiteriana, a caça às bruxas custou a vida de quatro mil vítimas — o equivalente a 1% da população feminina.

Que a difusão do capitalismo rural, com todas as suas consequências (expropriação da terra, aprofundamento das diferenças sociais, deterioração das relações coletivas), tenha sido um fator decisivo no contexto de caça às bruxas é algo que também se pode provar pelo fato de que a maioria dos acusados eram mulheres camponesas pobres — *cottars*,[15] trabalhadoras assalariadas —, enquanto os que as acusavam eram abastados e prestigiosos membros da comunidade, muitas vezes seus próprios empregadores ou senhores de terra, ou seja, pessoas que faziam parte das estruturas locais de poder e que com frequência tinham laços estreitos com o Estado central. Somente quando a perseguição avançou e o medo de bruxas — assim como o medo de ser acusada de bruxaria ou de "associação subversiva" — foi disseminado entre a população é que as acusações começaram a vir também dos vizinhos.

---

da terra foi um fator significativo — direta e indiretamente — para o empobrecimento que sofreram as mulheres no período em que a caça às bruxas alcançou proporções massivas. Ao mesmo tempo que a terra foi privatizada e o comércio de terras se desenvolveu, as mulheres se tornaram vulneráveis a um duplo processo de expropriação: por parte dos ricos compradores de terras e por parte dos homens com os quais se relacionavam.

15 *Cottar* é o termo escocês usado para designar uma espécie de camponês lavrador. Os *cottars* ocupavam casas de campo e cultivavam pequenos pedaços de terra. [N.T.]

Uma imagem clássica da bruxa inglesa: velha, decrépita, rodeada de animais e de suas cupinchas, e ainda mantendo uma postura provocadora. Frontispício de *The Wonderful Discoveries of the Witchcrafts of Margaret and Phillip Flowers* (1619).

Na Inglaterra, as bruxas eram normalmente mulheres velhas que viviam da assistência pública ou mulheres que sobreviviam indo de casa em casa mendigando restos de comida, um jarro de vinho ou de leite; se eram casadas, seus maridos costumavam ser trabalhadores diaristas, mas, na maioria das vezes, eram viúvas e viviam sozinhas. Sua pobreza se destaca nas confissões. Era em tempos de necessidade que o diabo aparecia para elas, para assegurar-lhes que, a partir daquele momento, "nunca mais deveriam pedir", mesmo que o dinheiro que lhes seria entregue em tais ocasiões rapidamente se transformasse em cinzas, um detalhe talvez relacionado com a experiência da hiperinflação que era comum na época (Larner, 1981, p. 95; Mandrou, 1968, p. 77 [1979, p. 64]). Quanto aos crimes diabólicos das bruxas, eles não nos parecem mais que a luta de classes desenvolvida na escala do vilarejo: o "mau-olhado", a maldição do mendigo a quem se negou a esmola, a inadimplência no pagamento do aluguel, a demanda por assistência pública (MacFarlane, 1970, p. 97; Thomas, 1971, p. 565 [1991, p. 455]; Kittredge, 1929, p. 163). As distintas formas pelas quais a luta de classes contribuiu na criação da figura da bruxa inglesa podem ser observadas nas acusações contra Margaret Harkett, uma velha viúva de 65 anos, enforcada em Tyburn, em 1585:

> Ela havia colhido um cesto cheio de ervilhas no campo de um vizinho, sem pedir licença. Solicitada a devolvê-las, ela as atirou no chão com raiva; a partir desse momento, nunca mais cresceram ervilhas naquele campo. Depois, os empregados de William Goodwin negaram-lhe fermento, e desde então a cervejaria dele deixou de produzir. Um beleguim que a apanhou pegando lenha no terreno do senhor dele bateu nela, e ficou louco. Um vizinho negou-lhe um cavalo; todos os cavalos dele morreram. Outro pagou por um par de sapatos menos do que ela havia pedido; mais tarde, morreu. Um cavalheiro mandou seus empregados recusarem-lhe leitelho; depois disso, nunca mais conseguiram fazer manteiga ou queijo. (Thomas, 1971, p. 556 [1991, p. 448-9])

Encontramos o mesmo padrão de relato no caso das mulheres que foram "apresentadas" perante a corte em Chelmsford, Windsor e Osyth. A Mãe Waterhouse, enforcada em Chelmsford em 1566, era uma "mulher muito pobre", descrita como alguém que mendigava um pouco de bolo ou manteiga e que era "brigada" com muitos dos seus vizinhos (Rosen, 1969, p. 76-82). Elizabeth Stile, Mãe Devell, Mãe Margaret e Mãe Dutton, executadas em Windsor no ano de 1579, também eram viúvas pobres; Mãe Margaret vivia num abrigo, como a sua suposta líder, Mãe Seder, e todas saíam para mendigar, supostamente vingando-se quando lhes recusavam esmolas (Rosen, 1969, p. 83-91). Quando lhe negaram um pouco de levedura, Elizabeth Francis, uma das bruxas de Chelmsford, amaldiçoou uma vizinha, que mais tarde teve uma forte dor de cabeça. Mãe Staunton cochichou de forma suspeita enquanto se afastava de um vizinho que lhe negou levedura, ao que o filho do vizinho adoeceu gravemente (Rosen, 1969, p. 96). Ursula Kemp, enforcada em Osyth em 1582, tornou coxa uma tal de Grace depois que esta não lhe deu um pouco de queijo; também fez com que se inchasse o traseiro do filho de Agnes Letherdale depois que esta lhe negou um punhado de areia para polir. Alice Newman amaldiçoou de morte Johnson, o cobrador de impostos dos pobres, depois que este se negou a lhe dar doze centavos; também castigou um tal Butler, que não lhe deu um pedaço de carne (Rosen, 1969, p. 119). Encontramos um padrão similar na Escócia, onde as acusadas também eram *cottars* pobres, que ainda possuíam um pedaço de terra próprio, mas que mal sobreviviam, frequentemente despertando a hostilidade de seus vizinhos por terem empurrado seu gado para pastar na terra deles ou por não terem pagado o aluguel (Larner, 1981).

CAÇA ÀS BRUXAS E REVOLTA DE CLASSES

Como podemos ver nesses casos, a caça às bruxas se desenvolveu em um ambiente no qual os "de melhor estirpe" viviam num estado de constante temor perante as "classes baixas", das quais certamente se podia esperar que abrigassem pensamentos malignos, já que nesse período estavam perdendo tudo o que tinham.

Não surpreende que esse medo se expressasse como um ataque à magia popular. A batalha contra a magia sempre acompanhou o desenvolvimento do capitalismo, até os dias de hoje. A premissa da magia é que o mundo é animado, imprevisível, e que existe uma força em todas as coisas: "água, árvores, substâncias, palavras" (Wilson, 2000, p. xvii), de maneira que cada acontecimento é interpretado como a expressão de um poder oculto que deve ser decifrado e moldado de acordo com a vontade de cada um. As implicações que isso tem na vida cotidiana vêm descritas, provavelmente com certo exagero, na carta que um sacerdote alemão enviou depois de uma visita pastoral a um vilarejo em 1594:

> O uso de encantamentos está tão difundido que não há homem ou mulher que comece ou faça algo [...] sem primeiro recorrer a algum sinal, encantamento, ato de magia ou método pagão. Por exemplo, durante as dores de parto, quando se pega ou se solta a criança [...] quando se levam os animais ao campo [...] quando um objeto foi perdido ou não conseguiram encontrá-lo [...] ao fechar as janelas à noite, quando alguém adoece ou uma vaca se comporta de forma estranha, recorrem imediatamente ao adivinho para perguntar-lhe quem os roubou, quem os enfeitiçou, ou para obter um amuleto. A experiência cotidiana dessa gente nos mostra que não há limite

> para o uso das superstições. [...] Aqui, todos participam das práticas supersticiosas, com palavras, nomes, rimas, usando os nomes de Deus, da Santíssima Trindade, da Virgem Maria, dos doze Apóstolos. [...] Essas palavras são pronunciadas tanto abertamente como em segredo; estão escritas em pedaços de papel, engolidos, levados como amuletos. Também fazem sinais, ruídos e gestos estranhos. E, depois, fazem magia com ervas, raízes e ramos de certas árvores; têm seu dia e lugar especial para todas essas coisas. (Strauss, 1975, p. 63)

Como aponta Stephen Wilson em *The Magical Universe* [O universo mágico] (2000), as pessoas que praticavam esses rituais eram majoritariamente pobres que lutavam para sobreviver, sempre tentando evitar o desastre e com o desejo, portanto, de "aplacar, persuadir e inclusive manipular essas forças que controlam tudo [...] para se manter longe de danos e do mal, e para obter o bem, que consistia na fertilidade, no bem-estar, na saúde e na vida" (Wilson, 2000, p. xviii). Mas, aos olhos da nova classe capitalista, essa concepção anárquica e molecular da difusão do poder no mundo era insuportável. Para controlar a natureza, a organização capitalista do trabalho devia rejeitar o imprevisível que está implícito na prática da magia, assim como a possibilidade de se estabelecer uma relação privilegiada com os elementos naturais e a crença na existência de poderes a que somente alguns indivíduos tinham acesso, não sendo, portanto, facilmente generalizáveis e exploráveis. Como vimos, a magia constituía também um obstáculo para a racionalização do processo de trabalho e uma ameaça para o estabelecimento do princípio da responsabilidade individual. Sobretudo, a magia parecia uma forma de rejeição do trabalho, de insubordinação, e um instrumento de resistência de base ao poder. O mundo devia ser "desencantado" para poder ser dominado.

Por volta do século XVI, o ataque contra a magia já tinha começado e as mulheres eram os alvos mais prováveis. Mesmo quando não eram feiticeiras/magas experientes, chamavam-nas para marcar os animais quando adoeciam, para curar os vizinhos, para ajudar a encontrar objetos perdidos ou roubados, para ceder amuletos ou poções para o amor ou para ajudar a prever o futuro. Embora a caça às bruxas estivesse dirigida a uma ampla variedade de práticas femininas, foi principalmente devido a essas capacidades – como feiticeiras, curandeiras, encantadoras ou adivinhas – que as mulheres foram perseguidas,[16] pois, ao recorrerem ao poder da magia, debilitavam o poder das autoridades e do Estado, dando confiança aos pobres em sua capacidade para manipular o ambiente natural e social e, possivelmente, para subverter a ordem constituída.

É de se duvidar, porém, que as artes mágicas praticadas pelas mulheres durante gerações tivessem sido ampliadas até o ponto de se converterem em uma conspiração demoníaca, se não tivessem ocorrido num contexto de intensa crise e luta social. A coincidência entre crise socioeconômica e caça às bruxas foi apontada por Henry Kamen, que observou que foi "exatamente no período de aumento de preços mais importante (entre o final do século XVI e a primeira metade do século XVII) que houve o maior número de acusações e perseguições" (Kamen, 1972, p. 249).[17]

Ainda mais significativa é a coincidência entre a intensificação da perseguição e a eclosão das revoltas urbanas e rurais. Tais revoltas se expressaram na Guerra Camponesa contra a privatização da terra, que incluíram as insurreições contra os "cercamentos" na Inglaterra (em 1549, 1607, 1628 e 1631), quando

---

[16] Entretanto, à medida que a caça às bruxas se estendeu, se ofuscaram as distinções entre a bruxa profissional e aquelas mulheres que lhe pediam ajuda ou realizavam práticas de magia sem pretenderem ser especialistas.

[17] Midelfort (1972, p. 123-4) também vê uma conexão entre a Revolução dos Preços e a perseguição às bruxas. Sobre a intensificação de julgamentos de bruxas no sudoeste da Alemanha depois de 1620, escreveu: "Os anos 1622-1623 foram testemunhas da total ruptura do sistema monetário. O dinheiro se depreciou a tal ponto que os preços dispararam a perder de vista. A primavera do ano 1625 foi fria e as colheitas foram más, de Würzburg, passando por Württemberg, até o Vale do Reno. No ano seguinte houve fome no Vale do Reno. [...] Essas condições elevaram os preços para além do que muitos trabalhadores podiam suportar".

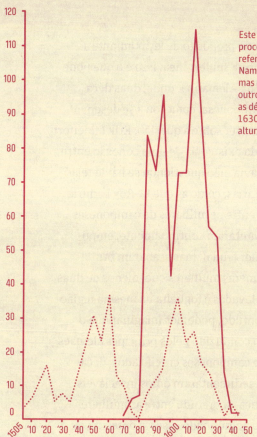

Este gráfico, indicando a dinâmica dos processos a bruxas entre 1505 e 1650, refere-se especificamente à área de Namur (——) e da Lorena (---), na França, mas é representativo da perseguição em outros países europeus. Por toda parte, as décadas-chave foram as de 1550 a 1630, quando o preço da comida foi às alturas (Kamen, 1972).

centenas de homens, mulheres e crianças, armados com forquilhas e pás, começaram a destruir as cercas erguidas ao redor das terras comunais, proclamando que "a partir de agora nunca mais precisaremos trabalhar". Na França, entre 1593 e 1595, ocorreu a revolta dos *croquants* contra os dízimos, contra os impostos excessivos e contra o aumento do preço do pão, um fenômeno que causou fome extrema e maciça em amplas áreas da Europa.

Durante essas revoltas, foram muitas vezes as mulheres que dispararam e dirigiram a ação. Um exemplo foi a revolta ocorrida em Montpellier, no ano de 1645, iniciada por mulheres que tentavam proteger seus filhos da fome, assim como a revolta de Córdoba, em 1652, também promovida por mulheres. Além disso, as mulheres — depois que as revoltas foram esmagadas e muitos dos homens foram encarcerados ou massacrados – persistiram no propósito de levar adiante a resistência, ainda que de forma subterrânea. Isso é o que pode ter acontecido no sudoeste da Alemanha, onde, duas décadas após o fim da Guerra Camponesa, começou a se desenvolver a caça às bruxas. Ao escrever sobre a questão, Erik Midelfort (1972, p. 68) rejeitou a tese da existência de uma conexão entre esses dois fenômenos. Todavia, não questionou se havia relações familiares ou comunitárias, como as que Le Roy Ladurie encontrou em Cevennes,[18] entre os milhares de camponeses que, de 1476 até 1525, se levantaram continuamente, empunhando armas contra o poder feudal, mas acabaram brutalmente derrotados, e as inúmeras mulheres que, menos de duas décadas mais tarde, foram levadas à fogueira na mesma região e nos mesmos vilarejos. Contudo, podemos imaginar que o feroz trabalho de repressão conduzido pelos príncipes alemães e as centenas e centenas de camponeses crucificados, decapitados e queimados vivos sedimentaram ódios insaciáveis e planos secretos de vingança, sobretudo entre as mulheres mais velhas, que haviam testemunhado esses acontecimentos e deles se recordavam, sendo, por isso, mais inclinadas a tornar pública, de diversas maneiras, sua hostilidade contra as elites locais.

A perseguição às bruxas se desenvolveu nesse terreno. Foi uma guerra de classes levada a cabo por outros meios. Não podemos deixar de ver, nesse contexto, uma conexão entre o medo de revolta e a insistência dos acusadores no sabá ou na sinagoga das bruxas,[19] a famosa reunião noturna em que

---

[18] Le Roy Ladurie (1987, p. 208) escreve: "Entre esses levantes frenéticos (sic) [as caças às bruxas] e as autênticas revoltas populares, que também alcançaram seu clímax nas mesmas montanhas entre 1580 e 1600, houve uma série de coincidências geográficas, cronológicas e às vezes familiares".
[19] Na obsessão com o sabá ou sinagoga, como era chamada a mítica reunião de bruxas, encontramos uma prova da continuidade entre a perseguição às bruxas e a perseguição aos judeus. Como hereges e propagadores da sabedoria árabe, os judeus eram vistos como feiticeiros, envenenadores e adoradores do demônio. As histórias sobre a prática da circuncisão, que diziam que os judeus matavam crianças em rituais, contribuíram para retratá-los como seres diabólicos. "Uma e outra vez os judeus foram descritos (nos mistérios [teatro

supostamente se reuniam milhares de pessoas, vindas, muitas vezes, de lugares muito distantes. Não há como determinar se, ao evocar os horrores do sabá, as autoridades miravam formas de organização reais. Mas não há dúvida de que, na obsessão dos juízes por essas reuniões diabólicas, além do eco da perseguição aos judeus, escutamos o eco das reuniões secretas que os camponeses realizavam à noite, nas colinas desertas e nos bosques, para planejar suas revoltas.[20] A historiadora italiana Luisa Muraro escreveu sobre isso na obra *La Signora del Gioco* [A Senhora do Jogo] (1977), um estudo sobre os julgamentos das bruxas que ocorreram nos Alpes italianos no começo do século XVI:

> Durante os julgamentos no Vale de Fiemme, uma das acusadas disse espontaneamente aos juízes que, uma noite, enquanto estava nas montanhas com sua sogra, viu um grande fogo ao longe. "Fuja, fuja", gritou sua avó, "esse é o fogo da Senhora do Jogo". "Jogo" (*gioco*), em muitos dialetos do norte da Itália, é o nome mais antigo para o sabá (nos julgamentos do Vale de Fiemme ainda se menciona uma figura feminina que dirigia o jogo). [...] Em 1525, na mesma região, houve um levante camponês. Eles exigiam a eliminação de dízimos e tributos, liberdade para caçar, menos conventos, hospitais para os pobres, o direito de cada vilarejo eleger seu sacerdote [...]. Incendiaram castelos, conventos e casas do clero. Porém, foram derrotados, massacrados, e os que sobreviveram foram perseguidos durante anos por vingança das autoridades.

Muraro conclui:

---

medieval] e também nas *sketches*) como 'demônios do Inferno, inimigos da raça humana'" (Trachtenberg, 1944, p. 23). Sobre a conexão entre a perseguição aos judeus e a caça às bruxas, ver também *Ecstasies* (1991), de Carlo Ginzburg, capítulos 1 e 2.
20 A referência provém aqui dos conspiradores do Bundschuh — o sindicato de camponeses alemães cujo símbolo era o tamanco —, que na Alsácia, na década de 1490, conspirou para um levante contra a Igreja e o castelo. Friedrich Engels comenta que estavam habituados a fazer suas reuniões durante a noite no solitário Hunger Hill (Engels, 1977, p. 66).

> O fogo da Senhora do Jogo desaparece ao longe, enquanto, no primeiro plano, estão os fogos da revolta e as fogueiras da repressão. [...] Só podemos supor que os camponeses se reuniam secretamente à noite ao redor de uma fogueira para se esquentar e conversar [...] e que aqueles que sabiam guardavam sigilo sobre essas reuniões proibidas, apelando à velha lenda. [...] Se as bruxas tinham segredos, esse deve ter sido um deles. (Muraro, 1977, p. 46-7)

A revolta de classe, somada à transgressão sexual, era um elemento central nas descrições do sabá, retratado como uma monstruosa orgia sexual e como uma reunião política subversiva, que culminava com a descrição dos crimes que os participantes haviam cometido e com o diabo dando instruções às bruxas para se rebelarem contra seus senhores. Também é significativo que o pacto entre a bruxa e o diabo era chamado de *conjuratio*, como os pactos que escravizados e trabalhadores em luta faziam frequentemente (Dockès, 1982, p. 222; Tigar & Levy, 1977, p. 136), e o fato de que, na visão dos acusadores, o diabo representava uma promessa de amor, poder e riquezas pelas quais uma pessoa estava disposta a vender sua alma, ou seja, infringir todas as leis naturais e sociais.

A ameaça de canibalismo, um tema central na morfologia do sabá, recorda também, segundo Henry Kamen, a morfologia das revoltas, já que os trabalhadores rebeldes às vezes demonstravam seu desprezo por aqueles que vendiam seu sangue, ameaçando comê-los.[21] Kamen menciona o que ocorreu no povoado de Romans (em Dauphiné, na França), no inverno de 1580, quando camponeses rebelados contra os dízimos proclamaram

---

21 O historiador italiano Luciano Parinetto sugeriu que a questão do canibalismo pode ter sido importada do Novo Mundo, já que canibalismo e adoração do demônio se fundiam nos informes sobre os "índios" realizados pelos conquistadores e seus cúmplices no clero. Para fundamentar a tese, Parinetto cita o *Compendium Maleficarum* (1608), de Francesco Maria Guazzo, que, do seu ponto de vista, demonstra que os demonólogos na Europa foram influenciados, no seu retrato das bruxas como canibais, por informes provenientes do Novo Mundo. De qualquer forma, as bruxas na Europa foram acusadas de sacrificar crianças ao demônio muito antes da Conquista e da colonização da América.

que, "em menos de três dias, se venderá carne cristã" e, então, durante o carnaval, "o líder dos rebeldes, vestido com pele de urso, comeu iguarias que se fizeram passar por carne cristã" (Kamen, 1972, p. 334; Le Roy Ladurie, 1981a, p. 189, 216). Noutra ocasião, em Nápoles, no ano de 1585, durante um protesto contra os altos preços do pão, os rebeldes mutilaram o corpo do magistrado responsável pelo aumento e colocaram à venda pedaços da sua carne (Kamen, 1972, p. 335). Kamen aponta que comer carne humana simbolizava uma inversão total dos valores sociais, indo ao encontro da imagem da bruxa como personificação da perversão moral que sugerem muitos dos rituais atribuídos à prática da bruxaria: a missa celebrada ao contrário e as danças em sentido anti-horário (Clark, 1980; Kamen, 1972). De fato, a bruxa era um símbolo vivo do "mundo de ponta-cabeça", uma imagem recorrente na literatura da Idade Média, vinculada a aspirações milenares de subversão da ordem social.

A dimensão subversiva e utópica do sabá das bruxas é destacada também, de um ângulo diferente, por Luciano Parinetto, que, em *Streghe e Potere* [Bruxas e poder] (1998), insistiu na necessidade de realizar uma interpretação moderna dessa reunião, fazendo uma leitura de seus aspectos transgressores do ponto de vista do desenvolvimento de uma disciplina capitalista do trabalho. Parinetto pontua que a dimensão noturna do sabá era uma violação à regularização capitalista contemporânea do tempo de trabalho, além de um desafio à propriedade privada e à ortodoxia sexual, já que as sombras noturnas confundiam as distinções entre os sexos e entre "o meu e o seu". Parinetto sustenta também que *o voo, a viagem*, um elemento importante nas acusações contra as bruxas, deve ser interpretado como um ataque à mobilidade dos imigrantes e dos trabalhadores itinerantes, um fenômeno novo, refletido no medo que pairava contra os vagabundos, que tanto preocupavam as autoridades nesse período. Parinetto conclui que, considerado em sua especificidade histórica, o sabá noturno aparece como uma demonização da utopia

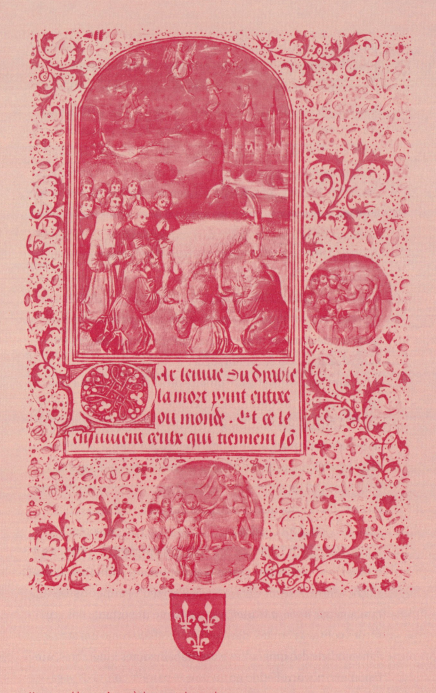

Hereges valdenses. A caça às bruxas se desenvolveu primeiro nas regiões em que a perseguição aos hereges havia sido mais intensa. No primeiro período, em algumas áreas da Suíça, as bruxas eram conhecidas como *vaudois*. Miniatura no manuscrito de Johann Tinctor, *Tractatus Contra Sectam Valdensium* (c. 1460).

encarnada na rebelião contra os senhores e como uma ruptura dos papéis sexuais, representando também um uso do espaço e do tempo contrário à nova disciplina capitalista do trabalho. Nesse sentido, há uma continuidade entre a caça às bruxas e a perseguição precedente dos hereges, que castigou formas específicas de subversão social com o pretexto de impor uma ortodoxia religiosa. De forma significativa, a caça às bruxas se desenvolveu primeiro nas regiões onde a perseguição aos hereges foi mais intensa: no sul da França, na Cordilheira do Jura, no norte da Itália. Em algumas regiões da Suíça, numa fase inicial, as bruxas eram chamadas pela expressão "herege" ou "valdense" (*vaudois*) (Monter, 1976, p. 22; Russell, 1972, p. 34 ss.).[22] Além disso, os hereges também foram queimados na fogueira como traidores da verdadeira religião, e acusados de crimes que logo entraram no decálogo da bruxaria: sodomia, infanticídio, adoração aos animais. Em certa medida, são acusações habituais que a Igreja sempre lançou contra as religiões rivais. Mas, como vimos, a revolução sexual foi um ingrediente essencial do movimento herético, desde os cátaros até os adamitas. Os cátaros, em particular, desafiavam a degradada visão que a Igreja tinha das mulheres e defendiam a rejeição ao matrimônio e inclusive à procriação, que consideravam uma forma de enganar a alma. Também adotaram a religião maniqueísta, que, de acordo com alguns historiadores, foi responsável pela crescente preocupação da Igreja com a presença do diabo no mundo durante a Baixa Idade Média e pela visão da bruxaria como uma espécie de contra-Igreja por parte da Inquisição. Dessa maneira, não há como duvidar da continuidade entre a heresia e a bruxaria, ao menos nessa primeira etapa da caça às bruxas. No entanto, a caça às bruxas se deu em um contexto histórico distinto, que

---

[22] Nos séculos XIV e XV, a Inquisição acusou mulheres, hereges e judeus de bruxaria. A palavra *Hexerei* (bruxaria) foi usada pela primeira vez durante os julgamentos realizados entre 1419 e 1420 em Lucerna e Interlaken (Russell, 1972, p. 203).

havia sido transformado de forma dramática, primeiro pelos traumas e pelos deslocamentos produzidos pela Peste Negra – um divisor de águas na história europeia – e, mais tarde, nos séculos XV e XVI, pela profunda mudança nas relações de classe que trouxe consigo a reorganização capitalista da vida econômica e social. Inevitavelmente, então, até mesmo os elementos de continuidade visíveis (por exemplo, o banquete noturno promíscuo) tinham um significado diferente do que tiveram seus antecessores na luta da Igreja contra os hereges.

A CAÇA ÀS BRUXAS, A CAÇA ÀS MULHERES E A ACUMULAÇÃO DO TRABALHO

A diferença mais importante entre a heresia e a bruxaria é que esta última era considerada um crime feminino. Isso pode ser notado especialmente no momento em que a perseguição alcançou um ponto máximo, no período compreendido entre 1550 e 1650. Em um momento anterior, os homens chegaram a representar até 40% dos acusados — e um número menor deles continuou sendo processado posteriormente, sobretudo vagabundos, mendigos, trabalhadores itinerantes, assim como ciganos e padres de classe baixa. Já no século XVI, a acusação de adoração ao demônio se tornou um tema comum nas lutas políticas e religiosas; quase não houve bispo ou político que, no momento de maior exaltação, não fosse acusado de praticar bruxaria. Protestantes acusavam católicos, especialmente o papa, de servir ao demônio; o próprio Lutero foi acusado da prática de magia, como também o foram John Knox, na Escócia, Jean Bodin, na França, e muitos outros. Os judeus também foram seguidamente acusados de adorar ao demônio, e muitas vezes foram retratados com chifres e garras. Mas o fato mais notável é que mais de 80% das pessoas julgadas e executadas pelo crime de bruxaria na Europa nos séculos XVI e XVII eram mulheres. De fato, mais mulheres foram perseguidas por bruxaria nesse período do que por qualquer outro crime, exceto, de forma significativa, o de infanticídio.

O fato de a figura da bruxa ser uma mulher também era enfatizado pelos demonólogos, que se regozijavam por Deus ter livrado os homens de tamanho flagelo. Como fez notar Sigrid Brauner (1995), os argumentos utilizados para justificar esse fenômeno foram mudando. Enquanto os autores do *Malleus*

Maleficarum explicavam que as mulheres tinham mais tendência à bruxaria devido à sua "luxúria insaciável", Martinho Lutero e os escritores humanistas ressaltaram as debilidades morais e mentais das mulheres como origem dessa perversão. De todo modo, todos apontavam as mulheres como seres diabólicos.

Outra diferença entre as perseguições aos hereges e às bruxas é que as acusações de perversão sexual e infanticídio contra as bruxas tinham um papel central e estavam acompanhadas pela virtual demonização das práticas contraceptivas.

A associação entre contracepção, aborto e bruxaria apareceu pela primeira vez na bula de Inocêncio VIII (1484), que se queixava de que,

> através de seus encantamentos, feitiços, conjurações, além de outras superstições execráveis e sortilégios, atrocidades e ofensas horrendas, [as bruxas] destroem as crias das mulheres. [...] Elas impedem a procriação dos homens e a concepção das mulheres; daí que nem os maridos podem realizar o ato sexual com suas mulheres nem as mulheres podem realizá-lo com seus maridos. (Kors & Peters, 1972, p. 107-8)

A partir desse momento, os crimes reprodutivos ocuparam um lugar de destaque nos julgamentos. No século XVII, as bruxas foram acusadas de conspirar para destruir a potência geradora de humanos e animais, de praticar abortos e de pertencer a uma seita infanticida dedicada a assassinar crianças ou ofertá-las ao demônio. Também na imaginação popular, a bruxa começou a ser associada à imagem de uma velha luxuriosa, hostil à vida nova, que se alimentava de carne infantil ou usava o corpo das crianças para fazer poções mágicas — um estereótipo que, mais tarde, seria popularizado pelos livros infantis.

Qual foi a razão de tal mudança na trajetória que vai da heresia à bruxaria? Em outras palavras, por que, no transcurso de um século, os hereges tornaram-se mulheres, e por que a transgressão religiosa e social foi predominantemente redefinida como um crime reprodutivo?

Na década de 1920, a antropóloga inglesa Margaret Murray propôs, em *O culto das bruxas na Europa Ocidental* (1921 [2005]), uma explicação que foi recentemente utilizada pelas ecofeministas e pelas praticantes da wicca. Murray defendeu que a bruxaria foi uma religião matrifocal na qual a Inquisição centrou sua atenção depois da derrota das heresias, estimulada por um novo medo à desviação doutrinal. Em outras palavras, as mulheres processadas como bruxas pelos demonólogos eram (de acordo com essa teoria) praticantes de antigos cultos de fertilidade destinados a propiciar partos e reprodução — cultos que existiram nas regiões do Mediterrâneo durante milhares de anos, mas aos quais a Igreja se opôs por representarem ritos pagãos, além de constituírem uma ameaça ao seu poder.[23] Entre os fatores mencionados na defesa dessa perspectiva, estão a presença de parteiras entre as acusadas; o papel que as mulheres tiveram na Idade Média como curandeiras comunitárias; e o fato de, até o século XVI, o parto ser considerado um "mistério" feminino. Entretanto, essa hipótese não é capaz de explicar a especificidade do momento da caça às bruxas, tampouco de nos dizer por que esses cultos da fertilidade se tornaram tão abomináveis aos olhos das autoridades a ponto de levar ao extermínio das mulheres que praticavam a antiga religião.

---

[23] A tese de Murray foi revisitada nos últimos anos graças ao renovado interesse das ecofeministas pela relação entre as mulheres e a natureza nas primeiras sociedades matrifocais. Entre as que interpretaram as bruxas como defensoras de uma antiga religião ginocêntrica que idolatrava as potências reprodutivas se encontra Mary Condren. Em *The Serpent and the Goddess* [A serpente e a deusa] (1989), Condren sustenta que a caça às bruxas foi parte de um longo processo pelo qual o cristianismo deslocou as sacerdotisas da antiga religião, afirmando, a princípio, que elas usavam seus poderes para propósitos malignos e negando, depois, que tivessem semelhantes poderes (Condren, 1989, p. 80-6). Um dos argumentos mais interessantes da autora está relacionado com a conexão entre a perseguição às bruxas e a intenção dos sacerdotes cristãos de se apropriarem dos poderes reprodutivos das mulheres. A autora mostra como os sacerdotes participaram em uma verdadeira concorrência com as "mulheres sábias", realizando milagres reprodutivos, fazendo com que mulheres estéreis ficassem grávidas, mudando o sexo de bebês, realizando abortos sobrenaturais e, por último, mas não menos importante, dando abrigo a crianças abandonadas (Condren, 1989, p. 84).

Uma explicação distinta é a que aponta a proeminência dos crimes reprodutivos nos julgamentos por bruxaria como uma consequência das altas taxas de mortalidade infantil, que eram típicas dos séculos XVI e XVII, devido ao crescimento da pobreza e da desnutrição. As bruxas, segundo se sustenta, eram acusadas pelo fato de que morriam muitas crianças, de que morriam subitamente, de que morriam pouco depois de nascer ou de que eram vulneráveis a uma grande gama de enfermidades. Essa explicação, entretanto, não vai muito longe. Ela não dá conta do fato de que as mulheres que eram chamadas de bruxas também eram acusadas de impedir a concepção, e não é capaz de situar a caça às bruxas no contexto da política econômica e institucional do século XVI. Dessa maneira, perde de vista a significativa conexão entre o ataque às bruxas e o desenvolvimento de uma nova preocupação, entre os estadistas e economistas europeus, com a questão da reprodução e do tamanho da população, a rubrica sob a qual se discutia a questão da extensão da força de trabalho naquela época. Como vimos anteriormente, a questão do trabalho se tornou especialmente urgente no século XVII, quando a população na Europa começou a entrar em declínio novamente, fazendo surgir o espectro de um colapso demográfico similar ao que se deu nas colônias americanas nas décadas que se seguiram à Conquista. Com esse pano de fundo, parece plausível que a caça às bruxas tenha sido, pelo menos em parte, uma tentativa de criminalizar o controle da natalidade e de colocar o corpo feminino — o útero — a serviço do aumento da população e da acumulação da força de trabalho.

Essa é uma hipótese; o que podemos afirmar com certeza é que a caça às bruxas foi promovida por uma classe política que estava preocupada com a diminuição da população e motivada pela convicção de que uma população numerosa constitui a riqueza de uma nação. Os séculos XVI e XVII marcaram o momento de apogeu do mercantilismo e testemunharam o início dos registros demográficos (nascimentos, mortes e matrimônios),

Bruxas assando crianças.
Xilogravura em Francesco Maria Guazzo, *Compendium Maleficarum* (1608).

do recenseamento e da formalização da própria demografia como a primeira "ciência de Estado", o que constitui uma prova clara da importância estratégica que começava a adquirir o controle dos movimentos da população para os círculos políticos que instigavam a caça às bruxas (Cullen, 1975, p. 6 ss.).[24]

Também sabemos que muitas bruxas eram parteiras ou "mulheres sábias", tradicionalmente depositárias do conhecimento e do controle reprodutivo femininos (Midelfort, 1972, p. 172). O *Malleus* dedicou-lhes um capítulo inteiro, no qual afirmava que elas eram piores que quaisquer outras mulheres, já

---

24 Em meados do século XVI, a maioria dos países europeus começou a realizar estatísticas com regularidade. Em 1560, o historiador italiano Francesco Guicciardini expressou sua surpresa ao tomar conhecimento de que, na Antuérpia e nos Países Baixos, as autoridades normalmente não recolhiam dados demográficos, exceto nos casos de "urgente necessidade" (Helleiner, 1958, p. 1-2). Durante o século XVII, todos os Estados em que houve caça às bruxas promoveram também o crescimento demográfico (Helleiner, 1958, p. 46).

O drama da mortalidade infantil é bem expresso nesta imagem, que pertence a uma série de 41 gravuras. Hans Holbein, o Jovem, "37 – A Criança Pequena", 1538, xilogravura da série *A Dança da Morte*.

que ajudavam as mães a destruir o fruto do seu ventre — uma conspiração facilitada, acusavam, pela restrição à entrada de homens nas habitações onde as mulheres pariam.[25] Ao notarem que não havia uma só cabana que não desse guarida a alguma parteira, os autores recomendaram que essa arte não deveria ser permitida a nenhuma mulher, a menos que demonstrasse de antemão ser uma "boa católica". Essa recomendação não passou despercebida. Como vimos, as parteiras ou eram contratadas para vigiar as mulheres (para verificar, por exemplo, se não ocultavam uma gravidez ou se tinham filhos fora do casamento) ou eram marginalizadas. Tanto na França quanto na Inglaterra, a partir do final do século XVI, poucas mulheres foram autorizadas a praticar a obstetrícia, uma atividade que, até então, havia sido seu mistério inviolável. Por volta do início do século XVII, começaram a aparecer os primeiros homens parteiros e, em questão de um século, a obstetrícia havia caído quase completamente sob o controle estatal.

Segundo Alice Clark (1968, p. 265),

> o contínuo processo de substituição das mulheres por homens na profissão é um exemplo do modo como elas foram excluídas de todos os ramos de trabalho especializado, conforme as oportunidades de obtenção de um treinamento profissional adequado lhes eram negadas.

---

[25] Monica Green desafiou, entretanto, a ideia de que na Idade Média existisse uma divisão sexual do trabalho médico tão rígida que os homens estivessem excluídos do cuidado das mulheres e, em particular, da ginecologia e da obstetrícia. Também sustenta que as mulheres estiveram presentes, embora em menor quantidade, em todos os ramos da medicina, não somente como parteiras mas também como médicas, boticárias, barbeiras-cirurgiãs. Green questiona o argumento comum de que as parteiras tenham sido especialmente perseguidas pelas autoridades e de que seja possível estabelecer uma conexão entre a caça às bruxas e a expulsão das mulheres da profissão médica a partir dos séculos XIV e XV. Argumenta que as restrições à prática foram resultado de inúmeras tensões sociais (na Espanha, por exemplo, do conflito entre cristãos e muçulmanos) e que, enquanto as crescentes limitações à prática das mulheres puderam ser documentadas, não ocorreu o mesmo com as razões que se deram por trás delas. A autora admite que as questões imperantes por trás dessas limitações eram de origem "moral", ou seja, estavam relacionadas com considerações sobre o caráter das mulheres (Green, 1989, p. 453 ss.).

Contudo, interpretar o declínio social da parteira como um caso de desprofissionalização feminina deixa escapar sua importância fundamental. Há provas convincentes de que, na verdade, as parteiras foram marginalizadas porque não eram vistas como confiáveis e porque sua exclusão da profissão acabou com o controle das mulheres sobre a reprodução.[26]

Do mesmo modo que os cercamentos expropriaram as terras comunais do campesinato, a caça às bruxas expropriou o corpo das mulheres, o qual foi assim "liberado" de qualquer obstáculo que lhe impedisse de funcionar como máquina para produzir mão de obra. A ameaça da fogueira ergueu barreiras mais terríveis ao redor do corpo das mulheres do que as cercas levantadas nas terras comunais.

Podemos imaginar o efeito que teve nas mulheres o fato de ver suas vizinhas, suas amigas e suas parentes ardendo na fogueira, enquanto percebiam que qualquer iniciativa contraceptiva de sua parte poderia ser interpretada como produto de uma perversão demoníaca.[27] Procurar entender o que as mulheres caçadas como bruxas e as demais mulheres de suas comunidades deviam pensar, sentir e decidir a partir desse horrendo ataque — em outras palavras, lançar um olhar à perseguição "vindo de dentro", como Anne L. Barstow fez no seu *Chacina de feiticeiras* (1994 [1995]) — também nos possibilita evitar

---

[26] Jacques Gelis escreve que "o Estado e a Igreja desconfiaram tradicionalmente dessa mulher cuja prática era frequentemente secreta e impregnada de magia, quando não de bruxaria, e que podia sem dúvida contar com o apoio da comunidade rural". Foi necessário sobretudo quebrar a cumplicidade, verdadeira ou imaginada, das *sages-femmes* em crimes como o aborto, o infanticídio e o abandono de crianças (Gelis, 1977, p. 927 ss.). Na França, o primeiro édito que regulava a atividade das *sages-femmes* foi promulgado em Estrasburgo no final do século XVI. No final do século XVII, as *sages-femmes* estavam completamente sob o controle do Estado e eram usadas como força reacionária em campanhas de reforma moral (Gelis, 1977).

[27] Isso pode explicar por que os contraceptivos, que foram amplamente usados na Idade Média, desapareceram no século XVII, sobrevivendo somente nos ambientes da prostituição. Quando reapareceram, já estavam em mãos masculinas, de tal maneira que mulheres não podiam usá-los, exceto com permissão dos homens. De fato, durante muito tempo, o único contraceptivo oferecido pela medicina burguesa foi o preservativo. A camisinha começou a aparecer na Inglaterra no século XVIII. Uma de suas primeiras menções aparece no diário de James Boswell (*apud* Helleiner, 1958, p. 94).

Bruxas oferecem crianças ao diabo. Xilogravura de autoria desconhecida, veiculada em um folheto sobre o processo de Agnes Sampson, em 1591.

especulações sobre as intenções dos perseguidores e, em vez disso, concentrar nossa atenção nos efeitos que a caça às bruxas provocou sobre a posição social das mulheres. Desse ponto de vista, não pode haver dúvida de que a caça às bruxas destruiu os métodos que as mulheres utilizavam para controlar a procriação, posto que eles eram denunciados como instrumentos diabólicos, e institucionalizou o controle do Estado sobre o corpo feminino, o principal pré-requisito para sua subordinação à reprodução da força de trabalho.

Todavia, a bruxa não era só a parteira, a mulher que evitava a maternidade ou a mendiga que, a duras penas, ganhava a

Três mulheres são queimadas vivas no mercado de Guernsey, Inglaterra. Gravura de autoria desconhecida, século XVI.

vida roubando um pouco de lenha ou de manteiga dos vizinhos. Também era a mulher libertina e promíscua — a prostituta ou a adúltera e, em geral, a mulher que praticava sua sexualidade fora dos vínculos do casamento e da procriação. Por isso, nos julgamentos por bruxaria, a "má reputação" era prova de culpa. A bruxa era também a mulher rebelde que respondia, discutia, insultava e não chorava sob tortura. Aqui, a expressão "rebelde" não se refere necessariamente a nenhuma atividade subversiva específica em que possa estar envolvida uma mulher. Pelo contrário, descreve a *personalidade feminina* que se havia desenvolvido, especialmente entre o campesinato, no contexto da luta contra o poder feudal, quando as mulheres atuaram à frente dos movimentos heréticos, muitas vezes organizadas em associações femininas, apresentando um desafio crescente à autoridade masculina e à Igreja. As descrições das bruxas nos lembram as mulheres tal como eram representadas nos autos de moralidade medievais e nos *fabliaux*: prontas para tomar a iniciativa, tão agressivas e vigorosas quanto os homens, vestindo roupas masculinas ou montando com orgulho nas costas dos seus maridos, segurando um chicote.

Sem dúvida, entre as acusadas havia mulheres suspeitas de crimes específicos. Uma foi acusada de envenenar o marido; outra, de causar a morte do seu empregador; outra, de ter prostituído a filha (Le Roy Ladurie, 1974, p. 203-4 [1997, p. 225-6]). E não só as mulheres delinquentes eram levadas a juízo, *mas as mulheres enquanto mulheres, em particular aquelas das classes inferiores*, as quais geravam tanto medo que, nesse caso, a relação entre educação e punição foi virada de ponta-cabeça. "Devemos disseminar o terror entre algumas, castigando muitas", declarou Jean Bodin. E, de fato, em alguns vilarejos, poucas foram poupadas.

Além disso, o sadismo sexual demonstrado durante as torturas às quais eram submetidas as acusadas revela uma misoginia sem paralelo na história e não pode ser justificado a partir de nenhum crime específico. O padrão do procedimento era despir e depilar completamente as acusadas (dizia-se que o demônio se escondia entre seus cabelos); depois, elas eram furadas com longas agulhas por todo o corpo, inclusive na vagina, em busca do sinal com o qual o diabo supostamente marcava suas criaturas (tal como os patrões na Inglaterra faziam com os escravizados fugitivos). Muitas vezes, elas eram estupradas; investigava-se se eram ou não virgens – um sinal da sua inocência; e, se não confessavam, eram submetidas a provações ainda mais atrozes: seus membros eram arrancados, sentavam-nas em cadeiras de ferro embaixo das quais se acendia fogo; seus ossos eram esmagados. E, quando eram enforcadas ou queimadas, tomava-se cuidado para que a lição a ser extraída de sua pena não fosse ignorada. A execução era um importante evento público que todos os membros da comunidade deviam presenciar, inclusive os filhos das bruxas, e especialmente suas filhas, que, em alguns casos, eram açoitadas em frente à fogueira na qual podiam ver a mãe ardendo viva.

A caça às bruxas foi, portanto, uma guerra contra as mulheres; foi uma tentativa coordenada de degradá-las, demonizá-las e destruir seu poder social. Ao mesmo tempo, foi precisamente nas câmaras de tortura e nas fogueiras onde as bruxas pereceram que se forjaram os ideais burgueses de feminilidade e domesticidade.

Também nesse caso, a caça às bruxas amplificou as tendências sociais de então. De fato, existe uma continuidade inconfundível entre as práticas que foram alvo da caça às bruxas e aquelas que estavam proibidas pela nova legislação introduzida na mesma época com a finalidade de regular a vida familiar e as relações de gênero e de propriedade. De um extremo a outro da Europa Ocidental, à medida que a caça às bruxas avançava, aprovavam-se leis que castigavam as adúlteras com a morte (na Inglaterra e na Escócia, com a fogueira, como no caso do crime de lesa-majestade) e a prostituição era colocada na ilegalidade, assim como os nascimentos fora do casamento, ao passo que o infanticídio foi transformado em crime capital.[28] Ao mesmo tempo, as amizades femininas tornaram-se objeto de suspeita, denunciadas no púlpito como uma subversão da aliança entre marido e mulher, da mesma

---

[28] Em 1556, Henrique II sancionou na França uma lei que punia como assassina qualquer mulher que ocultasse sua gravidez e cujo filho nascesse morto. Uma lei similar foi sancionada na Escócia em 1563. Até o século XVIII, o infanticídio foi castigado na Europa com a pena de morte. Na Inglaterra, durante o Protetorado, foi introduzida a pena de morte por adultério.

Ao ataque aos direitos reprodutivos da mulher, e à introdução de novas leis que sancionavam a subordinação da esposa ao marido no âmbito familiar, deve-se agregar a criminalização da prostituição, a partir de meados do século XVI. Como vimos no capítulo 2, as prostitutas eram submetidas a castigos atrozes, tais como a *acabussade*. Na Inglaterra, eram marcadas na testa com ferro quente, de maneira semelhante à "marca do diabo", depois eram chicoteadas e tinham seus cabelos raspados como bruxas. Na Alemanha, a

maneira que as relações entre mulheres foram demonizadas pelos acusadores das bruxas, que as forçavam a delatar umas às outras como cúmplices do crime. Foi também nesse período que, como vimos, a palavra *gossip* [fofoca], que na Idade Média significava "amiga", mudou de significado, adquirindo uma conotação depreciativa: mais um sinal do grau a que foram solapados o poder das mulheres e os laços comunais.

Há também, no plano ideológico, uma estreita correspondência entre a imagem degradada da mulher, forjada pelos demonólogos, e a imagem da feminilidade construída pelos debates da época sobre a "natureza dos sexos",[29] que canonizava uma mulher estereotipada, fraca do corpo e da mente e biologicamente inclinada ao mal, o que efetivamente servia para justificar o controle masculino sobre as mulheres e a nova ordem patriarcal.

prostituta podia ser afogada, queimada ou enterrada viva. Nesse caso, também, ela tinha seus cabelos raspados — o cabelo era visto como o lugar favorito do diabo. Em algumas ocasiões lhe cortavam o nariz, uma prática de origem árabe, usada para castigar "crimes de honra" e infligida também às mulheres acusadas de adultério.
    Assim como a bruxa, a prostituta era supostamente reconhecida pelo seu "mau-olhado". Supunha-se que a transgressão sexual era diabólica e dava às mulheres poderes mágicos. Sobre a relação entre o erotismo e a magia no Renascimento, ver Couliano (1987).
29 O debate sobre a natureza dos sexos começou na Baixa Idade Média e foi retomado no século XVII.

A CAÇA ÀS BRUXAS E A SUPREMACIA MASCULINA: A DOMESTICAÇÃO DAS MULHERES

A política sexual da caça às bruxas é revelada pela relação entre a bruxa e o diabo, uma das novidades introduzidas pelos julgamentos dos séculos XVI e XVII. A Grande Caça às Bruxas marcou uma mudança na imagem do diabo em comparação àquela que podia ser encontrada nas hagiografias medievais ou nos livros dos magos do Renascimento. No imaginário anterior, o diabo era retratado como um ser maligno, mas com pouco poder – em geral, bastava borrifar água benta e dizer algumas palavras santas para derrotar suas tramas. Sua imagem era a de um malfeitor fracassado que, longe de inspirar terror, possuía algumas virtudes. O diabo medieval era um especialista em lógica, competente em assuntos legais, às vezes representado atuando na defesa de seu caso perante um tribunal (Seligmann, 1948, p. 151-8).[30] Também era um trabalhador qualificado, que podia ser usado para cavar minas ou construir muralhas de cidades, ainda que fosse rotineiramente enganado ao chegar o momento de receber sua recompensa. A visão renascentista da relação entre o diabo e o mago também retratava sempre o diabo como um ser subordinado, chamado ao dever, querendo ou não, como um criado, e feito para agir de acordo com a vontade do seu senhor.

A caça às bruxas inverteu a relação de poder entre o diabo e a bruxa. Agora, a mulher era a criada, a escrava, o súcubo de

---

[30] *Tu non pensavi ch'io loico fossi!* [Tu não pensavas que eu fosse um lógico!], ri o Diabo no "Inferno" de Dante, enquanto arrebata a alma de Bonifácio VIII, que sutilmente pensou escapar do fogo eterno arrependendo-se no exato momento de cometer seus crimes (Alighieri, 1990, canto XXVII, verso 123).

O diabo leva a alma de uma mulher que o servia.
Olaus Magnus, *Da Punição das Bruxas*, 1555, xilogravura em *Historia de Gentibus Septentrionalibus*, v. 3.

corpo e alma, enquanto o diabo era, ao mesmo tempo, seu dono e senhor, cafetão e marido. Por exemplo, era o diabo que "se dirigia à suposta bruxa. Ela raramente o fazia aparecer" (Larner, 1981, p. 148). Depois de aparecer para ela, o diabo pedia-lhe que se tornasse sua criada, e o que vinha a seguir era um exemplo clássico da relação senhor/escravo, marido/mulher. Ele imprimia nela sua marca, tinha relações sexuais com ela e, em alguns casos, inclusive modificava seu nome (Larner, 1981, p. 148). Além disso, em uma clara previsão do destino matrimonial das mulheres, a caça às bruxas introduzia *um só diabo*, em vez da multidão de diabos que pode ser encontrada no mundo medieval e renascentista, e *um diabo masculino*, por sinal, em contraste com as figuras femininas (Diana, Hera, a Senhora do Jogo), cujos cultos estavam presentes entre as mulheres da Idade Média, tanto nas regiões mediterrâneas quanto nas teutônicas.

O grau de preocupação dos caçadores de bruxas com a afirmação da supremacia masculina pode ser constatado pelo fato de que, até mesmo quando se rebelavam contra as leis humanas e divinas, as mulheres tinham que ser retratadas como subservientes a um homem, e o ponto culminante de sua rebelião — o famoso pacto com o diabo — devia ser representado como um contrato de casamento pervertido. A analogia matrimonial era levada a tal ponto que as bruxas chegavam a confessar que elas "não se atreviam a desobedecer o diabo" ou, ainda mais curioso, que elas não tinham nenhum prazer em copular com ele, uma contradição no que diz respeito à ideologia da caça às bruxas, para a qual a bruxaria era consequência da luxúria insaciável das mulheres.

A caça às bruxas não só santificava a supremacia masculina como também induzia os homens a temer as mulheres e até mesmo a vê-las como destruidoras do sexo masculino. Segundo pregavam os autores do *Malleus Maleficarum*, as mulheres são lindas de se ver, mas contaminam ao serem tocadas; elas atraem os homens, mas só para fragilizá-los; fazem de tudo para lhes satisfazer, mas o prazer que dão é mais amargo que a morte, pois seus vícios custam aos homens a perda da alma — e talvez do órgão sexual (Kors & Peters, 1972, p. 114-5). Supostamente, uma bruxa podia castrar os homens ou deixá-los impotentes, por meio do congelamento de suas forças geradoras ou fazendo com que um pênis se levantasse e caísse segundo sua vontade.[31] Algumas roubavam o pênis dos homens, escondendo-o, em grandes quantidades, em ninhos de aves ou em caixas, até que, sob pressão, eram forçadas a devolvê-lo ao dono.[32]

---

[31] A sabotagem do ato conjugal era um dos principais temas nos processos judiciais relacionados ao matrimônio e à separação, especialmente na França. Como observa Robert Mandrou, os homens tinham tanto medo de que as mulheres os tornassem impotentes que os padres dos povoados com frequência proibiam que mulheres suspeitas de serem especialistas em "atar nós" (um suposto ardil para causar a impotência masculina) assistissem aos casamentos (Mandrou, 1968, p. 81-2 [1979, p. 68-9]; Le Roy Ladurie, 1974, p. 204-5 [1997, p. 226-7]; Lecky, 1886, p. 100).

[32] Esse relato aparece em várias demonologias. Sempre termina quando o homem descobre o dano que lhe foi causado e obriga a bruxa a lhe devolver seu pênis. Ela o acompanha até o alto de uma árvore onde tem muitos [pênis] escondidos em um ninho; o homem escolhe um deles, mas a bruxa se opõe: "Não, esse é o do bispo".

Mas quem eram essas bruxas que castravam os homens e os deixavam impotentes? Virtualmente, todas as mulheres. Num vilarejo ou cidade pequena de uns poucos milhares de habitantes, onde, durante o momento de apogeu da caça às bruxas, dezenas de mulheres foram queimadas em poucos anos ou até mesmo em poucas semanas, nenhum homem podia sentir-se a salvo ou estar seguro de que não vivia com uma bruxa. Muitos deviam ficar aterrorizados ao ouvir que, à noite, algumas mulheres deixavam o leito matrimonial para viajar ao sabá, enganando o marido que dormia, colocando uma estaca perto dele; ou ao escutar que as mulheres tinham o poder de fazer com que seu pênis desaparecesse, como a bruxa mencionada no *Malleus*, que armazenou dezenas deles em uma árvore.

Apesar das tentativas individuais de filhos, maridos ou pais de salvarem suas parentes mulheres da fogueira, não há registro, salvo uma exceção, de qualquer organização masculina que se opusesse à perseguição, o que sugere que a propaganda teve êxito em separar as mulheres dos homens. A exceção é o caso dos pescadores de uma região basca, onde o inquisidor francês Pierre de Lancre estava conduzindo julgamentos em massa que levaram à queima de aproximadamente seiscentas mulheres. Mark Kurlansky relata que os pescadores estiveram ausentes, pois estavam ocupados com a temporada anual do bacalhau. Porém,

> [quando os homens] da frota de bacalhau de Saint-Jean-de-Luz, uma das maiores [do País Basco], ouviram rumores de que suas esposas, mães e filhas estavam sendo despidas, apunhaladas e que muitas delas já haviam sido executadas, a campanha do bacalhau de 1609 terminou dois meses antes do normal. Os pescadores regressaram com porretes nas mãos e libertaram um comboio de bruxas que estava sendo levado ao lugar da queima. Essa resistência popular foi suficiente para deter os julgamentos. (Kurlansky, 1999, p. 102)

A intervenção desses pescadores bascos contra a perseguição de suas parentes foi um acontecimento único. Nenhum outro grupo ou organização se levantou em defesa das bruxas. Sabemos, pelo contrário, que alguns homens fizeram negócios voltados à denúncia de mulheres, designando a si mesmos como "caçadores de bruxas", viajando de vilarejo em vilarejo ameaçando delatar as mulheres, a menos que elas pagassem. Outros homens aproveitaram o clima de suspeita que rondava as mulheres para se livrar de suas esposas e amantes indesejadas ou para debilitar a vingança das mulheres a que tinham estuprado ou seduzido. Sem dúvida, a incapacidade dos homens de agir diante das atrocidades a que foram submetidas as mulheres foi frequentemente motivada pelo medo de serem implicados nas acusações, já que a maioria dos homens que foram julgados por tais crimes era parente de mulheres suspeitas ou condenadas por bruxaria. Contudo, os anos de propaganda e terror certamente plantaram entre os homens as sementes de uma profunda alienação psicológica com relação às mulheres, o que quebrou a solidariedade de classe e minou seu próprio poder coletivo. Podemos concordar com Marvin Harris quanto ao seguinte:

> A caça às bruxas [...] dispersava e fragmentava toda a energia latente de protesto. Desmobilizava os pobres e deserdados, aumentava a distância social entre suas classes, enchia-os de mútua suspeita, jogava vizinho contra vizinho, isolava a todos, tornava-os temerosos, inseguros, inermes e dependentes das classes governantes, fazia convergir o ódio e a frustração das massas para um simples foco local. Assim, afastou cada vez mais os pobres de um confronto com a instituição eclesiástica e secular, para exigir a redistribuição da riqueza e o nivelamento das classes. (Harris, 1974, p. 239-40 [1978, p. 178])

Assim como atualmente, ao reprimir as mulheres, as classes dominantes reprimiam de forma ainda mais eficaz o proletariado como um todo. Instigavam os homens que foram expropriados, empobrecidos e criminalizados a culpar a bruxa castradora pela sua desgraça e a enxergar o poder que as mulheres tinham ganhado contra as autoridades como um poder que as mulheres utilizariam contra eles. Todos os medos profundamente arraigados que os homens nutriam em relação às mulheres (principalmente devido à propaganda misógina da Igreja) foram mobilizados nesse contexto. As mulheres não só foram acusadas de tornar os homens impotentes; sua sexualidade foi transformada num objeto de temor, uma força perigosa, demoníaca, pois se ensinava aos homens que uma bruxa podia escravizá-los e acorrentá-los segundo sua vontade (Kors & Peters, 1972, p. 130-2).

Uma acusação recorrente nos julgamentos por bruxaria, como dissemos, era de que as bruxas se envolviam em práticas sexuais degeneradas, essencialmente na cópula com o diabo e na participação em orgias que supostamente aconteciam no sabá. Mas as bruxas também eram acusadas de gerar uma paixão erótica excessiva nos homens, de modo que era fácil para aqueles que fossem pegos fazendo algo ilícito dizer que haviam sido enfeitiçados ou, para uma família que quisesse acabar com a relação do filho com uma mulher que desaprovavam, acusá-la de ser bruxa.

De acordo com o *Malleus*,

> Existem [...] sete métodos pelos quais elas [as bruxas] contaminam [...] o ato venéreo e a concepção: primeiro, fomentando no pensamento dos homens a paixão desregrada; segundo, obstruindo a sua força geradora; terceiro, removendo-lhes o membro que serve ao ato; quarto, transmutando-os em bestas pela sua magia; quinto, destruindo a força geradora das mulheres; sexto, provocando o aborto; sétimo, oferecendo, em sacrifício, crianças aos demônios.
> (Kramer & Sprenger, 1971, p. 47 [2001, p. 121])

O diabo seduz uma mulher a fim de fazer um pacto.
Xilogravura em Ulrich Molitor, *De Lamiis et Pythonicis Mulieribus* (1489).

O fato de as bruxas terem sido acusadas simultaneamente de deixar os homens impotentes e de despertar neles paixões sexuais excessivas é uma contradição apenas aparente. No novo código patriarcal que se desenvolvia de modo concomitante à caça às bruxas, a impotência física era a contrapartida da impotência moral; era a manifestação física da erosão da autoridade masculina sobre as mulheres, já que, do ponto de vista "funcional", não havia nenhuma diferença entre um homem castrado e um completamente apaixonado. Os demonólogos olhavam ambos os estados com suspeita, claramente convencidos de que seria impossível colocar em prática o tipo de família exigida pelo senso comum da burguesia da época — inspirada no Estado, com o marido como rei e a mulher subordinada à sua vontade, devotada à administração do lar de maneira abnegada (Schochet, 1975) — se as mulheres, com seu glamour e seus feitiços de amor, pudessem exercer tanto poder a ponto de tornar os homens os súcubos de seus desejos.

A paixão sexual destruía não somente a autoridade dos homens sobre as mulheres — como lamentava Montaigne, o homem pode conservar seu decoro em tudo, exceto no ato sexual (Easlea, 1980, p. 243) — mas também a capacidade de um homem de governar a si mesmo, fazendo-o perder essa cabeça preciosa onde a filosofia cartesiana situaria a fonte da Razão. Por isso, uma mulher sexualmente ativa constituía um perigo público, uma ameaça à ordem social, já que subvertia o sentido de responsabilidade dos homens e sua capacidade de trabalho e de autocontrole. Para que as mulheres não arruinassem moralmente — ou, o que era mais importante, financeiramente — os homens, a sexualidade feminina tinha que ser exorcizada. Isso se alcançava por meio da tortura, da morte na fogueira, assim como pelos interrogatórios meticulosos a que as bruxas foram submetidas, que eram uma mistura de exorcismo sexual e estupro psicológico.[33]

---

[33] Carolyn Merchant (1980, p. 168) afirma que os interrogatórios e as torturas às bruxas proporcionaram o modelo para o método da nova ciência, tal como definida por Francis Bacon: "Boa parte das imagens usadas [por Bacon] para delinear seus objetivos

Para as mulheres, então, os séculos XVI e XVII inauguraram, de fato, uma era de repressão sexual. A censura e a proibição chegaram a definir efetivamente sua relação com a sexualidade. Diante da crítica da "hipótese repressiva" de Michel Foucault, devemos insistir também em que *não* foi a pastoral católica nem a confissão o que melhor demonstrou como o "Poder", no começo da Era Moderna, tornou obrigatório que as pessoas falassem de sexo (Foucault, 1978, p. 116 [2019, p. 126]). Em nenhum outro lugar a "explosão discursiva" sobre o sexo, que Foucault detectou nessa época, foi exibida com maior contundência do que nas câmaras de tortura da caça às bruxas. Mas isso não teve nada a ver com a excitação mútua que Foucault imaginava fluindo entre a mulher e seu confessor. Ultrapassando de longe qualquer padre de vilarejo, os inquisidores forçaram as bruxas a revelar suas aventuras sexuais em cada detalhe, sem se dissuadir pelo fato de que, muitas vezes, se tratava de mulheres idosas e de que suas *façanhas* sexuais datavam de muitas décadas. De uma maneira quase ritual, obrigavam as supostas bruxas a explicar de que maneira haviam sido possuídas pelo demônio na juventude, o que sentiram durante a penetração, que pensamentos impuros alimentaram. E o palco onde se desdobrou esse discurso peculiar sobre sexo foi a câmara de torturas, onde as perguntas eram feitas entre aplicações de *strappado*[34] a mulheres enlouquecidas pela dor. De nenhum modo podemos presumir que a orgia de palavras que as mulheres torturadas dessa maneira estavam forçadas a dizer incitava seu

---

e métodos científicos deriva dos julgamentos. Na medida em que trata a natureza como uma mulher a ser torturada por meio de invenções mecânicas, elas remetem fortemente aos interrogatórios durante os julgamentos por bruxaria e aos aparatos mecânicos usados para torturar bruxas. Em uma passagem pertinente, Bacon afirmou que o método pelo qual os segredos da natureza poderiam ser descobertos consistia em investigar os segredos da bruxaria pela Inquisição".

[34] O *strappado* era uma forma de tortura pela qual as mãos da vítima eram amarradas em suas costas e, então, suspensas no ar por meio de uma corda ligada aos pulsos, que quase sempre causava deslocamento dos braços. Pesos podiam ser colocados junto ao corpo para intensificar o efeito e aumentar a dor. [N.T.]

prazer ou reorientava, por sublimação linguística, seu desejo. No caso da caça às bruxas — que Foucault ignora de forma surpreendente em sua *História da sexualidade* (1978 [2019]) —, o "discurso interminável sobre sexo" não foi desencadeado como uma alternativa à repressão, mas a serviço da repressão, da censura, da negação. Certamente, podemos dizer que a linguagem da caça às bruxas "produziu" a Mulher como uma espécie diferente, um ser *sui generis*, mais carnal e pervertido por natureza. Também podemos dizer que a produção da "mulher pervertida" foi o primeiro passo para a transformação da *vis erotica* feminina em *vis lavorativa — isto é, um primeiro passo na transformação da sexualidade feminina em trabalho*. Mas devemos reconhecer o caráter destrutivo desse processo, que também demonstra os limites de uma "história da sexualidade" genérica, como a proposta por Foucault, que trata a sexualidade pela perspectiva de um sujeito indiferenciado, de gênero neutro, e como uma atividade que supostamente tem as mesmas consequências para homens e mulheres.

A CAÇA ÀS BRUXAS E A RACIONALIZAÇÃO CAPITALISTA DA SEXUALIDADE

A caça às bruxas não resultou em novas capacidades sexuais nem em prazeres sublimados para as mulheres. Foi, pelo contrário, o primeiro passo de um longo caminho ao "sexo limpo entre lençóis limpos" e à transformação da atividade sexual feminina em um trabalho a serviço dos homens e da procriação. Nesse processo, foi fundamental a proibição de todas as formas não produtivas ou não procriativas da sexualidade feminina, por serem antissociais e praticamente demoníacas.

A repulsa que a sexualidade não procriativa estava começando a inspirar é bem evidenciada pelo mito da velha bruxa voando na sua vassoura, que, assim como os animais em que ela também montava (cabras, éguas, cachorros), era a projeção de um pênis estendido, símbolo da luxúria desenfreada. Essa imagem retrata uma nova disciplina sexual que negava à mulher "velha e feia", que já não era fértil, o direito a uma vida sexual. Na criação desse estereótipo, os demonólogos se ajustavam à sensibilidade moral de sua época, como revelam as palavras de dois contemporâneos ilustres da caça às bruxas:

> Acaso há algo mais odioso que ver uma velha lasciva? O que pode ser mais absurdo? E, entretanto, é tão comum. [...] É pior nas mulheres que nos homens [...] ela, enquanto velha megera e bruaca, não pode ver nem ouvir, não é mais que uma carcaça, ela uiva e deve ter um garanhão. (Burton, 1977, p. 56)

> Mas o mais engraçado é ver as velhas, tão velhas, tão cadavéricas que parecem ter regressado dos Infernos, repetirem constantemente: *a vida é bela!* São mulheres lascivas como cadelas ou, como

> os gregos costumam dizer, farejam o bode. [...] disfarçam diariamente o rosto com pinturas, têm sempre o espelho à mão, depilam-se nas partes íntimas, exibem as mamas flácidas e murchas, solicitam o lânguido desejo com ganidos trêmulos, querem dançar, escrever cartas de amor. (Roterdã, 1941, p. 42 [2012, p. 63])

Essa era uma imagem muito distante daquela do mundo de Chaucer, em que a Mulher de Bath, depois de queimar cinco maridos, ainda podia declarar abertamente: "Bem-vindo seja o sexto [...]. Como não pretendo me fechar numa vida de castidade só porque meu marido deixou este mundo, é natural que venha logo outro cristão e me despose" (Chaucer, 1977, p. 277 [1988, p. 137]). No mundo de Chaucer, a vitalidade sexual da mulher velha era uma afirmação da vida contra a morte; na iconografia da caça às bruxas, a velhice impede a possibilidade de uma vida sexual para as mulheres, a contamina, transforma a atividade sexual em uma ferramenta da morte em vez de um meio de regeneração.

Independentemente da idade das mulheres julgadas por bruxaria, mas levando em consideração sua classe social, há uma constante identificação da sexualidade feminina com a bestialidade. Esse fato era sugerido pela cópula com o deus-cabra (uma das representações do demônio), pelo infame beijo *sub cauda* e pela acusação de que as bruxas mantinham uma série de animais — "diabinhos" ou "familiares" — que as ajudavam nos seus crimes e com os quais tinham uma relação particularmente íntima. Eram gatos, cachorros, lebres, sapos, dos quais a bruxa cuidava, supostamente mamando neles por meio de tetas especiais.

Havia também outros animais que cumpriam papel de instrumentos do demônio na vida das bruxas: cabras e éguas (noturnas)[35] levavam-nas voando ao sabá, sapos forneciam

---

[35] No texto original, em inglês, se lê "[...] goats, and (night)mares [...]". *Night* significa "noite" e *mare* se traduz como "égua". *Nightmare*, porém, significa "pesadelo". Não se trata só de um jogo de palavras. Em inglês, a fêmea do cavalo forma parte da etimologia da palavra "pesadelo". [N.T.E.]

Muitas mulheres acusadas e processadas por bruxaria eram velhas e pobres, e dependiam com frequência da caridade pública para sobreviver. A bruxaria — segundo dizem — é a arma daqueles que não têm poder. Mas as mulheres mais velhas eram também mais propensas que qualquer outra pessoa a resistir à destruição das relações comunais causada pela difusão das relações capitalistas. Elas encarnavam o conhecimento e a memória da comunidade. A caça às bruxas inverteu a imagem da mulher velha: tradicionalmente considerada sábia, ela se tornou um símbolo de esterilidade e de hostilidade à vida. Hans Burgkmair, [sem título], xilogravura [detalhe] em Maximiliano I, *Der Weißkunig* (1516).

veneno para suas poções. A presença dos animais no mundo das bruxas era tamanha que devemos presumir que eles também estavam sendo julgados.[36]

O casamento entre a bruxa e seus "familiares" era, talvez, uma referência às práticas "bestiais" que caracterizavam a vida sexual dos camponeses na Europa e que continuaram sendo um delito capital muito tempo depois do fim da caça às bruxas. Numa época em que se começava a adorar a razão e a dissociar o humano do corpóreo, os animais também foram submetidos a uma drástica desvalorização — reduzidos a simples bestas, ao "Outro" definitivo —, símbolos perenes do pior dos instintos humanos. Nenhum crime, portanto, seria capaz de inspirar mais aversão do que a cópula com um bicho, um verdadeiro ataque aos fundamentos ontológicos de uma natureza humana cada vez mais identificada com seus aspectos imateriais. No entanto, o excesso de presenças animais na vida das bruxas sugere também que as mulheres se encontravam numa encruzilhada (escorregadia) entre os homens e os animais, e que não somente a sexualidade feminina mas também a sexualidade como tal se assemelhavam à animalidade. Para fechar essa equação, as bruxas foram frequentemente acusadas de mudar de forma e tomar a aparência animal, sendo que o "familiar" normalmente mais citado era o sapo, que, simbolizando a vagina, sintetizava a sexualidade, a bestialidade, a feminilidade e o mal.

A caça às bruxas não só condenou a sexualidade feminina como fonte de todo mal mas também foi o principal veículo para levar a cabo uma ampla reestruturação da vida sexual, que, ajustada à nova disciplina capitalista do trabalho, criminalizava qualquer atividade sexual que ameaçasse a procriação e a transmissão da propriedade dentro da família ou que diminuísse o tempo e a energia disponíveis para o trabalho.

---

36 Sobre o ataque contra animais, ver o capítulo 2.

Uma bruxa cavalga um bode pelo céu,
causando uma chuva de fogo.
Xilogravura em Francesco Maria Guazzo,
Compendium Maleficarum (1610).

Os julgamentos por bruxaria fornecem uma lista informativa das formas de sexualidade que estavam proibidas, uma vez que eram "não produtivas": a homossexualidade, o sexo entre jovens e velhos,[37] o sexo entre pessoas de classes diferentes, o coito anal, o

---

37   Nesse contexto, é significativo que as bruxas tenham sido acusadas com frequência por crianças. Norman Cohn (1975) interpretou o fenômeno como uma revolta dos jovens contra os velhos e, em particular, contra a autoridade dos pais. Mas é necessário considerar outros fatores. Em primeiro lugar, é verossímil que o clima de medo criado pela caça às bruxas ao longo dos anos fosse o motivo para que houvesse grande presença de crianças entre os acusadores, o que começou a se materializar no século XVII. Também é importante destacar que as acusadas de bruxaria eram fundamentalmente mulheres proletárias, enquanto as crianças que as acusavam eram frequentemente os filhos de seus patrões. Assim, é possível supor que as crianças foram manipuladas por seus pais para que formulassem acusações que eles mesmos eram reticentes em fazer, como foi sem dúvida o que aconteceu no caso do julgamento das bruxas de Salem. Também se deve considerar que, nos séculos XVI e XVII, havia uma crescente preocupação entre os endinheirados pela intimidade física entre seus filhos e seus servos, sobretudo suas babás, que começava a aparecer como uma fonte de indisciplina. A familiaridade que havia existido entre os patrões e seus servos durante a Idade Média desapareceu com a ascensão da burguesia,

coito por trás (acreditava-se que levava a relações estéreis), a nudez e as danças. Também estava proscrita a sexualidade pública e coletiva que prevaleceu durante a Idade Média, como ocorria nos festivais de primavera de origem pagã que, no século XVI, ainda se celebravam em toda a Europa. Compare, nesse contexto, a descrição que faz Philip Stubbs em *Anatomy of Abuse* [Anatomia do abuso] (1583) sobre a celebração do Dia do Trabalhador na Inglaterra, com os típicos relatos do sabá que acusavam as bruxas de dançar nessas reuniões, pulando sem parar ao som dos pífaros e das flautas, completamente entregues ao sexo e à folia coletiva:

> Por volta de maio, [...] reúnem-se em assembleia as gentes de cada paróquia, burgo ou aldeia, incluindo homens, mulheres, crianças, moços e velhos... saem a correr alacremente para os bosques e florestas, colinas e montes, onde passam toda a noite em agradáveis entretenimentos, e pela manhã regressam, trazendo para suas casas varas de vidoeiro e ramos de outras árvores. A coisa mais preciosa que daquelas pousadas trazem para casa é o seu garrido mastro de maio, cujo transporte eles efetuam com grandes mostras de veneração. [...] Em seguida, caem no banquete e no festim, e saltitam e esperneiam em danças em torno, como as que praticavam as gentes pagãs ao erigirem os seus ídolos. (Stubbs *apud* Partridge, 1960, p. 111 [2003, p. 97-8])

É possível fazer uma comparação análoga entre as descrições do sabá e as descrições que fizeram as autoridades presbiterianas escocesas das peregrinações (para poços e outros locais sagrados) encorajadas pela Igreja católica, mas contra as quais os presbiterianos se opuseram, por considerá-las congregações do diabo e ocasiões para práticas lascivas. Como tendência geral

---

que formalmente instituiu relações mais igualitárias entre os patrões e seus subordinados (por exemplo, ao nivelar os estilos de vestir), mas que na realidade aumentou a distância física e psicológica entre eles. No lar burguês, o patrão já não se despia na frente dos seus servos, nem dormia no mesmo cômodo que eles.

desse período, qualquer reunião potencialmente transgressora — encontros de camponeses, acampamentos rebeldes, festivais e bailes — foi descrita pelas autoridades como um possível sabá.[38]

Também é significativo que, em algumas zonas do norte da Itália, a expressão "ir ao baile" ou "ir ao jogo" (*al zogo*) era usada para se referir à ida ao sabá, sobretudo quando se considera a campanha que a Igreja e o Estado estavam conduzindo contra tais passatempos (Muraro, 1977, p. 109 ss.; Hill, 1964, p. 183 ss.). Tal como aponta Ginzburg (1966, p. 189), "uma vez eliminados (do sabá) os mitos e adornos fantásticos, descobrimos uma reunião de gente, acompanhada por danças e promiscuidade sexual" e, devemos acrescentar, de muita comida e bebida, certamente uma fantasia numa época em que a fome era uma experiência comum na Europa. (Quão revelador da natureza das relações de classe na época da caça às bruxas é o fato de que os sonhos com cordeiro assado e cerveja pudessem ser reprovados, como se fossem sinais de convivência diabólica, por uma burguesia bem alimentada e acostumada a comer carne!) Entretanto, seguindo um caminho muito trilhado, Ginzburg (1966, p. 190) qualifica as orgias associadas ao sabá como "alucinações de mulheres pobres, que lhes serviam de recompensa por uma existência esquálida". Dessa maneira, ele culpa as vítimas por sua morte e ignora também que não foram as mulheres acusadas de bruxaria, mas a elite europeia, que gastou resmas de papel discutindo tais "alucinações",

---

[38] Para um exemplo de sabá verossímil, em que elementos sexuais se combinam com temas que evocam a rebelião de classe, ver a descrição de Julian Cornwall sobre o acampamento rebelde que os camponeses estabeleceram durante a revolta de Norfolk, em 1549. O acampamento causou bastante escândalo entre a alta burguesia, que aparentemente o considerou um verdadeiro sabá: "A conduta dos rebeldes foi deturpada em todos os seus aspectos. Dizia-se que o acampamento havia se convertido na Meca de todos os libertinos do país. [...] Bandas de rebeldes buscavam suprimentos e dinheiro. Foi dito que três mil bois e vinte mil ovelhas, sem contar porcos, aves de curral, cervos, cisnes e milhares de celamins de milho foram trazidos e consumidos em poucos dias. Homens cuja dieta cotidiana era com frequência escassa e monótona se rebelaram diante da abundância de carne, e se esbanjou com imprudência. O sabor foi muito mais doce por provir de bichos que eram a raiz de tanto ressentimento" (Cornwall, 1977, p. 147).
Os "bichos" eram as muito valorizadas ovelhas produtoras de lã, que estavam efetivamente, como disse Thomas More em sua *Utopia*, "comendo os humanos", já que as terras aráveis e os campos comuns eram cercados e convertidos em pasto para sua criação.

Execução das bruxas de Chelmsford, em 1589. Joan Prentice, uma das vítimas, é apresentada com seus "familiares". Frontispício de *The Apprehension and Confession of Three Notorious Witches* (1589).

debatendo, por exemplo, o papel dos súcubos e dos íncubos, ou se a bruxa poderia ou não ser fecundada pelo diabo – uma pergunta que, aparentemente, ainda era de interesse dos intelectuais no século XVIII (Couliano, 1987, p. 148-51). Hoje, essas investigações grotescas são ocultadas das histórias da "civilização ocidental" ou simplesmente esquecidas, embora tenham tramado uma rede que condenou centenas de milhares de mulheres à morte.

Dessa forma, no desenvolvimento do mundo burguês e, especificamente, no desenvolvimento da disciplina capitalista

O banquete é um tema importante em muitas representações do sabá – fantasia de uma época em que a fome generalizada era uma experiência comum na Europa.
Jan Ziarnko, [sem título], xilogravura em Pierre de Lancre, *Tableau de l'inconstance des mauvais anges et démons* (1613).

da sexualidade, o papel da caça às bruxas foi apagado da nossa memória. Contudo, é possível estabelecer uma relação entre esse processo e alguns dos principais tabus da nossa época. É o caso da homossexualidade, que em muitas partes da Europa era plenamente aceita, inclusive durante o Renascimento, mas foi erradicada na época da caça às bruxas. A perseguição aos homossexuais foi tão feroz que sua memória ainda está sedimentada em nossa linguagem. *Faggot*[39] é um termo que remete ao fato de que os homossexuais eram, às vezes, usados para acender a fogueira onde as bruxas seriam queimadas, enquanto

---

39 Na América do Norte, a palavra *faggot* é uma das mais ofensivas para desqualificar os homossexuais. Na Inglaterra, o termo ainda conserva seu significado original: "feixe de lenha para fogo". [N.T.E.]

a palavra italiana *finocchio*,[40] que significa erva-doce, referia-se à prática de esparramar essas plantas aromáticas nas fogueiras para mascarar o fedor da carne ardente.

É especialmente significativa a relação que a caça às bruxas estabeleceu entre a prostituta e a bruxa, refletindo o processo de desvalorização sofrido pela prostituição durante a reorganização capitalista do trabalho sexual. Como diz o ditado, "prostituta quando jovem, bruxa quando velha", já que ambas usavam o sexo apenas para enganar e corromper os homens, fingindo um amor que era somente mercenário (Steifelmeier, 1977, p. 48 ss.). E ambas *se vendiam* para obter dinheiro e um poder ilícito: a bruxa (que vendia a alma para o diabo) sendo a imagem ampliada da prostituta (que vendia o corpo aos homens). Além do mais, tanto a bruxa (velha) quanto a prostituta eram símbolos da esterilidade, a própria personificação da sexualidade não procriativa. Assim, enquanto na Idade Média a prostituta e a bruxa foram consideradas figuras positivas, que realizavam um serviço social à comunidade, com a caça às bruxas adquiriram as conotações mais negativas, sendo rejeitadas como identidades femininas possíveis, relacionadas fisicamente com a morte e, socialmente, com a criminalização. A prostituta morreu como sujeito legal somente depois de ter morrido mil vezes na fogueira como bruxa. Ou, melhor dizendo, à prostituta podia ser permitido sobreviver (ela inclusive se tornaria útil, embora de maneira clandestina), desde que a bruxa pudesse ser assassinada; pois a bruxa era o sujeito social mais perigoso, aquela que (na visão dos inquisidores) era menos controlável; era ela que podia dar dor ou prazer, curar ou machucar, misturar os elementos e acorrentar a vontade dos homens; podia até mesmo causar dano apenas com seu olhar, um *malocchio* [mau-olhado] que, supostamente, podia matar.

---

40 *Finocchio* é uma gíria italiana de significado semelhante à expressão em inglês *faggot*. [N.T.]

Era a natureza sexual dos seus crimes e o status de classe baixa que distinguiam a bruxa do mago do Renascimento, que ficou, na maior parte dos casos, imune à perseguição. A magia cerimonial e a bruxaria compartilhavam muitos elementos. Os temas derivados da tradição mágica ilustrada foram introduzidos pelos demonólogos na definição de bruxaria. Entre eles se encontrava a crença, de origem neoplatônica, de que Eros seria uma força cósmica, unindo o universo por meio de relações de "simpatia" e atração, permitindo ao mago manipular e imitar a natureza nos seus experimentos. Um poder similar foi atribuído à bruxa, que, segundo se dizia, podia levantar tormentas ao mimeticamente agitar uma poça, ou exercer uma "atração" similar à ligação dos metais na tradição alquimista (Yates, 1964, p. 145 ss. [1995, p. 167 ss.]; Couliano, 1987). A ideologia da bruxaria também refletiu o dogma bíblico, comum à magia e à alquimia, que estipula uma conexão entre *sexualidade* e *conhecimento*. A tese de que as bruxas adquiriram seus poderes copulando com o diabo ecoava a crença alquimista de que as mulheres se apropriaram dos segredos da química copulando com demônios rebeldes (Seligman, 1948, p. 76). A magia cerimonial, entretanto, não foi perseguida, embora a alquimia fosse cada vez mais malvista, pois parecia uma busca inútil e, como tal, uma perda de tempo e de recursos. Os magos formavam uma elite que com frequência prestava serviços a príncipes e a outras pessoas que ocupavam altos postos (Couliano, 1987, p. 156 ss.), e os demonólogos os distinguiam cuidadosamente das bruxas, ao incluir a magia cerimonial — em particular a astrologia e a astronomia — no âmbito das ciências (Thorndike, 1958, p. 69; Holmes, 1974, p. 85-6; Monter, 1969, p. 57-8).[41]

---

[41] Kurt Seligman escreve que a alquimia foi universalmente aceita desde meados do século XIV até o século XVI. Mas, com o surgimento do capitalismo, a atitude dos monarcas mudou. Nos países protestantes, a alquimia se converteu em objeto de ridicularização. O alquimista era retratado como um vendedor de tabaco, que prometia converter os metais em ouro e fracassava em sua tentativa (Seligman, 1948, p. 126 ss.). Com frequência, era representado trabalhando em seu estúdio, rodeado de vasos e instrumentos esquisitos, alheio a tudo que o rodeava, enquanto do outro lado da rua estavam sua

A CAÇA ÀS BRUXAS
E O NOVO MUNDO

As figuras correspondentes à típica bruxa europeia não foram, portanto, os magos do Renascimento, mas os nativos americanos colonizados e os africanos escravizados que, nas plantations do "Novo Mundo", tiveram um destino similar ao das mulheres na Europa, fornecendo ao capital a aparentemente inesgotável provisão de trabalho necessário para a acumulação.

Os destinos das mulheres na Europa e dos ameríndios e africanos nas colônias estavam tão conectados que suas influências foram recíprocas. A caça às bruxas e as acusações de adoração ao demônio foram levadas à América para romper a resistência das populações locais, justificando, assim, a colonização e o tráfico de escravos aos olhos do mundo. Por sua vez, de acordo com Luciano Parinetto (1998), a experiência americana persuadiu as autoridades europeias a acreditarem na existência de populações inteiras de bruxas, o que as instigou a aplicar na Europa as mesmas técnicas de extermínio em massa desenvolvidas na América.

No México,

> entre 1536 e 1543, o bispo Zumárraga conduziu 19 julgamentos que envolviam 75 hereges indígenas, em sua maioria selecionados entre os líderes políticos e religiosos das comunidades do México

---

esposa e filhos batendo na porta da casa pobre. O retrato satírico do alquimista feito em 1610 por Ben Jonson (1947) reflete essa nova atitude.

A astrologia também era praticada no século XVII. Em sua *Dæmonologie* [Demonologia] (1597), Jaime I afirmava que era legítima, sobretudo quando se limitava ao estudo das estações e à previsão do tempo. Uma descrição detalhada da vida de um astrólogo inglês no final do século XVI se encontra em *Sex and Society in Shakespeare's Age* [Sexo e socidade na era de Shakespeare] (1974), de A. L. Rowse. Aqui tomamos conhecimento de que, na mesma época em que a caça às bruxas chegava ao seu apogeu, um mago podia continuar realizando seu trabalho, embora com alguma dificuldade e correndo às vezes certos riscos.

Central, muitos dos quais acabaram na fogueira. O frade Diego de Landa conduziu julgamentos por idolatria em Yucatán, durante a década de 1560, nos quais a tortura, os açoites e os autos de fé figuravam de forma proeminente. (Behar, 1987, p. 51)

Caças às bruxas também eram conduzidas no Peru com a finalidade de destruir o culto aos deuses locais, considerados demônios pelos europeus. "Os espanhóis viam a cara do diabo por todas as partes: nas comidas [...] nos 'vícios primitivos dos índios' [...] nas suas línguas bárbaras" (De León, 1985, p. 33-4). Nas colônias, as mulheres também eram as mais passíveis de acusações por bruxaria, porque, ao serem especialmente desprezadas pelos europeus como mulheres de mente fraca, logo se tornaram as defensoras mais leais de suas comunidades (Silverblatt, 1980, p. 173, 176-9).

O destino comum das bruxas europeias e dos sujeitos coloniais pode ser mais bem demonstrado pelo crescente intercâmbio, ao longo do século XVII, entre a ideologia da bruxaria e a ideologia racista que se desenvolveu sobre o solo da Conquista e do tráfico de escravos. O diabo era representado como um homem negro, e os negros eram tratados cada vez mais como diabos, de tal modo que "a adoração ao diabo e as intervenções diabólicas [tornaram-se] o aspecto mais comumente descrito sobre as sociedades não europeias que os traficantes de escravos encontravam" (Barker, 1978, p. 91). "Dos lapões aos samoiedos, dos hotentotes aos indonésios [...] não havia sociedade" – escreve Anthony Barker (1978, p. 91) – "que não tenha sido etiquetada por algum inglês como ativamente influenciada pelo

Imagem do século XVI em que os indígenas do Caribe são representados como demônios. Xilogravura em Tobias Smollett, *A Compendium of Authentic and Entertaining Voyages* (1766).

diabo". Assim como na Europa, a marca característica do diabólico era um desejo e uma potência sexual anormais.[42] O diabo com frequência era retratado com dois pênis, enquanto as histórias sobre práticas sexuais brutais e a afeição desmedida pela música e pela dança tornaram-se os ingredientes básicos dos informes dos missionários e dos viajantes ao "Novo Mundo".

Segundo o historiador Brian Easlea, esse exagero sistemático da potência sexual dos negros denuncia a ansiedade que os homens brancos ricos sentiam em relação a sua própria sexualidade; provavelmente, os homens brancos de classe alta temiam a concorrência das pessoas que eles escravizavam, que viam como seres mais próximos à natureza, pois se sentiam sexualmente incompetentes devido às doses excessivas de autocontrole e raciocínio prudente (Easlea, 1980, p. 249-50). No entanto, a sexualização exagerada das mulheres e dos homens negros – as bruxas e os demônios – também deve ter como origem a posição que ocupavam na divisão internacional do trabalho surgida com a colonização da América, com o tráfico de escravos e com a caça às bruxas. A definição da negritude e da feminilidade como marcas da bestialidade e da irracionalidade correspondia à exclusão das mulheres na Europa – assim como das mulheres e dos homens nas colônias – do contrato social implícito no salário, com a consequente naturalização de sua exploração.

---

[42] Em referência às Antilhas, Barker (1978, p. 121-3) escreveu que nenhum aspecto desfavorável da imagem do negro construída pelos proprietários de escravos tinha raízes mais amplas ou profundas que a acusação de apetite sexual insaciável. Os missionários informavam que os negros se negavam a ser monogâmicos e eram excessivamente libidinosos, e contavam histórias de negros que tinham relações sexuais com macacos. O gosto dos africanos pela música também lhes era desfavorável, como uma prova de sua natureza instintiva e irracional (Barker, 1978, p. 115).

A BRUXA, A CURANDEIRA E O NASCIMENTO DA CIÊNCIA MODERNA

Havia outros motivos por trás da perseguição às bruxas. Com frequência, as acusações de bruxaria foram usadas para punir o ataque à propriedade, principalmente os roubos, que, seguindo a crescente privatização da terra e da agricultura, aumentaram de forma dramática nos séculos XVI e XVII. Como vimos, as mulheres pobres da Inglaterra que mendigavam ou roubavam leite ou vinho dos vizinhos, ou que viviam da assistência pública, tendiam a se tornar suspeitas de praticar artes malignas. Alan MacFarlane e Keith Thomas mostraram que, nesse período, houve uma marcante deterioração da condição de vida das mulheres idosas, que se seguiu à perda das terras comunais e à reorganização da vida familiar — que passou a priorizar a criação dos filhos à custa do cuidado que antes se dedicava aos idosos (MacFarlane, 1970, p. 205).[43] Agora, esses idosos eram forçados a depender de amigos e vizinhos para sobreviver, ou então se somavam às listas de necessitados (no mesmo momento em que a nova ética protestante começava a apontar a entrega de esmolas como um desperdício e como meio de fomentar a preguiça). Ao mesmo tempo, as instituições que no passado haviam atendido os pobres estavam entrando em colapso. Algumas mulheres pobres provavelmente usaram o medo que inspirava sua reputação como bruxas para obter aquilo de que necessitavam. Contudo, não se condenou somente a "bruxa má", que supostamente maldizia e deixava o gado coxo, arruinava cultivos ou causava a morte dos filhos de seus empregadores; a "bruxa boa",

---

[43] Na Idade Média, quando um filho (ou uma filha) se responsabilizava pela propriedade familiar, ele (ou ela) assumia automaticamente o cuidado de seus pais idosos, enquanto no século XVI os pais começaram a ser abandonados e se deu maior prioridade aos filhos (MacFarlane, 1970, p. 205).

Como o globo estrelado sugere, a "virtude" das ervas era reforçada pelo alinhamento astral correto.
Hans Weiditz, [sem título], xilogravura em Francesco Petrarca, *Von der Artzney bayder Glück des guten und wiederwertigen* (1532).

que havia feito da feitiçaria sua carreira, também foi castigada, muitas vezes com maior severidade.

Historicamente, a bruxa era a parteira, a médica, a adivinha ou a feiticeira do vilarejo, cuja área privilegiada de competência — como escreveu Burckhardt (1927, p. 319-20 [p. 326]) sobre as bruxas italianas — era a intriga amorosa. Uma encarnação urbana desse tipo de bruxa foi a Celestina, da peça teatral de Fernando de Rojas (*La Celestina*, 1499). Dela se dizia que:

> Tinha seis ofícios, a saber: lavadeira, perfumista, mestra na fabricação de cosméticos e na reparação de hímens danificados, alcoviteira e um pouco bruxa. [...] Seu primeiro ofício era uma fachada para encobrir os demais, e com essa desculpa muitas garotas que trabalhavam como criadas iam à casa dela para fazer o serviço de lavagem de roupa. [...] Não é possível imaginar o movimento que geravam. Era médica de bebês; pegava linho de uma casa e o levava a outra, tudo

isso como desculpa para entrar em todos os lugares. Alguém lhe dizia: "Mãe, venha!" ou "Lá vem a senhora!". Todos a conheciam. E, apesar de suas muitas tarefas, ela ainda encontrava tempo para ir à missa ou às vésperas. (Rojas, 1959, p. 17-8)

Entretanto, uma curandeira mais típica foi Gostanza, uma mulher julgada por bruxaria em 1594 em San Miniato, uma pequena cidade da Toscana. Depois de ficar viúva, Gostanza havia se estabelecido como curandeira profissional, logo tornando-se bem conhecida na região pelos seus remédios terapêuticos e exorcismos. Morava com sua sobrinha e duas mulheres mais velhas, também viúvas. Uma vizinha, que também era viúva, fornecia-lhe especiarias para os medicamentos. Recebia os clientes em casa, mas também viajava quando necessário, a fim de "marcar" um animal, visitar um enfermo, ajudar as pessoas a se vingar ou se liberar dos efeitos de encantamentos médicos (Cardini, 1989, p. 51-8). Suas ferramentas eram óleos naturais e pós, bem como artefatos aptos a curar e proteger por "simpatia" ou "contato". Não lhe interessava inspirar medo à comunidade, já que a prática dessas artes era sua forma de ganhar a vida. Ela era, de fato, muito popular, todos a procuravam para serem curados, para que lhes lesse o futuro, para encontrar objetos perdidos ou para comprar poções de amor. Mesmo assim, ela não escapou da perseguição. Depois do Concílio de Trento (1545-1563), a Contrarreforma adotou uma postura dura contra as curandeiras populares, temendo seus poderes e suas profundas raízes na cultura de suas comunidades. Na Inglaterra, o destino das "bruxas boas" também foi selado quando, em 1604, um estatuto aprovado por Jaime I estabeleceu a pena de morte para qualquer pessoa que usasse os espíritos e a magia, ainda que não fossem causadores de danos visíveis.[44]

---

[44] O estatuto aprovado por Jaime I em 1604 impôs a pena de morte para quem "usasse os espíritos ou a magia", sem importar se provocaram algum dano. Esse estatuto se converteu depois na base sobre a qual se realizou a perseguição às bruxas nas colônias americanas.

Com a perseguição à curandeira popular, as mulheres foram expropriadas de um patrimônio de conhecimento empírico, relativo a ervas e remédios curativos, que haviam acumulado e transmitido de geração a geração — uma perda que abriu caminho para uma nova forma de cercamento: o surgimento da medicina profissional, que, apesar de suas pretensões curativas, erigiu uma muralha de conhecimento científico indisputável, inacessível e estranho para as "classes baixas" (Ehrenreich & English, 1973; Starhawk, 1997).

A substituição da bruxa e da curandeira popular pelo médico levanta a questão sobre o papel que o surgimento da ciência moderna e da visão científica do mundo tiveram na ascensão e queda da caça às bruxas. Em relação a essa pergunta, há dois pontos de vista opostos.

Por um lado, há a teoria originada no Iluminismo, que reconhece o advento da racionalidade científica como fator determinante para o fim da perseguição. Tal como formulada por Joseph Klaits (1985, p. 62), essa teoria sustenta que a nova ciência transformou a vida intelectual, gerando um novo ceticismo ao "revelar o universo como um mecanismo autorregulado, no qual a intervenção divina direta e constante era desnecessária". Contudo, Klaits admite que os mesmos juízes que, na década de 1650, estavam limitando os julgamentos contra as bruxas nunca questionaram a veracidade da bruxaria. "Nem na França, nem em nenhuma outra parte, os juízes do século XVII que acabaram com a caça às bruxas declararam que elas não existiam. Como Newton e outros cientistas da época, os juízes continuaram aceitando a magia sobrenatural como teoricamente plausível" (Klaits, 1985, p. 163).

Na verdade, não há provas de que a nova ciência teve um efeito libertador. A visão mecanicista da natureza, que surgiu com o início da ciência moderna, "desencantou o mundo". Mas não há evidências de que aqueles que a promoveram tenham, em algum momento, falado em defesa das mulheres

O "desejo de se apropriar da função materna" do alquimista é bem refletido nesta representação de Hermes Trimegistus (o fundador mítico da alquimia) portando um feto em seu ventre, sugerindo o "papel inseminador do macho".
Matthäus Merian, [sem título], xilogravura em Michael Maier, *Atalanta Fugiens* (1617).

acusadas como bruxas. Descartes se declarou agnóstico acerca desse assunto; outros filósofos mecanicistas (como Joseph Glanvill e Thomas Hobbes) apoiaram fortemente a caça às bruxas. O que acabou com a caça às bruxas, conforme demonstrou Brian Easlea de forma convincente, foi a aniquilação do mundo das bruxas e a imposição da disciplina social requerida pelo sistema capitalista triunfante. Em outras palavras, a caça às bruxas chegou ao fim, no final do século XVII, porque a classe dominante, nesse período, desfrutava de uma crescente sensação de segurança em relação ao seu poder — e não porque uma visão mais ilustrada do mundo tivesse surgido.

A pergunta que permanece é se o surgimento do método científico moderno pode ser considerado um fator para o desenvolvimento da caça às bruxas. Essa visão foi sustentada vigorosamente por Carolyn Merchant em *The Death of Nature*. A autora considera que a raiz da perseguição às bruxas encontra-se na mudança de paradigma provocada pela revolução científica e, em particular, no surgimento da filosofia mecanicista cartesiana. Segundo ela, essa mudança substituiu uma visão orgânica do mundo — que via na natureza, nas mulheres e na terra as mães protetoras — por outra que as degradava à categoria de "recursos permanentes", retirando qualquer restrição ética à sua exploração (Merchant, 1980, p. 127 ss.). A mulher enquanto bruxa, sustenta Merchant, foi perseguida como a encarnação do "lado selvagem" da natureza, de tudo aquilo que na natureza parecia desordenado, incontrolável e, portanto, antagônico ao projeto assumido pela nova ciência. Merchant defende que uma das provas da conexão entre a perseguição às bruxas e o surgimento da ciência moderna encontra-se no trabalho de Francis Bacon, considerado um dos pais do novo método científico. Seu conceito de investigação científica da natureza foi moldado pelo interrogatório das bruxas sob tortura, do qual surgiu uma representação da natureza como uma mulher a ser conquistada, revelada e estuprada (Merchant, 1980, p. 168-72).

As considerações de Merchant têm o grande mérito de desafiar a suposição de que o racionalismo científico foi um veículo de progresso, centrando nossa atenção na profunda alienação que a ciência moderna instituiu entre os seres humanos e a natureza. Também associa a caça às bruxas à destruição do meio ambiente e relaciona a exploração capitalista do mundo natural à exploração das mulheres.

Merchant ignora, porém, o fato de que a "visão orgânica do mundo" adotada pelas elites da Europa pré-científica deixou espaço para a escravidão e para o extermínio dos hereges. Também sabemos que a aspiração ao domínio tecnológico da natureza e a apropriação do poder criativo das mulheres acomodaram diferentes estruturas cosmológicas. Os magos do Renascimento estavam igualmente interessados nesses objetivos,[45] e o descobrimento da gravitação universal pela física newtoniana não se deveu a uma visão mecânica da natureza, e sim a uma visão mágica. Além disso, quando a moda do mecanicismo filosófico chegou ao fim, no começo do século XVIII, novas tendências filosóficas surgiram, reforçando o valor da "simpatia", da "sensibilidade" e da "paixão" que, todavia, foram facilmente integradas ao projeto da nova ciência (Barnes & Shapin, 1979).

Também devemos considerar que o arcabouço intelectual que serviu de base à perseguição às bruxas não foi tirado diretamente das páginas do racionalismo filosófico. Pelo contrário, foi um fenômeno transitório, uma espécie de *bricolage* ideológico que se desenvolveu sob a pressão da tarefa que precisava cumprir. Dentro dessa tendência, combinaram-se elementos tomados do mundo fantástico do cristianismo medieval, argumentos racionalistas e os modernos procedimentos burocráticos das cortes europeias, da mesma maneira que, na construção do nazismo, o culto à ciência e à tecnologia foi combinado com um cenário que pretendia restaurar um mundo mítico e arcaico de laços de sangue e lealdades pré-monetárias.

Esse ponto é sugerido por Parinetto, que considera a caça às bruxas um exemplo clássico (infelizmente, não o último) na história do capitalismo de como "retroceder" pode ser uma forma de avançar, do ponto de vista do estabelecimento das

---

[45] Em "Outrunning Atlanta: Feminine Destiny in Alchemic Transmutations" [Ultrapassando Atlanta: destino feminino em transmutações alquímicas], Allen e Hubbs (1980, p. 213) escrevem que "o simbolismo recorrente nos trabalhos de alquimia sugere uma obsessão por reverter ou talvez até mesmo deter a hegemonia feminina sobre o processo de criação biológica. [...] Esse domínio desejado é também representado em imagens como a de Zeus parindo Atena pela sua cabeça [...] ou Adão parindo Eva por sua costela. O alquimista que exemplifica a luta pelo controle do mundo natural busca nada menos que a magia da maternidade [...]. Dessa maneira, o grande alquimista Paracelso responde afirmativamente à pergunta sobre se 'é possível para a arte e a natureza que um homem nasça fora do corpo de uma mulher e fora de uma mãe natural'".

condições para a acumulação de capital. Ao conjurar o demônio, os inquisidores descartaram o animismo e o panteísmo popular, redefinindo, de uma maneira mais centralizada, a localização e a distribuição do poder no cosmos e na sociedade. Assim, paradoxalmente – segundo Parinetto –, na caça às bruxas, o diabo funcionava como o verdadeiro servo de Deus, sendo o fator que mais contribuiu na abertura do caminho à nova ciência. Como um oficial de justiça, ou como o agente secreto de Deus, o diabo trouxe a ordem ao mundo, esvaziando-o de influências conflitivas e reafirmando Deus como o soberano exclusivo. Consolidou tão bem o comando divino sobre os assuntos humanos que, em questão de um século, com a chegada da física newtoniana, Deus pôde se retirar do mundo, feliz em resguardar de longe a precisão dos seus mecanismos.

Nem o racionalismo nem o mecanicismo foram, portanto, a causa *imediata* das perseguições, embora tenham contribuído para criar um mundo comprometido com a exploração da natureza. Mais importante, o principal incentivador da caça às bruxas foi o fato de que as elites europeias precisavam erradicar todo um modo de existência que, no final da Baixa Idade Média, ameaçava seu poder político e econômico. Quando essa tarefa foi cumprida por completo – no momento em que a disciplina social foi restaurada e a classe dominante consolidou sua hegemonia –, os julgamentos de bruxas cessaram. A crença na bruxaria pôde inclusive se tornar algo ridículo, desprezada como superstição e apagada rapidamente da memória.

Esse processo começou, por toda a Europa, no final do século XVII, embora os julgamentos de bruxas na Escócia continuassem por mais três décadas. Um fator que contribuiu

As mulheres de Paris.
Xilografia reproduzida em *The Graphic*, 29 de abril de 1871.

TYPES DE LA COMMUNE

PÉTROLEUSES

para o fim da perseguição foi a perda de controle da classe dominante sobre a caça às bruxas, uma vez que alguns de seus membros acabaram sendo alvo de denúncias e se transformando em vítimas de seu próprio aparato repressivo. Midelfort escreve que, na Alemanha,

> quando as chamas começaram a arder cada vez mais próximas dos nomes de gente que fazia parte do alto escalão e tinha muito poder, os juízes perderam a confiança nas confissões e o pânico cessou. (Midelfort, 1972, p. 206)

Também na França, a última onda de julgamentos trouxe uma desordem social generalizada: os criados acusavam seus senhores, os filhos acusavam seus pais, os maridos acusavam suas mulheres. Nessas circunstâncias, o rei decidiu intervir e Colbert estendeu a jurisdição de Paris a toda a França para colocar fim à perseguição. Foi promulgado um novo código legal, no qual a bruxaria não foi sequer mencionada (Mandrou, 1968, p. 443 [1979, p. 360]).

Logo que o Estado assumiu o controle da caça às bruxas, um por um, os vários governos foram tomando a iniciativa de acabar com ela. A partir da metade do século XVII, se fizeram esforços para frear o fervor judicial e inquisitorial. Uma consequência imediata foi que, no século XVIII, os "crimes comuns" multiplicaram-se repentinamente (Mandrou, 1968, p. 437 [1979, p. 355]). Entre 1686 e 1712, na Inglaterra, à medida que se atenuava a caça às bruxas, as prisões por danos à propriedade (em particular os incêndios de celeiros, casas e palheiros) e por assaltos cresceram enormemente (Kittredge, 1929, p. 333), assim como novos crimes entraram

Charles Albert d'Arnoux Bertall, *Pétroleuses*, c. 1880, litografia colorida, reproduzida em *Les Communeux*, n. 20.

nos códigos legais. A blasfêmia começou a ser tratada como um delito punível – na França, decretou-se que, depois da sexta condenação, os blasfemadores teriam sua língua cortada –, da mesma maneira que o sacrilégio (profanação de relíquias e roubo de hóstias). Também foram estabelecidos novos limites para a venda de venenos; seu uso privado foi proibido, sua venda foi condicionada à aquisição de uma licença e estendeu-se a pena de morte aos envenenadores. Tudo isso sugere que a nova ordem social já estava suficientemente consolidada para que os crimes fossem identificados e castigados como tais, sem a possibilidade de recorrer ao sobrenatural. Nas palavras de um parlamentar francês,

> Nós temos no Parlamento duas razões para não condenar os feiticeiros e os mágicos nessa qualificação. A primeira é porque é muito difícil acusá-los de magia etc. A segunda, porque eles não se servem de seus sortilégios senão para fazer o mal, ou para profanar as coisas santas. Nós deixamos o incerto e os condenamos pelo mal que fazem e que é bem provado. (Mandrou, 1968, p. 361 [1979, p. 294])

Uma vez destruído o potencial subversivo da bruxaria, foi possível até mesmo permitir que tal prática seguisse adiante. Depois que a caça às bruxas chegou ao fim, muitas mulheres continuaram sustentando-se por meio da adivinhação, da venda de encantamentos e da prática de outras formas de magia. Como escreveu Pierre Bayle, em 1704, "em muitas províncias da França, em Saboia, no cantão de Berna e em várias outras partes da Europa [...] não existe vilarejo ou povoado, não importa quão pequeno seja, onde não haja uma pessoa considerada bruxa" (Bayle *apud* Erhard, 1963, p. 30). Na França do século XVIII também se desenvolveu um interesse pela bruxaria entre a nobreza urbana, que, excluída da produção econômica e percebendo que seus privilégios eram atacados, tratou de satisfazer seu desejo de poder recorrendo às artes da magia (Erhard, 1963, p. 31-2). Mas agora as autoridades já não estavam interessadas em processar essas práticas, sendo inclinadas, ao contrário, a ver a bruxaria como um produto da ignorância ou como uma desordem da imaginação (Mandrou, 1968, p. 519 [1979, p. 421]). No século XVIII, a *intelligentsia* europeia começou, inclusive, a se sentir orgulhosa da ilustração que havia adquirido e, segura de si mesma, continuou reescrevendo a história da caça às bruxas, rejeitando-a como um produto da superstição medieval.

Contudo, o espectro das bruxas seguiu assombrando a imaginação da classe dominante. Em 1871, a burguesia parisiense o retomou instintivamente para demonizar as mulheres *communards*,[46] acusando-as de querer incendiar Paris. Não pode haver muita dúvida, de fato, de que os modelos das histórias e imagens mórbidas de que se valeu a imprensa burguesa para criar o mito das *pétroleuses*[47] foram retirados do repertório da caça às bruxas. Como descreve Edith Thomas, os inimigos da Comuna alegavam que milhares de proletárias vagavam (como bruxas) pela cidade, dia e noite, com panelas cheias de querosene e etiquetas com a inscrição "BPB" (*bon pour brûler* [bom para queimar]), supostamente seguindo as instruções recebidas em uma grande conspiração para reduzir a cidade de Paris a cinzas, frente às tropas que avançavam de Versalhes. Thomas escreve que "não se encontraram *pétroleuses* em lugar nenhum. Nas áreas ocupadas pelo exército de Versalhes, bastava que uma mulher fosse pobre e malvestida e que levasse um cesto, uma caixa ou uma garrafa de leite para que se tornasse suspeita" (Thomas, 1966, p. 166-7). Desse modo, centenas de mulheres foram executadas sumariamente,

---

[46] *Communards* era a denominação dos membros e apoiadores da Comuna de Paris em 1871. [N.T.]
[47] *Pétroleuses* era o termo utilizado para qualificar as mulheres acusadas de terem causado incêndios durante a queda da Comuna, sendo o alvo principal dessas acusações aquelas que haviam participado dos combates armados. [N.T.]

ao mesmo tempo que eram difamadas nos periódicos. Como a bruxa, a *pétroleuse* era representada como uma mulher mais velha, descabelada, de aspecto bárbaro e selvagem. Em suas mãos, levava o recipiente com o líquido que usava para praticar seus crimes.[48]

---

[48] Sobre a imagem da *pétroleuse*, ver Boime (1995, p. 109-11, 196-9) e Christiansen (1994, p. 352-3).

Ioan. Stradanus inuent.

O desembarque de Américo Vespúcio na costa da América do Sul, em 1497. À sua frente, deitada numa rede, sedutora, está "América". Atrás dela, alguns canibais assam restos humanos. Theodor Galle, *A Descoberta da América*, 1600, xilogravura baseada em desenho de Jan van der Straet.

CAPÍTULO 5

—

COLONIZAÇÃO E CRISTIANIZAÇÃO

—

CALIBÃ E AS BRUXAS NO NOVO MUNDO

INTRODUÇÃO 388 · O NASCIMENTO DOS CANIBAIS 391 · EXPLORAÇÃO, RESISTÊNCIA E DEMONIZAÇÃO 398 · MULHERES E BRUXAS NA AMÉRICA 408 · AS BRUXAS EUROPEIAS E OS "ÍNDIOS" 415 · A CAÇA ÀS BRUXAS E A GLOBALIZAÇÃO 421

E ENTÃO ELES DIZEM QUE VIEMOS A ESTA TERRA PARA DESTRUIR O MUNDO. DIZEM QUE OS VENTOS DEVASTAM AS CASAS E CORTAM AS ÁRVORES, E O FOGO AS QUEIMA, MAS QUE NÓS DEVORAMOS TUDO, CONSUMIMOS A TERRA, MUDAMOS O CURSO DOS RIOS, NUNCA ESTAMOS TRANQUILOS, NUNCA DESCANSAMOS, SEMPRE CORREMOS DE LÁ PRA CÁ, BUSCANDO OURO OU PRATA, NUNCA SATISFEITOS, E ENTÃO ESPECULAMOS COM ELES, FAZEMOS GUERRA, MATAMOS UNS AOS OUTROS, ROUBAMOS, INSULTAMOS, NUNCA FALAMOS A VERDADE E OS PRIVAMOS DE SEUS MEIOS DE VIDA. E, FINALMENTE, MALDIZEM O MAR QUE PÔS SOBRE A TERRA CRIANÇAS TÃO MALVADAS E CRUÉIS.

— GIROLAMO BENZONI, *LA STORIA DEL MONDO NUOVO* [A HISTÓRIA DO MUNDO NOVO] (1565)

VENCIDAS PELA TORTURA E PELA DOR, [AS MULHERES] FORAM OBRIGADAS A CONFESSAR QUE ADORAVAM OS *HUACAS** [...] ELAS SE LAMENTAVAM: "AGORA, NESTA VIDA, NÓS, MULHERES [...] SOMOS CRISTÃS; TALVEZ DEPOIS O SACERDOTE SEJA CULPADO SE NÓS, MULHERES, ADORARMOS AS MONTANHAS, SE FUGIRMOS PARA AS COLINAS E PARA AS MONTANHAS E A *PUNA*,** JÁ QUE AQUI NÃO HÁ JUSTIÇA PARA NÓS".

— FELIPE GUAMÁN POMA DE AYALA, *NUEVA CRÓNICA Y BUEN GOBIERNO* [NOVA CRÔNICA E BOM GOVERNO] (1615)

* *Huacas* são divindades andinas que fazem parte da cultura inca e de culturas anteriores.
** *Puna* é um bioma de pastagens e matagais de montanha encontrado na parte central da Cordilheira dos Andes. [N.T.]

INTRODUÇÃO

A história do corpo e da caça às bruxas que apresentei é baseada em uma hipótese que pode ser resumida na referência a Calibã e à bruxa, personagens de *A tempestade*, de Shakespeare, que simbolizam a resistência dos índios americanos à colonização.[1] A hipótese é precisamente a continuidade entre a dominação das populações do Novo Mundo e a das populações da Europa, em especial as mulheres, durante a transição ao capitalismo. Em ambos os casos, comunidades inteiras foram expulsas de suas terras pela força, houve um empobrecimento em grande escala e campanhas de "cristianização" que destruíram a autonomia das pessoas e suas relações comunais. Também houve uma influência recíproca entre os dois processos, por meio da qual certas formas repressivas que haviam sido desenvolvidas no Velho Mundo foram transportadas para o Novo e depois reimportadas para a Europa.

As diferenças não devem ser subestimadas. No século XVIII, a afluência de ouro, prata e outros recursos da América para a Europa deu lugar a uma nova divisão internacional do trabalho, que fragmentou o proletariado global por meio de diferentes

---

[1] Na verdade, Sycorax, a bruxa, não entrou no imaginário revolucionário latino-americano do mesmo modo que Calibã. Ela ainda permanece invisível. O mesmo ocorreu, durante muito tempo, com a luta das mulheres contra a colonização. Em relação a Calibã, o que ele defendeu ficou expresso em um ensaio de grande influência do escritor cubano Roberto Fernández Retamar (1989, p. 5-21): "Nosso símbolo não é, então, Ariel [...], mas Calibã. Isso é algo que nós, os mestiços que vivem nas mesmas ilhas em que viveu Calibã, vemos com particular nitidez. Próspero invadiu as ilhas, matou nossos ancestrais, escravizou Calibã e ensinou-lhe seu idioma para se comunicar com ele. O que mais pode fazer Calibã, senão utilizar esse mesmo idioma — atualmente, ele não possui outro — para maldizê-lo? [...] Desde Túpac Amaru, [...] Toussaint Louverture, Simón Bolívar, [...] José Martí, [...] Fidel Castro, [...] Che Guevara, [...] Frantz Fanon, [...] — qual é a nossa história, qual é a nossa cultura, senão a história, a cultura de Calibã?" (Retamar, 1989, p. 14).

Em relação a essa questão, ver também Margaret Paul Joseph, que, em *Caliban in Exile* [Calibã no exílio] (1992), escreve: "Dessa forma, Próspero e Calibã nos proporcionam uma poderosa metáfora do colonialismo. Um ramo dessa interpretação aborda a condição abstrata de Calibã, vítima da história, frustrado ao entender-se completamente carente de poder. Na América Latina, o nome de Calibã tem sido adotado de modo mais positivo, tendo em vista que Calibã parece representar as massas que lutam para se levantar contra a opressão da elite" (Joseph, 1992, p. 2).

relações de classe e de sistemas disciplinares, marcando o começo de trajetórias frequentemente conflitivas dentro da classe trabalhadora. Mas as semelhanças no tratamento que receberam tanto as populações europeias como as da América são suficientes para demonstrar a existência de uma mesma lógica a reger o desenvolvimento do capitalismo e conformar o caráter estrutural das atrocidades perpetradas nesse processo. A extensão da caça às bruxas às colônias americanas é um exemplo notável.

No passado, a perseguição de mulheres e homens sob a alegação de bruxaria era um fenômeno que os historiadores normalmente consideravam limitado à Europa. A única exceção a essa regra eram os julgamentos das bruxas de Salem, que ainda constituem o principal tema de estudo dos acadêmicos que pesquisam a caça às bruxas no Novo Mundo. Hoje em dia, no entanto, admite-se que a acusação de adoração ao diabo também teve papel-chave na colonização dos indígenas americanos. Sobre o tema, deve-se mencionar particularmente dois textos que constituem a base da minha argumentação neste capítulo. O primeiro é *Moon, Sun and Witches* [Lua, sol e bruxas] (1987), de Irene Silverblatt, um estudo sobre a caça às bruxas e a redefinição das relações de gênero na sociedade inca e no Peru colonial. Segundo meus conhecimentos, esse é o primeiro estudo em inglês que reconstrói a história das mulheres andinas perseguidas por bruxaria. O outro texto é *Streghe e Potere* [Bruxas e poder] (1998), de Luciano Parinetto, uma série de ensaios que documenta o impacto que a caça às bruxas na América exerceu sobre os julgamentos de bruxas na Europa. Trata-se, todavia, de um estudo prejudicado pela insistência do autor em assinalar que havia neutralidade de gênero na perseguição às bruxas.

Ambos os trabalhos demonstram que, também no Novo Mundo, a caça às bruxas constituiu-se em *uma estratégia deliberada, utilizada pelas autoridades com o objetivo de propagar terror*, destruir resistências coletivas, silenciar comunidades inteiras e instigar o conflito entre seus membros. *Também foi uma estratégia de cercamento*, que, segundo o contexto, podia expressar-se em cercamentos de terra, de corpos ou de relações sociais. Assim como na Europa, a caça às bruxas na América foi, sobretudo, um meio de desumanização e, como tal, uma forma paradigmática de repressão que servia para justificar a escravidão e o genocídio.

A caça às bruxas, porém, não destruiu a resistência dos povos colonizados. O vínculo dos índios americanos com a terra, com as religiões locais e com a natureza sobreviveu à perseguição devido principalmente à luta das mulheres, proporcionando uma fonte de resistência anticolonial e anticapitalista durante mais de quinhentos anos. Isso é extremamente importante para nós no momento em que assistimos a um novo assalto aos recursos e às formas de existência das populações indígenas por todo o mundo. Precisamos repensar a maneira como os conquistadores se esforçaram para dominar aqueles a quem colonizavam, e repensar também o que permitiu aos povos originários subverter esse plano e, contra a destruição de seu universo social e físico, criar uma nova realidade histórica.

O NASCIMENTO DOS CANIBAIS

Quando Cristóvão Colombo navegou em direção às "Índias", a caça às bruxas ainda não constituía um fenômeno de massa na Europa. No entanto, usar as acusações de adoração ao demônio como arma para atacar inimigos políticos e vilipendiar populações inteiras — muçulmanos e judeus, por exemplo — já era uma prática comum entre as elites europeias. Mais do que isso, como escreve Seymour Philips (1994), uma "sociedade persecutória" tinha se desenvolvido na Europa medieval, alimentada pelo militarismo e pela intolerância cristã, que olhava o "Outro" principalmente como objeto de agressão. Dessa forma, não surpreende que "canibal", "infiel", "bárbaro", "raças monstruosas" e "adorador do diabo" fossem "modelos etnográficos" com os quais os europeus "adentraram a nova era de expansão" (Philips, 1994, p. 62), oferecendo o filtro com que missionários e conquistadores interpretaram as culturas, as religiões e os costumes sexuais das populações que encontraram.[2] Outras marcas culturais também contribuíram para a invenção dos "índios". O "nudismo" e a "sodomia" eram muito mais estigmatizantes e, provavelmente, mais úteis para projetar as necessidades de mão de obra dos espanhóis, que qualificavam os ameríndios como seres que viviam em estado animal, prontos para serem transformados em animais de carga, apesar de alguns informes enfatizarem, como um sinal de bestialidade, suas propensões a compartilhar "e a entregar tudo o que possuem em troca de objetos de pouco valor" (Hulme, 1994, p. 198).

---

[2] Em seu relato sobre a Ilha de São Domingos, em *Historia General de las Indias* [História geral das Índias] (1551), Francisco López de Gómara pôde declarar com total certeza que "o deus mais importante que existe nessa ilha é o diabo" e que o diabo vivia entre as mulheres (De Gómara, 1954, p. 49). De forma parecida, o livro v da *Historia* (1590), de José de Acosta, no qual se discute a religião e os costumes dos habitantes do México e do Peru, é dedicado às diversas formas de adoração ao diabo praticadas por essas populações, que incluíam sacrifícios humanos.

Ao definir as populações indígenas como canibais, adoradores do diabo e sodomitas, os espanhóis respaldaram a ficção de que a Conquista não foi uma busca desenfreada por ouro e prata, mas uma missão de conversão — uma alegação que, em 1508, ajudou a Coroa espanhola a obter a bênção papal e a autoridade absoluta da Igreja na América. Tal alegação também eliminou aos olhos do mundo, e possivelmente dos próprios colonizadores, qualquer sanção contra as atrocidades que se pudesse cometer contra os "índios", funcionando assim como uma licença para matar, independentemente do que as possíveis vítimas pudessem fazer. E, efetivamente, "o chicote, a forca, o tronco, a prisão, a tortura, o estupro e ocasionalmente o assassinato se converteram em armas comuns para reforçar a disciplina do trabalho" no Novo Mundo (Cockcroft, 1990, p. 19).

Em uma primeira fase, no entanto, a imagem dos colonizados como adoradores do diabo pôde coexistir com uma imagem mais positiva, inclusive idílica, que descrevia os "índios" como seres inocentes e generosos, que levavam uma vida "livre da labuta e da tirania", remetendo à mítica "época dourada" ou a um paraíso terreno (Brandon, 1986, p. 6-8; Sale, 1991, p. 100-1).

Essa caracterização pode ter sido um estereótipo literário ou — como sugeriu Roberto Fernández Retamar, entre outros — a contrapartida retórica da imagem do "selvagem", expressando assim a incapacidade dos europeus de considerar as pessoas com as quais se encontravam como verdadeiros seres humanos.[3] Mas esse olhar otimista também corresponde a um

---

[3] "Essa imagem de Galibi/canibal", escreve Retamar, "contrasta com outra imagem do homem americano presente nos escritos de Colombo: a do Aruaque das Grandes Antilhas — principalmente nosso Taíno —, que é representado como pacífico, dócil, até mesmo temeroso, e covarde. Essas duas visões dos indígenas americanos se difundiriam rapidamente pela Europa [...]. O Taíno se transformará no habitante paradisíaco de um mundo utópico [...]. O Galibi, por sua vez, dará lugar ao canibal — um antropófago, um homem bestial, situado à margem da civilização, a quem é preciso combater até a morte. No entanto, ambas as visões estão mais próximas do que pode parecer à primeira vista". Cada imagem corresponde a uma intervenção colonial — assegurando seu direito de controlar a vida da população indígena do Caribe — que, segundo Retamar, continua até o presente. Retamar assinala que o extermínio tanto dos amáveis Taíno quanto dos ferozes Galibi constitui uma prova da afinidade entre essas duas imagens (Retamar, 1989, p. 6-7).

Canibais na Bahia, Brasil, se regalando com restos humanos. Ilustrações que mostravam a comunidade ameríndia assando e se alimentando de restos humanos completaram o aviltamento das populações nativas americanas, iniciado previamente pelo trabalho dos missionários.
Theodor de Bry, [sem título], gravura em metal em Hans Staden, *Americæ Tertia Pars Memorabile Provinciæ Brasiliæ Historiam* (1592).

período da Conquista (de 1520 a 1540) em que os espanhóis ainda acreditavam que as populações indígenas seriam facilmente convertidas e subjugadas (Cervantes, 1994). Essa foi a época dos batismos massivos, quando se manifestou maior fervor para convencer os "índios" a mudar seus nomes e a abandonar seus deuses e costumes sexuais, especialmente a poligamia e a homossexualidade. As mulheres, com seus peitos nus, foram obrigadas a se cobrir, os homens tiveram que trocar a tanga pelas calças (Cockcroft, 1990, p. 21). Mas, nessa época, a luta contra o demônio consistia principalmente em fogueiras de "ídolos" locais, ainda que, entre 1536 (quando se introduziu a Inquisição na América) e 1543, muitos líderes políticos e religiosos do centro do México tivessem sido julgados e queimados na fogueira pelo padre franciscano Juan de Zumárraga.

À medida que a Conquista avançava, porém, deixou de haver espaço para qualquer tipo de acordo. Não é possível subjugar as pessoas sem rebaixá-las a um ponto em que até mesmo a possibilidade de identificação com elas torna-se inviável. Assim, apesar das primeiras homilias sobre os amáveis Taíno, colocou-se em marcha uma máquina ideológica que, complementando a máquina militar, retratava os colonizados como seres "imundos" e demoníacos, praticantes de todo tipo de abominações, enquanto os mesmos crimes que antes haviam sido atribuídos

Como resultado da Conquista, proliferou na Europa a edição dos diários de viagem ilustrados com terríveis imagens de canibais se empanturrando de restos humanos, como este banquete canibal na Bahia, Brasil.
Theodor de Bry, [sem título], gravura em metal em Hans Staden, *Americæ Tertia Pars Memorabile Provinciæ Brasiliæ Historiam* (1592).

à falta de educação religiosa – sodomia, canibalismo, incesto, "travestismo" – eram agora considerados indícios de que os "índios" se encontravam sob o domínio do diabo e que, portanto, poderiam ser justificadamente privados de suas terras e de suas vidas (Williams, 1986, p. 136-7). Em relação a essa mudança de imagem, Fernando Cervantes escreve o seguinte, em *The Devil in the New World* [O demônio no Novo Mundo]:

> Antes de 1530 teria sido difícil prever qual desses enfoques se converteria no ponto de vista dominante. No entanto, na metade do século XVI, já havia triunfado uma visão demoníaca muito negativa das culturas ameríndias, e sua influência pairava como um imenso nevoeiro sobre cada afirmação, oficial ou não, feita sobre o tema. (Cervantes, 1994, p. 8)

Com base em relatos escritos contemporaneamente à conquista das "Índias" – como as de De Gómara (1556) e Acosta (1590) –, seria possível conjeturar que essa mudança de perspectiva foi provocada pelo encontro dos europeus com Estados imperialistas, como o asteca e o inca, cujas maquinarias repressivas incluíam a prática de sacrifícios humanos (Centro de Estudios Históricos, 1976). Em *Historia natural y moral de las Indias* [História natural e moral das Índias], publicado em Sevilha pelo jesuíta José de Acosta em 1590, há descrições que nos trazem uma vívida sensação da repulsa dos espanhóis em relação aos sacrifícios de centenas de jovens (prisioneiros de guerra, crianças compradas e escravizados) praticados principalmente pelos Asteca.[4] No entanto, ao ler o relato de Bartolomé de las Casas sobre a destruição das

---

4 Os sacrifícios humanos ocupam um lugar muito importante no relato de Acosta sobre os costumes religiosos dos Inca e dos Asteca. Acosta descreve como, durante certas festividades no Peru, trezentas crianças de dois a quatro anos (em um total de quatrocentas) eram sacrificadas – "duro e inhumano espectáculo", segundo suas palavras. Entre outros sacrifícios, descreve também o de setenta soldados espanhóis capturados durante uma batalha no México e, da mesma forma que De Gómara, afirma, com total certeza, que tais matanças eram obras do diabo (Acosta, 1962, p. 248 ss.).

"Índias" ou sobre qualquer outro informe relativo à Conquista, nos perguntamos por que os espanhóis se sentiriam impressionados por essas práticas quando eles mesmos não tiveram escrúpulos ao cometer impronunciáveis atrocidades em nome de Deus e do ouro — por exemplo, quando, em 1521, segundo Cortés, massacraram cem mil pessoas apenas para conquistar Tenochtitlán (Cockcroft, 1990, p. 19).

Do mesmo modo, os rituais canibalistas que os espanhóis descobriram na América, e que ocupam um lugar destacado nos registros da Conquista, não devem ter sido muito diferentes das práticas médicas populares na Europa durante aquela época. Nos séculos XVI, XVII e até mesmo XVIII, o consumo de sangue humano (especialmente daqueles que haviam morrido de forma violenta) e de água de múmias, que se obtinha banhando a carne humana em beberagens, era um tratamento comum para epilepsia e outras doenças em muitos países europeus. Ademais, esse tipo de canibalismo, "envolvendo carne humana, sangue, coração, crânio, medula óssea e outras partes do corpo, não estava limitado a grupos marginais: era também praticado nos círculos mais respeitáveis" (Gordon-Grube, 1988, p. 406-7).[5] Portanto, o novo horror que os espanhóis sentiram pelas populações indígenas a partir da década de 1550 não pode ser facilmente atribuído a um choque cultural, mas deve ser visto como uma resposta inerente à lógica da colonização, que inevitavelmente precisa desumanizar e temer aqueles aos quais pretende escravizar.

O êxito dessa estratégia pode ser observado na facilidade com que os espanhóis explicaram, de forma "racional", as altas taxas de mortalidade provocadas pelas epidemias que dizimaram a região no começo da Conquista, e que eles

---

5 Na Nova Inglaterra, os médicos administravam remédios "feitos com cadáveres humanos". Entre os mais populares, universalmente recomendado como uma panaceia para qualquer problema, estava a "múmia", um remédio preparado com os restos de um cadáver seco ou embalsamado. Em relação ao consumo de sangue humano, Gordon-Gruber (1988, p. 407) escreve que "vender o sangue de criminosos decapitados era uma prerrogativa dos executores. Era dado ainda quente a epiléticos ou a outros clientes que esperavam em meio à multidão, 'com o copo na mão', no lugar da execução".

conceberam como um castigo divino pela conduta bestial dos índios.[6] Também o debate ocorrido em Valladolid, em 1550, entre Bartolomé de las Casas e o jurista espanhol Juan Ginés de Sepúlveda, sobre se os "índios" deveriam ou não ser considerados seres humanos, teria sido impensável sem uma campanha ideológica que os representasse como animais e demônios.[7]

A divulgação de ilustrações — banquetes canibalísticos com multidões de corpos nus oferecendo cabeças e membros humanos como prato principal — que retratavam a vida no Novo Mundo com reminiscências dos sabás das bruxas, e que começaram a circular por toda a Europa depois da década de 1550, completaram o trabalho de degradação. *Le livre des antipodes* [O livro dos antípodas] (1630), compilado por Johann Ludwig Gottfried, constitui um exemplo tardio do gênero literário que exibe uma grande quantidade de imagens terríveis: mulheres e crianças empanturrando-se com vísceras humanas, ou uma comunidade canibal reunida ao redor de uma grelha, deleitando-se com pernas e braços enquanto observam restos humanos sendo assados. Já as ilustrações que aparecem em *Singularidades da França Antártica* (1557 [2018]), realizadas pelo franciscano francês André Thevet — centradas no esquartejamento, na preparação e na degustação de carne humana —, e a obra de Hans Staden, *Warhaftige Historia* [Verdadeira história] (1557), na qual o autor descreve seu cativeiro entre os índios canibais do Brasil (Parinetto, 1998, p. 428), constituem contribuições anteriores à produção cultural dos ameríndios como seres bestiais.

---

6 Walter L. Williams (1986, p. 138) escreve: "Os espanhóis nunca se deram conta do motivo pelo qual os índios estavam sendo consumidos pelas doenças, mas tomaram o fenômeno como um indício de que essa realidade era parte dos planos de Deus para eliminar os infiéis. Oviedo concluiu: 'Não é sem motivo que Deus permite que eles sejam destruídos. E não tenho dúvidas de que, devido a seus pecados, Deus logo se livrará deles'. Mais tarde, em uma carta destinada ao rei, condenando os Maia por aceitarem o comportamento homossexual, afirmou o seguinte: 'Desejo mencioná-lo, a fim de declarar ainda mais fortemente o motivo pelo qual Deus castiga os índios e a razão pela qual não têm sido merecedores de sua misericórdia'".
7 O fundamento teórico do argumento de Sepúlveda a favor da escravização dos índios era a doutrina de Aristóteles sobre a "escravidão natural" (Hanke, 1970, p. 16 ss.).

EXPLORAÇÃO, RESISTÊNCIA E DEMONIZAÇÃO

A decisão da Coroa espanhola de introduzir um sistema muito mais severo de exploração nas colônias americanas na década de 1550 constituiu um momento de inflexão na propaganda anti-índígena e na campanha anti-idolatria que acompanharam o processo de colonização. A decisão foi motivada pela crise da "economia de rapina", introduzida depois da Conquista, pela qual a acumulação de riqueza dependia muito mais da expropriação dos excedentes dos bens dos "índios" do que da exploração direta de seu trabalho (Spalding, 1984; Stern, 1982). Até a década de 1550, apesar dos massacres e da exploração associados ao sistema de *encomienda*, os espanhóis não haviam desorganizado completamente as economias de subsistência que encontraram nas áreas colonizadas. Pelo contrário, devido à riqueza que acumularam, eles confiavam nos sistemas de impostos colocados em prática pelos Asteca e pelos Inca, por meio do qual os chefes (caciques, no México; curacas, no Peru) entregavam aos conquistadores parcelas de bens e trabalho supostamente compatíveis com a sobrevivência das economias locais. O tributo fixado pelos espanhóis era muito maior do que os Inca e os Asteca impunham àqueles a quem conquistavam, mas, ainda assim, não era suficiente para satisfazer suas necessidades. Por volta da década de 1550, passou a ser mais difícil obter mão de obra suficiente, tanto para os *obrajes* (oficinas de manufatura nas quais se produziam bens para o mercado internacional) como para a exploração das minas de prata e mercúrio recentemente descobertas, como a lendária mina de Potosí.[8]

---

[8] A mina de Potosí foi descoberta em 1545, cinco anos antes do debate entre Las Casas e Sepúlveda.

A necessidade de extrair mais trabalho das populações indígenas provinha sobretudo da situação interna da metrópole. A Coroa espanhola estava literalmente navegando em um mar de lingotes de ouro e prata americanos, com os quais comprava bens e alimentos que já não se produziam na Espanha. Além disso, a riqueza gerada pelo saque financiou a expansão da Coroa em território europeu. Essa situação era tão dependente da contínua chegada de vultosas quantidades de prata e ouro do Novo Mundo que, na década de 1550, a Coroa estava preparada para destruir o poder dos *encomenderos* com a finalidade de se apropriar de grande parte do trabalho dos índios para a extração de prata, que depois seria enviada em navios para a Espanha.[9] Mas a resistência à colonização estava aumentando (Spalding, 1984, p. 134-5; Stern, 1982).[10] Foi em resposta a esse desafio que, tanto no México como no Peru, foi declarada uma guerra contra as culturas indígenas, abrindo caminho para uma intensificação draconiana do domínio colonial.

No México, essa mudança ocorreu em 1562, quando, por iniciativa do provincial Diego de Landa, foi lançada uma campanha anti-idolatria na Península de Yucatán, durante a qual mais de 4,5 mil pessoas foram capturadas e brutalmente torturadas sob a acusação de praticar sacrifícios humanos. Em seguida, foram objetos de um castigo público bem orquestrado que, por fim, completou a destruição de seus corpos e de sua moral (Clendinnen, 1987, p. 71-92). As penas foram tão

---

[9] Na década de 1550, a Coroa espanhola dependia de tal forma dos metais preciosos da América para sobreviver – e para pagar os mercenários que lutavam em suas guerras – que confiscava as cargas de lingotes de ouro e prata que chegavam em navios privados. Normalmente, esses navios transportavam de volta o dinheiro que havia sido guardado por aqueles que tinham participado da Conquista e que agora estavam se preparando para uma aposentadoria na Espanha. Dessa forma, durante alguns anos, eclodiu um conflito entre os expatriados e a Coroa, que culminou na aprovação de uma nova legislação que limitava o poder de acumulação dos primeiros.

[10] A obra *A Tribute to the Household* [Um tributo para o lar] (1982), de Enrique Mayer, apresenta uma poderosa descrição dessa resistência. Ela descreve as famosas visitas que os *encomenderos* costumavam fazer às aldeias, com a finalidade de fixar o tributo que cada comunidade devia a eles e à Coroa. Nos vilarejos andinos, a procissão de homens a cavalo podia ser vista horas antes de sua chegada, diante da qual muitos jovens fugiam, as crianças eram realocadas em casas diferentes e os recursos eram escondidos.

cruéis — anos de escravidão nas minas, açoites tão severos que fizeram o sangue correr — que muita gente morreu ou ficou inválida; outros fugiram de casa ou se suicidaram, de tal forma que o trabalho terminou e a economia regional foi destruída. A perseguição montada por Landa, porém, se transformou no fundamento de uma nova economia colonial, já que fez com que a população local entendesse que os espanhóis haviam chegado para ficar e que o domínio dos antigos deuses havia terminado (Clendinnen, 1987, p. 190).

No Peru, o primeiro ataque em grande escala contra o culto diabólico também ocorreu em 1560, coincidindo com o surgimento do Taki Onqoy,[11] um movimento nativo milenarista que argumentava contra a colaboração dos indígenas com os europeus e a favor de uma aliança pan-andina dos deuses locais (*huacas*) para pôr fim à colonização. Os takionqos atribuíam a derrota e a crescente mortalidade sofridas pelo seu povo ao abandono dos deuses locais e encorajavam as pessoas a rejeitar a religião cristã, os nomes, a comida e a roupa recebidas dos espanhóis. Também incitavam as pessoas a não pagarem os tributos impostos pelos espanhóis, a não se submeterem ao trabalho forçado e a "abandonarem o uso de camisas, chapéus, sandálias ou qualquer outro tipo de vestimenta proveniente da Espanha" (Stern, 1982, p. 53). Prometiam que, se isso acontecesse, os *huacas* revividos mudariam o mundo para melhor e destruiriam os espanhóis, enviando-lhes doenças e inundações a suas cidades, e o oceano se elevaria para apagar todo rastro de sua existência (Stern, 1982, p. 52-64).

A ameaça formulada pelos takionqos era séria, uma vez que, ao convocar uma unificação pan-andina dos *huacas*, o movimento marcava o começo de um novo senso de identidade capaz de superar as divisões vinculadas à organização tradicional dos

---

[11] O nome Taki Onqoy descreve o transe em que entravam, durante a dança, os participantes do movimento.

ayllus (unidades familiares). Nas palavras de Stern (1982, p. 59), essa foi a primeira vez que os povos dos Andes começaram a se enxergar como um só, como "índios". De fato, o movimento se expandiu amplamente, alcançando, "como extremo norte, a cidade de Lima; como extremo leste, Cuzco, e do topo da elevada *puna* do sul até La Paz, na atual Bolívia" (Spalding, 1984, p. 246). A resposta veio do conselho eclesiástico realizado em Lima em 1567, que estabeleceu que os sacerdotes deviam "extirpar as inumeráveis superstições, cerimônias e ritos diabólicos dos índios. Também deviam erradicar a embriaguez, prender médicos-bruxos e, sobretudo, descobrir e destruir os lugares sagrados e os talismãs" relacionados com o culto dos *huacas*. Essas recomendações foram repetidas em um sínodo celebrado em Quito, no ano de 1570, durante o qual, novamente, foi denunciada a existência de "médicos-bruxos que [...] protegem os *huacas* e conversam com o diabo" (Hemming, 1970, p. 397).

Os *huacas* eram as montanhas, as fontes de água, as pedras e os animais que encarnavam os espíritos dos ancestrais. Como tais, eram cuidados, alimentados e adorados de forma coletiva, já que todos os consideravam como os principais vínculos com a terra e com as práticas agrícolas primordiais para a reprodução econômica. As mulheres falavam com eles, como parece ainda acontecer em algumas regiões da América do Sul, para se assegurarem de uma boa colheita (Descola, 1994, p. 191-214).[12] Destruí-los ou proibir seu culto era uma forma de atacar a comunidade, suas raízes históricas, a relação do povo

---

[12] Philippe Descola (1994, p. 192) escreve que, entre os Achuar, uma população indígena da alta Amazônia, "a condição necessária para um cultivo eficaz depende do comércio direto, harmonioso e constante com Nunkui, o espírito protetor das hortas". Isso é o que faz toda mulher quando canta canções secretas "do coração" e ensalmos [cura de doenças por meio de feitiços e rezas, medicina alternativa] mágicos às plantas e ervas de sua horta, encorajando-as a crescer (Descola, 1994, p. 198). A relação entre a mulher e o espírito que protege sua horta é tão íntima que, quando ela morre, "sua horta segue seu exemplo, dado que, à exceção de sua filha solteira, nenhuma outra mulher se animaria a sustentar uma relação desse tipo, se ela mesma não a houvesse iniciado". Quanto aos homens, "são completamente incapazes de substituir suas esposas, se essa necessidade aparecer [...]. Quando um homem já não tem uma mulher (mãe, esposa, irmã ou filha) que cultive sua horta e prepare sua comida, não há alternativa além do suicídio" (Descola, 1994, p. 175).

com a terra e sua relação intensamente espiritual com a natureza. Os espanhóis compreenderam isso na década de 1550 e embarcaram em uma sistemática destruição de tudo aquilo que se assemelhava a um objeto de culto. O que Claude Baudez e Sydney Picasso escreveram sobre a campanha anti-idolatria dirigida pelos franciscanos contra os Maia em Yucatán também se aplica ao ocorrido no resto do México e no Peru:

> Os ídolos foram destruídos, os templos, incendiados, e aqueles que celebravam ritos nativos e praticavam sacrifícios foram punidos com a morte; as festividades, tais como os banquetes, as canções e as danças, assim como as atividades artísticas e intelectuais (pintura, escultura, observação das estrelas, escrita hieroglífica) — suspeitas de serem inspiradas pelo diabo — foram proibidas, e aqueles que participavam delas foram perseguidos sem misericórdia. (Baudez & Picasso, 1992, p. 21)

Esse processo veio de mãos dadas com a reforma exigida pela Coroa espanhola, que aumentou a exploração do trabalho indígena com a finalidade de assegurar um fluxo maior de lingotes de ouro e prata para os seus cofres. Para tanto, introduziram-se duas medidas, ambas facilitadas pela campanha anti-idolatria. Em primeiro lugar, a cota de trabalho que os chefes locais deviam prover nas minas e *obrajes* foi aumentada notavelmente, e a execução da nova norma foi posta em mãos de um representante local da Coroa (*corregidor*) com o poder de prender e aplicar outras formas de punição no caso de desobediência. Além disso, houve um programa de reassentamento (*reducciones*) que levou a maior parte da população rural a aldeias designadas, a fim de controlá-la mais diretamente. A destruição dos *huacas* e a perseguição da religião ancestral a eles associada tiveram um papel decisivo em ambas as medidas, dado que as *reducciones* adquiriram maior força a partir da demonização dos lugares de culto.

Uma mulher andina é obrigada a trabalhar nos *obrajes*, oficinas de manufatura que produziam para o mercado internacional. Felipe Guamán Poma de Ayala, ilustração no manuscrito *Nueva crónica y buen gobierno* (1615).

Rapidamente evidenciou-se, no entanto, que, sob o manto da cristianização, os povos continuaram adorando a seus deuses, da mesma forma que continuaram retornando a suas *milpas* (cultivos) depois de terem sido tirados de casa. Por isso, o ataque aos deuses locais, ao invés de diminuir, intensificou-se com o passar do tempo, alcançando o ápice entre 1619 e 1660, quando a destruição dos ídolos foi acompanhada por verdadeiras caças às bruxas, dessa vez convertendo em alvo particularmente as mulheres. Karen Spalding descreveu uma das caças às bruxas conduzidas no *repartimiento* [repartição] de Huarochirí, em 1660, pelo sacerdote inquisidor *don* Juan Sarmiento. Tal como ela relata, a investigação foi dirigida segundo o mesmo padrão das caças às bruxas realizadas na Europa. Começou com a leitura do édito contra a idolatria e com a pregação de um sermão contra esse pecado, procedimentos seguidos por denúncias secretas fornecidas por informantes anônimos. Então se iniciava o interrogatório dos suspeitos, o uso de tortura para extrair confissões e, finalmente, ditava-se a sentença e a punição, que nesse caso consistia em açoitamento público, exílio e outras formas de humilhação:

> As pessoas sentenciadas eram levadas à praça pública [...] colocadas entre mulas e burros, com cruzes de madeira de aproximadamente seis polegadas de comprimento penduradas no pescoço. A partir desse dia, deveriam carregar essas marcas de humilhação. Sobre a cabeça delas, as autoridades colocavam uma coroa medieval, um capuz em forma de cone feito de papelão, que era a marca europeia e católica da infâmia e da desgraça. O cabelo por debaixo dos capuzes era cortado como uma marca de humilhação andina. Aqueles que eram condenados a receber chicotadas tinham suas costas despidas. Colocavam cordas ao redor de seu pescoço. Eram levados lentamente pelas ruas do povoado, precedidos por um *pregonero*[13]

---

[13] Na Espanha e em suas colônias, *pregonero* era um oficial que dava, em voz alta, notícias de interesse público. [N.T.]

que lia seus crimes [...]. Depois desse espetáculo, as pessoas eram trazidas de volta, algumas com as costas sangrando devido às vinte, quarenta ou cem chibatadas desferidas pelo carrasco com um açoite com tiras de nove nós. (Spalding, 1984, p. 256)

Spalding conclui:

As campanhas de idolatria eram rituais exemplares, didáticas peças teatrais dirigidas tanto para o público como para os participantes, parecidas com os enforcamentos públicos da Europa medieval. (Spalding, 1984, p. 265)

Seu objetivo era intimidar a população, criar um "espaço da morte"[14] em que os potenciais rebeldes se sentissem tão paralisados pelo medo que passassem a aceitar qualquer coisa para não ter de enfrentar o tormento daqueles que eram espancados e humilhados publicamente. Nisso, os espanhóis foram em parte bem-sucedidos. Diante da tortura, das denúncias anônimas e das humilhações públicas, muitas alianças e amizades se romperam; a fé dos povos na efetividade de seus deuses se debilitou, e o culto se transformou em uma prática individual e secreta, mais que coletiva, tal como havia sido na América antes da Conquista.

Segundo Spalding, a profundidade com que o tecido social se viu afetado por essas campanhas de terror pode ser

---

[14] Essa é a expressão utilizada por Michael Taussig em *Xamanismo, colonialismo e o homem selvagem* (1987 [1993]), com a finalidade de enfatizar a função do terror no estabelecimento da hegemonia colonial na América: "Quaisquer que sejam as conclusões a que cheguemos sobre como essa hegemonia foi tão rapidamente efetuada, seria insensatez de nossa parte fazer vista grossa ao papel do terror. Com isto quero dizer que devemos pensar através do terror, o que, além de ser um estado fisiológico, é também um estado social, cujos traços especiais permitem que ele sirva como o mediador por excelência da hegemonia colonial: o *espaço da morte* onde o índio, o africano e o branco deram à luz um Novo Mundo" (Taussig, 1987, p. 5 [1993, p. 27], grifo meu).
Taussig acrescenta, todavia, que o *espaço da morte* constitui também um "espaço de transformação", dado que "através de uma experiência de aproximação da morte poderá muito bem surgir um sentimento mais vívido da vida; através do medo poderá acontecer não apenas um crescimento da autoconsciência, mas igualmente a fragmentação e então a perda de autoconformismo perante a autoridade" (Taussig, 1987, p. 7 [1993, p. 28-9]).

Cena 1: Humilhação pública durante uma campanha anti-idolatria.

Cena 2: As mulheres como "butim da Conquista".

Cena 3: As divindades *huacas*, representadas como demônios, falam através de um sonho.

Cena 4: Um membro do movimento Taki Onqoy com um índio bêbado possuído por uma divindade *huaca* representada como o diabo.

observada nas mudanças que, com o passar do tempo, começaram a ocorrer na natureza das acusações. Enquanto, na década de 1550, as pessoas podiam reconhecer abertamente seu apego e o de sua comunidade à religião tradicional, na década de 1650 os crimes de que eram acusadas giravam em torno da "bruxaria", uma prática que agora pressupunha uma conduta secreta e que se parecia cada vez mais com as acusações feitas contra as bruxas na Europa. Na campanha lançada em 1660 na região de Huarochirí, por exemplo, "os crimes descobertos pelas autoridades [...] estavam vinculados à cura, ao achado de objetos perdidos e a outras modalidades do que, em termos gerais, poderia denominar-se 'bruxaria' aldeã". No entanto, a própria campanha revelava que, apesar da perseguição, aos olhos das comunidades, "os antepassados e os *huacas* continuavam sendo essenciais para sua sobrevivência" (Spalding, 1984, p. 261).

Cenas representando a provação das mulheres andinas e dos seguidores da religião dos antepassados (Stern, 1982). Felipe Guamán Poma de Ayala, ilustrações no manuscrito *Nueva crónica y buen gobierno* (1615).

MULHERES E BRUXAS NA AMÉRICA

Não é coincidência que a "maioria dos condenados na investigação de 1660 em Huarochirí (28, de um total de 32) fossem mulheres" (Spalding, 1984, p. 258). Também não é por acaso que as mulheres tivessem maior presença no movimento Taki Onqoy. Foram elas que defenderam de forma mais ferrenha o antigo modo de existência e que se opuseram com mais veemência à nova estrutura de poder – provavelmente devido ao fato de serem também as mais afetadas por ela.

Como mostra a existência de importantes divindades femininas nas religiões pré-colombianas, as mulheres tinham uma posição de poder nessas sociedades. Em 1517, Hernández de Córdoba chegou a uma ilha situada a pouca distância da costa da Península de Yucatán e a chamou de Isla Mujeres, "pois os templos que visitaram ali continham uma grande quantidade de ídolos femininos" (Baudez & Picasso, 1992, p. 17). Antes da Conquista, as mulheres americanas tinham suas próprias organizações, suas esferas de atividade eram reconhecidas socialmente e, embora não fossem iguais aos homens,[15]

---

[15] Em relação à posição das mulheres no México e no Peru antes da Conquista, ver respectivamente June Nash (1978; 1980), Irene Silverblatt (1987) e María Rostworowski (2001). Nash (1978, p. 350) discute a decadência do poder das mulheres asteca conforme ocorreu a transformação de uma "sociedade baseada no parentesco [...] para um império estruturado em classes". Segundo ela, durante o século XV, os Asteca desenvolveram-se no sentido da formação de um império guerreiro, tendo surgido, então, uma rígida divisão sexual do trabalho; ao mesmo tempo, as mulheres (dos inimigos vencidos) tornaram-se o "o espólio a ser repartido pelos vitoriosos" (Nash, 1978, p. 358). Simultaneamente, as divindades femininas deram lugar a deuses masculinos – especialmente o sanguinário Huitzilopochtli –, embora continuassem sendo adoradas pela gente comum. De todo modo, as "mulheres da sociedade asteca possuíam muitas habilidades como produtoras independentes de artesanatos de cerâmica e tecidos, como sacerdotisas, médicas e comerciantes. A política de desenvolvimento espanhola [em contraposição], tal como foi levada a cabo pelos sacerdotes e administradores da Coroa, desviou a produção doméstica em direção aos estabelecimentos comerciais de artesanato ou aos moinhos dirigidos por homens" (Nash, 1980, p. 136).

eram consideradas complementares a eles quanto à sua contribuição na família e na sociedade.

Além de agricultoras, donas de casa e tecelãs, produtoras dos panos coloridos utilizados tanto na vida cotidiana quanto durante as cerimônias, também eram oleiras, herboristas, curandeiras e sacerdotisas a serviço dos deuses locais. No sul do México, na região de Oaxaca, estavam vinculadas à produção de *pulque*, bebida sagrada feita do *maguey* (agave) que, segundo acreditavam, havia sido inventada pelos deuses e estava relacionada com Mayahuel, deusa mãe terra que era "o centro da religião camponesa" (Taylor, 1979, p. 31-2).

Tudo mudou com a chegada dos espanhóis, que trouxeram sua bagagem de crenças misóginas e reestruturaram a economia e o poder político em favor dos homens. As mulheres sofreram também nas mãos dos chefes tradicionais, que, a fim de manter seu poder, começaram a assumir a propriedade das terras comunais e a expropriar das integrantes femininas da comunidade o uso da terra e seus direitos sobre a água. Na economia colonial, as mulheres foram assim reduzidas à condição de servas que trabalhavam como criadas para *encomenderos*, sacerdotes e *corregidores*, ou como tecelãs nos *obrajes*. As mulheres também foram forçadas a acompanhar seus maridos no trabalho de *mita* nas minas – um destino considerado pior que a morte –, uma vez que, em 1528, as autoridades estabeleceram que os cônjuges não podiam ser separados um do outro: mulheres e crianças seriam assim compelidas a trabalhar nas minas, além de prepararem a comida para os trabalhadores homens.

A nova legislação espanhola, que declarou a ilegalidade da poligamia, constituiu outra fonte de degradação para as mulheres. Do dia para a noite, os homens se viram obrigados a se separar de suas mulheres, ou então convertê-las em criadas (Mayer, 1981), ao passo que as crianças que haviam nascido dessas uniões eram classificadas de acordo com cinco categorias diferentes de ilegitimidade (Nash, 1980, p. 143). Ironicamente, com a chegada dos espanhóis, ao mesmo tempo que as uniões poligâmicas eram dissolvidas, nenhuma mulher indígena se encontrava a salvo do estupro ou do rapto. Dessa forma, muitos homens, em vez de se casarem, começaram a recorrer à prostituição (Hemming, 1970). Na fantasia europeia, a América em si era uma mulher nua, sensualmente reclinada em sua rede, que convidava o estrangeiro branco a se aproximar. Em certos momentos, eram os próprios homens "índios" que entregavam suas parentes aos sacerdotes ou aos *encomenderos* em troca de alguma recompensa econômica ou de um cargo público.

Por todos esses motivos, as mulheres se converteram nas principais inimigas do domínio colonial, negando-se a ir à missa, a batizar seus filhos ou a qualquer tipo de cooperação com as autoridades coloniais e com os sacerdotes. Nos Andes, algumas se suicidaram e mataram seus filhos homens, muito provavelmente para evitar que fossem às minas e também devido à repugnância possivelmente provocada pelos maus-tratos que lhe infligiam seus parentes masculinos (Silverblatt, 1987). Outras organizaram suas comunidades e, diante da traição de muitos chefes locais cooptados pela estrutura colonial, tornaram-se sacerdotisas, líderes e guardiãs dos *huacas*, assumindo tarefas que nunca antes haviam exercido. Isso explica por que as mulheres constituíram a coluna vertebral do movimento Taki Onqoy. No Peru, elas também realizaram reuniões confessionais com o fim de preparar as pessoas para o momento em que se encontrassem com os sacerdotes católicos, aconselhando sobre que coisas poderiam contar e quais não deveriam revelar. Se antes da Conquista as mulheres estavam encarregadas exclusivamente das cerimônias dedicadas às divindades femininas, posteriormente se converteram em assistentes ou principais oficiantes em cultos dedicados aos *huacas* dos antepassados masculinos – algo que era proibido antes da chegada dos espanhóis (Stern, 1982). Também lutaram contra o poder colonial escondendo-se nas zonas mais elevadas (*punas*), onde podiam praticar a religião antiga.

Como assinala Irene Silverblatt (1987, p. 197),

> Enquanto os homens indígenas fugiam da opressão da *mita* e do tributo, abandonando suas comunidades e indo trabalhar como *yaconas* (quase servos) nas novas *haciendas*, as mulheres fugiam para as *punas*, inacessíveis e muito distantes das *reducciones* de suas comunidades nativas. Uma vez nas *punas*, as mulheres rejeitavam as forças e os símbolos de sua opressão, desobedecendo os administradores espanhóis e o clero, assim como os dirigentes de sua própria comunidade. Também rejeitavam energicamente a ideologia colonial, que reforçava sua opressão, negando-se a ir à missa, a participar em confissões católicas ou a aprender o dogma católico. E o que é ainda mais importante, as mulheres não rejeitavam só o catolicismo, mas retornavam à sua religião nativa e, até onde era possível, à qualidade das relações sociais que sua religião expressava.

Assim, ao perseguir as mulheres como bruxas, os espanhóis miravam tanto os praticantes da antiga religião como os instigadores da revolta anticolonial, ao mesmo tempo que tentavam redefinir "as esferas de atividade nas quais as mulheres indígenas podiam participar" (Silverblatt, 1987, p. 160). Como assinala Silverblatt, o conceito de bruxaria era alheio à sociedade andina. No Peru, assim como em todas as sociedades pré-industriais, muitas mulheres eram "especialistas no conhecimento médico", estavam familiarizadas com as propriedades de ervas e plantas e também eram adivinhas. A noção cristã de demônio era desconhecida. Não obstante, por volta do século XVII, devido ao impacto da tortura, da intensa perseguição e da "aculturação forçada", as mulheres andinas que acabavam presas — em sua maioria idosas e pobres — admitiam os mesmos crimes que eram imputados às mulheres nos julgamentos de bruxaria na Europa: pactos e fornicação com o diabo, prescrição de remédios a base de ervas, uso de unguento, voar pelos ares e fazer amuletos de cera (Silverblatt, 1987, p. 174). Também confessaram adorar as pedras, as montanhas e os mananciais, e alimentar os *huacas*. O pior de tudo foi que reconheceram ter enfeitiçado as autoridades ou outros homens poderosos, causando a sua morte (Silverblatt, 1987, p. 187-8).

Como na Europa, a tortura e o terror foram utilizados para forçar os acusados a revelar outros nomes. Assim, os círculos de perseguição se ampliaram cada vez mais. Contudo, um dos objetivos da caça às bruxas — o isolamento das bruxas do resto da comunidade — não foi alcançado. As bruxas andinas não foram transformadas em párias. Pelo contrário, "foram muito solicitadas como *comadres* [parteiras], e sua presença era requerida em reuniões aldeãs, pois, na consciência dos colonizados, a bruxaria, a continuidade das tradições ancestrais e a resistência política consciente passaram a estar cada vez mais entrelaçadas" (Silverblatt, 1987). De fato, graças, em grande medida, à resistência das mulheres, as antigas crenças puderam ser preservadas. Houve certas mudanças no sentido das práticas associadas à religião. O culto foi levado à clandestinidade à custa do caráter coletivo que tinha na época anterior à Conquista, mas os laços com as montanhas e os outros lugares dos *huacas* não foram destruídos.

Encontramos uma situação parecida no centro e no sul do México, onde as mulheres, sobretudo as sacerdotisas, cumpriam um papel importante na defesa de suas comunidades e culturas. Segundo a obra de Antonio García de León, *Resistencia y utopía* [Resistência e utopia] (1985), as mulheres "dirigiram ou guiaram todas as grandes revoltas anticoloniais" (De León, 1985, p. 31) ocorridas na região a partir da Conquista. Em Oaxaca, a presença das mulheres nas rebeliões populares continuou durante o século XVIII. Nessa época, "visivelmente mais agressivas, ofensivas e rebeldes" (Taylor, 1979, p. 116), elas lideraram um em cada quatro ataques às autoridades. Também em Chiapas as mulheres foram protagonistas da preservação da religião antiga e da luta anticolonial. Quando os espanhóis lançaram uma campanha de guerra para subjugar os rebeldes chiapanecos, em 1524, foi uma sacerdotisa quem liderou as tropas nativas contra os invasores. As mulheres também participaram das redes clandestinas de adoradores de ídolos e de resistência, que eram periodicamente descobertas pelo clero. Em 1584, por exemplo, durante uma visita a Chiapas, o bispo Pedro de Feria foi informado de que muitos chefes indígenas locais ainda praticavam os antigos cultos, além de estarem sendo aconselhados por mulheres, com as quais mantinham práticas obscenas, tais como cerimônias (ao estilo do sabá) durante as quais dormiam juntos e se convertiam em deuses e deusas, "ficando a cargo das mulheres enviar a chuva e prover riqueza a quem as solicitava" (De León, 1985, p. 76).

Com base nesse registro, é irônico que seja Calibã – e não sua mãe, a bruxa Sycorax – quem os revolucionários latino-americanos tomaram depois como símbolo da resistência à colonização. Calibã só pôde lutar contra seu senhor insultando-o na linguagem que havia aprendido com ele próprio, fazendo que sua rebelião dependesse das "ferramentas do senhor". Ele também foi enganado quando o fizeram crer que sua libertação chegaria por meio de um estupro e da iniciativa de alguns proletários oportunistas brancos transladados ao Novo Mundo, a quem ele adorava como se fossem deuses. Em contraposição, Sycorax, uma bruxa "tão potente que controlava a lua e as marés" (Shakespeare, 1964, ato V, cena 1 [2022, p. 360, linhas 345-6]), pode ter ensinado seu filho a apreciar os poderes locais – a terra, as águas, as árvores, os "tesouros da natureza" – e os laços comunais que, durante séculos de sofrimento, continuam nutrindo a luta pela libertação até os dias de hoje, e que habitavam, como uma promessa, a imaginação de Calibã:

> Calma: esta ilha é cheia de rumores,
> De sons, doces acordes e toadas
> Que só trazem deleite e não machucam.
> Às vezes, mil vibrantes instrumentos
> Sussurram longo tempo em meus ouvidos;
> Também escuto vozes, certas vezes
> Logo após despertar de um longo sono,
> E, ouvindo-as, adormeço novamente;
> E, nos meus sonhos, penso enxergar nuvens
> Se abrindo para revelar tesouros
> Prestes a despencar feito uma chuva,
> Sobre minha cabeça, e, ao acordar,
> Choro querendo retornar ao sonho.
> (Shakespeare, 1964, ato III [2022, p. 172, linhas 154-66])

AS BRUXAS EUROPEIAS E OS "ÍNDIOS"

A caça às bruxas no Novo Mundo teve algum impacto sobre os acontecimentos na Europa? Ou ambas as campanhas simplesmente faziam uso das mesmas estratégias e táticas repressivas que a classe dirigente europeia havia forjado ainda na Idade Média, durante a perseguição aos hereges?

Faço essas perguntas com base na tese do historiador italiano Luciano Parinetto, para quem a caça às bruxas no Novo Mundo teve um enorme impacto na elaboração da ideologia sobre a bruxaria e na cronologia da caça às bruxas na Europa.

Em poucas palavras, Parinetto sustenta que foi sob o impacto da experiência americana que a caça às bruxas na Europa se transformou em um fenômeno de massas ao longo da segunda metade do século XVI. Isso se deu porque as autoridades e o clero encontraram na América a confirmação de suas teses sobre a adoração ao diabo, chegando a crer na existência de populações inteiras de bruxas, uma convicção que depois aplicaram a suas campanhas de cristianização na Europa. Dessa forma, a adoção do *extermínio como estratégia política* por parte dos Estados europeus foi importada do Novo Mundo, que era descrito pelos missionários como "a terra do demônio". Muito possivelmente, foi daí que veio a inspiração para o massacre dos huguenotes e para a massificação da caça às bruxas a partir das últimas décadas do século XVI (Parinetto, 1998, p. 417-35).[16]

---

[16] Parinetto assinala que a conexão entre o extermínio dos "selvagens" ameríndios e o dos huguenotes ficou gravada de forma clara na consciência e na literatura dos franceses protestantes depois da Noite de São Bartolomeu, influenciando de maneira indireta os ensaios de Montaigne sobre os canibais e, de uma forma completamente distinta, a associação que estabeleceu Jean Bodin entre as bruxas europeias e os índios canibais e sodomitas. Citando fontes francesas, Parinetto sustenta que essa associação (entre os selvagens e os huguenotes) alcançou o auge nas últimas décadas do século XVI, quando os massacres perpetrados pelos espanhóis na América — como a matança, ocorrida

Guazzo foi um dos demonólogos mais influenciados pelos relatos vindos das Américas. Esta representação de bruxas rodeando os restos de corpos desenterrados ou tirados da forca apresenta reminiscências de um banquete canibal.
Xilogravura em Francesco Maria Guazzo, *Compendium Maleficarum* (1608).

Segundo Parinetto, o uso que os demonólogos fizeram dos informes das "Índias" é uma evidência da decisiva conexão entre ambas as perseguições. Parinetto se concentra em Jean Bodin, mas também menciona Francesco Maria Guazzo e cita, como exemplo do "efeito bumerangue" produzido pela transferência da caça às bruxas à América, o caso do inquisidor Pierre de Lancre, que, durante uma perseguição de vários meses na região de Labourd (País Basco), denunciou toda a população local por bruxaria. Além disso, Parinetto reforça as evidências de sua tese com uma série de temas que ganharam proeminência no repertório da bruxaria na Europa durante a segunda metade do século XVI: canibalismo, oferenda de crianças ao diabo, uso de unguentos e drogas e identificação da

---

na Flórida, em 1565, de milhares de colonos franceses acusados de serem luteranos — tornaram-se "uma arma política amplamente utilizada" na luta contra o domínio espanhol (Parinetto, 1998, p. 429-30).

Canibais preparando sua refeição.
Gravura em Hans Staden,
Warhaftige Historia (1557).

homossexualidade (sodomia) com o diabolismo. Todos esses temas, argumenta Parinetto, tiveram matriz no Novo Mundo.

Como utilizar essa teoria e onde traçar a linha entre o explicável e o especulativo? Trata-se de uma pergunta que os futuros estudiosos deverão responder. Limito-me, nesse sentido, a realizar algumas observações.

A tese de Parinetto é importante na medida em que nos ajuda a dissipar o eurocentrismo que tem caracterizado o estudo da caça às bruxas e, potencialmente, pode responder a algumas perguntas que têm surgido acerca da perseguição das bruxas europeias. Sua principal contribuição está, no entanto, no fato de que amplia nossa consciência sobre o caráter global do desenvolvimento capitalista e nos ajuda a entender que, no

Preparação para o sabá. Gravura alemã de autoria desconhecida, século XVI.

século XVI, já existia na Europa uma classe dominante implicada de modo prático, político e ideológico na formação de um proletariado mundial – e que, portanto, elaborava seus modelos de dominação de acordo com o conhecimento que continuamente adquiria em outras partes do mundo.

Quanto a suas alegações, a história da Europa anterior à Conquista é suficiente para provar que os europeus não precisavam atravessar o oceano para descobrir a vontade de exterminar aqueles que cruzavam seu caminho. Também é possível explicar a cronologia da caça às bruxas europeia sem recorrer à hipótese do impacto do Novo Mundo, uma vez que o período entre as décadas de 1560 e 1620 testemunhou um empobrecimento generalizado e deslocamentos sociais na maior parte da Europa Ocidental.

As semelhanças temáticas e iconográficas entre a caça às bruxas na Europa e na América são muito sugestivas para

Preparando uma refeição canibal.
Gravura em Hans Staden,
Warhaftige Historia (1557).

repensar a perseguição no Velho Mundo a partir da perseguição que teve lugar no Novo Mundo. O uso de unguentos é um dos pontos mais reveladores, enquanto as descrições do comportamento dos sacerdotes asteca ou inca durante os sacrifícios humanos evocam características encontradas em algumas demonologias sobre os preparativos das bruxas para o sabá. Vejamos a seguinte passagem narrada por Acosta em 1590, em que se considera a prática americana como uma perversão do hábito cristão de consagrar os sacerdotes com unções:

> Os sacerdotes-ídolos no México se besuntavam da seguinte maneira. Engorduravam-se dos pés à cabeça, inclusive no cabelo [...] a substância com a qual se manchavam era chá comum, porque este, desde a Antiguidade, sempre constituiu uma oferenda a seus

> deuses e por isso foi muito adorado [...] essa era a forma comum de se engordurar, exceto quando compareciam a um sacrifício [...] ou quando iam às cavernas onde guardavam seus ídolos, situação em que utilizavam um unguento diferente para dar coragem. [...] Esse unguento era feito de substâncias venenosas [...] rãs, salamandras, cobras [...] com esse unguento eles podiam se converter em magos (*brujos*) e falar com o diabo. (Acosta, 1962, p. 262-3)

Supostamente, segundo seus acusadores, as bruxas europeias espalhavam a mesma infusão venenosa sobre o corpo, com a finalidade de obter o poder de voar até o sabá. Mas não é possível garantir que esse assunto tenha se iniciado no Novo Mundo, uma vez que, nos julgamentos e nas demonologias do século XV, já se encontravam referências a mulheres que preparavam unguentos com sangue de sapos ou com ossos de crianças.[17] É possível, porém, que os relatos da América tenham revitalizado essas acusações, acrescentando novos detalhes e outorgando a eles maior autoridade.

A mesma consideração serve para explicar a semelhança iconográfica entre as imagens do sabá e as diversas representações da família e do clã canibal que começaram a aparecer na Europa nos finais do século XVI, e que permitem a compreensão de muitas outras "coincidências", tais como o fato de que as bruxas, tanto na Europa quanto na América, foram acusadas de sacrificar crianças ao diabo.

---

[17] Faço especial referência aos julgamentos que ocorreram na Inquisição em Dauphiné, na França, na década de 1440, durante os quais inúmeras pessoas pobres (camponeses ou pastores) foram acusadas de cozinhar crianças para fazer pós mágicos com seus corpos (Russell, 1972, p. 217-8); e à obra *Formicarius* (1435), do suábio Johannes Nider, pertencente à ordem dominicana, na qual lemos que as bruxas "cozinham seus filhos, fervem-nos, comem sua carne e bebem a sopa que sobra na panela. [...] Da matéria sólida, elas fazem um unguento ou pomada mágica, sendo a obtenção desta a terceira principal causa de assassinato de crianças" (Nider *apud* Russell, 1972, p. 240). Russell (1972, p. 240) aponta que "esse unguento ou pomada foi um dos elementos mais importantes da bruxaria no século XV e seguintes".

A CAÇA ÀS BRUXAS E A GLOBALIZAÇÃO

A caça às bruxas na América continuou se desenvolvendo em ondas durante a última metade do século XVII, até que a persistência da diminuição demográfica e a crescente segurança política e econômica da estrutura de poder colonial se combinaram, colocando fim à perseguição. Dessa forma, na mesma região em que se desenvolveram as grandes campanhas anti-idolatria nos séculos XVI e XVII, a Inquisição renunciou a qualquer tentativa de influenciar as crenças religiosas e morais da população: aparentemente, a partir do século XVIII, os inquisidores consideravam que elas já não representavam um perigo para o domínio colonial. A perseguição deu lugar a uma perspectiva paternalista que considerava a idolatria e as práticas mágicas como debilidades de pessoas ignorantes, que não deviam ser levadas a sério pela *gente de razón* (Behar, 1987). A partir daí, a preocupação com a adoração ao diabo se deslocou para as plantations que se desenvolviam com o emprego de trabalho escravo no Brasil, no Caribe e na América do Norte — onde, a partir das guerras conduzidas pelo rei Felipe, os colonos ingleses justificaram os massacres dos nativos americanos, qualificando-os de servos do diabo (Williams & Williams Adelman, 1992, p. 143).

Os julgamentos de Salem também foram explicados pelas autoridades locais com o argumento de que aqueles que viviam na Nova Inglaterra haviam se estabelecido na terra do diabo. Como assinalou Cotton Mather anos mais tarde, ao recordar-se dos fatos ocorridos em Salem:

> Encontrei algumas coisas estranhas [...] que me fizeram pensar que esta guerra inexplicável (a guerra iniciada pelos espíritos do mundo invisível contra as pessoas de Salem) poderia ter suas

Pode-se ver refletida a africanização da bruxa nesta caricatura de uma *pétroleuse*, em um panfleto contrarrevolucionário de 1871. Note-se seu chapéu e brincos incomuns e suas características africanas, sugerindo o parentesco entre as *comunards* e as mulheres africanas "selvagens" que incutiam nos escravos a coragem da revolta, assombrando a imaginação da burguesia francesa como um exemplo de selvageria política.

origens entre os índios, cujos principais chefes *sagamore* são famosos, inclusive entre alguns de nossos cativos, por terem sido horríveis feiticeiros e magos diabólicos que, como tais, conversavam com os demônios. (Mather *apud* Williams & Williams Adelman, 1978, p. 145)

Nesse contexto, é significativo que os julgamentos de Salem tenham sido provocados por adivinhações de uma indígena escravizada do Oeste — Tituba —, uma das primeiras a serem presas, e que a última execução de uma bruxa em território de língua inglesa tenha sido a de uma escravizada negra, Sarah Bassett, morta nas Bermudas em 1730 (Daly, 1978, p. 179). De fato, no século XVIII, a bruxa estava se convertendo em uma praticante africana do *obeah*, um ritual que os colonos temiam e demonizavam por considerá-lo uma incitação à rebelião.

No entanto, a abolição da escravidão não pressupôs a desaparição da caça às bruxas do repertório da burguesia. Pelo contrário, a expansão global do capitalismo, por meio da colonização e da cristianização, assegurou que essa perseguição fosse implantada no corpo das sociedades colonizadas e, com o tempo, posta em prática pelas comunidades subjugadas em seu próprio nome e contra seus próprios membros.

Na década de 1840, por exemplo, houve uma onda de queima de bruxas no oeste da Índia. Nesse período foram queimadas mais mulheres por serem consideradas bruxas do que

— PARIS SOUS LA COMMUNE —

UNE PÉTROLEUSE

Ah ! si son homme la voyait.

por incorrerem na prática do *sati* (Skaria, 1997, p. 110).[18] Esses assassinatos se deram no contexto da crise social causada tanto pelo ataque das autoridades coloniais contra as comunidades que viviam nos bosques indianos – nas quais as mulheres tinham um grau de poder muito maior do que nas sociedades de casta instaladas nas regiões de planície – como pela desvalorização colonial do poder feminino, que teve como resultado o declínio do culto às deusas (Skaria, 1997, p. 139-40).

A caça às bruxas também ocorreu na África, onde sobrevive até hoje como um instrumento-chave de divisão em muitos países, especialmente naqueles que, em determinado momento, estiveram implicados no comércio de escravos, como a Nigéria e a África do Sul. Nessas regiões, a caça às bruxas tem sido acompanhada pela perda de posição social das mulheres, provocada pela expansão do capitalismo e pela intensificação da luta pelos recursos naturais, que, nos últimos anos, vem se agravando pela imposição da pauta neoliberal. Como consequência dessa disputa de vida ou morte por recursos cada vez mais escassos, uma grande quantidade de mulheres – em sua maioria, idosas e pobres – foi perseguida durante a década de 1990 no norte da região sul-africana do Transvaal, onde setenta delas acabaram queimadas nos primeiros quatro meses de 1994. Também foram denunciados casos de caça às bruxas no Quênia, na Nigéria e em Camarões nas décadas de 1980 e 1990, coincidindo com a imposição da política de ajuste estrutural do FMI e do Banco Mundial, o que levou a uma nova série de cercamentos, causando um empobrecimento sem precedentes da população.[19]

---

18 *Sati* era um antigo costume entre algumas comunidades hindus no qual as viúvas se sacrificavam na pira funerária de seu marido morto. Tornou-se uma prática proibida na Índia a partir do colonialismo britânico. [N.T.]
19 Com relação à "renovada atenção que recebeu a bruxaria [na África], conceituada explicitamente em relação às mudanças da modernidade", ver a edição de dezembro de 1998 de *African Studies Review*, que é dedicada a essa questão. Em particular, ver Ciekawy e Geschiere (1998). Ver também Ashforth (2005) e o documentário *Witches in Exile* [Bruxas no exílio] (dir. e prod. Allison Berg, 2005).

Na década de 1980, na Nigéria, meninas inocentes confessavam ter matado dezenas de pessoas, enquanto em outros países africanos foram encaminhadas aos governantes petições a fim de que as bruxas fossem perseguidas com mais rigor. Enquanto isso, na África do Sul e no Brasil, mulheres idosas foram assassinadas por vizinhos e parentes sob a acusação de bruxaria. Ao mesmo tempo, um novo tipo de crenças de "bruxaria" começou a se desenvolver. Ditas crenças apresentavam semelhanças com as que foram documentadas por Michael Taussig na Bolívia, nas quais os pobres suspeitavam que os *nouveau riches* [novos ricos] haviam adquirido sua riqueza por meios ilícitos e sobrenaturais, acusando-os de querer transformar suas vítimas em zumbis e colocá-las para trabalhar (Geschiere & Nyamnjoh, 1998, p. 73-4).

Poucas vezes chegam à Europa e aos Estados Unidos casos sobre as caçadas de bruxas que ocorrem na África ou na América Latina, da mesma forma que as caças às bruxas dos séculos XVI e XVII tiveram, durante muito tempo, pouco interesse para os historiadores. Inclusive nos casos conhecidos, sua importância é normalmente ignorada, tão disseminada é a crença de que esses fenômenos pertencem a uma era longínqua, sem qualquer vínculo "conosco".

Se aplicarmos, no entanto, as lições do passado ao presente, nos damos conta de que a reaparição da caça às bruxas em tantas partes do mundo durante a década de 1980 e 1990 constitui um sintoma claro de um novo processo de "acumulação primitiva", o que significa que a privatização da terra e de outros recursos comunais, o empobrecimento massivo, o saque e o fomento de divisões de comunidades que antes estavam em coesão têm voltado a fazer parte da pauta mundial. "Se as coisas continuarem dessa forma" — comentavam as idosas de uma aldeia senegalesa a um antropólogo norte-americano, expressando seus temores em relação ao futuro —, "nossas crianças vão comer umas às outras". E, com efeito, isso é o que se consegue por meio da caça às bruxas, seja orquestrada de cima para baixo, como uma forma de criminalização da resistência à expropriação, seja de baixo para cima, como um meio para se apropriar dos recursos cada vez mais escassos, como parece ser o caso de alguns lugares na África atualmente.

Em alguns países, esse processo requer ainda uma mobilização de bruxas, espíritos e diabos. Mas não deveríamos nos enganar pensando que isso não nos concerne. Como Arthur Miller observou em sua interpretação dos julgamentos de Salem, assim que despojamos de parafernália metafísica a perseguição às bruxas, começamos a reconhecer nela fenômenos que estão muito próximos a nós.

AGRADECIMENTOS

Para as muitas bruxas que conheci no movimento de mulheres e para outras bruxas cujas histórias me acompanharam por mais de 25 anos, deixando um desejo inesgotável de contá-las, para que as pessoas as conheçam, para ter certeza de que não serão esquecidas.

Para nosso irmão Jonathan Cohen, cujo amor, coragem e resistência implacável à injustiça me ajudaram a não perder a confiança na possibilidade de mudar o mundo — e na capacidade dos homens de tornar sua a luta pela libertação das mulheres.

Para as pessoas que me ajudaram a produzir este volume. Agradeço a George Caffentzis, com quem discuti todos os aspectos deste livro; a Mitchell Cohen, pelos excelentes comentários, pela edição de parte do manuscrito e pelo apoio entusiasmado a este projeto; a Ousseina Alidou e Maria Sari, por me apresentarem o trabalho de Maryse Condé; a Ferruccio Gambino, por chamar minha atenção para a existência de escravidão na Itália nos séculos XVI e XVII; a David Goldstein, pelos materiais da *pharmacopœia* das bruxas; a Conrad Herold, por contribuir com minha pesquisa sobre a caça às bruxas no Peru;

a Massimo de Angelis, por me dar seus escritos sobre acumulação primitiva e organizar um importante debate sobre esse tópico no *The Commoner*; a Willy Mutunga, pelos materiais sobre os aspectos legais da feitiçaria na África Oriental.

 Agradeço ainda a Michaela Brennan e Veena Viswanatha por lerem o manuscrito e me darem conselhos e apoio; a Mariarosa Dalla Costa, Nicholas Faraclas, Leopoldina Fortunati, Everet Green, Peter Linebaugh, Bene Madunagu, Maria Mies, Ariel Salleh e Hakim Bey. Seus trabalhos foram um ponto de partida para a perspectiva que dá forma a *Calibã e a bruxa*, embora eles possam não estar de acordo com tudo o que escrevi aqui.

 Agradeço especialmente a Jim Fleming, Sue Ann Harkey, Ben Meyers e Erika Biddle, que dedicaram muitas horas a este livro e, com paciência e assistência, me deram a possibilidade de terminá-lo, a despeito da minha infinita procrastinação.

SILVIA FEDERICI
NOVA YORK, PRIMAVERA DE 2004

FOTO: REBECA FIGUEIREDO

SILVIA FEDERICI é uma intelectual militante de tradição feminista marxista autônoma. Nascida na cidade italiana de Parma em 1942, mudou-se para os Estados Unidos em 1967, onde foi cofundadora do International Feminist Collective [Coletivo feminista internacional], participou da International Wages for Housework Campaign [Campanha internacional por salários para o trabalho doméstico] e contribuiu com o Midnight Notes Collective.

Durante os anos 1980 foi professora na Universidade de Port Harcourt, na Nigéria, onde acompanhou a organização feminista Women in Nigeria [Mulheres na Nigéria] e contribuiu para a criação do Committee for Academic Freedom in Africa [Comitê para a liberdade acadêmica na África].

Na Nigéria pôde ainda presenciar a implementação de uma série de ajustes estruturais patrocinada pelo Fundo Monetário Internacional e pelo Banco Mundial.

Atualmente, Silvia Federici é professora emérita da Universidade Hofstra, em Nova York.

É autora de *O ponto zero da revolução: trabalho doméstico, reprodução e luta feminista* (Elefante, 2019) e de *Reencantando o mundo: feminismo e a política dos comuns* (Elefante, 2022) e possui inúmeros artigos sobre feminismo, colonialismo, globalização, trabalho precarizado e comuns.

FONTES DAS IMAGENS

O Coletivo Sycorax e a editora Elefante agradecem à editora Autonomedia pela cessão de toda a base gráfica que acompanha a presente edição. A editora Autonomedia publicou a primeira edição deste livro em inglês, em 2004. É um projeto sem ânimo de lucro, de trabalho voluntário e para o interesse geral. Agradecemos às seguintes pessoas e entidades por facilitar o exercício do uso legítimo das imagens como estabelece o domínio público: • p. 6: Tacuinum Sanitatis, MS Viena. Österreichische Nationalbibliothek, Viena. Sally Fox (1985). • p. 32: Jean-Michael Sallmann (1997). • p. 47 e 48: British Library, Londres. • p. 54: British Museum, Londres. • p. 73: Collected Works of Christine de Pisan, MS Harley 4431. British Library, Londres. Sally Fox (1985). • p. 75: Lauros-Giraudon/Art Resource, Nova York. Richard L. Greaves, Robert Zaller e Jennifer Tolbert (1992). • p. 79: Hans Peter Duerr (1971). • p. 85: Petr Čornej (1993). • p. 89: Hans Peter Duerr (1991). • p. 94: Paul Carus (1990). • p. 99: Bibliothèque nationale de France, Paris. Marvin Perry *et al.* (1981). • p. 117 e 118: Cunningham e Grell (2000). • p. 132: Hugh Trevor-Roper (1968). • p. 135: Tommaso La Rocca (1990). • p. 136: Paolo Thea (1998). • p. 139: Henry Kamen (1972). • p. 145: Hans Peter Duerr (1991). • p. 150: Cunningham e Grell (2000). • p. 165: Staatliche Museen Preussischer Kulturbesitz, Berlim. Richard L. Greaves, Robert Zaller e Jennifer Tolbert (1992). • p. 169: Holinshed's Chronicles (1577). Henry Kamen (1972). • p. 180 e 183: Mendelson e Crawford (1998). • p. 191 e 193: Lujo Bassermann (1967). • p. 194: Bernard Murstein (1974). • p. 197: Olwen Hufton (1993). • p. 209: Mendelson e Crawford (1998). • p. 212: David Underdown (1985b). • p. 225: Verene Shepherd (1999). • p. 233, 234 e 235: Barbara Bush (1990). • p. 241: Charles D. O'Malley (1964). • p. 243 e 244: Jean Michel Sallmann

(1997). • p. 252: Bibliothèque nationale de France, Paris. • p. 258: Luigi Firpo (1972). • p. 264: Luigi Firpo (1972). • p. 266: Jeffrey B. Russell (1980). • p. 271: Bibliothèque nationale de France, Paris. Jeffrey B. Russell (1980). • p. 272: Henry Kamen (1972). • p. 275: Richard Sennett (1994). • p. 289: Marguerite Kay (1995). • p. 290: Hans Peter Duerr (1991). • p. 293 e 294: Alfonso Di Nola (1999). • p. 317: Barbara Rosen (1969). • p. 328: Jeffrey B. Russell (1980). • p. 339: Kors e Peters (1972). • p. 340: Alfonso Di Nola (1999). • p. 345: Richard L. Greaves, Robert Zaller e Jennifer Tolbert (1992). • p. 350: Jeffrey B. Russell (1980). • p. 356: Jean-Michel Sallmann (1995). • p. 358: Kors e Peters (1972). • p. 361: Jeffrey B. Russell (1980). • p. 362: Jeremy Kingston (1976). • p. 370: Louis Spence (1920). • p. 373: Sally G. Allen e Johanna Hubbs (1980). • p. 377 e 378: Albert Boime (1995). • p. 393 e 394: Johann Ludwig Gottfried (1630). • p. 403 e 406: Steven J. Stern (1982). • p. 423: Rupert Christiansen (1994).

REFERÊNCIAS

ABBOTT, Leonard D. *Masterworks of Economics*. Nova York: Doubleday, 1946.

ACCATI, Luisa; MAHER, Vanessa & POMATA, Gianna (org.). *Parto e maternitá: momenti della biografia femminile – Quaderni Storici*, v. 15, n. 44, 1980.

ACOSTA, José de. *Historia natural y moral de las Indias*. México: Fondo de Cultura Económica, 1962 [1590].

ALIGHIERI, Dante. *Divina commedia*. Nápoles: Il Girasole, 1990 [c. 1304-1308]. [Ed. bras.: *A divina comédia*. 4. ed. Trad. Italo Eugenio Mauro. São Paulo: Editora 34, 2017.]

ALLEN, Sally G. & HUBBS, Johanna. "Outrunning Atalanta: Feminine Destiny in Alchemical Transmutation", *Signs: Journal of Women in Culture and Society*, v. 6, n. 2, p. 210-29, 1980.

AMARIGLIO, Jack L. "The Body, Economic Discourse, and Power: An Economist's Introduction to Foucault", *History of Political Economy*, v. 20, n. 4, p. 583-613, nov. 1988.

AMIN, Samir. *Accumulation on a World Scale: A Critique of the Theory of Underdevelopment*, v. 1. Nova York: Monthly Review Press, 1974.

AMIN, Samir. *Unequal Development: An Essay on the Formation of Peripheral Capitalism*. Nova York: Monthly Review Press, 1976. [Ed. bras.: *O desenvolvimento desigual: ensaio sobre as formações sociais do capitalismo periférico*. Rio de Janeiro: Forense Universitária, 1976.]

AMMAN, Jost & SACHS, Hans. *The Book of Trades*. Nova York: Dover, 1973 [1568].

ANDERSON, Alan & GORDON, Raymond. "Witchcraft and the Status of Woman: The Case of England", *British Journal of Sociology*, v. 29, n. 2, p. 171-84, jun. 1978.

ANDERSON, Perry. *Passages from Antiquity to Feudalism*. Londres: Verso, 1974. [Ed. bras.: *Passagens da Antiguidade ao feudalismo*. Trad. Renato Prelorentzou. São Paulo: Editora Unesp, 2016.]

ANDREAS, Carol. *When Women Rebel: The Rise of Popular Feminism in Peru*. Westport: Lawrence Hill & Company, 1985.

ANDRESKI, Stanislav. *Syphilis, Puritanism and the Witch-Hunt*. Nova York: St. Martin's Press, 1989.

ANKARLOO, Bengt & HENNINGSEN, Gustav (org.). *Early Modern European Witchcraft: Center and Peripheries*. Oxford: Clarendon Press, 1993.

APPLEBY, Andrew B. *Famine in Tudor and Stuart England*. Stanford: Stanford University Press, 1978.

ARIÈS, Philippe. "On the Origin of Contraception in France". *In*: RANUM, Orest & RANUM, Patricia (org.). *Popular Attitudes toward Birth Control in Pre-Industrial France and England*. Nova York: Harper & Row, 1972, p. 11-20.

ASHFORTH, Adam. *Of Secrecy and the Commonplace: Witchcraft and Power in Soweto* [manuscrito não publicado], 1995.

ASHFORTH, Adam. "Reflections on Spiritual Insecurity in Soweto", *African Studies Review*, v. 41, n. 3, p. 39-67, dez. 1998.

ASHFORTH, Adam. *Witchcraft, Violence and Democracy in South Africa*. Chicago: University of Chicago Press, 2005.

AYALA, Felipe Guamán Poma de. *Nueva crónica y buen gobierno*. Paris: Institut d'Ethnologie, 1936 [1615].

BACON, Francis. *The Works of Francis Bacon*. Londres: Longman, 1870.

BACON, Francis. *The Advancement of Learning and New Atlantis*. Oxford: Clarendon Press, 1974.

BADEN, John A. & NOONAN, Douglas S. (org.). *Managing the Commons*. Bloomington: Indiana University Press, 1998.

BADINTER, Élisabeth. *L'Amour en plus: Histoire de l'amour maternel, XVIIe--XXe siècle*. Paris: Flammarion, 1980. [Ed. bras.: *Um amor conquistado: o mito do amor materno*. Trad. Waltensir Dutra. Rio de Janeiro: Nova Fronteira, 1985.]

BADINTER, Élisabeth. "Maternal Indifference". *In*: MOI, Toril. *French Feminist Thought: A Reader*. Hoboken: Wiley-Blackwell, 1987, p. 159-78.

BAILLET, Adrien. *La vie de monsieur Descartes*. Genebra: Slatkine Reprints, 1970 [1691].

BAINTON, Roland H. *Here I Stand: The Life of Martin Luther*. Nova York: Penguin Books, 1965.

BAKHTIN, Mikhail. *Rabelais and His World*. Cambridge: MIT Press, 1965. [Ed. bras.: *A cultura popular na Idade Média e no Renascimento: o contexto de François Rabelais*. Trad. Yara Frateschi Vieira. São-Paulo/Brasília: Hucitec/Editora da UnB, 2008.]

BALES, Kevin. *Disposable People: New Slavery in the Global Economy*. Berkeley: University of California Press, 1999. [Ed. port.: *Gente descartável: a nova escravatura na economia global*. Trad. António Pescada. Lisboa: Caminho, 2001.]

BARBER, Malcolm. *The Two Cities: Medieval Europe 1050-1320*. Nova York: Routledge, 1992.

BARKER, Anthony. *The African Link: British Attitudes to the Negro in the Era of the Atlantic Slave Trade, 1550-1807*. Londres: Frank Cass, 1978.

BARNES, Barry & SHAPIN, Steven (org.). *Natural Order: Historical Studies of Scientific Culture*. Thousand Oaks: Sage, 1979.

BAROJA, Julio Caro. *The World of the Witches*. Chicago: University of Chicago Press, 1973. [Ed. port.: *As bruxas e o seu mundo*. Trad. Joaquim Silva. Lisboa: Veja, 1988.]

BARRY, Jonathan; HESTER, Marianne & ROBERTS, Gareth (org.). *Witchcraft in Early Modern Europe: Studies in Culture and Belief*. Cambridge: Cambridge University Press, 1966.

BARSTOW, Anne Llewellyn. *Witchcraze: A New History of the European Witch Hunts, Our Legacy of Violence Against Women*. Nova York: HarperCollins, 1994. [Ed. bras: *Chacina de feiticeiras: uma revisão histórica da caça às bruxas na Europa*. Trad. Ismênia Tupy. Rio de Janeiro: José Olympio, 1995.]

BARTLETT, Robert. *The Making of Europe: Conquest, Colonization and Cultural Change, 950-1350*. Princeton: Princeton University Press, 1993.

BASSERMANN, Lujo. *Il mestiere più antico: storia illustrata della prostituizione nel mondo*. Trad. Gioachino Lisi. Milão: Edizioni Mediterranee, 1967. [Ed. bras.: *História da prostituição: uma interpretação cultural*. Trad. Rubens Stuckenbruck. Rio de Janeiro: Civilização Brasileira, 1968.]

BAUDEZ, Claude & PICASSO, Sydney. *Lost Cities of the Maya*. Nova York: Harry N. Abrams, 1992.

BAUMANN, Reinhard. *I lanzichenecchi: la loro storia e cultura dal tardo Medioevo alla Guerra dei Trent'anni*. Trad. Franco Bassani. Turim: Einaudi, 1996.

BAUMGARTNER, Frederic J. *France in the Sixteenth Century*. Nova York: St. Martin's Press, 1995.

BAYLE, Pierre. *Dictionnaire historique et critique*. Roterdam: R. Leers, 1697.

BAYLE, Pierre. *Historical and Critical Dictionary: Selections*. Trad. Richard H. Popkin. Indianápolis: Bobbs-Merrill, 1965.

BECKER-CANTARINO, Barbara. "'Feminist Consciousness' and 'Wicked Witches': Recent Studies on Women in Early Modern Europe", *Signs: Journal of Women in Culture and Society*, v. 20, n. 11, p. 152-75, 1994.

BECKLES, Hilary. *Natural Rebels. A Social History of Enslaved Black Women in Barbados*. New Brunswick: Rutgers University Press, 1989.

BECKLES, Hilary. "Sex and Gender in the Historiography of Caribbean Slavery". *In*: SHEPHERD, Verene; BRERETON, Bridget & BAILEY, Barbara (org.). *Engendering History: Caribbean Women in Historical Perspective*. Nova York: St. Martin's Press, 1995.

BECKLES, Hilary & SHEPHERD, Verene (org.). *Caribbean Slave Society and Economy: A Student Reader*. Nova York: The New Press, 1991.

BEER, Barrett L. *Rebellion and Riot: Popular Disorder in England during the Reign of Edward VI*. Kent: The Kent State University Press, 1982.

BEHAR, Ruth. "Sex and Sin: Witchcraft and the Devil in Late-Colonial Mexico", *American Ethnologist*, v. 14, n. 1, p. 34-54, 1987.

BEIER, A. L. "Vagrants and the Social Order in Elizabethan England", *Past and Present*, n. 64, p. 3-29, ago. 1974.

BEIER, A. L. *Masterless Men: The Vagrancy Problem in England, 1560-1640*. Londres: Methuen, 1986.

BELOFF, Max. *The Age of Absolutism: 1660-1815*. Nova York: Harper & Row, 1962.

BENNETT, Henry Stanley. *Life on the English Manor: A Study of Peasant Conditions, 1150-1400*. Cambridge: Cambridge University Press, 1967.

BENNETT, Judith M. "Public Power and Authority in the Medieval English Countryside". *In*: ERLER, Mary & KOWALESKI, Maryanne (org.). *Women and Power in the Middle Ages*. Georgia: University of Georgia Press, 1988.

BENNETT, Judith M.; CLARK, Elizabeth; O'BARR, Jean F. & VILEN, B. Anne. *Sisters and Workers in the Middle Ages*. Chicago: The University of Chicago Press, 1976.

BENZONI, Girolamo. *La storia del Mondo Nuovo*. Veneza: Milano, 1986 [1565].

BERCÉ, Yves-Marie. *History of Peasant Revolts: The Social Origins of Rebellion in Early Modern France*. Ithaca: Cornell University Press, 1990 [1986].

BIRRELL, Jean. "Common Rights in the Medieval Forest: Disputes and Conflicts in the Thirteenth Century", *Past and Present*, n. 117, p. 22-49, nov. 1987.

BLACK, George F. *A Calendar of Cases of Witchcraft in Scotland, 1510-1727*. Nova York: Amo Press, 1971 [1938].

BLAUT, James M. (org.). *1492: The Debate on Colonialism, Eurocentrism and History*. Trenton: Africa World Press, 1992a.

BLAUT, James M. "Fourteen Ninety-two". *In*: BLAUT, James M. (org.). *1492: The Debate on Colonialism, Eurocentrism and History*. Trenton: Africa World Press, 1992b, p. 1-63.

BLICKLE, Peter. *The Revolution of 1525: The German Peasant War From a New Perspective*. Baltimore: Johns Hopkins University Press, 1977.

BLOK, Petrus Johannes. *History of the People of the Netherlands*, v. 1, *From the Earliest Times to the Beginning of the Fifteenth Century*. Trad. Ruth Putnam. Nova York: G. P. Putnam's Sons, 1898.

BLOOM, Harold (org.). *Modern Critical Interpretations: William Shakespeare's The Tempest*. Nova York: Chelsea House Publishers, 1988.

BOAS, George. *The Happy Beast in French Thought of the Seventeenth Century*. Nova York: Octagon Books, 1966.

BODIN, Jean. *Les six livres de la République*. Paris: Jacques Du Puys, 1577. [Ed. bras.: *Os seis livros da República*. Trad. José Carlos Orsi. 2. ed. São Paulo: Ícone, 2011.]

BODIN, Jean. *On Sovereignty: Four Chapters from the Six Books of the Commonwealth*. Org. e trad. Julian H. Franklin. Cambridge: Cambridge University Press, 1992.

BOGUET, Henry. *An Examen of Witches*. Trad. E. Allen Ashwin. Nova York: Barnes & Noble, 1971 [1603].

BOIME, Albert. *Art and the French Commune: Imagining Paris after War and Revolution*. Princeton: Princeton University Press, 1995 [1955].

BOISSONNADE, Prosper. *Life and Work in Medieval Europe*. Nova York: Alfred A. Knopf, 1927.

BOLTON, J. L. *The Medieval English Economy: 1150-1500*. Londres: J. M. Dent & Sons, 1980.

BONO, Salvatore. *Schiavi musulmani nell'Italia moderna: Galeotti, vu' cumprà, domestici*. Nápoles: Edizioni Scientifiche Italiane, 1999.

BORDO, Susan. *Unbearable Weight: Feminism, Western Culture and the Body*. Berkeley: University of California Press, 1993.

BOSCO, Giovanna & CASTELLI, Patrizia (org.). *Stregoneria e streghe nell'Europa moderna*. Pisa: Biblioteca Universitaria di Pisa, 1996.

BOSTRIDGE, Ian. *Witchcraft and Its Transformations, c. 1650-c. 1750*. Oxford: Clarendon Press, 1997.

BOSWELL, John. *Christian Tolerance and Homosexuality: Gay People in Western Europe from the Beginning of the Christian Era to the Fourteenth Century*. Chicago: Chicago University Press, 1980.

BOTERO, Giovanni. *Delle cause della grandezza delle città*. Oxford: Basil Blackwell, 1588.

BOTTOMORE, Tom (org.). *A Dictionary of Marxist Thought*. Oxford: Basil Blackwell, 1991.

BOVENSCHEN, Silvia. "The Contemporary Witch, the Historical Witch and the Witch Myth", trad. Jeannine Blackwell, Johanna Moore e Beth Weckmueller, *New German Critique*, n. 15, p. 82-119, outono 1978.

BOWLE, John. *Hobbes and His Critics: A Study in Seventeenth Century Constitutionalism*. Londres: Oxford University Press, 1952.

BOXER, Charles R. *The Golden Age of Brazil: 1965-1750*. Berkeley: University of California Press, 1962. [Ed. bras.: *A idade de ouro do Brasil: dores de crescimento de uma sociedade colonial*. Trad. Nair de Lacerda. 3. ed. Rio de Janeiro: Nova Fronteira, 2000.]

BRADLEY, Harriet. *The Enclosures in England: An Economic Reconstruction*. Nova York: AMS Press, 1968 [1918].

BRAIDOTTI, Rosi. *Patterns of Dissonance: A Study of Women in Contemporary Philosophy*. Nova York: Routledge, 1991.

BRANDON, William. *New Worlds For Old: Reports from the New World and their Effect on the Development of Social Thought in Europe, 1500-1800*. Athens: Ohio University Press, 1986.

BRAUDEL, Fernand. *The Mediterranean and the Mediterranean World in the Age of Philip the II*, v. 1. Nova York: Harper & Row, 1966a [1949]. [Ed. bras.: *O Mediterrâneo e o mundo mediterrâneo na época de Filipe II*, v. 1. São Paulo: Martins Fontes, 1983.]

BRAUDEL, Fernand. *The Mediterranean and the Mediterranean World in the Age of Philip the II*, v. 2. Nova York: Harper & Row, 1966b [1949]. [Ed. bras.: *O Mediterrâneo e o mundo mediterrâneo na época de Filipe II*, v. 2. São Paulo: Martins Fontes, 1984.]

BRAUDEL, Fernand. *Capitalism and Material Life, 1400-1800*. Trad. Miriam Kochan. Nova York: Harper & Row, 1973 [1967]. [Ed. bras.: *Civilização material, economia e capitalismo: séculos XV-XVIII*, v. 1, *As estruturas do cotidiano*. Trad. Telma Costa. São Paulo: Martins Fontes, 2005.]

BRAUDEL, Fernand. *Civilization and Capitalism, 15th-18th Century*, v. 2, *The Wheels of Commerce*. Nova York: Harper & Row, 1976. [Ed. bras.: *Civilização material, economia e capitalismo: séculos XV-XVIII*, v. 2, *Os jogos das trocas*. Trad. Telma Costa. 2. ed. São Paulo: Martins Fontes, 2005.]

BRAUNER, Sigrid. *Fearless Wives and Frightened Shrews: The Construction of the Witch in Early Modern Germany*. Amherst: University of Massachusetts Press, 1995.

BRENNER, Robert. "Agrarian Roots of European Capitalism", *Past and Present*, n. 97, p. 16-113, nov. 1982.

BRIDENTHAL, Renate & KOONZ, Claudia (org.). *Becoming Visible: Women in European History*. Nova York: Houghton Mifflin, 1977.

BRIGGS, Katharine. M. *Pale Ecate's Team*. Londres: Routledge & Kegan Paul, 1962.

BRIGGS, Robin. *Witches and Neighbours: The Social and Cultural Context of European Witchcraft*. Londres: Penguin, 1996.

BRINK, Jean R.; COUDERT, Allison & HOROWITZ, Maryanne (org.). *The Politics of Gender in Early Modern Europe*. Kirksville: Sixteenth Century Journal Publishers, 1989.

BRITNELL, Richard H. *The Commercialization of English Society, 1000-1500*. Cambridge: Cambridge University Press, 1993.

BROWN, Judith & DAVIS, Robert C. (org.). *Gender and Society in Renaissance Italy*. Nova York: Longman, 1998.

BROWN, Paul. "'This Thing of Darkness I Acknowledge Mine': *The Tempest* and the Discourse of Colonialism". *In*: BLOOM, Harold (org.). *Modern Critical Interpretations: William Shakespeare's The Tempest*. Nova York: Chelsea House Publishers, 1988.

BROWNE, *sir* Thomas. *Religio Medici*. Londres: J. M. Dent & Sons, 1928 [1643].

BROWNING, Robert. *Byzantium and Bulgaria: A Comparative Study across the Early Medieval Frontier*. Berkeley: University of California Press, 1975.

BRUNDAGE, James. *Law, Sex and Christian Society in Medieval Europe*. Chicago: Chicago University Press, 1987.

BRUNNER, Otto. "Il padre signore". *In*: MANOUKIAN, Agopik (org.). *Famiglia e matrimonio nel capitalismo europeo*. Bolonha: Il Mulino, 1974.

BUENAVENTURA-POSSO, Elisa & BROWN, Susan E. "Forced Transition from Egalitarianism to Male Dominance: The Bari of Columbia". *In*: ETIENNE, Mona & LEACOCK, Eleanor (org.). *Women and Colonization: Anthropological Perspectives*. Nova York: Praeger, 1980.

BULLOUGH, Vern L. *Sex, Society and History*. Nova York: Science History Publications, 1976.

BULLOUGH, Vern L. & BULLOUGH, Bonnie. *Cross Dressing, Sex and Gender*. Filadélfia: University of Pennsylvania Press, 1993.

BURCKHARDT, Jacob. *La civiltà del Rinascimento in Italia*, v. 2. Florença: Sansoni, 1927. [Ed. bras.: *A cultura do Renascimento na Itália: um ensaio*. Trad. Vera Lucia de Oliveira Sarmento e Fernando de Azevedo Corrêa. Brasília: Editora UnB, 2009.]

BURGUIÈRE, André & LEBRUN, François. "Priests, Prince, and Family". *In*: BURGUIÈRE, Andre; KLAPISCH-ZUBER, Christiane; SEGALEN, Martine & ZONABEND, Françoise (org.). *A History of the Family*, v. 2, *The Impact of Modernity*. Trad. Andrew Wilson. Cambridge: Harvard University Press, 1996.

BURGUIÈRE, André; KLAPISCH-ZUBER, Christiane; SEGALEN, Martine & ZONABEND, Françoise (org.). *A History of the Family*, v. 2, *The Impact of Modernity*. Trad. Andrew Wilson. Cambridge: Harvard University Press, 1996.

BURKE, Peter. *Popular Culture in Early Modern Europe*. Nova York: New York University Press, 1978. [Ed. bras.: *Cultura popular na Idade Moderna: Europa, 1500-1800*. Trad. Denise Bottmann. 2. ed. São Paulo: Companhia das Letras, 1999.]

BURKE, Peter (org.). *The New Cambridge Modern History Supplement*. Cambridge: Cambridge University Press, 1979.

BURT, Richard & ARCHER, John Michael (org.). *Enclosures Acts: Sexuality, Property, and Culture in Early Modern England*. Ithaca: Cornell University Press, 1994.

BURTON, Robert. *The Anatomy of Melancholy: What It Is, With All The Kinds, Causes, Symptoms, Prognostickes and Severall Cures Of It*. Nova York: Random House, 1977 [1621]. [Ed. bras.: *A anatomia da melancolia*, 4 v. Trad. Guilherme Gontijo Flores. Curitiba: Editora da UFPR, 2011.]

BUSH, Barbara. *Slave Women in Caribbean Society, 1650-1838*. Bloomington: Indiana University Press, 1990.

BUTLER, Judith. *Gender Trouble: Feminism and the Subversion of Identity*. Nova York: Routledge, 1999. [Ed. bras.: *Problemas de gênero: feminismo e subversão da identidade*. Trad. Renato Aguiar. 2. ed. Rio de Janeiro: Civilização Brasileira, 2008.]

BYRNE, Patrick. *Witchcraft in Ireland*. Cork: The Mercier Press, 1967.

CAFFENTZIS, George. *Clipped Coins, Abused Words and Civil Government: John Locke's Philosophy of Money*. Nova York: Autonomedia, 1989.

CAFFENTZIS, George. "From Capitalist Crisis to Proletarian Slavery". *In*: COLETIVO MIDNIGHT NOTES. *Auroras of the Zapatistas: Local and Global Struggles of the Fourth World War*. Nova York: Autonomedia, 2001.

CAMDEN, Carroll. *The Elizabethan Woman*. Nova York: Elsevier Press, 1952.

CAMPBELL, Josie P. *Popular Culture in the Middle Ages*. Bowling Green: Bowling Green University Popular Press, 1986.

CAMPBELL, Mavis C. *The Maroons of Jamaica, 1655-1796: A History of Resistance, Collaboration and Betrayal*. Trenton: Africa World Press, 1990.

CAPITANI, Ovidio (org.). *L'eresia medievale*. Bolonha: Patron, 1971.

CAPITANI, Ovidio (org.). *La concezione della povertá nel medioevo*. Bolonha: Patron, 1974.

CAPITANI, Ovidio (org.). *Medioevo ereticale*. Bolonha: Il Mulino, 1983.

CARDINI, Franco (org.). *Gostanza, la strega di San Miniato*. Florença: Laterza, 1989.

CARROLL, William C. "The Nursery of Beggary: Enclosure, Vagrancy, and Sedition in the Tudor-Stuat Period". *In*: BURT, Richard & ARCHER, John Michael (org.). *Enclosures Acts: Sexuality, Property, and Culture in Early Modern England*. Ithaca: Cornell University Press, 1994.

CARUS, Paul. *The History of the Devil and the Idea of Evil*. La Salle: Open Court Publishing House, 1990.

CASAGRANDE, Carla (org.). *Prediche alle donne del secolo XIII*. Milão: Bompiani, 1978.

CAVALLO, Sandra & CERUTTI, Simona. "Onore femminile e controllo sociale della riproduzione in Piemonte tra Sei e Settecento". *In*: ACCATI, Luisa; MAHER, Vanessa & POMATA, Gianna (org.). *Parto e maternitá: momenti della biografia femminile – Quaderni Storici*, v. 15, n. 44, 1980.

CENTRO DE ESTUDIOS HISTÓRICOS (org.). *Historia general de México*, tomo 1. Cidade do México: El Colegio de México, 1976.

CERVANTES, Fernando. *The Devil in the New World: The Impact of Diabolism in New Spain*. New Haven: Yale University Press, 1994.

CHAUCER, Geoffrey. *The Canterbury Tales*. Londres: Penguin, 1977 [1478]. [Ed. bras: *Os contos da Cantuária*. Trad. Paulo Vizioli. São Paulo: T. A. Queiroz, 1988.]

CHEJNE, Anwar G. *Islam and the West: The Moriscos – A Culture and Social History*. Albany: State University Press, 1983.

CHRISTIANSEN, Rupert. *Paris Babylon: The Story of the Paris Commune*. Nova York: Viking, 1994. [Ed. bras.: *Paris Babilônia: a capital francesa nos tempos da Comuna*. Trad. Marcos Aarão Reis. Rio de Janeiro: Record, 1998.]

CHRISTIE-MURRAY, David. *A History of Heresy*. Oxford: Oxford University Press, 1976.

CIEKAWY, Diane & GESCHIERE, Peter. "Containing Witchcraft: Conflicting Scenarios in Postcolonial Africa", *African Studies Review*, v. 41, n. 3, p. 1-14, dez. 1998.

CIPOLLA, Carlo M. "The Economic Decline in Italy". *In*: PULLAN, Brian (org.). *Crisis and Change in the Venetian Economy in the Sixteenth and Seventeenth Century*. Londres: Methuen, 1968.

CIPOLLA, Carlo M. *Before the Industrial Revolution: European Society and Economy, 1000-1700*. 3. ed. Nova York: W.W. Norton, 1994. [Ed. port.: *História económica da Europa pré-industrial*. Trad. Joaquim João Coelho da Rosa. Lisboa: Edições 70, 2000.]

CLARK, Alice. *The Working Life of Women in the Seventeenth Century*. Londres: Frank Cass and Co., 1968 [1919].

CLARK, Stuart. "Inversion, Misrule and the Meaning of Witchcraft", *Past and Present*, n. 87, p. 98-127, maio 1980.

CLENDINNEN, Inga. *Ambivalent Conquest: Maya and Spaniards in Yucatán, 1517-1570*. Cambridge: Cambridge University Press, 1987.

COCKCROFT, James D. *Mexico: Class Formation, Capital Accumulation, and the State*. Nova York: Monthly Review Press, 1990.

COHEN, Esther. "Law, Folklore and Animal Lore", *Past and Present*, n. 110, p. 6-37, fev. 1986.

COHEN, Mitchel. *Fredy Perlman: Out in Front of a Dozen Dead Oceans* [manuscrito não publicado], 1998.

COHN, Norman. *The Pursuit of the Millennium: Revolutionary Millenarians and Mystical Anarchists of the Middle Ages*. Nova York: Oxford University Press, 1970. [Ed. port.: *Na senda do milênio: milenaristas revolucionários e anarquistas místicos na Idade Média*. Trad. Fernando Neves e António Vasconcelos. Lisboa: Editorial Presença, 1980.]

COHN, Norman. *Europe's Inner Demons: An Enquiry Inspired by the Great Witch-Hunt*. Nova York: Basic Books, 1975.

COHN JR., Samuel K. "Donne in piazza e donne in tribunale a Firenze nel Rinascimento", *Studi Storici*, v. 22, n. 3, p. 515-33, jul.-set. 1981.

COLBURN, Forrest D. *Everyday Forms of Peasant Resistance*. Nova York: M. E. Sharpe, 1989.

COLETIVO MIDNIGHT NOTES. "The New Enclosures", *Midnight Notes*, n. 10, outono 1990.

COLETIVO MIDNIGHT NOTES. *Auroras of the Zapatistas: Local and Global Struggles of the Fourth World War*. Nova York: Autonomedia, 2001.

CONDÉ, Maryse. *I, Tituba, Black Witch of Salem*. Nova York: Ballantine Books, 1992. [Ed. bras.: *Eu, Tituba: bruxa negra de Salem*. Trad. Natalia Borges Polesso. Rio de Janeiro: Rosa dos Tempos, 2019.]

CONDREN, Mary. *The Serpent and the Goddess: Women, Religion, and Power in Celtic Ireland*. São Francisco: Harper & Row, 1989.

COOK, Noble David. *Demographic Collapse: Indian Peru, 1520-1620*. Cambridge: Cambridge University Press, 1981.

COOPER, J. P. (org.). *The New Cambridge Modern History*, v. 4, *The Decline of Spain and Thirty Years' War, 1609-1649*. Cambridge: Cambridge University Press, 1970.

ČORNEJ, Petr. *Les fondements de l'histoire tchèque*. Trad. Nadine Fontaine. Praga: PBtisk, 1993.

CORNWALL, Julian. *Revolt of the Peasantry, 1549*. Londres: Routledge & Kegan Paul, 1977.

COUDERT, Allison P. "The Myth of the Improved Status of Protestant Women". *In*: BRINK, Jean R.; COUDERT, Allison & HOROWITZ, Maryanne (org.). *The Politics of Gender in Early Modern Europe*. Kirksville: Sixteenth Century Journal Publishers, 1989.

COULIANO, Ioan P. *Eros and Magic in the Renaissance*. Trad. Margaret Cook. Chicago: University of Chicago Press, 1987.

COULTON, G. G. *Medieval Panorama: The English Scene from Conquest to Reformation*. Nova York: The Noonday Press, 1955 [1938].

CRANE, Elaine Forman. "The Socioeconomics of a Female Majority in Eighteenth-Century Bermuda", *Signs: Journal of Women in Culture and Society*, v. 15, n. 2, p. 231-58, 1990.

CROSBY JR., Alfred W. *The Columbian Exchange: Biological and Cultural Consequences of 1492*. Westport: Greenwood Press, 1972.

CROWN, William. *Changes in the Land: Indians, Colonists, and the Ecology of New England*. Nova York: Hill and Wang, 1983.

CULLEN, Michael J. *The Statistical Movement in Early Victorian Britain: The Foundations of Empirical Social Research*. Nova York: Barnes & Noble, 1975.

CUNNINGHAM, Andrew & GRELL, Ole Peter. *The Four Horsemen of the Apocalypse: Religion, War, Famine and Death in Reformation Europe*. Cambridge: Cambridge University Press, 2000.

CURTIS, Bruce. "Foucault on Governmentality and Population: The Impossible Discovery", *Canadian Journal of Sociology*, v. 27, n. 4, p. 505-33, 2002.

DALE, Marian K. "The London Silkwomen of the Fifteenth Century", *Signs: Journal of Women in Culture and Society*, v. 14, n. 21, p. 489-501, 1989 [1933].

DALLA COSTA, Giovanna Franca. *The Work of Love: Unpaid Housework, Poverty and Sexual Violence at the Dawn of the 21st Century*. Nova York: Autonomedia, 1978.

DALLA COSTA, Mariarosa. *Potere femminile e sovversione sociale*. Veneza: Marsilio Editori, 1972.

DALLA COSTA, Mariarosa. "Capitalismo e riproduzione", *Capitalismo, Natura, Socialismo*, n. 1, p. 124-35, 1995.

DALLA COSTA, Mariarosa. "The Native in Us: The Earth We Belong To", *Common Sense*, n. 23, p. 14-52, 1998.

DALLA COSTA, Mariarosa & JAMES, Selma. *The Power of Women and the Subversion of the Community*. Bristol: Falling Wall Press, 1975.

DALY, Mary. *Gyn/Ecology: The MetaEthics of Radical Feminism*. Boston: Beacon, 1978.

DAVIS, Robert. "The Geography of Gender in the Renaissance". *In*: BROWN, Judith & DAVIS, Robert C. (org.). *Gender and Society in Renaissance Italy*. Nova York: Longman, 1998.

DE ANGELIS, Massimo. "Marx and Primitive Accumulation: The Continuous Character of Capital's Enclosures", *The Commoner*, n. 2, set. 2001.

DE GIVRY, Grillot. *Witchcraft, Magic and Alchemy*. Nova York: Dover Publications, 1971.

DE GÓMARA, Francisco Lopez. *Historia general de las Indias*. Barcelona: Editorial Iberia, 1954 [1556].

DE LAS CASAS, Bartolomé. *A Short Account of the Destruction of the Indies*. Nova York: Penguin, 1992 [1552]. [Ed. bras.: *O paraíso destruído: brevíssima relação da destruição das Índias*. Trad. Eduardo Bueno. Porto Alegre: L&PM, 2021.]

DE LEÓN, Antonio García. *Resistencia y utopía*, v. 1. Cidade do México: Ediciones Era, 1985.

DEMETZ, Peter. *Prague in Black and Cold: Scenes from the Life of a European City*. Nova York: Hilland Wang, 1997.

DESCARTES, René. *Œuvres de Descartes*, v. 4, *Les passions de l'âme, Le Monde, ou traité de la lumière, L'Homme, De la formation du fœtus*. Org. Victor Cousin. Paris: F.G. Levrault, 1824.

DESCARTES, René. *Œuvres de Descartes*, v. 7, *Correspondence*. Org. Victor Cousin. Paris: F.G. Levrault, 1826. [Ed. bras.: *Discurso do método; Meditações; Objeções e respostas; As paixões da alma; Cartas*. São Paulo: Abril Cultural, 1983.]

DESCARTES, René. *Treatise of Man*. Trad. Thomas Steele Hall. Cambridge: Harvard University Press, 1972 [1640]. [Ed. bras.: *O mundo ou tratado da luz e O homem*. Trad. César Augusto Battisti, Marisa Carneiro de Oliveira e Franco Donatelli. Campinas: Editora da Unicamp, 2009.]

DESCARTES, René. *Discourse on Method* [1637]. *In*: *Philosophical Works of Descartes*, v. 1. Cambridge: Cambridge University Press, 1973a. [Ed. bras.: *Discurso do método*. Trad. Maria Ermantina Galvão. São Paulo: Martins Fontes, 2001.]

DESCARTES, René. *Meditations* [1641]. *In*: *Philosophical Works of Descartes*, v. 1. Cambridge: Cambridge University Press, 1973b. [Ed. bras.: *Meditações sobre filosofia primeira*. Trad. Fausto Castilho. Campinas: Editora da Unicamp, 2004.]

DESCARTES, René. *Passions of the Soul* [1650]. *In*: *Philosophical Works of Descartes*, v. 1. Cambridge: Cambridge University Press, 1973c. [Ed. bras.: *As paixões da alma*. *In*: *Descartes*. Trad. J. Guinsburg e B. Prado Jr. São Paulo: Abril, 1973, p. 213-94 (Os Pensadores).]

DESCOLA, Philippe. *In the Society of Nature: A Native Ecology in Amazonia*. Cambridge: Cambridge University Press, 1994.

DE STEFANO, Antonino. "Le eresie popolari nel Medioevo". *In*: ROTA, Ettore. *Questioni di storia medieval, secoli XI-XIV*. Milão: Marzorati, 1950.

DE VRIES, Jean. *The Economy of Europe in an Age of Crisis, 1660-1750*. Cambridge: Cambridge University Press, 1976.

DICKSON, David. "Science and Political Hegemony in the 17th Century", *Radical Science Journal*, n. 8, p. 7-39, 1979.

DINGWALL, Eric J. *The Girdle of Chastity: A Medico-Historical Study*. Londres: Routledge & Sons, 1931.

DI NOLA, Alfonso. *Il diavolo: le forme, la storia, le vicende di Satana e la sua universale e malefica presenza presso tutti i popolo dall'antichità ai nostri giorni*. Roma: Newton Compton Editori, 1999.

DOBB, Maurice. *Studies in the Development of Capitalism*. Nova York: International Publishers, 1947. [Ed. bras.: *Evolução do capitalismo*. Trad. Manuel do Rêgo Braga. São Paulo: Abril Cultural, 1983 (Os Economistas).]

DOBSON, R. B. *The Peasant Revolt of 1381*. Londres: Macmillan, 1983.

DOCKÈS, Pierre. *Medieval Slavery and Liberation*. Londres: Methuen, 1982.

DODGSHON, Robert A. *From Chiefs to Landlords: Social and Economic Change in the Western Highlands and Islands, c. 1493-1820*. Edimburgo: Edinburgh University Press, 1998.

DUBY, Georges. *Love and Marriage in the Middle Ages*. Trad. Jane Dunnet. Chicago: The University of Chicago Press, 1988. [Ed. bras.: *Idade Média, idade dos homens: do amor e outros ensaios*. Trad. Jônatas Batista Neto. São Paulo: Companhia das Letras, 2011.]

DUBY, Georges & LE GOFF, Jacques. *Famiglia e parentela nell'Italia medievale*. Bolonha: Il Mulino, 1981.

DUBY, Georges & PERROT, Michelle. *Storia delle donne in Occidente*, v. 2, *Il Medioevo: storia e società*. Org. Christiane Klapisch-Zuber. Trad. M. Baiocchi, M. Caracciolo, F. Cataldi Villari *et al*. Bari: Laterza, 1996. [Ed. port.: *História das mulheres no Ocidente*, v. 2, *A Idade Média*. Porto: Afrontamento, 1993.]

DUERR, Hans Peter. *Nudità e vergogna: il mito del processo di civilizazzione*. Trad. Gabriella Benedetti. Veneza: Marsilio, 1991 [1988]. [Ed. port.: *Nudez e pudor: o mito do processo civilizacional*. Trad. Pedro Dias. Lisboa: Editorial Notícias, 2002.]

DUNN, Richard S. *The Age of Religious Wars, 1559-1715*. Nova York: W.W. Norton & Company, 1970.

DUPAQUIER, Jacques. "Population". *In*: BURKE, Peter. *The New Cambridge Modern History Supplement*. Cambridge: Cambridge University Press, 1979.

DUPLESSIS, Robert S. *Transitions to Capitalism in Early Modern Europe*. Cambridge: Cambridge University Press, 1997.

DYER, Christopher. "A Redistribution of Income in Fifteenth-Century England?", *Past and Present*, v. 39, n. 1, p. 11-33, abr. 1968.

DYER, Christopher. *Standards of Living in the Later Middle Ages: Social Change in England, c. 1200-1320*. Cambridge: Cambridge University Press, 1989.

EARLE, Alice Morse. *Home Life in Colonial Days*. Stockbridge: Berkshire Publishers, 1993.

EASLEA, Brian. *Witch-Hunting, Magic and the New Philosophy: An Introduction to the Debates of the Scientific Revolution, 1450-1750*. Brighton: The Harvester Press, 1980.

EHRENREICH, Barbara & ENGLISH, Deirdre. *Witches, Midwives & Nurses: A History of Women Healers*. Old Westbury: The Feminist Press, 1973.

EISENSTEIN, Zillah. *The Radical Future of Liberal Feminism*. Nova York: Longman, 1981.

ELIAS, Norbert. *The Civilizing Process*, v. 1, *The History of Manners*. Nova York: Urizen, 1978 [1939]. [Ed. bras.: *O processo civilizador*, v. 1, *Uma história dos costumes*. Trad. Ruy Jungmann. Rio de Janeiro: Zahar, 1994.]

ELTON, G. R. *Policy and Police: The Enforcement of the Reformation in the Age of Thomas Cromwell*. Cambridge: Cambridge University Press, 1972.

ENGELS, Friedrich. *The Origin of the Family, Private Property, and the State*. Nova York: International Publishers, 1942 [1884]. [Ed. bras.: *A origem da família, da propriedade privada e do Estado*. Trad. Nélio Schneider. São Paulo: Boitempo, 2019.]

ENGELS, Friedrich. *The Peasant War in Germany*. Moscou: Progress Publishers, 1977 [1870]. [Ed. bras.: *As guerras camponesas na Alemanha*. Trad. B. A. Montenegro. Rio de Janeiro: Editorial Vitória, 1946.]

ENNEN, Edith. *Le donne nel Medioevo*. Bari: Laterza, 1986.

ERBSTÖSSER, Martin. *Heretics in the Middle Ages*. Leipzig: Edition Leipzig, 1984.

ERHARD, Jean. *L'idée de nature en France dans la première moitié du XVIIIe siècle*. Paris: Albin Michel, 1963.

ERLER, Mary & KOWALESKI, Maryanne (org.) *Women and Power in the Middles Ages*. Athens: University of Georgia Press, 1988.

ETIENNE, Mona & LEACOCK, Eleanor (org.). *Women and Colonization: Anthropological Perspectives*. Nova York: Praeger, 1980.

EVANS, Richard J. *Rituals of Retribution: Capital Punishment in Germany, 1600-1987*. Oxford: Oxford University Press, 1996.

FAURÉ, Christine. "Absent from History", *Signs: Journal of Women in Culture and Society*, v. 7, n. 1, p. 71-80, 1981.

FEDERICI, Silvia. "Wages against Housework". *In*: MALOS, Ellen (org.). *The Politics of Housework*. Nova York: The New Clarion Press, 1980, p. 187-94.

FEDERICI, Silvia. "The Great Witch-Hunt", *Maine Scholar*, v. 1, n. 1, p. 31-52, outono 1988.

FEDERICI, Silvia (org.). *Enduring Western Civilization. The Construction of the Concept of the West and its "Others"*. Westport: Praeger, 1995.

FEDERICI, Silvia & FORTUNATI, Leopoldina. *Il grande Calibano: storia del corpo sociale ribelle nella prima fase del capitale*. Milão: Franco Angeli, 1984.

FERRARI, Giovanna. "Public Anatomy Lessons and the Carnival: The Anatomy Theatre of Bologna", *Past and Present*, n. 117, p. 50-106, nov. 1987.

FIRPO, Luigi (org.). *Medicina medievale*. Turim: Utet, 1972.

FISCHER, David Hackett. *The Great Wave: Price Revolutions and the Rhythm of History*. Oxford: Oxford University Press, 1996.

FISHER, F. J. (org.). *Essays in the Economic and Social History of Tudor and Stuart England, in Honor of R. H. Tawney*. Cambridge: Cambridge University Press, 1961.

FLANDRIN, Jean-Louis. *Families in Former Times: Kinship, Household and Sexuality*. Cambridge: Cambridge University Press, 1976. [Ed. port.: *Famílias: parentesco, casa e sexualidade na sociedade antiga*. Lisboa: Estampa, 1992.]

FLETCHER, Anthony. *Tudor Rebellions*. Londres: Longman, 1973.

FLETCHER, Anthony & STEVENSON, John (org.). *Order and Disorder in Early Modern England*. Cambridge: Cambridge University Press, 1985.

FLETCHER, Robert. "The Witches' Pharmacopœia", *Bulletin of the Johns Hopkins Hospital*, v. 7, n. 65, p. 147-56, ago. 1896.

FONER, Philip S. *History of the Labor Movement in the United States*, v. 1, *From Colonial Times to the Founding of the American Federation of Labor*. Nova York: International Publishers, 1947.

FONTAINE, Nicolas de la. *Mémoires pour servir a l'histoire de Port-Royal*. Cologne: [s.e.], 1738.

FORD, John. "'Tis Pity She's a Whore". *In*: WEBSTER, John & FORD, John. *Selected Plays*. Londres: Everyman's Library, 1964 [1633].

FORTUNATI, Leopoldina. *L'arcano della riproduzione: casalinghe, prostitute, operai e capitale*. Veneza: Marsilio, 1981.

FORTUNATI, Leopoldina. "La ridefinizione della donna". *In*: FEDERICI, Silvia & FORTUNATI, Leopoldina. *Il grande Calibano: storia del corpo sociale ribelle nella prima fase del capitale*. Milão: Franco Angeli, 1984.

FORTUNATI, Leopoldina. *The Arcane of Reproduction: Housework, Prostitution, Labor and Capital*. Nova York: Autonomedia, 1995.

FOUCAULT, Michel. *The Order of Things: An Archaeology of the Human Sciences*. Nova York: Vintage, 1970 [1966]. [Ed. bras.: *As palavras e as coisas: uma arqueologia das ciências humanas*. Trad. Salma Tannus Muchail. 8. ed. São Paulo: Martins Fontes, 1999.]

FOUCAULT, Michel. *The Archaeology of Knowledge & The Discourse On Language*. Nova York: Routledge, 1972 [1969]. [Ed. bras.: *A arqueologia do saber*. Trad. Luiz Felipe Baeta Neves. 8. ed. Rio de Janeiro: Forense Universitária, 2012.]

FOUCAULT, Michel. *Madness and Civilization: A History of Insanity in the Age of Reason*. Trad. Richard Howard. Nova York: Random House, 1973 [1961]. [Ed. bras.: *História da loucura na Idade Clássica*. Trad. José Teixeira Coelho Netto. 9. ed. São Paulo: Perspectiva, 2012.]

FOUCAULT, Michel. *Discipline and Punish: The Birth of the Prison*. Nova York: Vintage Books, 1977 [1975]. [Ed. bras.: *Vigiar e punir: nascimento da prisão*. Trad. Raquel Ramalhete. 20. ed. Rio de Janeiro: Vozes, 1999.]

FOUCAULT, Michel. *The History of Sexuality*, v. 1, *An Introduction*. Nova York: Random House, 1978 [1976]. [Ed. bras.: *História da sexualidade*, v. 1, *A vontade de saber*. Trad. Maria Thereza da Costa Albuquerque e J. A. Guilhon Albuquerque. 9. ed. São Paulo: Paz e Terra, 2019.]

FOUCAULT, Michel. *The Politics of Truth*. Org. Sylvère Lotringer. Nova York: Semiotext(e), 1997.

FOX, Sally. *Medieval Women: An Illuminated Book of Days*. Nova York: Little, Brown and Co., 1985.

FRASER, Antonia. *The Weaker Vessel: Woman's Lot in Seventeenth-Century England*. Nova York: Alfred Knopf, 1984.

FRYDE, E. D. *Peasants and Landlords in Later Medieval England*. Nova York: St. Martin's Press, 1996.

FURNISS, Edgar S. *The Position of the Laborer in a System of Nationalism: A Study in the Labor Theories of Later English Mercantilists*. Nova York: Kelly and Millan, 1957.

GALZIGNA, Mario. "La Fabbrica del Corpo", *Aut-Aut*, v. 167-8, p. 153-74, set.-dez. 1978.

GARRETT, Clarke. "Women and Witches: Patterns of Analysis", *Signs: Journal of Women in Culture and Society*, v. 3, n. 2, p. 461-70, inverno 1977.

GATRELL, Vic; LENMAN, Bruce & PARKER, Geoffrey (org.). *Crime and the Law: The Social History of Crime in Western Europe Since 1500*. Londres: Europe Publications, 1980.

GEIS, Gilbert & BUNN, Ivan. *A Trial of Witches: A Seventeenth-Century Witchcraft Prosecution*. Nova York: Routledge, 1977.

GELIS, Jacques. "Sages-femmes et accoucheurs: l'obstétrique populaire aux XVIIe et XVIIIe siècles", *Annales: Économies, Sociétés, Civilisations*, v. 32, n. 5, p. 927-57, jul.-dez 1977.

GERBI, Antonello. *Nature in the New World: From Christopher Colombus to Gonzalo Fernandez de Oviedo*. Trad. Jeremy Moyle. Pittsburgh: University of Pittsburgh Press, 1985.

GEREMEK, Bronisław. *Mendicanti e miserabili nell'Europa Moderna (1350--1600)*. Trad. Paolo Procaccioli. Roma: Instituto dell'Enciclopedia Italiana Treccani, 1985.

GEREMEK, Bronisław. *The Margins of Society in Late Medieval Paris*. Trad. Jean Birrell. Cambridge: Cambridge University Press, 1987.

GEREMEK, Bronisław. *La stirpe di Caino: l'immagine dei vagabondi e dei poveri nelle letterature europee dal XV al XVII secolo*. Trad. Francesco Cataluccio. Milão: Il Saggiatore, 1988. [Ed. bras.: *Os filhos de Caim: vagabundos e miseráveis na literatura europeia (1400-1700)*. Trad. Henryk Siewierski. São Paulo: Companhia das Letras, 1995.]

GEREMEK, Bronisław. *Poverty, A History*. Trad. Agnreszka Kolakowska. Oxford: Wiley Blackwell, 1994.

GESCHIERE, Peter & NYAMNJOH, Francis. "Witchcraft as an Issue in the 'Politics of Belonging': Democratization and Urban Migrants' Involvement with the Home Village", *African Studies Review*, v. 49, n. 3, p. 69-91, dez. 1998.

GILBOY, Elizabeth. *Wages in Eighteenth-Century England*. Cambridge: Harvard University Press, 1934.

GINZBURG, Carlo. *I benandanti: stregoneria e culti agrari tra Cinquecento e Seicento*. Turim: Einaudi, 1966. [Ed. bras.: *Os andarilhos do bem: feitiçaria e cultos agrários nos séculos XVI e XVII*. São Paulo: Companhia das Letras, 2010.]

GINZBURG, Carlo. *Ecstasies: Deciphering the Witches' Sabbath*. Trad. Raymond Rosenthal. Nova York: Pantheon, 1991. [Ed. bras.: *História noturna: decifrando o sabá*. Trad. Nilson Moulin. São Paulo: Companhia das Letras, 2007.]

GLANVILL, Joseph. *The Vanity of Dogmatizing: The Three "Versions"*. Hove: Harvester Press, 1970 [1661].

GLASS, David Victor & EVERSLEY, David Edward Charles (org.). *Population in History: Essays in Historical Demography*. Chicago: Chicago University Press, 1965.

GOETZ, Hans-Werner. *Life in the Middle Ages: From the Seventh to the Thirteenth Century*. Org. Steven Rowan, trad. Albert Wimmer. Londres: University of Notre Dame Press, 1986.

GOLDBERG, Jonathan. *Sodometries: Renaissance Texts, Modern Sexualities*. Stanford: Stanford University Press, 1992.

GOODARE, Julian (org.). *The Scottish Witch-Hunt in Context*. Manchester: Manchester University Press, 2002.

GORDON-GRUBE, Karen. "Anthropophagy in Post-Renaissance Europe: The Tradition of Medical Cannibalism", *American Anthropologist*, v. 90, n. 2, p. 405-9, jun. 1988.

GOSSE, Edmund. *Sir Thomas Browne*. Londres: The Macmillan Company, 1905.

GOTTFRIED, Johann Ludwig. *Le livre des antipodes*. Paris: Maspero, 1630.

GOTTLIEB, Beatrice. *The Family in the Western World: From the Black Death to the Industrial Age*. Oxford: Oxford University Press, 1993.

GOUBERT, Jean. "L'art de guérir: médecine savante et médecine populaire dans la France de 1790", *Annales: Économies, Sociétés, Civilisations*, v. 32, n. 5, p. 908-26, jul.-dez. 1977.

GOUBERT, Pierre. *The French Peasantry in the Seventeenth Century*. Trad. Ian Patterson. Londres: Cambridge University Press, 1982.

GRAUS, Frantisek. "Social Utopia in the Middle Ages", *Past and Present*, n. 38, p. 3-19, dez. 1967.

GREAVES, Richard L.; ZALLER, Robert & ROBERTS, Jennifer Tolbert. *Civilizations of the West*, v. 1, *From Antiquity to 1715*. Nova York: HarperCollins, 1992a.

GREAVES, Richard L.; ZALLER, Robert & ROBERTS, Jennifer Tolbert. *Civilizations of the West*, v. 2, *From 1660 to the Present*. Nova York: HarperCollins, 1992b.

GREEN, Monica. "Women's Medical Practice and Healthcare in Medieval Europe", *Signs: Journal of Women in Culture and Society*, v. 14, n. 2, p. 434-73, 1989.

GREGORY, Annabel. "Witchcraft, Politics and 'Good Neighbourhood' in Early Seventeenth-Century Rye", *Past and Present*, n. 133, p. 31-66, nov. 1991.

GREVEN, Philip. *The Protestant Temperament: Patterns of Child-Raising, Religious Experience, and the Self in Early America*. Nova York: Alfred Knopf, 1977.

GRIFFIN, Susan. *Women and Nature: The Roaring Inside Her*. São Francisco: Sierra Club, 1978.

GUAZZO, Francesco Maria. *Compendium Maleficarum: A Handbook on Witchcraft from the 1600's*. Trad. E. A. Ashwin. Nova York: Barnes & Noble, 1970 [1608].

GUILLAUMIN, Colette. *Racism, Sexism, Power and Ideology*. Nova York: Routledge, 1995.

GUNDER FRANK, André. *World Accumulation, 1492-1789*. Nova York: Monthly Review Press, 1978. [Ed. bras.: *Acumulação mundial, 1492-1789*. Rio de Janeiro: Zahar, 1983.]

HACKER, Barton C. "Women and Military Institutions in Early Modern Europe: A Reconnaissance", *Signs: Journal of Women in Culture and Society*, v. 6, n. 41, p. 643-71, verão 1981.

HAMILTON, Earl J. *American Treasure and the Price Revolution in Spain, 1501-1650*. Nova York: Octagon Books, 1965.

HANAWALT, Barbara A. "Peasants Resistance to Royal and Seignorial Impositions". *In*: NEWMAN, Francis X. (org.). *Social Unrest in the Late Middle Ages: Papers of the Fifteenth Annual Conference of the Center for Medieval and Early Renaissance Studies*. Binghamton: Center for Medieval and Early Renaissance Texts and Studies, 1986a, p. 23-49.

HANAWALT, Barbara A. *The Ties That Bound: Peasant Families in Medieval England*. Oxford: Oxford University Press, 1986b.

HANAWALT, Barbara A. "Peasant Women's Contribution to the Home Economy in Late Medieval England". *In*: HANAWALT, Barbara. *Women and Work in Pre-Industrial Europe*. Bloomington: Indiana University Press, 1986c.

HANAWALT, Barbara A. *Women and Work in Pre-Industrial Europe*. Bloomington: Indiana University Press, 1986d.

HANKE, Lewis. *Aristotle and the American Indians: A Study in Race Prejudice in the Modern World*. Bloomington: Indiana University Press, 1959. [Ed. bras.: *Aristóteles e os índios americanos*. São Paulo: Martins, 1962.]

HARDIN, Garrett. "The Tragedy of the Commons", *Science*, v. 162, n. 3.859, p. 1.243-8, 13 dez. 1968. [Ed. bras. "A tragédia dos comuns", trad. José Roberto Bonifacio, Rio de Janeiro, 2011. Disponível em: https://tinyurl.com/mvcxm6ck.]

HARRIS, Marvin. *Cows, Pigs and Witches: The Riddles of Culture*. Nova York: Random House, 1974. [Ed. bras.: *Vacas, porcos, guerras e bruxas: os enigmas da cultura*. Rio de Janeiro: Civilização Brasileira, 1978.]

HART, Roger. *Witchcraft*. Nova York: G. Putnam's Sons, 1971.

HARVEY, P. D. A. "The English Inflation: 1180-1220", *Past and Present*, n. 61, p. 3-30, nov. 1973.

HARVEY, William. *Lectures on the Whole of Anatomy: An Annotated Translation of Prelectiones Anatomine Universalis*. Trad. C. D. O'Malley, F. N. L. Poynter e K. F. Russell. Berkeley: University of California Press, 1961.

HATCHER, John. *Plague, Population and the English Economy, 1348-1530*. Nova York: Macmillan, 1977.

HATCHER, John. "England in the Aftermath of the Black Death", *Past and Present*, n. 144, p. 3-35, ago. 1994.

HAY, Douglas; LINEBAUGH, Peter; RULE, John G.; THOMPSON, E. P. & WINSLOW, Cal. *Albion's Fatal Tree: Crime and Society in Eighteenth-Century England*. Nova York: Pantheon Books, 1975.

HECKSCHER, Eli J. *Mercantilism*, v. 1-2. Londres: George Allen & Unwin, 1965.

HELLEINER, Karl F. "New Light on the History of Urban Populations", *The Journal of Economic History*, v. 18, n. 1, p. 56-61, mar. 1958.

HELLER, Henry. *The Conquest of Poverty: The Calvinist Revolt in Sixteenth--Century France*. Leiden: E. J. Brill, 1986.

HEMMING, John. *The Conquest of the Incas*. Nova York: Harcourt Brace and Company, 1970.

HENDERSON, Katherine Usher & MCMANUS, Barbara F. *Half Humankind: Contexts and Texts of the Controversy about Women in England, 1540--1640*. Champaign: University of Illinois Press, 1985.

HENRIQUES, Fernando. *Storia Generale della Prostituzione*, v. 2, *Il medioevo e l'età moderna*. Trad. Maurizio Bellotti. Milão: Sugar, 1966.

HERLIHY, David. *Medieval Households*. Cambridge: Harvard University Press, 1985.

HERLIHY, David. *Women, Family and Society in Medieval Europe: Historical Essays, 1978-1991*. Providence: Berghahn, 1995.

HERLIHY, David. *The Black Death and the Transformation of the West*. Cambridge: Harvard University Press, 1997.

HERZOG, Don. *Happy Slaves: A Critique of Consent Theory*. Chicago: University of Chicago, 1989.

HILL, Christopher. "Puritans and the Poor", *Past and Present*, v. 2, n. 1, p. 32-50, nov. 1952.

HILL, Christopher. *Puritanism and Revolution: Studies in Interpretation of the English Revolution of the Seventeenth Century*. Nova York: Schocken, 1958.

HILL, Christopher. *The Century of Revolution (1603-1714)*. Nova York: W.W. Norton & Company, 1961. [Ed. bras.: *O século das revoluções (1603-1714)*. Trad. Alzira Vieira Allegro. São Paulo: Editora Unesp, 2012.]

HILL, Christopher. *Society and Puritanism in Pre-Revolutionary England*. Nova York: Schocken Books, 1964.

HILL, Christopher. *Intellectual Origins of the English Revolution*. Oxford: Oxford University Press, 1965. [Ed. bras.: *Origens intelectuais da revolução inglesa*. Trad. Jefferson Luís Camargo. São Paulo: Martins Fontes, 1992.]

HILL, Christopher. *Antichrist in Seventeenth-Century England*. Oxford: Oxford University Press, 1971.

HILL, Christopher. *Change and Continuity in Seventeenth-Century England*. Cambridge: Harvard University Press, 1975a.

HILL, Christopher. *The World Turned Upside Down: Radical Ideas During the English Revolution*. Londres: Penguin, 1975b. [Ed. bras.: *O mundo de ponta-cabeça: ideias radicais durante a Revolução Inglesa de 1640*. Trad. Renato Janine Ribeiro. São Paulo: Companhia das Letras, 1987.]

HILTON, Rodney. "The Transition from Feudalism to Capitalism", *Science and Society*, v. 17, n. 4, p. 341-51, outono 1953.

HILTON, Rodney. *A Medieval Society: The West Midlands at the End of the Thirteenth Century*. Cambridge: Cambridge University Press, 1966.

HILTON, Rodney. *Bond Men Made Free: Medieval Peasant Movements and the English Rising of 1381*. Nova York: Viking Press, 1973.

HILTON, Rodney. *Class Conflict and the Crisis of Feudalism: Essays in Medieval Social History*. Londres: The Hambledon Press, 1985.

HILTON, Rodney; DOBB, Maurice; SWEEZY, Paul; TAKAHASHI, H. Kohachiro & HILL, Christopher. *The Transition from Feudalism to Capitalism*. Londres: New Left, 1976. [Ed. bras.: *A transição do feudalismo para o capitalismo: um debate*. Trad. Isabel Didonnet. 5. ed. Rio de Janeiro: Paz e Terra, 1977.]

HIMES, Norman. *Medical History of Contraception*. Nova York: Gamut Press, 1963.

HIMMELMAN, P. Kenneth. "The Medicinal Body: An Analysis of Medicinal Cannibalism in Europe, 1300-1700", *Dialectical Anthropology*, v. 22, n. 2, p. 180-203, jun. 1997.

HOBBES, Thomas. *Behemoth: The History of the Causes of the Civil Wars of England and the Counsels and Artifices by which They Were Carried on from the Year 1640 to the Year 1660*. Aalen: Scientia, 1962. [Ed. bras.: *Behemoth ou o longo parlamento*. Belo Horizonte: Editora UFMG, 2001.]

HOBBES, Thomas. *Leviathan*. Nova York: World Publishing Company, 1963. [Ed. bras.: *Leviatã, ou matéria, forma e poder de uma república eclesiástica e civil*. Trad. João Paulo Monteiro e Maria Beatriz Nizza da Silva. São Paulo: Martins Fontes, 2003.]

HOBBES, Thomas. *English Works*, v. 4. Aalen: Scientia, 1966.

HOBBES, Thomas. *Man and Citizen (De Homine and De Cive)*. Org. Bernard Gert. Gloucester: Humanities Press, 1978.

HOBSBAWM, Eric J. "The General Crisis of the European Economy in the 17th Century", *Past and Present*, n. 5, p. 33-53, maio 1954. [Ed. bras.: "A crise geral da economia europeia no século XVII". *In*: SANTIAGO, Theo (org.). *Do feudalismo ao capitalismo: uma discussão histórica*. São Paulo: Contexto, 2003.]

HODGES, Richard & WHITEHOUSE, David. *Mohammed, Charlemagne and the Origins of Europe*. Ithaca: Cornell University Press, 1983.

HOLBEIN, Hans (O Jovem). *The Dance of Death*. Lyons: Melchior and Gaspar Trechsel, 1538.

HOLINSHED, Raphael. *Holinshed's Chronicles of England, Scotland, and Ireland*. Org. Vernon F. Snow. Nova York: AMS, 1965 [1577].

HOLMES, Clive. "Women, Witnesses and Witches", *Past and Present*, n. 140, p. 45-78, ago. 1993.

HOLMES, George A. *Europe: Hierarchy and Revolt, 1320-1450*. Nova York: Harper & Row, 1975.

HOLMES, Ronald. *Witchcraft in British History*. Londres: Frederick Muller, 1974.

HOLT, Richard. "Whose Were the Profits of Corn Milling? An Aspect of the Changing Relationship between the Abbots of Glastonbury and Their Tenants, 1086-1350", *Past and Present*, n. 116, p. 3-23, ago. 1987.

HOMANS, George C. *English Villagers of the Thirteen Century*. Nova York: Russell and Russell, 1960.

HONE, Nathaniel J. *The Manor and Manorial Records*. Londres: Methuen & Co., 1906.

HOSKINS, W. G. *The Age of Plunder: The England of Henry VIII, 1500-1547*. Londres: Longman, 1976.

HOWELL, Martha. *Women, Production and Patriarchy in Late Medieval Cities*. Chicago: Chicago University Press, 1986.

HSIA, Ronnie Po-Chia. "Munster and the Anabaptists". *In*: HSIA, Ronnie Po-Chia (org.). *The German People and the Reformation*. Ithaca: Cornell University Press, 1988a.

HSIA, Ronnie Po-Chia (org.). *The German People and the Reformation*. Ithaca: Cornell University Press, 1988b.

HUFTON, Olwen. "Women, Work, and the Family". *In*: DUBY, Georges; PERROT, Michelle; DAVIS, Natalie & FARGE, Arlette (org.). *A History of Women in the West*, v. 3, *Renaissance and the Enlightenment Paradoxes*. Cambridge: Cambridge University Press, 1993. [Ed. port.: "Mulheres, trabalho e família". *In*: DUBY, Georges; PERROT, Michelle; DAVIS, Natalie & FARGE, Arlette (org.). *História das mulheres no Ocidente*, v. 3, *Do Renascimento à Idade Moderna*. São Paulo: Afrontamento/Ebradil, 1991.]

HUGHES, Diane Owen. "Urban Growth and Family Structure in Medieval Genoa", *Past and Present*, n. 66, p. 3-28, fev. 1975.

HUGHES, William. *Western Civilization*, v. 2, *Early Modern through the 20th Century*. Guilford: The Duskin Publishing Group, 1991.

HULL, Gloria T.; SCOTT, Patricia Bell & SMITH, Barbara. *All the Women Are White, All the Blacks Are Men, But Some of Us Are Brave: Black Women's Studies*. Nova York: The Feminist Press, 1982.

HULME, Peter. "Tales of Distinction: European Ethnography and the Caribbean". *In*: SCHWARTZ, Stuart B. (org.). *Implicit Understandings: Observing, Reporting, and Reflecting on the Encounters Between Europeans and Other Peoples in the Early Modern Era*. Cambridge: Cambridge University Press, 1994, p. 157-200.

HUNT, David. *Parents and Children in History: The Psychology of Family Life in Early Modern France*. Nova York: Basic Books, 1970.

HUTCHINSON, E. P. *The Population Debate: The Development of Conflicting Theories up to 1900*. Boston/Nova York: Houghton Mifflin, 1967.

HYBEL, Nils. *Crisis or Change: The Concept of Crisis in the Light of Agrarian Structural Reorganization in Late Medieval England*. Aarhus: Aarhus University Press, 1989.

INNES, Brian. *The History of Torture*. Nova York: St. Martin's Press, 1998.

JAMES, Margaret. *Social Problems and Policy during the Puritan Revolution, 1640-1660*. Nova York: Barnes & Noble, 1966.

JAMES, Selma. *Sex, Race and Class*. Bristol: Falling Wall Press, 1975.

JONSON, Ben. *The Alchemist*. Org. Gerald E. Bentley. Wheeling: Harlan Davidson, 1947 [1610].

JORDAN, William C. *The Great Famine: Northern Europe in the Early Fourteenth Century*. Princeton: Princeton University Press, 1996.

JOSEPH, Margaret Paul. *Caliban in Exile: The Outsider in Caribbean Fiction*. Westport: Greenwood, 1992.

KALTNER, Karl Hartwig. "Sulle guerre contadine in Austria". *In*: THEA, Paolo. *Gli artisti e Gli "Spregevoli": 1525 – la creazione artistica e la guerra dei contadini in Germania*. Milão: Mimesi, 1998.

KAMEN, Henry. *The Iron Century: Social Change in Europe, 1550-1660*. Nova York: Praeger Publishers, 1972.

KARRAS, Ruth Mazo. "The Regulations of Brothels in Later Medieval England", *Signs: Journal of Women in Culture and Society*, v. 14, n. 2, p. 399-433, inverno 1989.

KARRAS, Ruth Mazo. *Common Women: Prostitution and Sexuality in Medieval England*. Oxford: Oxford University Press, 1996.

KAY, Marguerite. *Bruegel*. Londres: The Hamlyn Publishing Group, 1969. [Ed bras.: *Bruegel: 51 pranchas a cores*. Rio de Janeiro: Ao Livro Técnico, 1987.]

KAYE, Harvey J. *The British Marxist Historians*. Nova York: St. Martin's Press, 1984.

KAYE, Joel. *Economy and Nature in the Fourteenth Century: Money, Market Exchange, and the Emergence of Scientific Thought*. Cambridge: Cambridge University Press, 1998.

KELLY, Joan. "Did Women Have a Renaissance?". *In*: BRIDENTHAL, Renate & KOONZ, Claudia (org.). *Becoming Visible: Women in European History*. Nova York: Houghton Mifflin, 1977.

KELLY, Joan. "Early Feminist Theory and the 'Querelle des Femmes', 1400-1789", *Signs: Journal of Women in Culture and Society*, v. 8, n. 1, p. 4-28, outono 1982.

KELLY, Joan. *Women, History and Theory: The Essays of Joan Kelly*. Chicago: The University of Chicago Press, 1984.

KIECKHEFER, R. *European Witch-Trials: Their Foundations in Popular Culture, 1300-1500*. Berkeley: University of California Press, 1976.

KING, Margaret L. *Women of the Renaissance*. Chicago: The University of Chicago Press, 1991. [Ed. port.: *A mulher do Renascimento*. Lisboa: Editorial Presença, 1994.]

KINGSTON, Jeremy. *Witches and Witchcraft*. Garden City: Doubleday, 1976.

KITTREDGE, George Lyman. *Witchcraft in Old and New England*. Cambridge: Harvard University Press, 1929.

KLAITS, Joseph. *Servants of Satan: The Age of the Witch Hunts*. Bloomington: Indiana University Press, 1985.

KOCH, Gottfried. "La donna nel catarismo e nel valdismo medievali". *In*: CAPITANI, Ovidio (org.). *Medioevo ereticale*. Bolonha: Il Mulino, 1983.

KONING, Hans. *Columbus: His Enterprise — Exploding the Myth*. Nova York: Monthly Review Press, 1991. [Ed. bras.: *Colombo: o mito desvendado*. Rio de Janeiro: Zahar, 1992.]

KONING, Hans. *The Conquest of America: How the Indian Nations Lost Their Continent*. Nova York: Monthly Review Press, 1993.

KORS, Alan C. & PETERS, Edward. *Witchcraft in Europe 1100-1700: A Documentary History*. Filadélfia: University of Pennsylvania Press 1972.

KOWALESKI, Maryanne & BENNETT, Judith M. "Crafts, Guilds, and Women in the Middle Ages; Fifty Years after Marian K. Dale". *Signs: Journal of Women in Culture and Society*, v. 14, n. 2, p. 474-88, inverno 1989.

KRAMER, Heinrich & SPRENGER, James. *Malleus Maleficarum*. Nova York: Dover, 1971 [1486]. [Ed. bras.: *O martelo das feiticeiras: Malleus Maleficarum*. Trad. Paulo Fróes. Rio de Janeiro: Rosa dos Tempos, 2001.]

KRIEDTE, Peter. *Peasants, Landlords, and Merchant Capitalists: Europe and the World Economy, 1500-1800*. Cambridge: Cambridge University Press, 1983. [Ed. port.: *Camponeses, senhores e mercadores: a Europa e a economia mundial (1500-1800)*. Lisboa: Teorema, 1992.]

KUEN, Thomas. "Person and Gender in the Laws". *In*: BROWN, Judith C. & DAVIS, Robert C. (org.). *Gender and Society in Renaissance Italy*. Nova York: Longman, 1998, p. 87-106.

KURLANSKY, Mark. *The Basque History of the World*. Londres: Penguin, 1999.

LAMBERT, Malcolm. *Medieval Heresy: Popular Movements from Bogomil to Hus*. Oxford: Basil Blackwell, 1992 [1977].

LANG, Andrew (org.). *Social England Illustrated: A Collection of XVIIth Century Tracts*. Westminster: Archibald Constable and Co., 1903.

LANGLAND, William. *The Vision of William Concerning Piers the Plowman*. Clarendon: Oxford University Press, 1965 [1362-1370].

LARNER, Christina. "Crimen Exceptum? The Crime of Witchcraft in Europe". *In*: GATRELL, Vic; LENMAN, Bruce & PARKER, Geoffrey (org.). *Crime and the Law: The Social History of Crime in Western Europe Since 1500*. Londres: Europe Publications, 1980.

LARNER, Christina. *Enemies of God: The Witch-Hunt in Scotland*. Baltimore: The Johns Hopkins University Press, 1981.

LARNER, Christina. *Witchcraft and Religion: The Politics of Popular Belief*. Oxford: Basil Blackwell, 1984.

LA ROCCA, Tommaso (org.). *Thomas Müntzer e la rivoluzione dell'uomo comune*. Turim: Claudiana, 1990.

LASLETT, Peter. *The World We Have Lost*. Nova York: Scribner's, 1971. [Ed. port.: *O mundo que nós perdemos*. Lisboa: Cosmos, 1975.]

LAVALLEE, Joseph. *Histoires des inquisitions religieuses d'Italie, d'Espagne et de Portugal*. Paris: Richomme/Capelle et Renand, 1809. [Ed. port.: *Historia completa das inquisições de Italia, Hespanha e Portugal*. Lisboa: Na Typographia Maigrense, 1822.]

LAWSON, George. *An Examination of the Political Part of Mr. Hobbs his Leviathan*. Londres: R. White, 1657.

LEA, Henry Charles. *A History of the Inquisition of the Middle Ages*, v. 2. Nova York: Harper & Brothers, 1888.

LEA, Henry Charles. *A History of the Inquisition of the Middle Ages*, v. 1. Londres: MacMillan, 1922 [1887].

LEA, Henry Charles. *Materials towards a History of Witchcraft*, v. 3. Org. Arthur C. Howland. Nova York: Thomas Yoseloff, 1957.

LEA, Henry Charles. *The Inquisition of the Middle Ages*. Nova York: MacMillan, 1961.

LEACOCK, Eleanor Burke. "Montagnais Women and the Jesuit Program for Colonization". *In*: ETIENNE, Mona & LEACOCK, Eleanor (org.). *Women and Colonization: Anthropological Perspectives*. Nova York: Praeger, 1980.

LEACOCK, Eleanor Burke. *Myths of Male Dominance: Collected Articles on Women Cross-Culturally.* Nova York: Monthly Review Press, 1981.

LECKY, William E. H. *History of the Rise of Influence of the Spirit of Rationalism in Europe.* Nova York: Appleton & Co., 1886.

LE GOFF, Jacques. *Tempo della Chiesa e tempo del mercante.* Trad. M. Romano. Turim: Einaudi, 1977 [1956].

LE GOFF, Jacques (org.). *La nuova storia.* Milão: Mondadori, 1980. [Ed. bras.: *A história nova.* Trad. Eduardo Brandão. São Paulo: Martins Fontes, 2005.]

LE GOFF, Jacques. *Medieval Civilization.* Oxford: Basil Blackwell, 1988. [Ed. bras.: *A civilização do Ocidente medieval.* Trad. José Rivair de Macedo. Bauru: Edusc, 2005.]

LENOBLE, Robert. *Mersenne ou la naissance du méchanisme.* Paris: Vrin, 1943.

LERNER, Robert E. *The Heresy of the Free Spirit in the Later Middle Ages.* Berkeley: University of California Press, 1972.

LE ROY LADURIE, Emmanuel. *Les Paysans de Languedoc.* Paris: Gallimard, 1966.

LE ROY LADURIE, Emmanuel. *Peasants of Languedoc.* Trad. John Day. Carbondale: University of Illinois Press, 1974. [Ed. port.: *Os camponeses do Languedoc.* Lisboa: Estampa, 1997.]

LE ROY LADURIE, Emmanuel. *Il Carnevale di Romans.* Milão: Rizzoli, 1981a [1979].

LE ROY LADURIE, Emmanuel. *The Mind and Method of the Historian.* Chicago: University of Chicago Press, 1981b.

LE ROY LADURIE, Emmanuel. *Jasmin's Witch.* Nova York: George Braziller, 1987.

LEVACK, Brian P. *The Witch-Hunt in Early Modern Europe.* Londres: Longman, 1987. [Ed. bras.: *A caça às bruxas na Europa moderna.* Rio de Janeiro: Campus, 1988.]

LEVACK, Brian P. (org.) *Witchcraft, Magic and Demonology.* Nova York: Garland, 1992, 13 v.

LEVINE, David (org.). *Proletarianization and Family History.* Nova York: Academic Press, 1984.

LINEBAUGH, Peter. "The Tyburn Riots Against the Surgeons". *In*: HAY, Douglas; LINEBAUGH, Peter; RULE, John G.; THOMPSON, E. P. & WINSLOW, Cal. *Albion's Fatal Tree: Crime and Society in Eighteenth-Century England.* Nova York: Pantheon Books, 1975.

LINEBAUGH, Peter. *The London Hanged: Crime and Civil Society in the Eighteenth Century.* Cambridge: Cambridge University Press, 1992.

LINEBAUGH, Peter & REDIKER, Marcus. *The Many-Headed Hydra: Sailors, Slaves, Commoners, and the Hidden History of the Revolutionary Atlantic.* Boston: Beacon Press, 2001. [Ed. bras.: *A hidra de muitas cabeças: marinheiros, escravos, plebeus e a história oculta do Atlântico revolucionário.* Trad. Berilo Vargas. São Paulo: Companhia das Letras, 2008.]

LIS, Catharina & SOLY, Hugo. *Poverty and Capitalism in Pre-Industrial Europe*. Atlantic Highlands: Humanities Press, 1979.

LIS, Catharina & SOLY, Hugo. "Policing the Early Modern Proletariat, 1450-1850". *In*: LEVINE, David (org.). *Proletarianization and Family History*. Nova York: Academic Press, 1984.

LITTLE, Lester K. *Religious Poverty and the Profit Economy in Medieval Europe*. Ithaca: Cornell University Press, 1978.

LOMBARDINI, Sandro. *Rivolte contadine in Europa (secoli XVI-XVIII)*. Turim: Loescher, 1983.

LUZZATI, Michele. "Famiglie nobili e famigli mercantil a Pisa e in Toscana nel basso medioevo". *In*: DUBY, Georges & LE GOFF, Jacques. *Famiglia e parentela nell'Italia medievale*. Bolonha: Il Mulino, 1981.

MACFARLANE, Alan. *Witchcraft in Tudor and Stuart England: A Regional and Comparative Study*. Nova York: Harper & Row, 1970.

MACFARLANE, Alan. *Origins of English Individualism: The Family, Property and Social Transition*. Oxford: Basil Blackwell, 1978. [Ed. bras.: *Família, propriedade e transição social*. Rio de Janeiro: Zahar, 1989.]

MACPHERSON, Crawford B. *The Political Theory of Possessive Individualism: Hobbes to Locke*. Oxford: Oxford University Press, 1962. [Ed. bras.: *A teoria política do individualismo possessivo, de Hobbes até Locke*. Rio de Janeiro: Paz e Terra, 1979.]

MALEBRANCHE, Nicolas. *Entretiens sur la metaphysique et sur la religion* (1688). *In*: POPKIN, Richard H. *The Philosophy of the 16th and 17th Centuries*. Nova York: The Free Press, 1966. [Ed. bras.: *Diálogos sobre a metafísica e a religião: primeiro diálogo*. Curitiba: SCHLA-UFPR, 2011.]

MALOS, Ellen (org.). *The Politics of Housework*. Nova York: The New Clarion Press, 1980.

MANDROU, Robert. *Magistrats et sorciers en France au XVIIe siècle: une analyse de psychologie historique*. Paris: Librairies Plon, 1968. [Ed. bras.: *Magistrados e feiticeiros na França do século XVII: uma análise de psicologia histórica*. Trad. Nicolau Sevcenko e J. Guinsburg. São Paulo: Perspectiva, 1979.]

MANNING, Roger B. *Village Revolts: Social Protest and Popular Disturbances in England, 1509-1640*. Oxford: Clarendon Press, 1988.

MANOUKIAN, Agopik (org.). *Famiglia e matrimonio nel capitalismo europeo*. Bolonha: Il Mulino, 1974.

MARKS, Elaine & COURTIVRON, Isabelle De (org.). *New French Feminisms: An Anthology*. Nova York: Schocken, 1981.

MARLOWE, Christopher. *Doctor Faustus*. Londres: Thomas Bushell, 1604. [Ed. bras.: *A trágica história do doutor Fausto*. Trad. Luís Bueno, Caetano W. Galindo e Mario Luiz Frungillo. Cotia: Ateliê Editorial, 2018.]

MARSHALL, Dorothy. *The English Poor in the Eighteenth Century*. Londres: George Routledge & Sons, 1926.

MARSHALL, Rosalind. *Virgins and Viragos: A History of Women in Scotland, 1080-1980*. Chicago: Academy Chicago, 1983.

MARTIN, Emily. *The Woman in the Body: A Cultural Analysis of Reproduction*. Boston: Beacon Press, 1987. [Ed. bras.: *A mulher no corpo: uma análise cultural da reprodução*. Trad. Júlio Bandeira. Rio de Janeiro: Garamond, 2006.]

MARTIN, Ruth. *Witchcraft and the Inquisition in Venice, 1550-1650*. Londres: Basil Blackwell, 1989.

MARVELL, Andrew. *Miscellaneous Poems*. Org. Mary Marvell. Brookfield: Scolar Press, 1969 [1681].

MARX, Karl. *Capital: A Critique of Political Economy*, v. 1. Chicago: Charles H. Kerr & Company, 1909. [Ed. bras.: *O capital: crítica da economia política*, livro I, *O processo de produção do capital*. Trad. Rubens Enderle. 2. ed. São Paulo: Boitempo, 2017.]

MARX, Karl. *Capital: A Critique of Political Economy*, v. 3. Chicago: Charles H. Kerr & Company, 1910. [Ed. bras.: *O capital: crítica da economia política*, livro III, *O processo global da produção capitalista*. Trad. Rubens Enderle. São Paulo: Boitempo, 2017.]

MARX, Karl. *Economic and Philosophical Manuscripts of 1844*. Moscou: Foreign Languages Publishing House, 1961. [Ed. bras.: *Manuscritos econômico-filosóficos*. Trad. Jesus Ranieri. São Paulo: Boitempo, 2010.]

MARX, Karl. *Grundrisse*. Londres: Penguin, 1973 [1857-58]. [Ed. bras.: *Grundrisse*. Trad. Mario Duayer e Nélio Schneider. São Paulo: Boitempo, 2011.]

MATHER, Cotton. *Diary of Cotton Mather, 1681-1724*. Boston: Massachusetts Historical Society Collection, 1911-1912, 2 v.

MAXWELL-STUART, P. G. *Satan's Conspiracy: Magic and Witchcraft in Sixteenth-Century Scotland*. Edimburgo: Tuckwell Press, 2001.

MAYER, Enrique. *A Tribute to the Household: Domestic Economy and the Encomienda in Colonial Peru*. Austin: Institute of Latin American Studies, 1981.

MAZZALI, Tiziana. *Il martirio delle streghe: una nuova drammatica testimonianza dell'inquisizione laica del Seicento*. Milão: Xenia, 1988.

MAZZI, Maria Serena. *Prostitute e lenoni nella Firenze del Quattrocento*. Milão: Il Saggiatore, 1991.

MCDONNELL, Ernest W. *The Beguines and Beghards in Medieval Culture, with Special Emphasis on the Belgian Scene*. New Brunswick: Rutgers University Press, 1954.

MCMANNERS, John. *Death and the Enlightenment: Changing Attitudes to Death among Christians and Unbelievers in Eighteenth-Century France*. Oxford: Oxford University Press, 1981.

MCNAMARA, Jo Ann & WEMPLE, Suzanne. "The Power of Women Through the Family in Medieval Europe, 500-1100". *In*: ERLER, Mary & KOWALESKI, Maryanne (org.). *Women and Power in the Middles Ages*. Athens: University of Georgia Press, 1988.

MEGIVERN, James J. *The Death Penalty: An Historical and Theological Survey*. Nova York: Paulist Press, 1997.

MEILLASSOUX, Claude. *Maidens, Meal and Money: Capitalism and the Domestic Community*. Cambridge: Cambridge University Press, 1981 [1975]. [Ed. port.: *Mulheres, celeiros & capitais*. Porto: Afrontamento, 1976.]

MEILLASSOUX, Claude. *The Anthropology of Slavery: The Womb of Iron and Gold*. Trad. Alide Dasnois. Chicago: Chicago University Press, 1991 [1986]. [Ed. bras.: *Antropologia da escravidão: o ventre de ferro e dinheiro*. Trad. Lucy Magalhães. Rio de Janeiro: Zahar, 1995.]

MELOSSI, Dario & PAVARINI, Massimo. *The Prison and the Factory: Origins of the Penitentiary System*. Totowa: Barnes & Noble, 1977. [Ed. bras.: *Cárcere e fábrica: as origens do sistema penitenciário (séculos XVI-XIX)*. Rio de Janeiro: Revan, 2006.]

MENDELSON, Sara & CRAWFORD, Patricia. *Women in Early Modern England, 1550-1720*. Oxford: Clarendon Press, 1998.

MERCHANT, Carolyn. *The Death of Nature: Women, Ecology, and the Scientific Revolution*. Nova York: Harper & Row, 1980.

MERCHANT, Carolyn. "Mining the Earth's Womb". *In*: ROTSCHILD, Joan (org.). *Machina Ex Dea: Feminist Perspectives on Technology*. Nova York: Pergamon Press, 1987 [1983].

MEREU, Italo. *Storia dell'intolleranza in Europa: sospettare e punire, il sospetto e l'Inquisizione romana nell'epoca di Galilei*. Milão: Mondadori, 1979.

MIDELFORT, H. C. Erik. *Witch Hunting in Southwestern Germany, 1562-1684: The Social and Intellectual Foundations*. Stanford: Stanford University Press, 1972.

MIES, Maria. *Patriarchy and Accumulation on a World Scale: Women in the International Division of Labour*. Londres: Zed Books, 1986. [Ed. bras.: *Patriarcado e acumulação em escala mundial: mulheres na divisão internacional do trabalho*. São Paulo: Ema / Timo, 2022.]

MILANO, Attilio. *Storia degli ebrei in Italia*. Turim: Einaudi, 1963.

MILTON, John. *Paradise Lost* (1667). *In*: ORGEL, S. & GOLDBERG, J. (org.). *John Milton*. Oxford: Oxford University Press, 1992. [Ed. bras.: *Paraíso perdido*. Trad. Daniel Jonas. São Paulo: Editora 34, 2005.]

MINGAY, Gordon E. *Parliamentary Enclosure in England: An Introduction to its Causes, Incidence and Impact, 1750-1850*. Londres: Longman, 1997.

MOI, Toril (org.). *French Feminist Thought: A Reader*. Oxford: Basil Blackwell, 1987.

MOLITOR, Ulrich. *De Lamiis et Pythonicis Mulieribus*. Colônia: Cornelius von Zierickzee, 1489.

MOLLER, Herbert. *Population Movements in Modern European History*. Nova York: The Macmillan Company, 1964.

MOMSEN, Janet H. *Women and Change in the Caribbean: A Pan-Caribbean Perspective*. Londres: James Currey, 1993.

MONTAIGNE, Michel Eyquem de. *The Essays*. Londres: Oxford University Press, 1942 [1580]. [Ed. bras.: *Os ensaios*. Trad. Rosa Freire Aguiar. São Paulo: Penguin-Companhia, 2010.]

MONTANARI, Massimo. *La fame e l'abbondanza: storia dell'alimentazione in Europa*. Roma/Bari: Laterza, 1993. [Ed. bras.: *A fome e a abundância: história da alimentação na Europa*. Bauru: Edusc, 2003.]

MONTER, E. William (org.). *European Witchcraft*. Nova York: John Wiley and Sons, 1969.

MONTER, E. William. *Witchcraft in France and Switzerland: The Borderlands during the Reformation*. Ithaca: Cornell University Press, 1976.

MONTER, E. William. "The Pedestal and the Stake: Courtly Love and Witchcraft". *In*: BRIDENTHAL, Renate & KOONZ, Claudia (org.). *Becoming Visible: Women in European History*. Nova York: Houghton Mifflin, 1977.

MONTER, E. William. "Women in Calvinist Geneva", *Signs: Journal of Women in Culture and Society*, v. 6, n. 2, p. 189-209, inverno 1980.

MOORE, R. I. *The Birth of Popular Heresy*. Nova York: St. Martin's Press, 1975.

MOORE, R. I. *The Origins of European Dissent*. Nova York: St. Martin's Press, 1977.

MORE, Henry. *The Immortality of the Soul*. Org. A. Jacob. Dordrecht: Martinus Nijhoff, 1987 [1659].

MORE, Thomas. *Utopia*. Nova York: W.W. Norton & Company, 1992 [1518]. [Ed. bras.: *Utopia*. Trad. Márcio Meirelles Gouvêa Junior. 2. ed. Belo Horizonte: Autêntica, 2019.]

MORGAN, Edmund. *The Puritan Family: Religion and Domestic Relations in Seventeenth-Century England*. Nova York: Harper & Row, 1966.

MORGAN, Robin (org.). *Sisterhood is Powerful: An Anthology of Writings from the Women's Liberation Movement*. Nova York: Vintage, 1970.

MORNESE, Corrado & BURATTI, Gustavo. *Fra Dolcino e gli apostolici tra eresie, rivolta e roghi*. Novara: Centro Studi Dolciniani, Derive/Approdi, 2000.

MORRISSEY, Marietta. *Slave Women in the New World: Gender Stratification in the Caribbean*. Lawrence: University Press of Kansas, 1989.

MOULIER-BOUTANG, Yann. *De l'esclavage au salariat: économie historique du salariat bridé*. Paris: Presses Universitaires de France, 1998.

MUMFORD, Lewis. *Technics and Civilization*. Nova York: Harcourt Brace/World Inc., 1962.

MUN, Thomas. *England's Treasure by Forraigne Trade*. Londres: [s.e.], 1622.

MÜNTZER, Thomas. *Open Denial of the False Belief of the Godless World*. Londres: [s.e.], 1524.

MURARO, Luisa. *La Signora del Gioco: episodi della caccia alle streghe*. Milão: Feltrinelli, 1977.

MURRAY, Margaret. *The Witch-Cult in Western Europe*. Oxford: Oxford University Press, 1971 [1921]. [Ed. bras.: *O culto das bruxas na Europa Ocidental*. São Paulo: Madras, 2005.]

MURSTEIN, Bernard I. *Love, Sex, and Marriage Through the Ages*. Nova York: Springer Publishing Company, 1974. [Ed. bras.: *Amor, sexo e casamento através dos tempos*. Rio de Janeiro: Artenova, 1976.]

NASH, June. "The Aztecs and the Ideology of Male Dominance", *Signs: Journal of Women in Culture and Society*, v. 4, n. 21, p. 349-62, inverno 1978.

NASH, June. "Aztec Women: The Transition from Status to Class in Empire and Colony". *In*: ETIENNE, Mona & LEACOCK, Eleanor (org.). *Women and Colonization: Anthropological Perspectives*. Nova York: Praeger, 1980, p. 134-48.

NEEL, Carol. "The Origins of the Beguines", *Signs: Journal of Women in Culture and Society*, v. 14, n. 2, p. 321-41, inverno 1989.

NEESON, J. M. *Commoners: Common Right, Enclosure and Social Change in England, 1700-1820*. Cambridge: Cambridge University Press, 1993.

NEWMAN, Francis X. (org.). *Social Unrest in the Late Middle Ages: Papers of the Fifteenth Annual Conference of the Center for Medieval and Early Renaissance Studies*. Binghamton: Center for Medieval and Early Renaissance Texts and Studies, 1986.

NICCOLI, Ottavia (org.). *Rinascimento al femminile*. Bari: Laterza, 1998.

NICHOLAS, David. *Medieval Flanders*. Londres: Longman, 1992.

NIDER, Johannes. *Formicarius*. Viena: [s.e.], *c*. 1435.

NIETZSCHE, Friedrich. *The Birth of the Tragedy and The Genealogy of Morals*. Nova York: Doubleday, 1965 [1887]. [Eds. bras.: *O nascimento da tragédia ou helenismo e pessimismo*. Trad. J. Guinsburg. São Paulo: Companhia das Letras, 1992; *Genealogia da moral: uma polêmica*. Trad. Paulo César de Souza. São Paulo: Companhia das Letras, 1998.]

NOONAN, John T. *Contraception: A History of its Treatment by the Catholic Theologians and Canonists*. Cambridge: Harvard University Press, 1965.

NORBERG, Kathryn. "Prostitutes". *In*: DUBY, Georges; PERROT, Michelle; DAVIS, Natalie & FARGE, Arlette (org.). *A History of Women in the West*, v. 3, *Renaissance and the Enlightenment Paradoxes*. Cambridge: Cambridge University Press, 1993.

NORMAND, Lawrence & ROBERTS, Gareth (org.). *Witchcraft in Early Modern Scotland: James VI's Demonology and the North Berwick Witches*. Exeter: University of Exeter Press, 2000.

NORTH, Douglass C. & THOMAS, Robert Paul. *The Rise of the Western World: A New Economic History*. Cambridge: Cambridge University Press, 1973.

NOTESTEIN, Wallace. *A History of Witchcraft in England from 1558 to 1718*. Nova York: Russell and Russell, 1991 [1965].

O'BRIEN, Mary. *The Politics of Reproduction*. Boston: Routledge & Kegan Paul, 1981.

O'BRIEN, Patrick & QUINAULT, Roland (org.). *The Industrial Revolution and British Society*. Cambridge: Cambridge University Press, 1993.

O'MALLEY, Charles Donald. *Andreas Vesalius of Brussels, 1514-1564*. Berkeley: University of California Press, 1964. [Ed. bras.: *Andreas Vesalius de Bruxelas: De humani corporis fabrica. Epitome. Tabulae sex*. Trad. Pedro C. P. Lemos e Maria Cristina V. Carnevale. 2. ed. Campinas: Editora da Unicamp, 2002.]

OMOLADE, Barbara. "Heart of Darkness". *In*: SNITOW, Ann; STANSELL, Christine & THOMPSON, Sharon (org.). *Powers of Desire: The Politics of Sexuality*. Nova York: Monthly Review Press, 1983.

OPTIZ, Claudia. "La vita quotidiana delle donne nel tardo Medioevo (1200--1500)". *In*: DUBY, Georges & PERROT, Michelle. *Storia delle donne in Occidente*, v. 2, *Il Medioevo: storia e società*. Org. Christiane Klapisch-Zuber. Trad. M. Baiocchi, M. Caracciolo, F. Cataldi Villari *et al*. Bari: Laterza, 1996.

ORIOLI, Raniero. *Fra Dolcino: nascita, vita e morte di un'eresia medievale*. Novaria: Europia, 1993 [1984].

ORLANDI, Arianna. "I viaggi di Gostanza". *In*: CARDINI, Franco (org.). *Gostanza, la strega di San Miniato*. Florença: Laterza, 1989.

ORTALLI, Gherardo. "La famiglia tra la realtá dei gruppi inferiori e la mentalitá dei gruppi dominanti a Bologna nel XIII secolo". *In*: DUBY, Georges & LE GOFF, Jacques. *Famiglia e parentela nell'Italia medievale*. Bolonha: Il Mulino, 1981, p. 125-43.

OTEN, Charlotte F. (org.). *A Lycanthropy Reader: Werewolves in Western Culture*. Syracuse: Syracuse University Press, 1986.

OTIS, Leah Lydia. *Prostitution in Medieval Society: The History of an Urban Institution in Languedoc*. Chicago: The University of Chicago Press, 1985.

OVERBEEK, J. *History of Population Theories*. Roterdã: Rotterdam University Press, 1964.

OZMENT, Steven. *When Fathers Ruled: Family Life in Reformation Europe*. Cambridge: Harvard University Press, 1983.

PARINETTO, Luciano. *Streghe e politica: dal Rinascimento italiano a Montaigne, da Bodin a Naudè*. Milão: Istituto di Propaganda Libraria, 1983.

PARINETTO, Luciano. "La traversata delle streghe dei nomi e nei luoghi". *In*: BOSCO, Giovanna & CASTELLI, Patrizia (org.). *Stregoneria e streghe nell'Europa moderna*. Pisa: Biblioteca Universitaria di Pisa, 1996.

PARINETTO, Luciano. *Streghe e potere: il capitale e la persecuzione dei diversi*. Milão: Rusconi, 1998.

PARTRIDGE, Burgo. *A History of Orgies*. Nova York: Bonanza Books, 1960. [Ed. port.: *História das orgias*. Trad. Leonel Cândido Silva Phêbo. Lisboa: Século XXI, 2003.]

PASCAL, Blaise. "Lettre escrite à un provincial" (1656). *In*: PASCAL, Blaise. *Pensées de M. Pascal sur la religion et sur quelques autres subjets*. Paris: Guillaume Desprez, 1678.

PASCAL, Blaise. *Pensées and The Provincial Letters*. Nova York: Modern Library, 1941. [Ed. bras.: *Pensamentos*. Trad. Mário Laranjeira. 2. ed. São Paulo: Martins Fontes, 2005.]

PATEMAN, Carol. *The Sexual Contract*. Stanford: Stanford University Press, 1988. [Ed. bras.: *O contrato sexual*. Trad. Marta Avancini. São Paulo: Paz e Terra, 1993.]

PEARSON, Lu Emily. *Elizabethans at Home*. Stanford: Stanford University Press, 1957.

PERELMAN, Michael. *The Invention of Capitalism: Classical Political Economy and the Secret History of Primitive Accumulation*. Durham: Duke University Press, 2000.

PERLMAN, Fredy. *The Continuing Appeal of Nationalism*. Detroit: Black & Red, 1985.

PERRY, Marvin; CHASE, Myrna; JACOB, James R.; JACOB, Margaret C. & VON LAUE, Theodore H. *Western Civilization: A Concise History*.

PETERS, Edward. *The Magician, The Witch, and the Law*. Filadélfia: University of Pennsylvania Press, 1978.

PETERS, Edward (org.). *Heresy and Authority in Medieval Europe: Documents in Translation*. Filadélfia: University of Pennsylvania Press, 1980.

PETTY, sir William. *Discourse on Political Arithmetick*. Nottingham: [s.e.], 1690.

PEZZUOLI, Giovanna. *Prigioniera in Utopia: la condizione della donna nel pensiero degli utopisti*. Milão: Il Formichiere, 1978.

PHELPS BROWN, E. H. & HOPKINS, Sheila. "Seven Centuries of the Prices of Consumables, Compared with Builders' Wage Rates". *In*: RAMSEY, Peter H. (org.). *The Price Revolution in Sixteenth-Century England*. Londres: Methuen, 1971, p. 18-41.

PHELPS BROWN, E. H. & HOPKINS, Sheila. *A Perspective of Wages and Prices.* Londres: Methuen, 1981.

PHILLIPS, Seymour. "The Outer World of the European Middle Ages". *In*: SCHWARTZ, Stuart B. (org.). *Implicit Understandings: Observing, Reporting, and Reflecting on the Encounters Between Europeans and Other People in the Early Modern Era.* Cambridge: Cambridge Univeristy Press, 1994.

PICCHIO, Antonella. *Social Reproduction: The Political Economy of the Labour Market.* Cambridge: Cambridge University Press, 1992.

PIERS, Maria W. *Infanticide: Past and Present.* Nova York: W.W. Norton & Company, 1978.

PIRENNE, Henri. *Economic and Social History of Medieval Europe.* Nova York: Harcourt Brace Jovanovich, 1937. [Ed. bras.: *História econômica e social da Idade Média.* Trad. Lycurgo Gomes da Mota. 6. ed. São Paulo: Mestre Jou, 1982.]

PIRENNE, Henri. *Medieval Cities: Their Origins and the Revival of Trade.* Trad. Frank D. Halsey. Princeton: Princeton University Press, 1952. [Ed. port.: *As cidades da Idade Média.* Mem Martins: Europa-America, 1989.]

PIRENNE, Henri. *Storia d'Europa dalle invasioni al XVI secolo.* Florença: Sansoni, 1956.

PIRENNE, Henri. *A History of Europe*, v. 1, *From the End of the Roman World in the West to the Beginnings of the Western States.* Garden City: Doubleday & Company, 1958.

POLANYI, Karl. *The Great Transformation: The Political and Economic Origins of Our Time.* Nova York: Rinehart & Company, 1944. [Ed. bras.: *A grande transformação: as origens da nossa época.* Trad. Fanny Wrobel. Rio de Janeiro: Campus, 2000.]

POPKIN, Richard H. *The Philosophy of the 16th and 17th Centuries.* Nova York: The Free Press, 1966.

POWELL, Chilton Latham. *English Domestic Relations, 1487-1653.* Nova York: Columbia University, 1917.

PRETO, Paolo. *Epidemia, paura e politica nell'Italia moderna.* Roma-Bari: Laterza, 1988.

PROSPERI, Adriano. "Inquisitori e streghe nel Seicento Fiorentino". *In*: CARDINI, Franco (org.). *Gostanza, la strega di San Miniato.* Florença: Laterza, 1989.

PULLAN, Brian (org.). *Crisis and Change in the Venetian Economy in the Sixteenth and Seventeenth Century.* Londres: Methuen, 1968.

QUETEL, Claude. *History of Syphilis.* Baltimore: Johns Hopkins University, 1990 [1986].

RABELAIS, François. *Gargantua and Pantagruel.* Org. Samuel Putnam. Nova York: Viking Press, 1946 [1552]. [Ed. bras.: *Pantagruel e Gargântua:*

obras completas de Rabelais. Trad. Guilherme Gontijo Flores. São Paulo: Editora 34, 2021.]

RAFTIS, J. A. *Peasant Economic Development within the English Manorial System*. Montreal: McGill-Queen's University Press, 1996.

RAMAZANOGLU, Caroline. *Up Against Foucault: Exploration of Some Tensions between Foucault and Feminism*. Nova York: Routledge, 1993.

RAMSEY, Peter H. (org.). *The Price Revolution in Sixteenth-Century England*. Londres: Methuen, 1971.

RANDERS-PEHRSON, Justine Davis. *Barbarians and Romans: The Birth of the Struggle of Europe, A.D. 400-700*. Londres: University of Oklahoma Press, 1983.

RANUM, Orest & RANUM, Patricia (org.). *Popular Attitudes toward Birth Control in Pre-Industrial France and England*. Nova York: Harper & Row, 1972.

REMY, Nicolas. *Demonolatry. Rev. Montague Summers*. Nova York: Barnes & Noble, 1970 [1597].

RETAMAR, Roberto Fernández. *Caliban and Other Essays*. Trad. Edward Baker. Mineápolis: University of Minnesota Press, 1989.

RIDDLE, John M. *Eve's Herbs: A History of Contraception and Abortion in the West*. Cambridge: Cambridge University Press, 1997.

RILEY, Phillip F. "Louis XIV: Watchdog of Parisian Morality", *The Historian*, v. 36, n. 1, p. 19-33, nov. 1973.

RIQUET, Michel. "Christian Population". *In*: RANUM, Orest & RANUM, Patricia (org.). *Popular Attitudes toward Birth Control in Pre-Industrial France and England*. Nova York: Harper & Row, 1972.

ROBBINS, Rossell Hope. *The Encyclopedia of Witchcraft and Demonology*. Nova York: Crown Publishers, 1959.

ROBERTS, Nickie. *Whores in History: Prostitution in Western Society*. Nova York: HarperCollins, 1992. [Ed. bras.: *As prostitutas na história*. Rio de Janeiro: Rosa dos Tempos, 1998.]

ROBERTSON, George Croom. *Hobbes*. Edimburgo: AMS Press, 1971.

ROCKE, Michael. *Forbidden Friendships: Homosexuality and Male Culture in Renaissance Florence*. Oxford: Oxford University Press, 1997.

RODOLICO, Niccoló. *I Ciompi: una pagina di storia del proletariato operaio*. Florença: Sansoni, 1971.

ROGERS, James E. Thorold. *Six Centuries of Work and Wages: The History of English Labour*. Abingdon: Routledge, 2006 [1894].

ROJAS, Fernando de. *The Celestina*. Berkeley: University of California Press, 1959 [1499]. [Ed. bras.: *A Celestina: tragicomédia de Calisto e Melibéa*. Trad. Paulo Hecker Filho. Porto Alegre: Sulina, 1990.]

ROPER, Lyndal. "'Evil Imaginings and Fantasies': Child-Witches and the End of the Witch Craze", *Past and Present*, n. 167, maio 2000.

ROSEN, Barbara (org.). *Witchcraft in England, 1558-1618*. Amherst: University of Massachusetts Press, 1969.

ROSENBERG, Charles E. (org.). *The Family in History*. Filadélfia: University of Pennsylvania Press, 1975.

ROSENFIELD, Leonora Cohen. *From Beast-Machine to Man-Machine: Animal Soul in French Letters from Descartes to La Mettrie*. Nova York: Octagon Books, 1968.

ROSSIAUD, Jacques. *Medieval Prostitution*. Trad. Lydia G. Cochrane. Oxford: Basil Blackwell, 1988. [Ed. bras.: *Prostituição na Idade Média*. Trad. Cláudia Schilling. Rio de Janeiro: Paz e Terra, 1991.]

ROSTWOROWSKI, María. "La mujer en el Perú prehispanico", Documento de Trabalho n. 72. Lima: Instituto de Estudios Peruanos, 2001.

ROTA, Ettore (org.). *Questioni di storia medievale, secoli XI-XIV*. Milão: Marzorati, 1950.

ROTBERG, Robert I. & RABB, Theodore K. (org.). *The Family in History: interdisciplinary Essays*. Nova York: Harper & Row, 1971.

ROTERDÃ, Erasmo de. *The Praise of Folly*. Nova York: Modern Library, 1941 [1511]. [Ed. port.: *Elogio da loucura*. Trad. Alexandra de Brito Mariano. Lisboa: Vega, 2012.]

ROTHSCHILD, Joan (org.). *Machina Ex Dea: Feminist Perspectives on Technology*. Nova York: Pergamon Press, 1987 [1983].

ROUSSEAU, Jean Jacques. *Discourse on the Origin of Inequality*. Indianápolis: Hackett Publishing Company, 1992 [1775]. [Ed. bras.: *Discurso sobre a origem e os fundamentos da desigualdade entre os homens*. 3. ed. São Paulo: Martins Fontes, 2005.]

ROWLAND, Alisen. "Witchcraft and Old Women in Early Modern Germany", *Past and Present*, n. 173, p. 50-89, nov. 2001.

ROWLING, Nick. *Commodities: How the World Was Taken to Market*. Londres: Free Association Books, 1987.

ROWSE, A. L. *Sex and Society in Shakespeare's Age: Simon Foreman the Astrologer*. Nova York: Charles Scribner's Sons, 1974.

RUBLACK, Ulinka. "Pregnancy, Childbirth and the Female Body in Early Modern Germany", *Past and Present*, n. 150, p. 84-110, fev. 1996.

RUGGIERO, Guido. *The Boundaries of Eros: Sex, Crime and Sexuality in Renaissance Venice*. Oxford: Oxford University Press, 1989.

RUGGIERO, Guido. *Binding Passions: Tales of Magic, Marriage, and Power at the End of the Renaissance*. Oxford: Oxford University Press, 1993.

RUSSELL, Jeffrey B. *Witchcraft in the Middle Ages*. Ithaca: Cornell University Press, 1972.

RUSSELL, Jeffrey B. *A History of Witchcraft, Sorcerers, Heretics and Pagans*. Londres: Thames and Hudson, 1980. [Ed. bras.: *História da bruxaria*. Trad. Álvaro Cabral e William Lagos. São Paulo: Aleph, 2008.]

RUSSELL, Jeffrey B. *Lucifer: The Devil in the Middle Ages*. Ithaca: Cornell University Press, 1984. [Ed. bras.: *Lúcifer: o diabo na Idade Média*. São Paulo: Madras, 2003.]

RUSSELL, Jeffrey B. *Dissent and Order in the Middle Ages: The Search for Legitimate Authority*. Nova York: Twayne Publishers, 1992.

SALE, Kirkpatrick. *The Conquest of Paradise: Christopher Columbus and the Columbian Legacy*. Nova York: Penguin Books, 1991. [Ed. bras.: *A conquista do paraíso: Cristóvão Colombo e seu legado*. Rio de Janeiro: Zahar, 1992.]

SALLEH, Ariel. *Ecofeminism as Politics: Nature, Marx and the Postmodern*. Londres: Zed Books, 1997.

SALLMANN, Jean-Michel. *Le streghe: amanti di Satana*. Trad. Ida Sassi. Paris: Electa/Gallimard, 1997. [Ed. bras.: *As bruxas: noivas de satã*. Rio de Janeiro: Objetiva, 2002.]

SCHOCHET, Gordon J. *Patriarchalism in Political Thought: The Authoritarian Family and Political Speculation and Attitudes Especially in Seventeenth-Century England*. Nova York: Basic Books, 1975.

SCHWARTZ, Stuart B. (org.). *Implicit Understandings: Observing, Reporting, and Reflecting on the Encounters Between Europeans and Other Peoples in the Early Modern Era*. Cambridge: Cambridge University Press, 1994.

SCOT, Reginald. *The Discoverie of Witchcraft*. Nova York: Dover, 1972 [1584].

SCOTT, James C. *Weapons of the Weak: Everyday Forms of Peasant Resistance*. New Haven: Yale University Press, 1985.

SCOTT, James C. "Everyday Forms of Resistance". *In*: COLBURN, Forrest D. *Everyday Forms of Peasant Resistance*. Nova York: M. E. Sharpe, 1989.

SCOTT, Joan Wallach (org.). *Gender and the Politics of History*. Nova York: Columbia University Press, 1989a.

SCOTT, Joan Wallach. "Gender: A Useful Category of Historical Analysis". *In*: SCOTT, Joan Wallach (org.). *Gender and the Politics of History*. Nova York: Columbia University Press, 1989b, p. 28-50. [Ed. bras.: "Gênero: uma categoria útil para análise histórica", trad. Guacira Lopes Louro, *Educação & Realidade*, v. 20, n. 2, p. 71-99, jul.-dez. 1995.]

SCOTT, Joan Wallach (org.). *Feminism and History*. Oxford: Oxford University Press, 1996.

SECCOMBE, Wally. *A Millennium of Family Change: Feudalism to Capitalism in Northwestern Europe*. Londres: Verso, 1992.

SECCOMBE, Wally. *Weathering the Storm: Working-Class Families from the Industrial Revolution to the Fertility Decline*. Londres: Verso, 1993.

SELIGMANN, Kurt. *Magic, Supernaturalism and Religion*. Nova York: Random House, 1948. [Ed. port.: *Magia, sobrenatural e religião*. Lisboa: Almedina, 2002.]

SENNETT, Richard. *Flesh and Stone: The Body and the City in Western Civilization*. Nova York: W.W. Norton & Company, 1994. [Ed. bras.: *Carne e pedra: o corpo e a cidade na civilização ocidental*. Trad. Marcos Aarão Reis. 5. ed. São Paulo: Record, 2008.]

SHAHAR, Shulamith. *The Fourth Estate: A History of Women in the Middle Ages*. Londres: Methuen, 1983.

SHAKESPEARE, William. *The Taming of the Shrew*. Nova York: Washington Square Press, 1962 [1593-1594]. [Ed. bras.: *A megera domada*. Trad. Millôr Fernandes. Porto Alegre: L&PM, 1994.]

SHAKESPEARE, William. *Hamlet*. Nova York: New American Library, 1963 [1600-1601]. [Ed. bras.: *Hamlet*. Trad. Lawrence Flores Pereira. São Paulo: Penguin-Companhia, 2015.]

SHAKESPEARE, William. *The Tempest*. Nova York: Bantam Books, 1964 [1611]. [Ed. bras.: *A tempestade*. Trad. José Francisco Botelho. São Paulo: Penguin-Companhia, 2022.]

SHAKESPEARE, William. *King Lear*. Nova York: New Folger Library, 2000 [1605]. [Ed. bras.: *Rei Lear*. Trad. Lawrence Flores Pereira. São Paulo: Penguin-Companhia, 2020.]

SHARPE, J. A. *Early Modern England: A Social History, 1550-1760*. Bungay: Edward Arnold, 1987.

SHEPHERD, Verene A. (org.). *Women in Caribbean History: The British-Colonised Territories*. Princeton: Markus Wiener, 1999.

SHEPHERD, Verene; BRERETON, Bridget & BAILEY, Barbara (org.). *Engendering History: Caribbean Women in Historical Perspective*. Nova York: St. Martin's Press, 1995.

SHIVA, Vandana. *Staying Alive: Women, Ecology and Survival in India*. Londres: Zed Books, 1989.

SIEMON, James R. "Landlord Not King: Agrarian Change and Interarticulation". *In*: BURT, Richard & ARCHER, John Michael (org.). *Enclosures Acts: Sexuality, Property, and Culture in Early Modern England*. Ithaca: Cornell University Press, 1994.

SILVERBLATT, Irene. "'The Universe Has Turned Inside Out... There Is No Justice For Us Here': Andean Women Under Spanish Rule". *In*: ETIENNE, Mona & LEACOCK, Eleanor (org.). *Women and Colonization: Anthropological Perspectives*. Nova York: Praeger, 1980, p. 149-85.

SILVERBLATT, Irene. *Moon, Sun and Witches: Gender Ideologies and Class in Inca and Colonial Peru*. Princeton: Princeton University Press, 1987.

SIM, Alison. *The Tudor Housewife*. Montreal: McGill-Queen's University Press, 1996.

SIMMEL, Georg. *The Philosophy of Money*. Boston: Routledge & Kegan Paul, 1978 [1900].

SKARIA, Ajay. "Women, Witchcraft, and Gratuitous Violence in Colonial Western India", *Past and Present*, n. 155, p. 109-41, maio 1997.

SLATER, Gilbert. *The English Peasantry and the Enclosure of the Common Fields*. Nova York: Augustus M. Kelly, 1968 [1907].

SLICHER VAN BATH, Bernard H. *The Agrarian History of Western Europe, A.D. 500-1850*. Nova York: St. Martin's Press, 1963. [Ed. port.: *História agrária da Europa Ocidental (500-1850)*. Trad. L. Crespo Fabião. 2. ed. Lisboa: Presença, 1960.]

SMOLLETT, Tobias George (org.). *A Compendium of Authentic and Entertaining Voyages, Digested in a Chronological Series. The Whole Exhibiting a Clear View of the Customs, Manners, Religion, Government, Commerce, and Natural History of Most Nations in the Known World*, v. 1. Londres: R. & J. Dodsley, Jo. Rivington, Ja. Rivington and J. Fletcher, W. Johnston, W. Strahan and T. Jefferys, 1756.

SMOUT, Thomas Christopher. *A History of the Scottish People, 1560-1830*. Londres: Fontana, 1972.

SNITOW, Ann; STANSELL, Christine & THOMPSON, Sharon (org.). *Powers of Desire: The Politics of Sexuality*. Nova York: Monthly Review Press, 1983.

SOMAN, Alfred. "Les procès de sorcellerie au parlement de Paris (1565-1640)", *Annales d'histoire économique et sociale*, v. 32, n. 4, p. 790-814, jul. 1977.

SOMAN, Alfred. "The Parlement of Paris and the Great Witch-Trials (1565--1640)", *The Sixteenth Century Review*, v. 9, n. 2, p. 30-44, jul. 1978.

SOMAN, Alfred. *Sorcellerie et justice criminelle: Le Parlement de Paris, 16e-18e siècles*. Abingdon: Routledge, 1992.

SOMMERVILLE, Margaret R. *Sex and Subjection: Attitudes to Women in Early Modern Society*. Londres: Arnold, 1995.

SPALDING, Karen. *Huarochirí: An Andean Society Under Inca and Spanish Rule*. Stanford: Stanford University Press, 1984.

SPENCE, Lewis. *The Encyclopædia of Occultism*. Nova York: Citadel, 1920.

SPENCER, Colin. *Homosexuality in History*. Nova York: Harcourt Brace, 1995. [Ed. bras.: *Homossexualidade: uma história*. Rio de Janeiro: Record, 1999.]

SPENCER, Colin. *The Heretic's Feast: A History of Vegetarianism*. Hanover/Londres: University Press of New England, 1996.

SPENGLER, Joseph J. *French Predecessors of Malthus: A Study in Eighteenth Century Wage*. Durham: Duke University Press, 1965.

SPOONER, F. C. "The European Economy, 1609-50". *In*: COOPER, J. P. (org.). *The New Cambridge Modern History*, v. 4, *The Decline of Spain and Thirty Years' War, 1609-1649*. Cambridge: Cambridge University Press, 1970.

STADEN, Hans. *Warhaftige Historia und Beschreibung einer Landtschaft der wilden, nacketen, grimmigen Menschenfresser Leuten, in der Newenwelt America gelegen*. Marburg: Andress Kolben, 1557. [Ed. bras.: *Hans Staden: suas viagens e captiveiro entre os selvagens do Brazil*. Trad. Alberto Löfgren. São Paulo: Typ. da Casa Eclectica, 1900.]

STADEN, Hans. *Hans Staden, True History of His Captivity, 1557*. Trad. Malcolm Letts. Londres: George Routledge and Sons, 1928.

STANGELAND, Charles E. *Pre-Malthusian Doctrines of Population: A Study in the History of Economic Theory*. Nova York: Columbia University Press, 1904.

STANNARD, David E. *American Holocaust: Columbus and the Conquest of the New World*. Nova York: Oxford University Press, 1992.

STARHAWK. *Dreaming the Dark: Magic, Sex and Politics*. Boston: Beacon Press, 1997 [1982].

STEIFELMEIER, Dora R. "Sacro e profano: note sulla prostituzione nella Germania medievale", *Donna, Woman, Femme*, n. 3, 1977.

STERN, Steve J. *Peru's Indian Peoples and the Challenge of Spanish Conquest: Huamanga to 1640*. Madison: University of Wisconsin Press, 1982.

STONE, Lawrence. *The Family, Sex and Marriage in England, 1500-1800*. Nova York: Harper & Row, 1977.

STRAUSS, Gerald. (org.). *Manifestations of Discontent on the Eve of the Reformation*. Bloomington: Indiana University Press, 1971.

STRAUSS, Gerald. "Success and Failure in the German Reformation", *Past and Present*, n. 67, p. 30-63, maio 1975.

STUARD, Susan Mosher (org.). *Women in Medieval History and Historiography*. Filadélfia: University of Pennsylvania Press, 1987.

STUARD, Susan Mosher. "Ancillary Evidence for the Decline of Medieval Slavery", *Past and Present*, n. 149, p. 3-28, nov. 1995.

TAUSSIG, Michael T. *The Devil and Commodity Fetishism in South America*. 4. ed. Chapel Hill: University of North Carolina Press, 1980. [Ed. bras.: *O diabo e o fetichismo da mercadoria na América do Sul*. Trad. Priscila Santos da Costa. São Paulo: Editora Unesp, 2010.]

TAUSSIG, Michael T. *Shamanism, Colonialism, and the Wild Man: A Study in Terror and Healing*. Chicago: Chicago University Press, 1987. [Ed. bras.: *Xamanismo, colonialismo e o homem selvagem: um estudo sobre o terror e a cura*. Trad. Carlos Eugênio Marcondes de Moura. Rio de Janeiro: Paz e Terra, 1993.]

TAWNEY, Richard H. *Religion and the Rise of Capitalism*. Nova York: Harcourt Brace, 1926. [Ed. bras.: *Religião e o surgimento do capitalismo*. Trad. Janete Meiches. São Paulo: Perspectiva, 1971.]

TAWNEY, Richard H. *The Agrarian Problem in the Sixteenth Century*. Nova York: Harcourt Brace, 1967.

TAYLOR, Gordon R. *Sex in History*. Nova York: The Vanguard Press, 1954.

TAYLOR, William B. *Drinking, Homicide and Rebellion in Colonial Mexican Villages*. Stanford: Stanford University Press, 1979.

TEALL, John L. "Witchcraft and Calvinism in Elizabethan England: Divine Power and Human Agency", *Journal of the History of Ideas*, v. 23, n. 1, jan.-mar. 1962.

TERBORG-PENN, Rosalyn. "Through African Feminist Theoretical Lens: Viewing Caribbean Women's History Cross-Culturally". *In*: SHEPHERD, Verene; BRERETON, Bridget & BAILEY, Barbara (org.). *Engendering History: Caribbean Women in Historical Perspective*. Nova York: St. Martin's Press, 1995.

THEA, Paolo. *Gli artisti e gli "spregevoli": 1525 — la creazione artistica e la guerra dei contadini in Germania*. Milão: Mimesi, 1998.

THE ECOLOGIST. *Whose Common Future? Reclaiming the Commons*. Filadélfia: New Society Publishers/Earthscan Publications, 1993.

THEVET, André. *Les singularitez de la France antarctique, autrement nommée Amérique, & de plusieurs terres et isles decouvertes de nostre temps*. Paris: Chez les heritiers de Maurice la Porte, 1557. [Ed. bras.: *Singularidades da França Antártica, a que outros chamam de América*. Trad. Estêvão Pinto. Brasília: Senado Federal, 2018.]

THIRSK, Joan. "The Common Fields", *Past and Present*, n. 29, p. 3-25, dez. 1964.

THOMAS, Edith. *The Women Incendiaries*. Nova York: George Braziller, 1966.

THOMAS, Hugh. *The Slave Trade: The Story of the Atlantic Slave Trade, 1440-1870*. Nova York: Simon and Schuster, 1997.

THOMAS, Keith. *Religion and the Decline of Magic: Studies in Popular Beliefs in Sixteenth and Seventeenth Century England*. Nova York: Charles Scribner's Sons, 1971. [Ed. bras.: *Religião e o declínio da magia: crenças populares na Inglaterra, séculos XVI e XVII*. Trad. Denise Bottman e Tomas Rosa Bueno. São Paulo: Companhia das Letras, 1991.]

THOMPSON, E. P. *The Making of the English Working Class*. Nova York: Pantheon, 1964. [Ed. bras.: *A formação da classe operária inglesa*. Trad. Denise Bottmann. São Paulo: Paz e Terra, 1987, 2 v.]

THOMPSON, E. P. *Customs in Common: Studies in Traditional Popular Culture*. Nova York: The New Press, 1991. [Ed. bras.: *Costumes em comum: estudos sobre a cultura popular tradicional*. Trad. Rosaura Eichemberg. São Paulo: Companhia das Letras, 2005.]

THORNDIKE, Lynn. *History of Magic and Experimental Science*, v. 8, *The Seventeenth Century*. Nova York: Columbia University Press, 1958.

TIGAR, Michael E. & LEVY, Madeleine R. *Law and the Rise of Capitalism*. Nova York: Monthly Review Press, 1977. [Ed. bras.: *O direito e a ascensão do capitalismo*. Trad. Ruy Jungmann. Rio de Janeiro: Zahar, 1978.]

TILLYARD, E. M. W. *The Elizabethan World Picture*. Nova York: Vintage Books, 1961.

TITOW, J. Z. *English Rural Society, 1200-1350*. Londres: George Allen and Unwin, 1969.

TRACHTENBERG, Joshua. *The Devil and the Jews: The Medieval Conception of the Jew and its Relation to Modern Anti-Semitism*. New Haven: Yale University Press, 1944.

TREVOR-ROPER, Hugh R. *The European Witch-Craze of the Sixteenth and Seventeenth Centuries and Other Essays*. Nova York: Harper & Row, 1967 [1956].

TREVOR-ROPER, Hugh R. (org.). *The Age of Expansion: Europe and the World, 1559-1660*. Londres: Thames and Hudson, 1968.

TREXLER, Richard C. *The Women of Renaissance Florence*, v. 2, *Power and Dependence in Renaissance Florence*. Binghamton: Medieval and Renaissance Texts and Studies, 1993.

TURNER, Bryan S. *Regulating Bodies: Essays in Medical Sociology*. Nova York: Routledge, 1992.

UNDERDOWN, David E. *Revel, Riot and Rebellion: Popular Politics and Culture in England, 1603-1660*. Oxford: Clarendon Press, 1985a.

UNDERDOWN, David E. "The Taming of the Scold: The Enforcement of Patriarchal Authority in Early Modern England". *In*: FLETCHER, Anthony & STEVENSON, John (org.). *Order and Disorder in Early Modern England*. Cambridge: Cambridge University Press, 1985b, p. 116-36.

VALLEJO, Eduardo Aznar. "The Conquest of the Canary Islands". *In*: SCHWARTZ, Stuart B. (org.). *Implicit Understandings: Observing, Reporting, and Reflecting on the Encounters Between Europeans and Other Peoples in the Early Modern Era*. Cambridge: Cambridge University Press, 1994.

VANEIGEM, Raoul. *The Movement of the Free Spirit*. Trad. Randall Cherry e Ian Patterson. Nova York: Zone Books, 1986.

VAN USSEL, Jos. *La repressione sessuale: storia e cause del condizionamento borghese*. Trad. Milli Graffi. Milão: Bompiani, 1970. [Ed. bras.: *Repressão sexual*. Trad. Sonia Alberti. Rio de Janeiro: Campus, 1980.]

VAUCHEZ, André. *Ordini mendicanti e società italiana XIII-XV secolo*. Milão: Mondadori, 1990.

VESALIUS, Andreas. *De Humani Corporis Fabrica*, livro VII. Basel: Ex officina Joannis Oporini, 1543.

VIGIL, Mariló. *La vida de las mujeres en los siglos XVI y XVII*. Madri: Siglo XXI, 1986.

VIVES, Juan Luis. *De Subventione Pauperum sive De Humanis Necessitatibus*. Bruges: [s.e.], 1526.

VOLPE, Gioacchino. *Movimenti religiosi e sette ereticali nella società medievale italiana, secoli XI-XIV*. Florença: Sansoni, 1971 [1922].

VOLPE, Gioacchino. *Il Medio Evo*. Florença: Sansoni, 1975 [1926].

WAKEFIELD, Walter L. & EVANS, Austin P. *Heresies of the High Middle Ages*. Nova York: Columbia University Press, 1991 [1969].

WALLERSTEIN, Immanuel. *The Modern World System: Capitalist Agriculture and the Origins of the European World Economy in the Sixteenth Century*. Nova York: Academic Press, 1974. [Ed. port.: *O sistema mundial moderno: a agricultura capitalista e as origens da economia-mundo europeia no século XVII*. Porto: Afrontamento, 1974.]

WATSON, Richard A. *The Downfall of Cartesianism, 1673-1712: A Study of Epistemological Issues in Late 17th Century Cartesianism*. Haia: Martinus Nijhoff, 1966.

WEBER, Max. *The Protestant Ethic and the Spirit of Capitalism*. Nova York: Charles Scribner's Sons, 1958 [1920]. [Ed. bras.: *A ética protestante e o "espírito" do capitalismo*. Trad. José Marcos Mariani de Macedo. São Paulo: Companhia das Letras, 2004.]

WERNER, E. "'Poverta' e ricchezza nelle concezioni degli eretici della chiesa orientale e occidentale dei secoli X-XII". *In*: CAPITANI, Ovidio (org.). *La concezione della povertà nel Medioevo*. Bolonha: Patron, 1974, p. 301-55.

WESTERMARCK, Edvard. *The Origin and Development of Moral Ideas*, v. 1. Londres: Macmillan Company, 1924 [1906-1908].

WIESNER, Merry E. *Working Women in Renaissance Germany*. New Brunswick: Rutgers University Press, 1986.

WIESNER, Merry E. *Women and Gender in Early Modern Europe*. Cambridge: Cambridge University Press, 1993.

WIGHTMAN, W. P. *Science in a Renaissance Society*. Londres: Hutchinson University Library, 1972.

WILLIAMS, Eric. *Capitalism and Slavery*. Nova York: Capricorn Books, 1944. [Ed. bras.: *Capitalismo e escravidão*. Trad. Carlos Nayfeld. Rio de Janeiro: Americana, 1975.]

WILLIAMS, Marty & ECHOLS, Anne. *Between Pit and Pedestal: Women in the Middle Ages*. Princeton: Marcus Wiener, 2000.

WILLIAMS, Selma R. & WILLIAMS ADELMAN, Pamela. *Riding the Nightmare: Women and Witchcraft from the Old World to Colonial Salem*. Nova York: HarperCollins, 1992.

WILLIAMS, Walter Lee. *The Spirit and the Flesh: Sexual Diversity in American Indian Culture*. Boston: Beacon Press, 1986.

WILSON, Charles. *England's Apprenticeship, 1603-1763*. Nova York: St. Martin's Press, 1965.

WILSON, Stephen. *The Magical Universe: Everyday Ritual and Magic in Pre-Modern Europe*. Londres/Nova York: Hambledon, 2000.

WINSTANLEY, Gerrard. *Works*. Ithaca: Cornell University Press, 1941 [1649].

WOOLF, Virginia. *A Room of One's Own*. Nova York: Harcourt Brace Jovanovich, 1989 [1929]. [Ed. bras.: *Um teto todo seu*. Trad. Bia Nunes de Sousa e Glauco Mattoso. São Paulo: Tordesilhas, 2014.]

WRIGHT, Lawrence. *Clean and Decent: The Fascinating History of the Bathroom and the Water-Closet*. Nova York: Viking Press, 1960.

WRIGHT, Louis B. *Middle-Class Culture in Elizabethan England*. Ithaca: Cornell University Press, 1965 [1935].

YATES, Frances. *Giordano Bruno and the Hermetic Tradition*. Chicago: The University of Chicago Press, 1964. [Ed. bras.: *Giordano Bruno e a tradição hermética*. Trad. Yolanda Steidel de Toledo. 10. ed. São Paulo: Cultrix, 1995.]

ZEMON DAVIS, Natalie. "Poor Relief, Humanism and Heresy: The Case of Lyon", *Studies in Medieval and Renaissance History*, v. 5, n. 27, p. 246-69, 1968.

ZIEGLER, Philip. *The Black Death*. Nova York: Harper & Row, 1969.

ZILBOORG, Gregory. *The Medical Man and the Witch During the Renaissance*. Baltimore: Johns Hopkins Press, 1935.

ZOLRAK & DURKON. *The Tarot of the Orishas*. St. Paul: Llewellyn Publications, 1996.

TRADUÇÃO	COLETIVO SYCORAX
	ALINE SODRÉ
	CECÍLIA ROSAS
	JULIANA BITTENCOURT
	LEILA GIOVANA IZIDORO
	LIA URBINI
	SHISLENI DE OLIVEIRA-MACEDO
EDIÇÃO	TADEU BREDA
ASSISTÊNCIA DE EDIÇÃO	LUIZA BRANDINO
PREPARAÇÃO	COLETIVO SYCORAX
	TADEU BREDA
	MARIANA DELFINI
REVISÃO	COLETIVO SYCORAX
	TADEU BREDA
PROJETO GRÁFICO	BIANCA OLIVEIRA
	KAREN KA
DIAGRAMAÇÃO	VICTOR PRADO
COLABORADORES	GUSTAVO MOTTA
	MARCOS VISNADI
	MARIANA KINJO
	NINA MEIRELLES
	RAQUEL PARRINE

COLETIVO SYCORAX
coletivosycorax.org
coletivosycorax@gmail.com

elefante

editoraelefante.com.br   Aline Tieme [comercial]
contato@editoraelefante.com.br   Beatriz Macruz [redes]
fb.com/editoraelefante   Samanta Marinho [financeiro]
@editoraelefante   Yana Parente [design]